D1694513

J. von Staudingers
Kommentar zum Bürgerlichen Gesetzbuch
mit Einführungsgesetz und Nebengesetzen
Buch 4 · Familienrecht
§§ 1616–1625
(Kindesname, Eltern-Kind-Verhältnis)

J. von Staudingers
Kommentar zum Bürgerlichen Gesetzbuch
mit Einführungsgesetz und Nebengesetzen

Buch 4
Familienrecht
§§ 1616–1625
(Kindesname, Eltern-Kind-Verhältnis)

Neubearbeitung 2007
von
Michael Coester

Redaktor
Helmut Engler

Sellier – de Gruyter · Berlin

Die Kommentatorinnen und Kommentatoren

Neubearbeitung 2007
§§ 1616–1625: Michael Coester

Dreizehnte Bearbeitung 2000
§§ 1616–1625: Michael Coester

12. Auflage
§§ 1616–1625: Michael Coester (1993)

10./11. Auflage
§§ 1616–1625: Rechtsanwalt Dr. Walter Gotthardt

Sachregister

Rechtsanwältin Dr. Martina Schulz, Pohlheim

Zitierweise

Staudinger/Coester (2007) Vorbem 1 zu §§ 1616–1625
Staudinger/Coester (2007) § 1616 Rn 1

Zitiert wird nach Paragraph bzw Artikel und Randnummer.

Hinweise

Das Vorläufige Abkürzungsverzeichnis 1993 für das „Gesamtwerk Staudinger" befindet sich in einer Broschüre, die den Abonnenten zusammen mit dem Band §§ 985–1011 (1993) bzw seit 2000 gesondert mitgeliefert wird. Die aktualisierte Neubearbeitung des Abkürzungsverzeichnisses befindet sich auf www.staudingerbgb.de.

Der Stand der Bearbeitung ist jeweils mit Monat und Jahr auf den linken Seiten unten angegeben.

Am Ende eines jeden Bandes befindet sich eine Übersicht über den aktuellen Stand des „Gesamtwerk Staudinger".

Die Deutsche Nationalbibliothek verzeichnet diese Publikation in der Deutschen National-bibliografie; detaillierte bibliografische Daten sind im Internet über http://dnb.d-nb.de abrufbar.

ISBN: 978-3-8059-1058-3

Satz: fidus Publikations-Service, Augsburg.

Druck: H. Heenemann GmbH & Co., Berlin.

Bindearbeiten: Buchbinderei Bruno Helm, Berlin.

Umschlaggestaltung: Bib Wies, München.

⊛ Gedruckt auf säurefreiem Papier, das die DIN ISO 9706 über Haltbarkeit erfüllt.

Inhaltsübersicht

---

[*] Zitiert wird nicht nach Seiten, sondern nach
Paragraph bzw Artikel und Randnummer; siehe
dazu auch S VI.

Titel 4
Rechtsverhältnis zwischen den Eltern und dem Kind im Allgemeinen

Vorbemerkungen zu §§ 1616–1625

Systematische Übersicht

I.   Gesetzliche Konzeption

Die Überschrift zum 4. Titel bezeichnet weniger ein positives Regelungsprogramm **1** des Gesetzgebers, sondern ist eher negativ die Zusammenfassung solcher Vorschriften, die in den folgenden Titeln nicht untergebracht werden konnten oder sollten. Das **Eltern-Kind-Verhältnis „im allgemeinen"** bezeichnet die Beziehungen, die allein durch die gegenseitige rechtliche Zuordnung als Eltern beziehungsweise Kind entstehen, unabhängig von der rechtlichen Struktur der Familien oder der Minderjährigkeit des Kindes. Zu dieser Thematik gehören auch anderweitige Regelungen, wie zB § 204 S 2 (Verjährungshemmung), aber auch die im 3. Titel (§§ 1601 ff) behandelte Unterhaltspflicht (vgl auch im *Prozeßrecht* §§ 383 Abs 1 Nr 3 ZPO, 52 Abs 1 Nr 3 StPO; im *Strafrecht* zB §§ 11 Abs 1 Nr 1, 35 Abs 1, 169 ff, 221 Abs 2 Nr 1, 235, 236, 247, 258 Abs 6 StGB; im *öffentlichen Recht* vor allem die Regelungen des Staatsangehörigkeitsgesetzes 1999 [BGBl I 1618], insbesondere §§ 4 ff, 29).

Der 4. wie auch die folgenden Titel betreffen grundsätzlich nur das **rechtliche Eltern-** **2** **Kind-Verhältnis**, gegründet auf wechselseitiger rechtlicher Zuordnung gem §§ 1591 ff (2. Titel) oder gem §§ 1741 ff (9. Titel). Das Phänomen (nur) **sozialer oder psychologischer Elternschaft** hat im Gesetz keine eigenständige geschlossene Regelung gefunden (vgl aber punktuell §§ 1632 Abs 4, 1682, 1685 Abs 2, 1688 sowie die Erl zu diesen Vorschriften). Während die Rechtsstellung von **Pflegeeltern** kontinuierlich verbessert worden ist, sind die Beziehungen von **Stiefeltern und Stiefkindern** mit dem „kleinen Sorgerecht" der §§ 1687b BGB, 9 Abs 1–4 LPartG nur ansatzweise geregelt (umfassende Bestandsaufnahme bei MUSCHELER StAZ 2006, 189 ff). Die **nur biologische Elternschaft** hat bezüglich des Vaters erst jüngst (§§ 1600 Abs 1 Nr 2, Abs 2, 3; 1685

Abs 2), bezüglich der Mutter (vgl § 1591) noch gar keine Regelung erfahren (denkbar allenfalls § 1685 Abs 2).

II. Inhaltlicher Überblick

3 Neben dem Namen des Kindes (Rn 4 ff) sind im 4. Titel enthalten die Grundnorm für das Eltern-Kind-Verhältnis, dh die gegenseitige Beistands- und Rücksichtspflicht (§ 1618a), die Dienstpflicht des Hauskindes (§ 1619), freiwillige Vermögensleistungen des volljährigen Hauskindes (§ 1620) sowie Ausstattungsleistungen der Eltern an die Kinder (§§ 1624, 1625).

III. Kindesnamensrecht

Schrifttum

ARNDT, Die Geschichte und Entwicklung des familienrechtlichen Namensrechts unter Berücksichtigung des Vornamensrechts (2004)
vBARGEN, Verdeckte Namensänderungen, StAZ 2001, 73
BERGER, Erwerb und Änderung des Familiennamens (2001) (dazu WAGNER-KERN StAZ 2003, 5)
COESTER, Fortschritt oder fortgeschrittene Auflösung im Recht des Personennamens, StAZ 1984, 298
ders, Verdeckte Namensänderungen, StAZ 2001, 229
DIECKMANN, Zur Namensführung des Kindes, StAZ 1982, 266
DIEDERICHSEN, Ehe- und Familienname nach dem 1. Eherechtsreformgesetz, NJW 1976, 1169
ENSTE, Die Namensänderung nach § 3 Abs 1 NÄG unter besonderer Berücksichtigung der sogenannten Stiefkinderfälle (Diss Münster 1983)
FICKER, Das Recht des bürgerlichen Namens (1950)
FRAUENSTEIN/KÜMMEL/REICHARD, Die öffentlich-rechtliche Namensänderung (1981)
GAAZ, Ausgewählte Probleme des neuen Eheschließungs- und Kindschaftsrechts, StAZ 1998, 241, 247
ders, Verdeckte Namensänderungen, StAZ 2000, 357; StAZ 2001, 74
ders, Probleme der Einbenennung nach § 1618 BGB, FPR 2002, 125

HEPTING, Folgeprobleme der Kindschaftsrechtsreform: Legitimation, Abstammung und Namenserteilung, StAZ 2002, 129
ders, Grundlinien des aktuellen Familiennamensrechts, FPR 2002, 115
ders, Angleichung im internationalen Namensrecht, StAZ 2001, 257
HENRICH, Der Erwerb und die Änderung des Familiennamens unter besonderer Berücksichtigung von Fällen mit Auslandsberührung (1983)
HENRICH/WAGENITZ/BORNHOFEN, Deutsches Namensrecht (Loseblattkommentar, Stand: 4. Lieferung 2007) (zitiert: HWB/Autor)
KLIPPEL, Der zivilrechtliche Schutz des Namens. Eine historische und dogmatische Untersuchung (1985)
KNEIP, Zur Namensführung in deutsch-spanischen Ehen, StAZ 1979, 251
LIPP/WAGENITZ, Das neue Kindschaftsrecht (1999)
LOOS, Namensänderungsgesetz (2. Aufl 1996)
LUTHIN, Kindesnamensrecht – Neueres aus Rechtsprechung und Gesetzgebung, FamRB 2002, 275
PINTENS, Die Anwendung des belgischen, französischen und niederländischen Namensrechts durch den deutschen Standesbeamten, StAZ 1984, 188
RASCHAUER, Namensrecht (1978)
RUTHE, Die Neuordnung des Namensrechts, FamRZ 1976, 409

vSCHORLEMER, Die zivilrechtlichen Möglichkeiten der Namensänderung (1998)

SIMON, Der Name des Kindes als Zeichen ge-
störter Familienverhältnisse, StAZ 1974, 197

vSPOENLA-METTERNICH, Namenserwerb, Namensführung und Namensänderung unter Berücksichtigung von Namensbestandteilen (1997)

STENZ, Die geschichtliche Belastung des gel-

tenden deutschen Namensänderungsrechts,
StAZ 2001, 61

STÖLZEL, Kommentar zum Personenstandsgesetz (1939)

WAGENITZ, Neues Recht in alten Formen: Zum
Wandel des Kindesnamensrechts, FamRZ 1998,
1545

WAGNER-KERN, Staat und Namensänderung
(2002).

1. Allgemeines

Das Recht des Kindesnamens (§§ 1616–1618) ist Teil des übergreifenden Rechts- **4**
gebiets „**Namensrecht**". Zum Kindesnamensrecht in unserem Sinne gehören noch
§ 1757, übergangsrechtliche Vorschriften (Art 224 § 3, Art 234 § 3 EGBGB) sowie
internationalprivatrechtlich Art 10 EGBGB; mittelbar auch die Regelung des Ehenamens (§ 1355), weiterhin die Regelung des allgemeinen Namensschutzes (§ 12
sowie seine wirtschaftlichen Entsprechungen, vgl STAUDINGER/HABERMANN [2004] § 12
Rn 225 ff) und schließlich die öffentlich-rechtlichen Vorschriften des PStG sowie des
NÄG. Dieser übergreifende Charakter des Namensrechts und insbesondere seine
ambivalente Zuordnung zum Privat- wie zum öffentlichen Recht machen das Namensrecht zu einer schwierigen Materie. Hinzu kommen sachliche Komplizierungen,
die durch neuere namensrechtliche Reformen in Verbindung mit einer zunehmen-
den Dynamisierung und Internationalisierung der Familienverhältnisse bedingt sind,
die zT aber auch schlicht auf bürokratischem Perfektionismus bei unklaren und
widersprüchlichen Zielvorgaben beruhen. Insgesamt steht die Kompliziertheit des
Kindesnamensrechts in keinem vernünftigen Verhältnis zur Bedeutung der Thematik (so schon DIEDERICHSEN StAZ 1982, 274; COESTER StAZ 1984, 298 ff; HENRICH IPRax 1986,
333; aus neuester Zeit SCHWAB FamRZ 1992, 1015; HEPTING StAZ 1996, 1 ff; ders FPR 2002, 125 ff).
Zum Zustand des Kindesnamensrechts s auch noch § 1617a Rn 21 f.

2. Gesetzesentwicklung

Nach der ursprünglichen Fassung des § 1616 erwarb das Kind mit der Geburt den **5**
Familiennamen des Vaters, der nach § 1355 auch gemeinsamer Ehename der Eltern
war. Hieran änderte sich bis zum 1. 7. 1976, dem Inkrafttreten der namensrechtlichen
Bestimmungen des 1. EheRG, nichts Wesentliches. Die inhaltliche Neugestaltung
der §§ 1616–1618 durch diese Reform baute auf der Ehenamensregelung in § 1355
auf und verlor mit deren Nichtigerklärung durch das BVerfG am 15. 3. 1991 (BGBl I
807; NJW 1991, 1602) seine Grundlage. Bis zur gesetzlichen Neuregelung galt **verfas-
sungsgerichtlich dekretiertes** Übergangsrecht (dazu BOEMKE FuR 1991, 181 ff; COESTER Jura
1991, 580 ff; DETHLOFF/WALTHER NJW 1991, 1575 ff; GIESEN FuR 1993, 65 ff; zur begrenzten Fort-
wirkung der Übergangsregelung auch nach dem KindRG 1998 s Rn 6 sowie § 1617 Rn 50 ff), an
dessen Stelle dann das **FamNamRG 1994** trat (in Kraft ab 1. 4. 1994). Die hierdurch
neugefaßten §§ 1616–1618 regelten nunmehr auch den Kindesnamen bei verheirateten Eltern ohne Ehenamen und die Namensfolge des Kindes bei elterlichen Namensänderungen. Schon 4 Jahre später wurde diese Reform durch das **KindRG 1998**
überholt: Die Aufgabe des Statusunterschieds zwischen ehelichen und nichtehe-

lichen Kindern hatte zu einer Neukonzeption gezwungen, mit der auch inhaltliche Korrekturen und Akzentverschiebungen verbunden waren (vgl DIEDERICHSEN NJW 1998, 1977 ff; GAAZ StAZ 1998, 241, 247 ff; WAGENITZ FamRZ 1998, 1545 ff). Diese Konzeption prägt auch noch die jetzige Gestalt der §§ 1616–1618; punktuelle Änderungen erfolgten im Rahmen des **KindRVerbG 2002** und des **LPart-Überarbeitungsgesetzes 2005** (vgl § 1617c Rn 1; § 1618 Rn 2). Das neue **PStG** vom 19. 2. 2007 wird mit Wirkung vom 1. 1. 2009 die standesamtliche Namensregistrierung modernisieren (dazu BORNHOFEN StAZ 2007, 33 ff und [Gesetzestext] 52 ff).

6 Zum **Übergangsrecht** vgl Art 224 § 3 EGBGB: Nach dessen Abs 1 behält das Kind grundsätzlich den Namen, den es nach früherem Recht (vor dem 1. 7. 1998) erworben hatte; Änderungstatbestände des neuen Rechts (§§ 1617a Abs 2, 1617b, 1617c, 1618) sind aber auch auf altrechtliche Namen anzuwenden (zum weiteren Inhalt der Vorschrift vgl § 1617 Rn 50 ff; vgl auch HWB/WAGENITZ/BORNHOFEN Vorbem 4 ff zu §§ 1616 ff).

3. Namensrechtliche Prinzipien und Grundbegriffe

a) Rechtliche Namensfunktionen und -prinzipien
7 Der Name einer Person hat herkömmlich drei Funktionen (vgl BVerfGE 78, 38, 49; BVerfG FamRZ 1991, 535, 537; StAZ 1997, 391, 399; 2001, 207, 208; FamRZ 2002, 307, 308; s auch EGMR StAZ 2001, 39, 41):

– Abstammungskennzeichnung (Prinzip: Namenseinheit in der vertikalen „Blutslinie"),

– Kennzeichnung familiärer Zugehörigkeit (Prinzip: Namenseinheit in familialer Gruppe [„horizontal"]),

– Personenidentifikation, sowohl iSv Selbstidentifikation (psychologisch) wie auch Identifizierbarkeit von außen (Gesellschaft, Staat).

Die erste und dritte Funktion verlangen nach Stabilität der Namensanknüpfung und Kontinuität der Namensführung. In der zweiten Funktion zeichnet der Name die Zusammengehörigkeit von Personen als Familiengemeinschaft nach; je unstabiler und vielgestaltiger die Familienkonstellationen werden (Scheidung, Wiederverheiratung, nichteheliche Beziehungen), um so flexibler, dh anpassungsfähiger muß auch der Name sein, will oder soll er die jeweiligen familiären Lebenssituationen richtig kennzeichnen (vgl zum ganzen KLIPPEL 351 ff; ARNDT 43 ff; vSCHORLEMER 47 ff; COESTER StAZ 1984, 298 ff; HEPTING StAZ 1996, 1 ff; ders FPR 2002, 115). Das Recht muß notwendigerweise einen Kompromiß zwischen Namenskontinuität und -flexibilität, zwischen den verschiedenen Kennzeichnungsfunktionen des Namens suchen. Es findet ihn beispielsweise in der großzügigen Eröffnung von Möglichkeiten zur anpassenden Namensänderung, verbunden mit der Option für das ältere Kind, davon keinen Gebrauch zu machen (vgl § 1617c Rn 9 ff); Kompromißcharakter trägt auch die Institution des Begleitnamens (unten Rn 11).

b) Namensarten
8 Der Name einer Person besteht aus **Vornamen** und **Familiennamen** (vgl § 21 PStG, § 1355 Abs 1; zum Vornamen s § 1616 Rn 20 ff).

Der „Familienname" ist der individuelle **Nachname** einer Person, er setzt die Existenz einer Familie nicht voraus (vgl §§ 25, 26 PStG für familienlose Personen). Er begegnet in mehreren Spielarten:

Als **Geburtsname** ist er der personenstandsrechtlich, also öffentlich-rechtlich grundsätzlich maßgebliche Name (§ 1355 Abs 6); er ergibt sich aus der (ständig fortgeschriebenen, § 30 PStG) Eintragung im Geburtbuch (§ 21 Abs 1 Nr 4 PStG) und ist gewissermaßen der individuelle „Grundname" einer Person (Fixierung auf den Zeitpunkt der Geburt nur in § 1626d Abs 2). Er kann durch einen aktuell „geführten Namen" überlagert sein (Rn 10).

Zwei miteinander verheiratete Personen können einen ihrer Familiennamen als **9** einheitliche Kennzeichnung ihrer ehelichen Lebensgemeinschaft wählen; der gewählte Name wird damit zum **Ehenamen**, dh zum gemeinsamen Familiennamen beider Gatten (§ 1355 Abs 1, 2; ausführliche Kommentierung dieser Vorschrift bei STAUDINGER/VOPPEL [2007]). Dieser verdrängt allerdings die bisherigen individuellen Namen der Gatten nicht völlig, sie bleiben hinter dem Ehenamen existent, werden also von ihm nur überlagert – sie werden zu **latenten Namen**. So kann zB der den Namen des anderen Teils übernehmende Gatte später seinen Geburtsnamen „reaktivieren", dh nach Auflösung der Ehe zu ihm zurückkehren (§ 1355 Abs 5) oder ihn auch nur dem Ehenamen hinzufügen (§ 1355 Abs 4). Aber auch der namensgebende Gatte trägt denselben Namen in zweierlei Qualität, als Ehenamen und als latenten Individualnamen: Letzterer kann sich – etwa in Namensfolge an die Eltern – ändern, auf den Ehenamen schlägt das nicht automatisch durch (§ 1617c Abs 3; vgl § 1617c Rn 46 ff).

Vorstehende Ausführungen gelten entsprechend für den **Lebenspartnerschaftsnamen** (§ 3 LPartG).

Gegenstück zum latenten Namen, aber auch zum Geburtsnamen ist der **geführte 10 Name**: Es handelt sich um den – ungeachtet mehrerer „Namensschichten" – aktuell zu führenden, dh personenstandsrechtlich derzeit gültigen Namen (das kann ein Geburtsname, ein Ehename oder ein früherer Ehename sein oder auch eine Namenskombination). Das Gesetz knüpft an den zu führenden Namen an, wenn die Herstellung familiärer Namenseinheit bezweckt wird (§§ 1355 Abs 2, 1617 Abs 1 S 1, 1617a, 1617b).

Schließlich kennt das Recht noch die Institution des **Begleitnamens**, der es erlaubt, **11** verschiedene Namensfunktionen miteinander zu verbinden: Wer mit einem Ehenamen seine eheliche Zugehörigkeit ausdrücken will, kann dennoch mittels eines Begleitnamens auf seine Herkunft (Abstammung oder frühere familiäre Zugehörigkeit) hinweisen (§ 1355 Abs 4; ebenso § 3 Abs 2 LPartG). Gleichermaßen können Zugehörigkeit des Kindes zu einer Stiefelternfamilie und seine Abstammung von einem Dritten in einer Namenskombination ausgedrückt werden (§ 1618 S 2); ähnliches gilt für die Zugehörigkeit zur Adoptivfamilie und zur leiblichen Familie (§ 1757 Abs 4 Nr 2). Die rechtliche Figur eines „Begleitnamens" in engem Sinne liegt nur vor, wenn es sich dabei um einen rein personenbezogenen, nicht tradierbaren und somit leichter ableg- oder austauschbaren Namensbestandteil handelt (so im Falle §§ 1355 Abs 4, 1618 S 2, vgl § 1618 Rn 19). Wird der Zusatzname zu einer gleichwertigen, dauerhaften Namenskomponente des Geburtsnamens (wie bei der Adoption), entsteht hingegen ein echter, grundsätzlich untrennbarer Doppelname.

12 Keine rechtliche Namensart, aber vom Recht anerkannt ist die Figur des **Gebrauchsnamens** (BVerfG FamRZ 1988, 587, 589; vgl SCHWENZER FamRZ 1991, 390, 393; COESTER Jura 1991, 580, 584). Hiervon spricht man bei einer tatsächlichen, mit dem Personenstandsrecht nicht übereinstimmenden Namensführung, die im gesellschaftlichen Bereich jedoch jedermann erlaubt ist (s noch Rn 17; sogar Aufnahme in amtliche Ausweise, § 1 Abs 2 S 2 Nr 4 PersonalausweisG, § 4 Abs 2 S 2 Nr 4 PassG).

c)   Anknüpfungspunkte für den Kindesnamen
13 Wie die Rechtsstellung des Kindes auch sonst (Wohnsitz, Staatsangehörigkeit) leitet sich sein Name grundsätzlich von den *Eltern* ab. Die Elternehe als solche oder der eheliche Status des Kindes sind nach Aufgabe dieser Kategorie durch das KindRG 1998 kein maßgeblicher Bezugspunkt mehr – auch im Namensrecht gilt „einheitliches" Kindschaftsrecht für alle Kinder. Jedoch ist bei gemeinsamem Familiennamen, also **Ehenamen** der Eltern dieser auch für das Kind maßgeblich (§§ 1616, 1617c Abs 1; zum Lebenspartnerschaftsnamen s § 1616 Rn 3). Bei namensverschiedenen Eltern bedarf es der Entscheidung zwischen den Elternnamen; maßgebliches Kriterium ist hier das **Sorgerecht**: Bei alleinigem Sorgerecht ist der maßgebliche Elternteil hierdurch bezeichnet (§ 1617a Abs 1), bei gemeinsamem Sorgerecht entscheidet konsentierte Elternbestimmung (§§ 1617, 1617b Abs 1).

14 Ist schon der Ehename nicht unwandelbar (vgl § 1617c Abs 2 Nr 1; dazu § 1617c Rn 30 ff), so hat das KindRG 1998 mit dem Kriterium des Sorgerechts eine variable, unstabile Größe zum Maßstab erhoben. Das Problem der Namenskontinuität, aber auch der familiären Namenseinheit bei wechselnden Sorgerechtsverhältnissen hat der Gesetzgeber nicht überzeugend in den Griff bekommen (§ 1617a Rn 6, 18, 21 ff; § 1617b Rn 3).

15 Fehlt es an „Eltern", an die angeknüpft werden könnte (**Findelkinder**, Personen mit unbekanntem Personenstand [Kaspar Hauser]), so bestimmt die zuständige Verwaltungsbehörde sowohl den Vor- wie auch den Familiennamen des Kindes bzw der aufgefundenen Person (§§ 25 Abs 2, 26 PStG).

d)   Namensfähigkeit des Kindes
16 Die Namensfähigkeit ist grundsätzlich **Teil der Rechtssubjektivität** und damit der Rechtsfähigkeit einer Person, die gem § 1 von der Vollendung der Geburt bis zum Tod besteht. Das **lebend geborene**, aber vor Namensbeurkundung gestorbene Kind hat seinen Namen entweder kraft Gesetzes erworben (§§ 1616, 1617 Abs 1 S 3, 1617a Abs 1), oder dieser ist von den sorgeberechtigten Eltern noch nachträglich zu bestimmen (§ 1617 Rn 16). Das **totgeborene Kind** ist niemals Rechtssubjekt geworden (zur Abgrenzung von Totgeburt und Fehlgeburt s § 29 Abs 2, 3 PStV [Gewicht von 500 g als Grenze]); nach altem Recht war es nicht namensfähig. Hieraus erwuchsen vielfältige Beschwerden und psychologische Probleme der betroffenen Eltern (ausf mNw RIXEN FamRZ 1999, 265 ff). Das Problem ist jetzt neu geregelt in § 21 Abs 2 S 2, 3 PStG für das Geburtenbuch und § 15 Abs 1 S 4 PStG für das Familienbuch: Auf Wunsch eines (hypothetisch) sorgeberechtigten Elternteils ist auch der Vor- oder Familienname des totgeborenen Kindes einzutragen; für eine nötige und mögliche

Namensbestimmung durch die Eltern ist deren Einigung erforderlich (s § 1616 Rn 24 [Vorname]; zum Familiennamen § 1617 Rn 17, 39, 69 [bei gemeinsam sorgeberechtigten Eltern], 1617a Rn 29 [Erteilung des Vaternamens durch die hypothetisch alleinsorgeberechtigte Mutter]). Damit gesellt sich das Namensrecht zu anderen (gesetzlichen oder außergesetzlichen) Vorverlagerungen der Rechtsfähigkeit auf den nasciturus (s auch HWB/WAGE-NITZ/BORNHOFEN vor §§ 1616 ff Rn 40 ff).

4. Name und Namensführung

Auf die Führung und die Respektierung seines Namens hat jedermann ein Recht (vgl **17** § 1616 Rn 1, 18). Ob dem eine *Pflicht zur Namensführung* entspricht, war früher umstritten. Zu bejahen ist eine solche Pflicht heute nur für den öffentlich-rechtlichen Rechtsverkehr, während im privaten Rechtsverkehr und insbesondere im gesellschaftlichen Bereich – abgesehen von Täuschungen und anderweitigen Rechtsgutverletzungen – das **Prinzip der Namens- und Namensführungsfreiheit** gilt (BVerfG FamRZ 1988, 587, 589 f; RASCHAUER 249 ff; vgl Rn 12). Soweit im öffentlichen Bereich eine Namensführungspflicht besteht, bezieht sich diese auf eine personenstandsrechtlich korrekte Namensführung: Sie muß vollständig sein (ehemalige Adelsbezeichnungen) und der richtigen Schreib- und Ausspracheweise entsprechen (vgl BayObLG StAZ 1984, 11; OLG Hamm StAZ 1983, 343; AG Krefeld StAZ 1984, 17).

Die Eigenberechtigung des Kindes am erworbenen Namen und die fehlende privatrechtliche Führungspflicht implizieren, daß das Kind nicht verpflichtet ist, den elterlichen Familiennamen beizubehalten oder aber Namensänderungen der Eltern zu folgen (vgl § 1617c Rn 9 ff).

Die **Beurkundung** des Namens in den Personenstandsbüchern ist im **PStG** geregelt (Überblick bei HWB/WAGENITZ/BORNHOFEN vor §§ 1616 ff Rn 20 ff); mit dem 1. 1. 2009 wird das neue PStG vom 19. 2. 2007 an die Stelle des jetzt noch geltenden Rechts treten (Rn 5).

5. Zivilrechtliches und öffentlich-rechtliches Namensrecht

Das öffentlich-rechtliche Namensänderungsgesetz (**NÄG**, BGBl 1975 I 685; vgl MASS- **18** FELLER/COESTER, Das gesamte Familienrecht, Nr 3. 1; Kommentierung bei LOOS [2. Aufl 1996]; ausführlich zur Entstehungsgeschichte und den nationalsozialistischen Wurzeln des NÄG WAGNER-KERN, Staat und Namensänderung [2002]) ermöglicht eine behördliche Änderung des Familiennamens einer Person, wenn diese es beantragt (§ 2) und ein „wichtiger Grund" für die Änderung besteht (§ 3). Für den Vornamen gilt Entsprechendes (§ 11 NÄG, vgl § 1616 Rn 82). Für Streitfragen ist der Verwaltungsrechtsweg eröffnet. Das Verhältnis zum Namensrecht des BGB ist treffend von Nr 27 Abs 1 der ergänzenden NamÄndVwV (BAnz Nr 78 vom 25. 4. 1986, vgl MASSFELLER/COESTER aaO Nr 3.1.2; HWB/WAGENITZ/BORNHOFEN, Gesetzestexte Nr 12) beschrieben: „Das Namensrecht ist durch die entsprechenden Vorschriften des bürgerlichen Rechts umfassend und – im Grundsatz – abschließend geregelt. Die öffentlich-rechtliche Namensänderung dient dazu, Unzuträglichkeiten im Einzelfall zu beseitigen. Sie hat Ausnahmecharakter. Dementsprechend ist vorrangig zu prüfen, ob das erstrebte Ziel nicht nur durch eine namensgestaltende Erklärung nach bürgerlichem Recht oder eine Verfügung des VormG [jetzt FamG] erreicht werden kann." Allerdings ist mit dem

BVerwG (StAZ 2002, 205, 207) hinzuzufügen: Die §§ 1616–1618 enthalten *keine ausschließliche* Regelung des Kindesnamens; in vom BGB ungeregelt gebliebenen Konstellationen bleibt eine Namensänderung nach § 3 NÄG „ohne weiteres zulässig".

19 Große Bedeutung hatte das NÄG für das vom BGB zunächst offengelassene Problem der Einbenennung von Stiefkindern in die neue Ehe eines sorgeberechtigten Elternteils mit einem Dritten. Nachdem das KindRG 1998 die Problematik in § 1618 geregelt hat (s § 1618 Rn 2), bleiben für die Anwendung des NÄG nur noch die sogenannten „Scheidungshalbwaisenfälle" (der nach Elterntrennung allein sorgeberechtigte Elternteil kehrt vom Ehenamen zu einem früheren Namen zurück, § 1355 Abs 2 S 2; der Kindesname soll folgen; dazu § 1617c Rn 32) sowie untypische Einzelfälle übrig – für eine *Korrektur* des gesetzlichen Systems der §§ 1616–1618 steht das NÄG nicht zur Verfügung (tendenziell anders GAAZ StAZ 1998, 241, 247 ff). Zu verbliebenen Anwendungsfeldern des NÄG im Kindesnamensrecht s unten Rn 20 sowie § 1617a Rn 23, 32, 1617b Rn 3, 1617c Rn 33 ff; 1618 Rn 2, 44 (zur Änderung des Kindesnamens in den Namen der *Pflegeeltern* VG Darmstadt NJW 1998, 2992 ff – der dort angewandte Maßstab der „Förderlichkeit" ist aber heute nicht mehr zu halten, vgl § 1617c Rn 32; **gänzlich ablehnend** PALANDT/DIEDERICHSEN Einf v § 1616 Rn 8).

6. Internationale Bezüge

20 **Kollisionsrechtlich** beurteilt sich der Name einer Person grundsätzlich nach ihrem Heimatrecht, Art 10 Abs 1 EGBGB; die Sorgeberechtigten haben jedoch Rechtswahlmöglichkeiten nach Art 10 Abs 3 EGBGB (ausführliche Darstellung bei STAUDINGER/ HEPTING [2000] Art 10 EGBGB Rn 199 ff; vgl HENRICH, in: GS Lüderitz [2000] 273 ff; HWB/ HENRICH, Teil C. II.).

21 Noch ungeklärt ist, ob und inwieweit das **Recht auf Freizügigkeit** innerhalb der **EU** zu einer Modifikation des deutschen Kollisionsrechts oder auch des Sachrechts nötigt. Der EuGH hat für den Namen von Doppelstaatern mehr Flexibilität der nationalen Rechte gefordert, damit eine Person nicht in verschiedenen Mitgliedsstaaten verschiedene Namen führen müsse (IPRax 2004, 339 ff [„Garcia Avello", betr ein belgisch-spanisches Kind]; dazu FRANK StAZ 2005, 161 ff; HENRICH, in: FS Heldrich [2005] 667 ff), und der Fall „Niebüll" hat die weitergehende Frage aufgeworfen, ob nicht der in einem Mitgliedsstaat wirksam erworbene Name in allen anderen Mitgliedsstaaten „anzuerkennen", dh zu übernehmen sei (EuGH IPRax 2006, 402 [ohne Sachentscheidung]; Schlußantrag JACOBS IPRax 2005, 440, 444; HENRICH IPRax 2005, 422, 424; COESTER-WALTJEN IPRax 2006, 392 ff; MANSEL RabelsZ 70 [2006] 651). Als nationale Reaktionen hierauf kommen nicht nur generelle Änderungen des Kollisions- oder Sachrechts in Betracht, sondern auch eine gezielte Abhilfe in Einzelfällen nach dem NÄG (so der belgische Gesetzgeber nach dem „Garcia Avello"-Urteil).

22 Probleme können sich ergeben, wenn dem deutschen Recht **fremde Namensformen** (etwa Vatersnamen, Zwischennamen, bloße Eigennamen ohne Familiennamen), die im Ausland wirksam erworben worden sind, ins deutsche Recht zu integrieren sind (etwa bei Einbürgerung, Eheschließung oder Geburt eines Kindes mit deutscher Staatsangehörigkeit). Diese Probleme sind durch **Angleichung** entweder auf kollisionsrechtlicher oder/und auf materiellrechtlicher Ebene zu bewältigen (ausführlich mit umfass Nachw HEPTING StAZ 2001, 257 ff; materiellrechtliche Angleichung in LG Frankfurt/M

StAZ 2003, 113 f; LG Tübingen FamRZ 2004, 730 f). Der zum 1. 1. 2009 in Kraft tretende Art 47 EGBGB räumt den Betroffenen weitgehende Gestaltungsfreiheit ein (vgl § 1616 Rn 96).

§ 1616
Geburtsname bei Eltern mit Ehenamen

Das Kind erhält den Ehenamen seiner Eltern als Geburtsnamen.

Materialien: E I § 1495; E II § 1511 rev § 1596; E 3 § 1594; Mot IV 712; Prot I 7519; Prot II Bd 4, 535; NEhelG Art 1 Nr 18; EheRG Art 1 Nr 23; FamNamRG Art 1 Nr 2; KindRG Art 1 Nr 7. STAUDINGER/BGB-Synopse 1896–2005 § 1616.

Schrifttum

S vor Vorbem 4 zu §§ 1616–1625.

Systematische Übersicht

Michael Coester

Alphabetische Übersicht

I. Normbedeutung

1 Die Vorschrift regelte traditionell den Namenserwerb des ehelichen Kindes (zur Normgeschichte Vorbem 5 zu §§ 1616–1625). Die Anknüpfung des bisherigen Rechts an den Status des Kindes konnte nach dem Übergang zu einem einheitlichen Kindesrecht durch das KindRG 1998 nicht mehr weitergeführt werden (BT-Drucks 13/4899, 70; 13/8511, 71). Dennoch trägt der neue § 1616 der Situation, daß die Eltern einander geheiratet und einen Ehenamen gewählt haben, besonders Rechnung: Mit der Wahl eines Ehenamens betonen die Eheleute gegenüber der Umwelt ihre gemeinsame Verbundenheit, die ihre individuelle Personalität überlagert. Zur rechtlich wie namensmäßig symbolisch verfestigten Gemeinschaft gehören jedoch untrennbar auch die Kinder, die aus ihr hervorgehen: „Das Kind hat gegenüber den Eltern ein Recht auf den Familiennamen, der sich aus dem Ehenamen der Eltern ableitet und die Zugehörigkeit des Kindes zur Familie ausweist" (BGH FamRZ 1979, 467, 468; vgl WAGENITZ FamRZ 1998, 1545; die Infragestellung dieses Gedankens durch SCHWENZER FamRZ 1991, 390, 396; dies GutA 59. DJT [1992] A 58 hat keinen Widerhall gefunden). Die **gesamtfamiliäre Namenseinheit** ist gesetzliches Idealbild geblieben (BVerfG FamRZ 2002, 307, 308), auch wenn die Ehe der Eltern als bloße Voraussetzung des – allein maßgeblichen – Ehenamens ihren eigenständigen Stellenwert im Normkonzept verloren hat (vgl Rn 11 ff). Der Leitbildcharakter der familiären Namenseinheit zeigt sich auch daran, daß die Maßgeblichkeit des elterlichen Ehenamens in § 1616 eine „starke Anknüpfung" für den Kindesnamen ist, die sich gegenüber anderen Anknüpfungen des Kindesnamensrechts durchsetzt: etwa gegenüber einem früheren Namenserwerb auf anderer Grundlage (§ 1617c Abs 1, vgl § 1617c Rn 4, § 1617b Rn 37), dem Wahlrecht bei neubegründetem gemeinsamen Sorgerecht (§ 1617b Rn 5), dem Grundsatz der Namenseinheit von Geschwistern (§ 1617 Rn 44) oder dem System der §§ 1617c Abs 2 Nr 2, 1618 (§ 1618 Rn 45, vgl § 1617b Rn 8).

II. Tatbestand

1. Kind

2 Die Vorschrift ist nicht, wie die Altfassung, auf das „eheliche Kind" beschränkt, sondern bezieht sich grundsätzlich auf **alle** Kinder (unrichtig ERMAN/MICHALSKI Rn 4). Zwar ergibt sich aus dem Erfordernis eines Ehenamens der Eltern, daß diese vor der Geburt des Kindes geheiratet haben müssen (bei nachträglicher Heirat: § 1617c Abs 1); weder muß jedoch bei der Kindesgeburt die Ehe noch bestehen noch eine Vaterschaftszuordnung nach §§ 1592 Nr 1 oder 1593 erfolgt sein (s noch unten Rn 4, 12). Zum totgeborenen Kind s Rn 18.

2. Ehename seiner Eltern

a) „Seiner" Eltern

3 Es müssen gerade die beiden Personen, die dem Kind gem §§ 1591 ff als **Mutter und Vater** zugeordnet sind, als gemeinsamen Familiennamen einen Ehenamen gewählt haben. Es genügt nicht, wenn jeder Elternteil einen Ehenamen aus einer anderen Ehe in dieser Ehe mit dem anderen Elternteil fortführt (§ 1355 Abs 1 S 3), selbst wenn dieser zufällig (etwa bei Massennamen) übereinstimmt. Mangels gemeinsamer Elternschaft scheidet auch eine (analoge) Anwendung des § 1616 auf **Lebenspartner-**

schaftsnamen aus (vgl noch § 1617a Rn 3; bei Stiefkindadoption, § 9 Abs 7 LPartG, wird allerdings der Lebenspartnerschaftsname gem § 1757 Abs 1 erworben [zu dessen Anwendbarkeit MUSCHELER, FamR Rn 863], s § 1617c Rn 25). Beide Eltern müssen bei Kindesgeburt noch leben (Rn 17).

Die Elternschaft muß **rechtlich feststehen** – bei bestehender Ehe gem §§ 1591, 1592 **4** Nr 1 (bei späterer Vaterschaftsanfechtung § 1617b Abs 2, s dort Rn 26), bei inzwischen schon aufgelöster Ehe gem § 1593 oder §§ 1592 Nr 2, 3, 1594 Abs 4 (etwa bei geschiedenen, aber wiederversöhnten Eltern, vgl LIPP/WAGENITZ Rn 2). Wird bei geschiedenen Eltern die Vaterschaft erst nach der Geburt anerkannt oder gerichtlich festgestellt, so kann das Kind bei seiner Geburt noch nicht den (nachehelich fortgeführten, vgl Rn 15) Ehenamen seiner Eltern nach § 1616 erwerben. Der dann einstweilig (idR nach § 1617a Abs 1) erworbene Name wird jedoch mit rechtlicher Etablierung der Vaterschaft rückwirkend durch den Namen nach § 1616 verdrängt (HWB/WAGENITZ/BORNHOFEN Rn 9; Fachausschuß Standesbeamte StAZ 2001, 180 und 216; 2005, 328, 329; 2005, 365; entsprechender Randvermerk im Geburtenbuch, § 30 Abs 1 S 1 PStG).

b)   Ehename
aa)   Begriff
Der Begriff des Ehenamens folgt aus § 1355, es handelt sich also um den **gewählten 5 Namen der Mutter oder des Vaters** (bloße Unterzeichnung einer „marriage license" in den USA ist noch keine Namenswahl nach § 1355 Abs 1 S 1, OLG Frankfurt StAZ 2004, 304, 305 [Kindesname nach § 1617 zu bestimmen]). Nicht mehr zum Ehenamen iSv § 1616 gehört ein nach § 1355 Abs 4 S 1 hinzugefügter **Begleitname** – er ist (nach wie vor) nur persönlicher Namensbestandteil eines Elternteils und wird nicht nach § 1616 auf die Kinder übertragen (LIPP/WAGENITZ Rn 3; Fachausschuß Standesbeamte StAZ 2001, 372: bei erst nachträglicher Vaterschaftsfeststellung und zwischenzeitlichem Erwerb des Doppelnamens der Mutter nach § 1617a Abs 1 geht der Begleitnamens-Teil verloren). Andererseits hindert der Umstand, daß ein Elternteil einen unechten Doppelnamen führt, die Weitergabe des den Eltern gemeinsamen Namensteils (dh des Ehenamens) nicht (PALANDT/DIEDERICHSEN Rn 2).

Vom Kind erworben werden aber **echte Doppelnamen**, die beide Eltern als Ehe- **6** namen führen, gleich ob sie auf Herkommen, Namensverleihung nach dem NÄG oder ausländischem Recht beruhen oder auch auf den neuen Vorschriften der §§ 1617, 1617a, 1617b (s § 1617 Rn 23). Es kann sich auch um **Hofnamen** handeln, die von einem Elternteil nach dem RErbhG erworben worden waren und heute weitergeführt werden. Obwohl derartige Hofnamen ursprünglich an die Person des Namensträgers gebunden waren, wurden sie nach 1947 als echter Namensbestandteil fortgeführt und an die Kinder weitergegeben (HEPTING/GAAZ § 21 PStG Rn 57; BVerwG StAZ 1970, 57; OLG Hamm StAZ 1971, 138).

Das Kind erwirbt auch **andere Namenszusammensetzungen**, wenn sie echte Namens- **7** bestandteile sind. Hierzu gehört die Verbindung zweier Nachnamen mit dem Wort **„genannt"**, wobei es sich ebenfalls um eine Form überkommener Hofnamen handeln kann, aber auch um einen auf anderen Gründen beruhenden Namensgebrauch (LOOS 43, 73; ders StAZ 1968, 108). Da bei den „Genannt"-Namen die Qualität als echter Namensbestandteil fraglich sein kann, sind hier stets Nachforschungen über die

Entstehungsgeschichte notwendig (LG Bielefeld StAZ 1981, 349 mAnm DREWELLO; AG Stuttgart StAZ 1976, 176). Auch Zwischen- oder Vaternamen nach **ausländischem Recht** können echte Namensbestandteile sein (HEPTING/GAAZ § 2 PStG Rn 13 e; vgl Vorbem 22 zu §§ 1616–1625).

8 **Adelsnamen** (nicht aber Anredeformen wie „Durchlaucht" usw) sind Bestandteile des Familiennamens (also nicht „Zwischenname" oder Namenspartikel anderer Art; so aber DIEDERICHSEN, in: FS Henrich [2000] 101, 105), Art 109 Abs 3 S 2 WRV iVm Art 123 Abs 1 GG (BVerwGE 9, 323; 23, 344; StAZ 1966, 130 f; BayObLG StAZ 2003, 45; grundlegend vSPOENLA-METTERNICH [1997] 105 ff [zur „Durchlaucht" 128 f]; für die Zeit vor der WRV: OPET AcP 87 [1897] 331, 334 Fn 40; RASCHAUER 130 f). Der Namenserwerb folgt allein bürgerlich-rechtlichen Grundsätzen (BayObLG FamRZ 1980, 445; RASCHAUER 130), richtet sich also nach §§ 1616–1618. Der Vorname ist der Adelsbezeichnung (Freiherr, Graf) konsequenterweise voranzustellen (RGZ 113, 107, 115; RASCHAUER 260). *Inkonsequenterweise* wird seit RGZ 113, 107, 112 ff allerdings die *Deklination* der Adelsbezeichnungen sowie die Führung ihrer *weiblichen Form* durch weibliche Familienangehörige zugelassen (s auch BayObLG StAZ 1956, 12, 13; StAZ 2003, 45, 46). Eine Tochter erwirbt mit der Geburt nach § 1616 demnach den Namen „Gräfin X" (nicht „Comtesse", PETERS StAZ 1959, 333) oder „Freiin X" (ie AG Köln StAZ 1991, 284; HEPTING/GAAZ § 2 PStG Rn 14; PETERS StAZ 1967, 225; krit wie hier vSPOENLA-METTERNICH 130 ff, 151 ff; zu Transsexuellen s Rn 84 ff). Mit sprachlichen Gründen gar nicht mehr zu rechtfertigen ist es, wenn der Tochter eines „Ritter X" nur der Name „von X" zugebilligt wird (BayObLG StAZ 1967, 185; OLG Düsseldorf FamRZ 1997, 1554 f). Dem Geist der verfassungsrechtlichen Bestimmungen entspricht es schließlich, auch den sogenannten „persönlichen Adel" und Primogenituradel als Frage der Namensführung zu qualifizieren und bürgerlichen Erwerbsgrundsätzen zu unterstellen (vSPOENLA-METTERNICH 148 ff; aA BayObLG StAZ 1981, 187; 1984, 339; OLG München OLGE 42, 248; § 57 Abs 3 S 5, 6 DA). *Ausländische Adelsbezeichnungen* werden nicht übersetzt (HEPTING/GAAZ § 2 PStG Rn 14–14c mit einem Überblick über ausländisches Recht; § 57 Abs 4 DA; zu spanischen Adelsbezeichnungen RAU StAZ 1980, 177 f), sie werden auch nicht (wiederum inkonsequent zum deutschen Recht) in weiblicher Form geführt (AG Braunschweig StAZ 1971 339 [„Jonkher/Jonkvrouwe"], dazu Anm StAZ 1972, 119).

9 **Akademische Grade** sind „Namenszusatz eigener Art", nicht aber Namensbestandteile, und gehen deshalb auch nicht auf das Kind über (HEPTING/GAAZ § 2 PStG Rn 15; RASCHAUER 132 f, 150 ff). Auch **Pseudonyme**, selbst wenn sie ausnahmsweise einmal von Eheleuten gemeinsam geführt werden, werden nicht vom Kind erworben.

bb) Zeitpunkt

10 Maßgeblich für die Anknüpfung an den Elternnamen ist der **Zeitpunkt der Kindesgeburt** (arg e §§ 1617 Abs 1 S 2, 1617a Abs 1, 1617c Abs 1; vgl LIPP/WAGENITZ Rn 5; zum Begriff des „Geburtsnamens" s unten Rn 18; zum totgeborenen Kind ebenfalls Rn 18 und Vorbem 16 zu §§ 1616–1625 [hier genügt der Beurkundungswunsch nur eines Elternteils]; zur erst späteren Etablierung der Vaterschaft bei geschiedenen Eltern Rn 4). Wird ein Ehename erst später bestimmt, geht er zwar auch auf das Kind über, aber nur *ex nunc* gem § 1617c Abs 1; bis dahin bleibt es bei dem Namen des Kindes, den es gem §§ 1617, 1617a oder 1617b Abs 1 erworben hatte. Eine Ausnahme wird aus rechtspraktischen Gründen nur dann zu machen sein, wenn die Eltern einen Ehenamen zwar erst nach der Geburt, aber noch vor deren Beurkundung durch den Standesbeamten bestimmt haben –

dann kann der Ehename von vornherein als Geburtsname des Kindes eingetragen werden (§ 265 Abs 4 S 2 DA; vgl § 31a Abs 2 S 2 PStG; Lipp/Wagenitz Rn 7 und § 1617 Rn 3). Gleiches sollte im Ergebnis gelten, wenn die Geburt schon beurkundet wurde, aber die Namensbestimmung nach § 1617 Abs 1 noch ausstand, als ein Ehename gewählt wurde (HWB/Wagenitz/Bornhofen § 1617c Rn 12, 13 [gestützt auf § 1617c Abs 1]).

cc) Tragweite des Ehenamens als Anknüpfungspunkt

Auch der neugefaßte § 1616 setzt (mit dem Merkmal „Ehename") zwar eine El- **11** ternehe voraus, sie gehört aber nicht mehr zum unmittelbaren Normtatbestand, sondern bildet nur noch den entstehungsgeschichtlichen Hintergrund des allein maßgeblichen Anknüpfungspunktes „Ehename". Dieser setzt nur in seiner Entstehung, nicht aber in seinem Fortbestand eine Elternehe voraus (§ 1355 Abs 5 S 1). Ehename und Ehe sind deshalb im praktischen Regelfall deckungsgleich, können aber auch auseinanderdriften. Hieraus folgt zweierlei:

Da das Gesetz allein auf den „Ehenamen" zZ der Geburt abstellt, kann in § 1616 **12** nicht das einschränkende Merkmal einer „ehelichen Zeugung" des Kindes (iS einer Vaterzuordnung kraft Ehe, §§ 1592 Nr 1 oder 1593) hineingelesen werden. Statt „Ehelichkeit" ist fortan der „gemeinsame Familienname" der Eltern (§ 1355 Abs 1 S 1) der allein maßgebliche Bezugspunkt (zu den Konsequenzen § 1617c Rn 25 ff).

Von einem als Anknüpfungspunkt für den Kindesnamen tauglichen „Ehenamen" iS **13** des § 1616 ist *nur* dann, aber auch *immer* dann auszugehen, **wenn Mutter und Vater des Kindes in der Vergangenheit miteinander einen Ehenamen gewählt hatten und dieser bei der Geburt noch geführt wird** (Lipp/Wagenitz Rn 6; Wagenitz FamRZ 1998, 1545). Der Gemeinschaftsname der Personen, aus deren Verbindung das Kind stammt, lebt dann noch fort; mit der Anknüpfung an ihn wird Namenseinheit der Familie hergestellt. Dies ist an Fallgruppen zu verdeutlichen.

§ 1616 ist demnach jedenfalls **nicht einschlägig**, wenn   **14**

– der Vater schon vor der Geburt verstorben und die Mutter bei der Geburt gem § 1355 Abs 5 schon zu einem früheren Namen zurückgekehrt ist;

– bei Kindesgeburt beide inzwischen geschiedenen Eltern den Ehenamen schon abgelegt haben (gem § 1355 Abs 5 S 2 oder im Zusammenhang mit einer Neuheirat gem § 1355 Abs 1, 2).

§ 1616 nimmt nicht Bezug auf eine frühere Ehe oder einen früheren Ehenamen, sondern nur auf einen zZ der Kindesgeburt aktuell **geführten Namen**. Der Bezug auf einen schon abgelegten Ehenamen würde Namensverschiedenheit von Kind und Eltern erzwingen; die Zielvorstellung des Gesetzgebers „familiäre Namenseinheit" würde so in ihr Gegenteil verkehrt.

§ 1616 ist demgegenüber **anzuwenden**, wenn die Ehe bei Geburt schon geschieden **15** ist, aber **beide Eltern den Ehenamen noch fortführen** (BT-Drucks 13/4899, 90; Wagenitz FamRZ 1998, 1545; Fachausschuss Standesbeamte StAZ 2001, 180 und 216; 2005, 328, 329). Dem ist gleichzustellen der – eher seltene – Fall, daß ein Elternteil zunächst neu geheiratet und den Namen gewechselt hatte, dann – nach Scheidung auch dieser neuen Ehe –

zum Ehenamen der vorigen Ehe zurückkehrt, sich mit dem früheren Partner wieder versöhnt (mit oder ohne Ehe) und dann das Kind gezeugt wird (LIPP/WAGENITZ Rn 6). Das gleiche gilt, wenn die geschiedenen Eltern in neuen Ehen ihren Ehenamen aus der gemeinsamen Erstehe fortführen (§ 1355 Abs 1 S 3) und das Kind außerehelich gezeugt wird (Etablierung der Vaterschaft vorausgesetzt, Rn 4). Gemeinsame Elternschaft und gemeinsamer Name haben im System der §§ 1616 ff also absoluten Vorrang (Rn 1 und § 1617c Rn 4); das Sorgerecht ist in §§ 1617–1617b nur eine Hilfsanknüpfung, auf die es bei Namensgemeinsamkeit der Eltern nicht ankommt (aM AnwKomm-BGB/ LÖHNIG Rn 6).

16 Als **Zweifelsfälle** sind die Situationen einzustufen, in denen bei Kindesgeburt **nur noch ein Elternteil den Ehenamen führt**.

Erste Variante: Bei Kindesgeburt ist die Elternehe schon geschieden und ein Elternteil zu einem früheren Namen zurückgekehrt, der andere Elternteil führt den Ehenamen aber noch fort (typische Konstellation: Mannesname ist zum Ehenamen gewählt worden, nach Scheidung kehrt die Frau zu ihrem vorehelichen Namen zurück; Vaterschaft des früheren Ehemannes gem § 1592 Nr 2 oder 3). Hier könnte daran gedacht werden, daß der Ehename jedenfalls in der Person eines Elternteils noch fortlebt und deshalb als Anknüpfungspunkt für den Kindesnamen grundsätzlich zur Verfügung steht. Gesamtfamiliäre Namenseinheit ist ohnehin nicht mehr zu erreichen, mit dem Bezug auf den Ehenamen würde nicht nur teilweise Namenseinheit Eltern/Kind hergestellt, sondern auch auf die frühere Gemeinschaft der Eltern verwiesen (so iE PALANDT/DIEDERICHSEN Rn 2; s auch bei Vorversterben des Vaters, Rn 17). Gegenläufige Wertungen des Gesetzes und praktische Überlegungen stehen einer solchen Sicht dennoch entgegen: Die *Namenseinheit in der sozialen Lebensgemeinschaft* von Elternteil und Kind hat Vorrang vor der (nur auf das Abstammungsband hinweisenden) Namenseinheit mit einem abwesenden Elternteil; als Hilfsanknüpfung bei namensverschiedenen Eltern verwendet das Gesetz das *Sorgerecht* (§§ 1617, 1617a Abs 1, 1617b Abs 1). Die starre Anknüpfung an einen einseitig noch fortgeführten Ehenamen würde diese Wertungsgesichtspunkte ignorieren. In obiger typischer Konstellation würde das Kind bei der alleinsorgeberechtigten (§ 1671) oder hauptsorgeberechtigten (§ 1687 Abs 1) Mutter aufwachsen, aber den Namen des Vaters tragen. Dieses den Kindesinteressen nicht entsprechende Ergebnis kann nur vermieden werden, wenn – bei aufgelöster Elternehe zZ der Geburt – **§ 1616 nur angewendet wird, wenn gesamtfamiliäre Namenseinheit noch erreicht werden kann** (Beispiele s Rn 15). Im Konflikt zwischen zwei Elternnamen muß dagegen das **Sorgerecht** den Ausschlag geben. Das Kind erhält demnach, wenn bei Geburt der Ehename nicht mehr von beiden geschiedenen Elternteilen fortgeführt wird, **bei Alleinsorge eines Elternteils seinen Namen nach § 1617a Abs 1, bei gemeinsamem Sorgerecht nach § 1617** (LIPP/WAGENITZ Rn 6; HWB/WAGENITZ/BORNHOFEN Rn 13; Anw-Komm-BGB/LÖHNIG Rn 6). Letzteres wird regelmäßig auf eine familiengerichtliche Zuweisung des Namensbestimmungsrechts nach § 1617 Abs 2 hinauslaufen, da eine Einigung der Eltern kaum zu erwarten ist; das FamG hat hier jedoch – anders als sonst (§ 1617 Rn 74) – ein klares, gesetzlich vorgezeichnetes Entscheidungskriterium: Analog §§ 1617a Abs 1, 1687 Abs 1 weisen die (ordnungsgemäßen) Betreuungsverhältnisse auf den namensgebenden Elternteil.

17 **Zweite Variante**: Der Ehemann und Vater ist vor der Kindesgeburt gestorben, die

Mutter ist beim Ehenamen geblieben. Hier wird verbreitet vom Fortleben des Ehenamens in der Person des einzig verbliebenen Elternteils und damit von der Anwendbarkeit des § 1616 ausgegangen (Lipp/Wagenitz Rn 2; HWB/Wagenitz/Bornhofen Rn 7, 14; FamRefK/Wax Rn 3; Palandt/Diederichsen Rn 2 [eingeschränkt auf eheliche Zeugung iSv § 1593]; Rauscher, FamR 914). Erwirbt das Kind den Mutternamen jedoch als „Ehenamen", so ist damit sein Name unwandelbar festgelegt (Änderungen des Ehenamens iSv § 1617c Abs 2 Nr 1 sind nicht mehr möglich), späteren Namenswechseln der Mutter (etwa nach § 1355 Abs 5 S 2) könnte das Kind nicht nach § 1617c Abs 2 Nr 2 folgen. Um nicht die konfliktreichen Fälle der Namensverschiedenheit in nachehelichen Teilfamilien (vgl § 1617a Rn 21 ff) unnötig weit auszudehnen, ist deshalb die Sicht vorzuziehen, daß das Kind den Mutternamen als deren Individualnamen nach § 1617a Abs 1 erwirbt (mit Auflösung der Ehe ist der Gemeinschaftsname – äußerlich unverändert – zum Individualnamen geworden, der zur Disposition des Namensträgers gem § 1355 Abs 5 steht, vgl BT-Drucks 7/650, 119).

III. Rechtsfolgen

Das Kind erwirbt den Ehenamen der Eltern im Moment seiner Geburt **kraft Ge-** **18** **setzes** als „Geburtsnamen" (zum Begriff s § 1355 Abs 6; Vorbem 8 zu §§ 1616 ff), die Eintragung im Geburtenbuch durch den Standesbeamten (§ 21 Abs 1 Nr 4 PStG) ist lediglich deklaratorisch. Bei **Totgeburt** des Kindes erfolgt die Namenseintragung allerdings nur auf elterlichen Antrag, §§ 15 Abs 2 S 4, 21 Abs 2 S 2 PStG (vgl Rn 29). Der Kindesname kann späteren Änderungen des Ehenamens folgen (§ 1617c Abs 2 Nr 1), muß es aber nicht (§ 1617 Abs 1 entspr) – er ist zum grundsätzlich **eigenständigen Individualnamen** des Kindes geworden (vgl RGZ 119, 144) und kann in einer späteren Ehe des Kindes als Ehename weitergegeben werden (§ 1355 Abs 2).

Im Konflikt zwischen Namenseinheit mit den Eltern (§ 1616) oder mit den Geschwi- **19** stern (vgl § 1617 Abs 1 S 3) setzt sich § 1616 durch (vgl Rn 1): Ist bei Kindesgeburt schon ein Geschwister mit einem Geburtsnamen vorhanden, der vom jetzigen Ehenamen der Eltern verschieden ist, so wird nicht an den Geschwisternamen, sondern an den Ehenamen der Eltern angeknüpft (Lipp/Wagenitz Rn 4; s § 1617 Rn 44). Beispiel: Die Eltern haben erst zwischen der Geburt des ersten und des zweiten Kindes einen Ehenamen bestimmt oder ihren Ehenamen geändert; das erste Kind (das einen anderen Namen nach §§ 1617, 1617a trägt) hat sich dem nicht angeschlossen (§ 1617c Abs 1, 2 Nr 1). Seine Entscheidung gegen Namenseinheit mit den Eltern ist eine höchstpersönliche, sie geht nicht zu Lasten des nachgeborenen Geschwisters.

IV. Vorname*

1. Allgemeines

Das Recht des Vornamens ist gesetzlich nicht ausdrücklich geregelt. Die Unter- **20** gliederung des Personennamens in Vor- und Familiennamen begegnet in Deutschland etwa seit dem 14. Jahrhundert (Loos 159; Herrmann AcP 45 [1862] 153, 157; s auch

---

* **Schrifttum:** s Staudinger/Habermann (2004) § 12 Rn 203; außerdem Seibicke, Vor- namen (3. Aufl 2002); Internationales Handbuch der Vornamen [Hrsg Gesellschaft für

SEIBICKE StAZ 1992, 329 ff). In frühen Gemeinschaften hatten die Menschen nur persönliche Namen (Vornamen), die Nachnamen entwickelten sich aus Beinamen, die wegen vielfältiger Vornamensgleichheit in enger werdenden sozialen Verhältnissen dem Vornamen hinzugesetzt wurden (HERRMANN aaO; SEIBICKE StAZ 2006, 52). Die heutige Funktionsverteilung zwischen Vor- und Nachnamen wird eher umgekehrt gesehen: Der Vorname als Individualname dient der Unterscheidung innerhalb einer Familie und von anderen Trägern desselben Familiennamens sowie der Kennzeichnung des Trägers als eigene Persönlichkeit (BGHZ 30, 132, 135; LOOS 159; SEIBICKE 1 f; OPET AcP 87 [1897] 324). Weist der *Familienname* demnach schwerpunktmäßig auf die Einbindung einer Person in seine soziale/verwandtschaftliche Umwelt hin, so dient der *Vorname* nach inzwischen verfestigter Rspr des BVerfG **„ausschließlich dem Ausdruck der Individualität einer Person"**, dh er bezeichnet den Einzelnen und unterscheidet ihn von anderen (BVerfGE 59, 216, 226; StAZ 1988, 164, 167; 2002, 72, 76; 2004, 104, 106; 2004, 109; 2006, 50, 52; 2006, 102, 104). Es kann demnach eine **Individualisierungsfunktion**, bezogen auf die Identitätsfindung und -kennzeichnung, und eine **Unterscheidungsfunktion** des Vornamens jedenfalls idealtypisch unterschieden werden. Letztere kann sowohl aus staatlicher wie auch privater Sicht definiert werden, die Kennzeichnungsfunktion des Vornamens enthält sowohl ein privatrechtliches und persönlichkeitsrechtliches Element (BVerfG StAZ 2006, 50, 52; näher unten Rn 39 ff) wie auch ein etatistisches. Dabei scheint der rechtliche Stellenwert des staatlich/gesellschaftlichen Ordnungsinteresses derzeit noch nicht endgültig geklärt (dazu unten Rn 41 f). Dies zeigt sich vor allem auch bei der Frage, ob und inwieweit der Vorname auch die Kennzeichnung der *geschlechtlichen Identität* einer Person zu gewährleisten oder zumindest zu ermöglichen hat (s Rn 45 ff und 85).

21 Stärker noch als der Familienname ist der Vorname mit **Sitten, Gebräuchen** und der allgemeinen **sprachlichen Entwicklung** verflochten. Der Vorname hat deshalb daran teil, daß diese nicht gesetzlichen Abläufen, sondern ständiger Veränderung aufgrund einer unerfaßbaren Zahl von kulturellen, sozialen und psychosozialen Faktoren unterliegen. Das Recht des Vornamens korrespondiert deshalb eng mit der Namensgeschichte und den Sprachwissenschaften (die Gerichte holen nicht selten sprachwissenschaftliche Gutachten ein). Die Bewegung, die das Recht der Vornamensgebung in den letzten Jahren erfaßt hat, ist nicht zuletzt auf die intensiven Impulse der Medien, die zunehmende Auslandsverflechtung sowie die Internationalisierung von Sprache und Kultur zurückzuführen (OLG Hamburg StAZ 1980, 193, 194; OLG Hamm

---

deutsche Sprache] 2002; DIEDERICHSEN, Das Recht der Vornamensgebung, NJW 1981, 705 ff; ders, Der Vorname – Identifikationssymbol oder Pseudonym?, StAZ 1989, 337 ff und 365 ff; ders, Vornamensgebung als Aufgabe für den Gesetzgeber, in: FS Henrich (2000) 101; DÖRNER, Das elterliche Recht zur Wahl des Vornamens, StAZ 1973, 237 ff; ders, Timpe und die magische Sieben – Liberalisierungstendenzen im Vornamensrecht, StAZ 1980, 170; FROWEIN, Die menschen- und verfassungsrechtswidrige Praxis bei Namen von Auslandsdeutschen, in: FS Jayme (2004) 197; GERNHUBER, Kindeswohl und

Elternwille im Recht des Vornamens, StAZ 1983, 265 ff; LIPEK, Grundsätze der Vornamenswahl bei deutschen Kindern, StAZ 1989, 357 ff; NAPPENBACH, Das Recht der Vornamenserteilung, StAZ 1998, 337 ff; SEIBICKE, Einige Bemerkungen zur Vornamensgebung aus sprachwissenschaftlicher Sicht, StAZ 1986, 161 ff; ders, Vornamen – Impressionen und Irritationen eines Germanisten, StAZ 1992, 329 ff; ders, Das Problem der Bindestrich-Vornamen, StAZ 1995, 322 ff; STURM, „Momo" – „Pumuckl" – „Windsbraut" – was dann?, Öst Standesamt 1987, 18.

NJOZ 2004, 3038, 3040; vgl auch EDLBACHER 56; LOOS 164; MÜLLER StAZ 2003, 263, 265; ders StAZ 2004, 193, 195; HERRMANN AcP 45 [1862] 153, 156; allgemein zur „Vornamenmode" SEIBICKE 108 ff; ders StAZ 2002, 161 ff).

2. Erteilung des Vornamens

a) Erteilungszuständigkeit

Die Vornamensgebung gehört zum Kreis der Rechte und Pflichten, die aus dem **22** **Sorgerecht** für das Kind fließen (BVerfG StAZ 2002, 72, 76; 2006, 50, 51; zweifelnd DIE-DERICHSEN, in: FS Henrich [2000] 101, 102, 117 [Berücksichtigung auch der Interessen des nicht sorgeberechtigten Elternteils]; s noch unten Rn 38 ff); bei einer Aufspaltung von gesetzlicher Vertretung und Personensorge steht die Vornamensgebung dem Personensorgebe-rechtigten zu (Mot 4, 712; BGHZ 29, 256, 257; 30, 134, 138; 73, 239, 240). Die Vornamens-gebung ist – wie die elterliche Sorge generell – nicht nur Recht, sondern auch **Pflicht des Sorgeberechtigten** (dem entspricht auf seiten des Kindes ein „**Recht auf Erhalt eines Vornamens**", BVerfG StAZ 1968, 578, 580; 2002, 72, 76; 2006, 50, 52; BVerfGE 109, 256, 266; ggf besteht sogar eine Pflicht zur nachträglichen Vornamenserteilung, KG StAZ 1993, 9, 11). Die Vornamenserteilung ist dem Standesamt mit der Geburt des Kindes anzuzeigen, spätestens aber während des auf die Beurkundung der Geburt folgenden Monats (§§ 16, 22 PStG). Zur Erzwingung der Anzeigepflicht kann ein Zwangsgeld verhängt werden, § 69 PStG (näher SACHSE StAZ 2001, 181 ff), im Notfall muß dem Kind zum Zweck der Vornamensgebung ein Pfleger bestellt werden (AG Bremen StAZ 1974, 130; DIEDERICHSEN NJW 1981, 706; eine Namenserteilung durch die Behörde nach § 26 PStG kommt nicht in Betracht).

Steht den Eltern die Personensorge gemeinsam zu, so erteilen sie auch den Vorna- **23** men **gemeinsam** (BGHZ 30, 132, 134; OLG Hamm StAZ 1996, 208). Rechtsgeschäftliches Gestaltungsinstrument ist dabei, wie auch sonst bei elterlichen Sorgeentscheidungen, die elterliche *Einigung* (NAPPENBACH StAZ 1998, 337; DIEDERICHSEN NJW 1981, 706; zur Rechtsnatur der elterlichen Einigung allgemein GERNHUBER/COESTER-WALTJEN § 58 Rn 11 ff), die keiner Form bedarf (BayObLG StAZ 1995, 106, 107; OLG Zweibrücken StAZ 1980, 194, 195; HEPTING/GAAZ § 21 PStG Rn 74). Die Anzeige des Namens an den Standesbeamten (§ 21 Abs 1 Nr 4 PStG) bedeutet nicht den Zugang einer rechtsgestaltenden Willens-erklärung (§ 130), sondern ist – wie die nachfolgende Eintragung ins Geburtenbuch – rein deklaratorisch (BayObLG StAZ 1999, 331, 332; s aber Rn 27). Die Einigung der Sorgeberechtigten ist nicht nur die entscheidende, sondern auch die unverzichtbare materiellrechtliche Basis einer wirksamen Vornamenserteilung; auch ein eingetra-gener Name ist ohne die erforderliche Einigung, etwa nur auf die Anzeige eines Elternteils hin „nicht erteilt", das Kind nicht Namensträger geworden (aus § 60 PStG folgt aber immerhin die widerlegliche Vermutung, daß die erforderliche Elterneinigung vorgelegen hat, BayObLG StAZ 1995, 106, 107; OLG Zweibrücken StAZ 1980, 194, 195). Allerdings kann die Einigung und damit die materiellrechtliche Basis der Namenseintragung nach-geschoben werden (DIEDERICHSEN aaO) mit der Folge, daß das Geburtenbuch fortan richtig ist.

Streiten sich die gemeinsam sorgeberechtigten Eltern, kommt auch hier nicht eine **24** behördliche Entscheidung nach § 26 PStG in Betracht, vielmehr ist ein Anwen-dungsfall des **§ 1628** gegeben (OLG Hamm StAZ 1996, 208; OLG Dresden OLG-NL 2004, 164; AG Duisburg StAZ 1997, 74, 75; GERNHUBER/COESTER-WALTJEN § 58 Rn 19; DIEDERICHSEN

NJW 1981, 705; vgl EDLBACHER 53 f; bei Ruhen der elterlichen Sorge eines Teils vgl jedoch § 1673 Abs 2 S 3). Bloßes Getrenntleben berührt das gemeinsame Bestimmungsrecht der Eltern nicht (§ 1687 Abs 1 S 1).

25 Steht die Personensorge **einem Elternteil allein** zu, so erteilt dieser auch den Vornamen des Kindes allein. Dies gilt zum einen nach Übertragung des Alleinsorgerechts gem § 1671 Abs 2 oder § 1672 Abs 1 (vgl OLG Zweibrücken StAZ 1980, 194, 195; DIEDERICHSEN NJW 1981, 705 f). Wegen der grundsätzlichen Bedeutung des Vornamens sollte das Erteilungsrecht jedoch nicht durch einstweilige Anordnung im Scheidungsprozeß (§ 620 Nr 1 ZPO) übertragen werden (vgl OLG Celle StAZ 1963, 276; SOERGEL/ HEINRICH § 12 Rn 94; DIEDERICHSEN NJW 1981, 706; MünchKomm/VON SACHSEN GESSAPHE nach § 1618 Rn 6). Alleiniges Erteilungsrecht hat aber auch die von vornherein alleinsorgeberechtigte Mutter (§ 1626a Abs 2; zur Nichtbeteiligung des Vaters OLG Hamm StAZ 1997, 235, 236; OVG Brandenburg StAZ 2005, 326 f; zum Ruhen des Sorgerechts eines Elternteils vgl § 1617 Rn 8; zu Kompetenzmängeln § 1617 Rn 30). Ist die personenstandsrechtliche Identität der Mutter ungeklärt, hindert dies die Eintragung des von ihr erteilten Vornamens nicht (BayObLG StAZ 2005, 45, 47; OLG Hamm StAZ 2004, 201, 202; Fachausschuss Standesbeamte StAZ 2006, 151 f mwNw). Findelkinder oder Personen mit ungewissem Personenstand erhalten ihren Vornamen von der Verwaltungsbehörde, §§ 25, 26 PStG. Ein – aus welchen Gründen auch immer – vornamensloser Volljähriger ist berechtigt, sich selbst einen Vornamen zu geben (Fachausschuss Standesbeamte StAZ 1997, 214).

b) Wirksamwerden und Wirkung der Erteilung

26 Bei Sorgeberechtigung beider Elternteile ist der Vorname dem Kinde in dem Moment erteilt, in dem die Eltern sich (formlos) geeinigt haben (s oben Rn 23 und sogleich). Die Einigung kann auch schon vor der Geburt des Kindes erfolgen (DIEDERICHSEN NJW 1981, 706), ihre Wirkung ist dann jedoch aufschiebend bedingt durch die Lebendgeburt des Kindes (zur Totgeburt s Rn 29). Ist nur *ein* Erteilungsberechtigter vorhanden, so kann die Vornamenserteilung als rechtsgeschäftsähnliche Handlung nicht schon mit der inneren Entscheidung effektiv werden; aus Klarheitsgründen empfiehlt es sich hier, auf die Anzeige des Namens an das Standesamt abzustellen. Der Erteilungsberechtigte ist jedenfalls an eine „Einigung" mit dem nichtsorgeberechtigten Elternteil nicht gebunden (vgl BayObLG StAZ 1993, 388, 389).

27 Die Äußerungen zur **Widerruflichkeit der Namenserteilung** sind nicht frei von Widersprüchen. Die Vornamenserteilung wird zwar mit der elterlichen Einigung effektiv, jedoch erst mit der Eintragung in das Geburtenbuch unabänderlich (BGHZ 29, 256, 257 f; BayObLG StAZ 1999, 331, 332; aA RASCHAUER 115; zur Eintragung im einzelnen unten Rn 30 ff). Dies widerspricht dem deklaratorischen Charakter der Eintragung (Rn 23) nur scheinbar: Der Vorname hat – wie der Personenname schlechthin – zwei Komponenten: eine bürgerlichrechtliche und eine öffentlichrechtliche (ähnlich HEPTING/ GAAZ PStG Rn IV-676 ff; zu den Konsequenzen für das Namensrecht vgl RASCHAUER 30 ff mwNw). Die *bürgerlichrechtliche (insbesondere familienrechtliche) Seite* der Namenserteilung als Akt der elterlichen Sorge ist mit der elterlichen Einigung abgeschlossen, die Bindungs- und Widerrufsprobleme sind sodann in gleicher Weise zu beantworten wie auch sonst im Rahmen der elterlichen Sorgerechtsausübung (dazu GERNHUBER/ COESTER-WALTJEN § 58 Rn 11 ff). Die *öffentlichrechtliche, insbesondere personenstandsrechtliche Fixierung* des Namens mit der Folge, daß Namensänderungen fortan nur

noch im Verwaltungsrechtswege vorgenommen werden können (s Rn 79 ff), tritt mit der *Eintragung* ins Geburtenbuch ein – damit ist der Vorname aus dem Dispositionsbereich der Eltern hinausgewachsen (OLG Hamm StAZ 1989, 376, 377; vgl auch AG Essen StAZ 1997, 40). Allerdings wird dadurch nicht die Möglichkeit einer **Anfechtung** der elterlichen Namenserteilung verschlossen, wenn letztere auf einem Willensmangel im Sinne der §§ 119 ff beruht (in diesem Fall wird das Geburtenbuch von Anfang an [§ 142] unrichtig, AG Mannheim StAZ 1960, 323; vgl LG Münster StAZ 1997, 40 zum Irrtum hinsichtlich der Schreibweise des Vornamens; LG Krefeld StAZ 1970, 315 zum Irrtum über das Geschlecht des Kindes; vgl auch SCHADER StAZ 1986, 179). Motivirrtümer (Verwechslung der als Namensvorbilder vorgesehenen Großväter, AG Mannheim aaO) können jedoch ebensowenig zu einem Anfechtungsrecht führen wie der Wunsch der Eltern, ihre ursprüngliche Entscheidung zu revidieren (vgl LG Wuppertal StAZ 1974, 182; DIEDERICHSEN NJW 1981, 712).

Ist der Vorname wirksam erteilt und eingetragen worden, so ist er grundsätzlich für **28** die Lebenszeit des Namensträgers **verbindlich** (BayVGH StAZ 1997, 383, 384). Dies gilt auch für die Anzahl, die Schreibweise und die Reihenfolge der Vornamen (OLG Hamm OLGZ 1969, 248, 249; StAZ 1985, 208, 209; LG Wuppertal StAZ 1974, 182, 183; DIEDERICHSEN NJW 1981, 711; zur Reihenfolge **aA** [unverbindlich] Loos 169 f; SOERGEL/HEINRICH § 12 Rn 95). Etwaige spätere **Sorgerechtsänderungen** gem §§ 1671f, 1696 Abs 1 führen nicht zu einem Umbenennungsrecht (vgl NAPPENBACH StAZ 1998, 337; s auch AG Mönchengladbach StAZ 1987, 350: einmaliges Vornamensbestimmungsrecht). Auch nachträglicher Erwerb des gemeinsamen Sorgerechts (etwa durch Heirat, Sorgeerklärungen, § 1626a Abs 1) sollte nicht zu einem Neubestimmungsrecht der Eltern analog § 1617b Abs 1 führen (so aber DIEDERICHSEN, in: FS Henrich [2000] 101, 103, 117): Anders als beim Familiennamen erfolgt die Selbstidentifikation des Kindes mit seinem Vornamen schon sehr früh; der Persönlichkeitsschutz der §§ 1617b Abs 1 S 4, 1617c Abs 1 setzt zu spät ein (5 Jahre), ein Vetorecht hat das Kind überdies praktisch erst ab 14 Jahre. Zu den verbleibenden Möglichkeiten der **Änderung des Vornamens** unten Rn 79 ff. Der Vorname hat teil am Namensschutz des § 12 und anderer Schutzvorschriften (STAUDINGER/HABERMANN [2004] § 12 Rn 255).

c) Sonderfälle

Für das **totgeborene Kind** *kann* auf Wunsch der Eltern ein Vorname erteilt und **29** eingetragen werden (§§ 15 Abs 2 S 4, 21 Abs 2 S 2 PStG; HWB/WAGENITZ/BORNHOFEN, Der Vorname Rn 8 ff; vgl Rn 26). Auch dem **nach der Geburt gestorbenen Kind** kann, muß aber nicht ein Vorname erteilt werden; in letzterem Fall wird eingetragen, daß das Kind „keinen Vornamen" erhalten hat (vgl § 262 Abs 6 DA; HEPTING/GAAZ § 21 PStG Rn 73).

3. Eintragung ins Geburtenbuch

Der Sorgeberechtigte ist verpflichtet, den erteilten Vornamen dem Standesamt **an-** **30** **zuzeigen** (Rn 22). Auch die Anzeige kann formlos erfolgen, in der Praxis wird jedoch zur Vermeidung von Mißverständnissen und aus Beweisgründen eine schriftliche, von beiden Eltern unterschriebene Erklärung verlangt (HEPTING/GAAZ PStG Rn IV-672; das gilt auch bei Ausländerbeteiligung angesichts der Zweifelsfrage, wem nach ausländischem Recht die Namensgebung zusteht, s unten Rn 89).

Die **Eintragung** ins Geburtenbuch erfolgt gem § 21 Abs 1 S 4 PStG (Heiratsbuch **31**

§ 15a Abs 1, 2 PStG). Der Standesbeamte hat das Vorliegen einer elterlichen Einigung als Voraussetzung einer wirksamen Namenserteilung (Rn 23) von Amts wegen zu überprüfen (§§ 48 Abs 1 PStG, 12 FGG; OLG Zweibrücken StAZ 1980, 194, 195). Zur *Wirkung* der Eintragung s Rn 23 und 27 f. Einzutragen sind *alle* erteilten Vornamen; auch an die von den Eltern bestimmte Reihenfolge und Schreibweise ist der Standesbeamte gebunden.

32 Einen **Rufnamen** gibt es im Rechtssinne nicht, es handelt sich um einen Begriff der außerrechtlichen Sphäre. Es steht in der freien und jederzeit änderbaren Entscheidung des Namensträgers oder seiner Sorgeberechtigten, welchen Vornamen er als „Rufnamen" gebrauchen will (BGHZ 30, 132, 136; BayVGH StAZ 1997, 383, 384). Die Unterstreichung des als Rufnamen vorgesehenen Vornamens im Geburtenbuch ist deshalb unzulässig (BGHZ 30, 132, 136 f; OLG Düsseldorf StAZ 1998, 343; HWB/WAGENITZ/ BORNHOFEN, Der Vorname Rn 4; für eine Wiedereinführung plädieren GUNDRUN StAZ 1986, 277, 278; SEIBICKE 30 ff; ders StAZ 1992, 333; krit auch DIEDERICHSEN StAZ 1989, 339 und 377; ders, in: FS Henrich [2000] 101, 116 f). Nach früherer Praxis bestehende Unterstreichungen sind gegenstandslos, sie sind deshalb auch nicht zu berichtigen (HEPTING/GAAZ PStG Rn IV-661; **aA** DANNER StAZ 1965, 198).

33 **Lehnt der Standesbeamte** die Eintragung eines Vornamens **zu Unrecht ab**, so ist der Name dennoch erteilt, das Geburtenbuch von Anfang an unrichtig (BayObLGZ 1977, 274, 275 f; zur Verletzung von Elternrecht und Persönlichkeitsrecht des Kindes s Rn 39). Es ist auf Anweisung des Gerichts, das die Unrechtmäßigkeit der Ablehnung festgestellt hat, zu berichtigen (§§ 45 Abs 1, 47 PStG, BayObLG StAZ 1999, 207, 208; StAZ 1981, 23, 26; vgl HEPTING/GAAZ § 45 PStG Rn 37 und § 47 PStG Rn 28), dh der erteilte Name ist einzutragen.

34 Umgekehrt kann der Standesbeamte die Eintragung **zu Recht ablehnen**, wenn die elterliche Einigung fehlt (OLG Zweibrücken StAZ 1980, 194, 195) oder wenn der Name materiellrechtlich unzulässig ist (zum Maßstab Rn 37 ff). Er ist hingegen nicht berechtigt, die Schreibweise (AG Rottweil StAZ 1993, 194) oder die Reihenfolge (OLG Hamm StAZ 1985, 208 f) der Namen zu verändern sowie die Anzahl der Namen zu reduzieren (LG Mönchengladbach StAZ 1985, 109 f; vgl LG Berlin StAZ 1999, 373, 374; unklar OLG Düsseldorf StAZ 1998, 343).

Dieses unstreitige Ergebnis wird auf zwei verschiedenen dogmatischen Wegen begründet: Einerseits wird registerrechtlich argumentiert, der materiellrechtlich unzulässige Vorname sei nicht wirksam „erteilt", so daß seine Eintragung das Geburtenbuch unrichtig machen würde – zu einer derartigen Eintragung könne aber der Standesbeamte nicht verpflichtet sein (BayObLG StAZ 1973, 70; OLG Hamburg StAZ 1980, 193). Während hier das Ablehnungsrecht des Standesbeamten nur als Reflex des objektiven materiellen Rechts erscheint, stehen ihm nach anderer Auffassung positiv Überwachungs- und Abwehrfunktionen bezüglich elterlichen *Sorgerechtsmißbrauchs* zu, ähnlich der Funktion des Familiengerichts im Rahmen von § 1666. Die Legitimation zu dieser Funktionsübertragung auf den Standesbeamten ergebe sich daraus, daß die Standesämter das *„öffentliche Interesse"* zu wahren hätten, das inhaltlich jedoch auf Wahrung der Persönlichkeitsinteressen des Kindes hinauslaufe (OLG Zweibrücken StAZ 1983, 346).

Rechtsmittel: Lehnt der Standesbeamte die Eintragung eines Vornamens ab, kann 35
gem § 45 Abs 1 PStG das Amtsgericht angerufen werden. Eine gleichermaßen ab-
lehnende Entscheidung des Amtsgerichts unterliegt der sofortigen Beschwerde an
das Landgericht, § 49 Abs 1 S 1 HS 1 PStG; die Beschwerdeentscheidung des Land-
gerichts gem §§ 48 Abs 1 PStG, 27 Abs 1, 28 Abs 1 FGG der sofortigen weiteren
Beschwerde; in Divergenzfällen Vorlage an den BGH, § 28 Abs 2, 3 FGG. Zu Art
und Umfang der Ermittlungen des Gerichts s etwa OLG Frankfurt StAZ 1998, 146,
147; insoweit kommen eine Heranziehung von Gutachten, Vornamensbüchern und
bei Auslandsbezug auch Auskünfte der Botschaften in Betracht.

Wird ein Name **fehlerhaft** (zB fehlende Elterneinigung, unzulässiger oder unvoll- 36
ständiger Name) **eingetragen**, so ist das Geburtenbuch von Anfang an **unrichtig**
(BayObLG StAZ 1999, 331, 332; OLG Hamm StAZ 1997, 235, 236; BayObLG StAZ 1995, 106,
107; AG Berlin-Schöneberg StAZ 1997, 39, 40; AG Bremen StAZ 1994, 82). Das Namensge-
bungsrecht besteht fort (OLG Zweibrücken StAZ 1980, 194, 195; LG Frankenthal FamRZ 1978,
940 f).

Zur Möglichkeit der Berichtigung des Namenseintrags Rn 80.

4. Materiellrechtliche Grundsätze der Vornamenserteilung

a) Grundlage und Grenzen elterlicher Bestimmung

Die Frage, *welche Vornamen* erteilt werden dürfen und wo die *Grenzen* des elter- 37
lichen Bestimmungsrechts liegen, hängt maßgeblich von dessen Rechtsgrundlage
und rechtlicher Funktion ab. Insoweit herrscht jedoch nach wie vor wenig Klarheit;
dementsprechend unübersichtlich, widersprüchlich und beliebig stellt sich die Judi-
katur im Vornamensrecht dar.

Nach traditioneller, durch den BGH geprägter Auffassung handelt es sich um ein
persönliches Freiheitsrecht der Eltern, ausübbar in den Schranken, „die sich daraus
ergeben, daß die Namensgebung die allgemeine Sitte und Ordnung nicht verletzen
darf" (BGHZ 29, 256, 259; 30, 132, 134; 73, 239, 241; ähnlich offenbar auch noch BVerfG
StAZ 1983, 70, wo ein Eingriff an Art 2 Abs 1 GG [und nicht Art 6 Abs 2 GG] gemessen wird;
dem BGH folgend OLG Hamm StAZ 1998, 322 f; StAZ 1996, 208 f; StAZ 1995, 236, 237; StAZ 1994,
116 f; OLG Köln StAZ 1989, 285, 286; AG Deggendorf StAZ 1993, 357; AG Schwerin StAZ 1993,
321; DIEDERICHSEN NJW 1981, 709; vgl schon HERRMANN AcP 45 [1862] 153, 158). Die unstreitige
Zuweisung der Erteilungszuständigkeit an den oder die Sorgeberechtigten (Rn 12 ff)
hatte zunächst nur rechtstechnische Bedeutung. Erst im Rahmen der „Sitte und
Ordnung", also im Range eines gesellschaftlichen Standards gewann das Persönlichkeitsrecht und Interesse des Kindes als künftiger Namensträger Bedeutung. Dementsprechend – wenngleich zunehmend – wurde das Kindeswohl als *weitere* „Schranke" angeführt (OLG Frankfurt StAZ 1999, 173; OLG Karlsruhe StAZ 1998, 344; OLG Celle
StAZ 1998, 321; BayObLG StAZ 1997, 207, 208; OLG Frankfurt StAZ 1995, 173, 174; BayObLG
StAZ 1994, 315 mwNw; OLG Zweibrücken StAZ 1993, 79, 80).

Dieser Grundansatz im Vornamensrecht ist wegen seiner rechtstheoretischen und 38
rechtsdogmatischen Ungenauigkeit vermehrt auf **Kritik** gestoßen – die „allgemeine
Sitte und Ordnung" ist nichts als eine Leerformel, die weder den rechtsdogmatischen
Grund noch die Maßstäbe staatlicher Eingriffe in die elterliche Namensgebung

kennzeichnet (GERNHUBER StAZ 1983, 265 ff; STAUDINGER/COESTER [2000] Rn 37 mit umfassenden Nachweisen). Inhalt und Grenzen der elterlichen Bestimmungsmacht ergeben
sich demgegenüber zwanglos und mit weit größerer Präzision, wenn die allgemein
konsentierte Qualifizierung der **Vornamensgebung als Ausdruck des elterlichen Sorgerechts** konsequent zu Ende gedacht wird. Auf dieser Linie hat das **BVerfG** in
nunmehr gefestigter Rspr dem Vornamensrecht ein verfassungsrechtlich determi-
niertes Gerüst unterlegt, das zu einem Umdenken auch im Zivilrecht nötigt.

39 Zu den **verfassungsrechtlichen Vorgaben** gehört: Die Vornamenserteilung ist eine
Sorgemaßnahme für das Kind, die gemäß **Art 6 Abs 2 S 1 GG** „zuvörderst" den
Eltern als Teil ihrer umfassenden Verantwortung für das Kind zugewiesen ist (BVerf-
GE 119, 143; BVerfG StAZ 2002, 72, 76; 2004, 109; 2006, 50, 51). Damit ist das vom BGH
proklamierte „Freiheitsrecht der Eltern" bei der Namensgebung kein „persönliches", das heißt nicht Ausdruck elterlicher Handlungsfreiheit und Selbstverwirkli-
chung iSv Art 2 Abs 1 GG (BVerfG StAZ 2004, 109, 110), sondern Teil der spezifischen
Freiheit, die Eltern durch Art 6 Abs 2 GG im Dreiecksverhältnis Eltern-Kind-Staat
zugewiesen ist: Im **Verhältnis zum Kind** handelt es sich um eine treuhänderisch
gebundene Freiheit (BVerfG StAZ 2006, 50, 52), die sich erschöpft in der pflichtgemäßen
Konkretisierung der Kindesinteressen am Erhalt eines Vornamens, der dem Kind die
Findung und den Ausdruck seiner Individualität ermöglicht (Rn 20 sowie unten Rn 42).
Dieses Kindesinteresse hat verfassungsrechtlichen Rang, es ist Teil seines allgemeinen **Persönlichkeitsrechts** aus Art 2 Abs 1 mit Art 1 Abs 1 GG (BVerfG StAZ 1968, 578;
2002, 72, 76; BVerfGE 109, 256, 266; BVerfG StAZ 2006, 50, 52). Dies ist der entscheidende
Bezugspunkt der elterlichen Verantwortung gegenüber dem Kind; die Vornamenserteilung durch die Eltern ist treuhänderische Grundrechtswahrung für das Kind
(vgl BVerfG StAZ 2006, 50, 52).

Im **Verhältnis zum Staat** gewährt Art 6 Abs 2 GG den Eltern in Form eines Kon-
kretisierungs- und Bestimmungsvorrangs allerdings einen **echten Freiraum**; eine Ein-
griffslegitimation für Standesbeamte und Gerichte ergibt sich *ausschließlich* aus dem
staatlichen Wächteramt gemäß Art 6 Abs 2 S 2 GG (BVerfG StAZ 2002, 72, 76; 2004, 109;
2006, 50, 51): „Für einen darüber hinausgehenden Eingriff in das Elternrecht auf
Bestimmung des Vornamens für ihr Kind bietet Art 6 Abs 2 GG keine Grundlage"
(BVerfG StAZ 2004, 109; 2006, 50, 51; dem folgend OLG Hamm NJW-RR 2005, 874). Ein solcher
Eingriff, das heißt die Verweigerung der Eintragung eines Namens, der das Kindes-
wohl *nicht* gefährdet (s Rn 40), würde nicht nur das Elternrecht aus Art 6 Abs 2 S 1
GG verletzen, sondern gleichzeitig auch das Persönlichkeitsrecht des Kindes aus
Art 2 Abs 1, Art 1 Abs 1 GG, das durch die elterliche Namenswahl treuhänderisch
ausgeübt worden ist (BVerfG StAZ 2006, 50, 52). Soweit allerdings das Wächteramt des
Staates herausgefordert ist, berechtigt es staatliche Instanzen nicht nur zur Intervention, es *verpflichtet* sie sogar, „das Kind als Grundrechtsträger vor verantwortungs-
loser Namenswahl durch die Eltern zu schützen" (BVerfG StAZ 2002, 72, 76; 2006, 50,
51).

b) Konsequenzen
aa) Im allgemeinen
40 Die verfassungsrechtlichen Vorgaben des Art 6 Abs 2 GG sind familienrechtlich in
§ 1626 ff umgesetzt. Die Ausübungsbefugnis der Elternverantwortung wird auf die
Inhaberschaft des Sorgerechts konzentriert (verfassungsgemäß: BVerfG NJW 2003, 955 ff)

– dem entspricht die Zuweisung der Erteilungskompetenz für den Vornamen (Rn 22).
Die Demarkationslinie zwischen Elternvorrang (Art 6 Abs 2 S 1 GG) und staat-
lichem Wächteramt (Art 6 Abs 2 S 2 GG) wird in **§ 1666** konkretisiert (BVerfGE 24,
119, 144; NJW 1986, 3129 f; STAUDINGER/COESTER [2004] § 1666 Rn 3): Zentrales, staatliche
Eingriffe auslösendes Tatbestandsmerkmal ist dort die **Gefährdung des Kindeswohls**
(dazu näher STAUDINGER/COESTER [2004] § 1666 Rn 60 f, 78 ff); in Namensfragen ist speziell
das „geistige oder seelische Wohl des Kindes" (§ 1666 Abs 1) berührt. Aus Respekt
vor dem elterlichen Bestimmungsvorrang wird die Gefährdungsgrenze dort gezogen,
wo eine **erhebliche Schädigung** des Kindes durch die elterliche Maßnahme droht;
bloße Unzweckmäßigkeiten oder auch schlichte Pflichtwidrigkeiten unterhalb dieser
Grenze legitimieren noch keinen Eingriff, sondern sind von dem Kind hinzunehmen
(BVerfGE 34, 165, 184; 60, 79, 94; 72, 122, 139 f; OLG Schleswig StAZ 2003, 334, 335; STAUDINGER/
COESTER [2004] § 1666 Rn 81 ff; für das Vornamensrecht anders, aber vereinzelt geblieben GERN-
HUBER StAZ 1983, 265, 268 [dazu ausführlich STAUDINGER/COESTER ⟨2000⟩ Rn 37]; s auch noch
unten Rn 79).

Die Generalklausel des § 1666 Abs 1 lenkt – wie bei allen elterlichen Sorgemaßnahmen, so auch im Vornamensrecht – für die Konkretisierung der Gefährdungsgrenze das Augenmerk auf zwei entscheidende Aspekte: (1) Die **Kindesinteressen** als
die allein maßgebliche Beurteilungsperspektive, und (2) die **Lebensumstände im
jeweiligen Einzelfall** als Erkenntnisquelle für die Kindesinteressen (STAUDINGER/
COESTER [2004] § 1666 Rn 64). Auch im Vornamensrecht können Gesichtspunkte, die
nicht die konkreten Kindesinteressen betreffen oder die noch nicht die Besorgnis
einer „erheblichen Schädigung" begründen, eine Staatsintervention nicht rechtfertigen (vgl BVerfG StAZ 2004, 109; 2006, 50, 51; s Rn 39).

bb) Im besonderen
Aus Vorstehendem ergibt sich, daß die herkömmlich betonte **„allgemeine Sitte und   41
Ordnung"** (Rn 37) als eigenständige Schranke elterlicher Namensgebungsfreiheit
nicht (mehr) in Betracht kommt, die einschlägigen Rechtsprechungsgrundsätze sind
überholt (anders die hM, vgl zuletzt HWB/WAGENITZ/BORNHOFEN, Der Vorname Rn 30). Das
gleiche gilt für sonstige „öffentliche Belange" oder „öffentliche Interessen" hinsichtlich der Vornamensgebung.

Das **BVerfG** ist insoweit nicht ganz klar: Einerseits wird der Schutz der *Kindesinteressen* als *ausschließliche* Legitimation für Staatseingriffe und Grenzen elterlicher
Freiheit hervorgehoben (Rn 39); an anderer Stelle meint das BVerfG hingegen: „Das
Namensrecht bedarf der Ausgestaltung, um der gesellschaftlichen Funktion gerecht
zu werden, die der Name auch als Unterscheidungsmerkmal erfüllt" (StAZ 2006, 102,
104). Der Kontext dieser Aussage (Transsexuelle) zeigt jedoch, daß es insoweit nicht
um die elterliche Freiheit zur Namensgebung geht, sondern um die Pflicht des
Staates, erwachsenen Namensträgern durch Namensänderung die Möglichkeit zu
eröffnen, ihre geschlechtliche Identität nach außen im Vornamen auszudrücken
(s Rn 84 ff). Letztlich steht hier wie beim minderjährigen Kind das *Persönlichkeitsrecht* des Namensträgers im Mittelpunkt – einmal als Grenze elterlicher Bestimmungsmacht, bei Erwachsenen als Richtpunkt einfachgesetzlicher Ausgestaltung des
Namensrechts. Ein hiervon unabhängiges, eigenständiges „öffentliches Interesse"
oder eine „gesellschaftliche Funktion" existieren im Namensrecht nicht (mehr).
Konsequent urteilt das BVerfG an anderer Stelle: Beurteilen Standesbeamte oder

Gerichte eine Namensgebung im Lichte einer angeblichen „Ordnungsfunktion" des Namens oder „öffentlicher Belange", so *verfehlen* sie den allein maßgeblichen Maßstab des Art 6 Abs 2 GG, insbesondere die notwendige Abwägung zwischen elterlichem Bestimmungsvorrang und Kindeswohl (StAZ 2006, 50, 51; idS schon Raschauer 116; Gernhuber StAZ 1983, 265, 267 f).

42 Auch eine Bindung der Eltern an **„Namensbräuche"**, schon vorhandene Vornamen, Namenskalender oder Vornamensbücher scheidet aus (s noch Rn 43 f). Schließlich sind auch die **Motive der Eltern** nicht als solche Gegenstand rechtlicher Beurteilung: Auch wenn die Namensgebung zum Ausdruck elterlicher Weltanschauung, religiöser oder politischer Überzeugung, Nonkonformität oder sogar zu kommerziellen Zwecken mißbraucht wird (Rn 72) – kann es immer nur der *konkret erteilte Name selbst* sein, aus dem eine Gefährdung des Kindeswohls hergeleitet werden kann. Die hierfür zu fordernde *Erheblichkeit* der Interessenbeeinträchtigung zwingt im übrigen zu **einer deutlichen Unterscheidung** von nur törichten, geschmacklosen oder „exotischen" Namensgebungen, die das Kind (wie alle anderen entsprechenden Sorgemaßnahmen der Eltern auch) als „Schicksal" hinzunehmen hat (vgl noch Rn 79), und solchen Namen, die es in der Identitätsfindung und im sozialen Verkehr unzumutbar beeinträchtigen (deutliche Unterscheidung bei OLG Schleswig StAZ 2003, 334, 335 [„Emelie-Extra"]). Angesichts einer von anderen Prämissen ausgehenden, oft bevormundend anmutenden Kontrollpraxis durch Standesbeamte und Gerichte wird insoweit ein Umdenken im Lichte von Art 6 Abs 2 S 2 GG unumgänglich sein.

43 Äußern Sitten und Gebräuche demnach keine eigenständige Bindungswirkung bei der Vornamensgebung, so sind sie doch andererseits nicht völlig bedeutungslos im Rahmen der allein maßgeblichen Prüfung, ob ein erteilter Name die Kindesinteressen erheblich beeinträchtigt. Eine Antwort kann sich nur unter Einbeziehung des gesamten sozialen und kulturellen Umfelds im konkreten Fall ergeben, und hierzu gehören auch die (unter Umständen partikular) bestehenden Namenssitten. Wenn die Gerichte, wie häufig, als Erkenntnishilfe Namensbücher oder namenskundliche Gutachten heranziehen, so kann es dabei nie darum gehen, ob ein Name bereits als solcher etabliert und damit „zulässig" ist (vgl noch Rn 44); wohl aber können die Bekanntheit einer Bezeichnung als „Vorname" und die damit verbundenen Vorstellungen über den Namensträger von wesentlicher Bedeutung sein bei der Beurteilung der Kindesinteressen.

44 Die Verankerung des Namensgebungsrechts in der Elternverantwortung des Art 6 Abs 2 GG und die daraus folgende (im Innenverhältnis zum Kind treuhänderisch gebundene) Freiheit der Eltern bis zur Kindeswohlgefährdung führt schließlich zwanglos auch zur grundsätzlichen Akzeptanz von **„Phantasienamen"**: Statt sich an Namensvorbilder anzulehnen, können die Eltern auch neue Namen „erfinden" (Diederichsen, in: FS Henrich [2000] 101, 110 spricht von „künstlichen" Vornamen) – entweder anderweitig bekannte Worte, die erstmalig als Vorname verwendet werden (dazu unten Rn 71 ff) oder völlig neue Wortbildungen (dazu Rn 63). Entscheidend ist auch hier allein, ob die Kindesinteressen durch den Namen erheblich beeinträchtigt werden – die Neuheit des Namens ist daher grundsätzlich aussagelos („gut erfunden ist besser als schlecht nachgemacht"). Versuche, den Kreis der wählbaren Namen auf Kataloge etc zu begrenzen, haben sich in der Geschichte (Französische Revolution; Drittes Reich) ebenso als aussichtslos erwiesen wie in der von Globalisierung geprägten

Gegenwart (ausführliche Diskussion und Nachweise bei STAUDINGER/COESTER [2000] Rn 74–76; wie hier die heute hM, vgl OLG Schleswig StAZ 2003, 334, 335; GERNHUBER/COESTER-WALTJEN § 54 Rn 37; HWB/WAGENITZ/BORNHOFEN, Der Vorname Rn 31, 36 ff; **anders** noch BGHZ 29, 256, 259; DIEDERICHSEN NJW 1981, 711; ders, in: FS Henrich [2000] 101, 110 f).

5. Einzelfragen

a) Geschlechtskennzeichnung
aa) Grundsätzliches
Nach hM und allgemeiner Gerichtspraxis muß der erteilte Vorname das Geschlecht **45** des Kindes erkennen lassen („**Geschlechtsoffenkundigkeit**" des Vornamens, BGHZ 30, 132, 135; 73, 239, 241; BVerwG NJW 1969, 857, 858; OLG Frankfurt StAZ 1998, 146 f; StAZ 1997, 69, jeweils mwNw; STAUDINGER/HABERMANN [2004] § 12 Rn 205; HWB/WAGENITZ/BORNHOFEN, Der Vorname Rn 40, 58 ff; DIEDERICHSEN NJW 1981, 706 f; DREWELLO StAZ 1983, 73). Zur Begründung wird darauf verwiesen, dieses Erfordernis werde allgemein als selbstverständlich angesehen und sei auch vom Gesetzgeber vorausgesetzt worden (BVerfG StAZ 1983, 70; BGHZ 73, 239, 241; OLG Hamm StAZ 2004, 75; 1998, 322, 323). Nach herkömmlicher Sicht gründet sich „unsere Sozialordnung in fast allen Teilbereichen auf eine nach Geschlechtern unterscheidende Rollenzuweisung" (DÖRNER StAZ 1973, 238). Da ein Geschlechtseintrag in den Personenstandsbüchern nicht vorgesehen sei, gehe das Personenstandsgesetz offensichtlich davon aus, daß sich allein aus den Vornamen die Geschlechtszugehörigkeit des Namensträgers ergebe (BGHZ 30, 132, 134; BVerwG aaO; OLG Hamm aaO; OLG Frankfurt StAZ 1995, 173, 174; AG Mönchengladbach StAZ 1998, 347; DIEDERICHSEN NJW 1981, 707; zweifelnd allerdings jetzt ders, in: FS Henrich [2000] 101, 112 ff); auch §§ 1 ff, 8, 9 Abs 3 S 2 Transsexuellengesetz (TSG) basierten auf der Funktion von Vornamen, das Geschlecht des Namensträgers zu kennzeichnen (dazu noch Rn 84 ff). Im übrigen entspreche die Geschlechtsoffenkundigkeit des Vornamens auch den Bedürfnissen des Rechtsverkehrs: „Im Rechts- und Geschäftsverkehr würde es zu einer nicht tragbaren Verwirrung führen, wenn sich aus dem vollen Namen einer Person nicht ersehen ließe, ob es sich um einen Mann oder um eine Frau handelt" (BayObLG StAZ 1953, 109; vgl auch BVerfG StAZ 1983, 70; LIPEK StAZ 1989, 358; DIEDERICHSEN, in: FS Henrich [2000] 101, 113).

Kritik: Diese Begründungen können das angebliche Erfordernis der Geschlechts- **46** deutlichkeit des Vornamens nicht (mehr) tragen. Um einen impliziten Grundsatz des *PStG* handelt es sich nicht: Immerhin wird das Geschlecht im Geburtenbuch eingetragen (§ 21 Abs 1 Nr 3 PStG), und im Heirats- sowie Familienbuch (§§ 11, 12 PStG) ergibt sich das Geschlecht der Ehegatten ohne weiteres aus der Bezeichnung als „Ehefrau" oder „Ehemann". Die *geschlechtsspezifische Rollenzuweisung* in der Gesellschaft läßt sich angesichts des Wandels der Anschauungen, vor allem aber unter der Herrschaft des AGG heute als Argument nicht mehr halten (so auch DIEDERICHSEN, in: FS Henrich [2000] 101, 113; vgl schon AG Tübingen StAZ 1981, 242 ff; AG Duisburg StAZ 1997, 74 f). Des weiteren hat in *sprachlicher Hinsicht* die Geschlechtsdeutlichkeit von Vornamen aufgrund der Internationalisierung der Gesellschafts- und Familienstrukturen dramatisch abgenommen (AG Regensburg StAZ 2005, 234, 235: „Der Geschlechtsoffenkundigkeit kommt in der heutigen Gesellschaft kein gesteigerter Wert mehr zu"; tendenziell ähnlich DIEDERICHSEN, in: FS Henrich [2000] 101, 112 ff; näher Rn 50 ff). Als Folge haben die Rechtsstreite um die Geschlechtsdeutlichkeit einzelner Vornamen ein rechtsökonomisch ganz unvernünftiges Volumen angenommen und weisen zudem einen äußerst spekulativen Charakter auf (insoweit krit auch DIEDERICHSEN, in: FS Henrich [2000] 101, 113 ff). Vor allem aber **fehlt** es bereits an einer **tragfähigen rechtsdogmatischen Begründung** eines Rechtsgebotes der „Geschlechtsoffenkundigkeit" des Vornamens: Wird mit dem BVerfG die Vornamenserteilung konsequent dem elterlichen Erziehungsvorrang gemäß Art 6 Abs 2 S 1 GG zugeordnet und – über das staatliche Wächteramt hinaus – der „allgemeinen Sitte und Ordnung" sowie den öffentlichen oder gesellschaftlichen Interessen keine eigenständige Begrenzungskraft für die Namensgebungsfreiheit der Eltern zuerkannt (Rn 38 ff), dann müssen das Erfordernis der Geschlechtsdeutlichkeit aus den **Kindesinteressen**, genauer: aus dem Persönlichkeitsrecht des Kindes und ein Eingriff in das elterliche Bestimmungsrecht aus dem **staatlichen Wächteramt** begründet werden.

47 Hierbei sind die Äußerungen des **BVerfG** im Zusammenhang mit der Transsexuellenproblematik zu berücksichtigen: Das verfassungsrechtliche Persönlichkeitsrecht einer Person umfaßt auch das Recht auf *sexuelle Selbstbestimmung*, das heißt auf „Finden und Erkennen der eigenen geschlechtlichen Identität" (BVerfGE 96, 56, 61; BVerfG StAZ 2006, 102, 104; 2007, 9, 15). Hieran hat auch der Vorname teil: Er ist Mittel einerseits zur Identitätsfindung, andererseits zum *Ausdruck* der eigenen geschlechtlichen Identität gegenüber der Umwelt (BVerfG StAZ 1993, 109, 112; StAZ 2006, 102, 104; 2007, 9, 15; zustimmend GRÜNBERGER JZ 2006, 517). Damit erweist sich „der Wunsch nach Ausdruck der eigenen Geschlechtlichkeit im Namen" (BVerfG StAZ 2006, 102, 104) als Teil des verfassungsrechtlichen Persönlichkeitsrechts, in das weder Staat noch Eltern eingreifen dürfen.

Zur Verknüpfung dieses persönlichkeitsrechtlichen Ansatzes mit dem elternrechtlichen bei der Vornamensgebung im allgemeinen (Rn 39) äußert sich das BVerfG weniger deutlich. So ist pauschal die Rede vom „Vornamen, dem in unserem Rechtskreis die Funktion zukommt, das Geschlecht des Namensträgers zum Ausdruck zu bringen" (BVerfG StAZ 2006, 102, 104); indem der geschlechtsdeutliche Name dem (abstrakt unterstellten) Wunsch der Person nach Ausdruck der eigenen Geschlechtlichkeit Rechnung trage, diene er „der Wahrung des Kindeswohls bei der Namenswahl" (BVerfG aaO). Umfaßt sei „damit auch das Recht, in der empfundenen Geschlechtlichkeit mit Namen angesprochen und anerkannt zu werden und sich nicht im Alltag Dritten oder Behörden gegenüber hinsichtlich der eigenen Sexualität gesondert offenbaren zu müssen" (BVerfG StAZ 2007, 9, 15).

48 Diese erkennbar aus dem Blickwinkel der Transsexuellenproblematik formulierten Äußerungen lassen – aus elternrechtlicher Sicht – eine klare Unterscheidung vermissen zwischen dem, was (nach wie vor) dem gesellschaftlich Üblichen und generalisierend auch dem Kindeswohl entspricht, und der Kennzeichnung der Grenze, ab der im Einzelfall von einer erheblichen Beeinträchtigung der Kindesinteressen ausgegangen werden kann. Das Gebot der Geschlechtsdeutlichkeit von Vornamen mag (als „positiver Standard") das generell Kindeswohlgemäße konkretisieren, es bezeichnet den Maßstab elterlichen Handelns iSd § 1627 in Verantwortung vor dem Kind. Eine Kontrolle elterlicher Sorgemaßnahmen auf positive Kindeswohlverwirklichung findet aber in unserem Rechtssystem (Art 6 Abs 2 S 2 GG, § 1666 BGB) nicht statt (Rn 39), insoweit herrscht das Kindeswohl als „negativer", durch den Gefährdungsbegriff des § 1666 verdeutlichter Standard (zum Hintergrund diesen Konzepts im allgemeinen STAUDINGER/COESTER [2004] § 1666 Rn 78 ff). Im Lichte dieser Unter-

scheidung wird man feststellen können: Ein Vorname, der auf das Geschlecht hinweist, das das Kind nicht hat (**„geschlechtswidriger Vorname"**), belastet dieses im
sozialen Kontakt voraussichtlich erheblich und ist als grundsätzlich kindeswohlwidrig rechtlich unzulässig (näher Rn 52). Bei einem **geschlechtsneutralen Vornamen**
(Rn 53) wird man dies nicht generell sagen können: Der vom BVerfG angesprochene
Wunsch, die eigene (empfundene) Geschlechtlichkeit positiv im Namen zum Ausdruck zu bringen, kann bei Menschen mit sexuellen Identitätsproblemen unterstellt
werden, nicht aber generell bei allen Menschen, die sich dieser Identität gewiß sind
und sie wie selbstverständlich auch nach außen hin leben. Die „gesonderte Offen-
barung" der Geschlechtszugehörigkeit wird im Behörden- und Rechtsverkehr auf
nahezu allen personenbezogenen Formularen verlangt; vereinzelt häufigere Fragen
bei Personen mit geschlechtsneutralen Vornamen mögen lästig sein – die Erheblich-
keitsgrenze der Kindeswohlgefährdung wird dadurch aber nicht erreicht. Der in
Einzelfällen bestehende Wunsch, mit dem Vornamen sich selbst oder der Umwelt
gegenüber die Zugehörigkeit zu einem bestimmten Geschlecht positiv zu signalisie-
ren, kann – aus dem allein maßgeblichen Blickwinkel des Kindesschutzes – ein
generelles Gebot der Geschlechtskennzeichnung nicht rechtfertigen. Befriedigt der
erteilte Vorname den im Einzelfall vorhandenen „Wunsch nach Ausdruck der eigenen Geschlechtlichkeit" (Rn 47) nicht, so ist es Aufgabe der öffentlichrechtlichen
Namensänderung nach dem TSG oder dem NÄG, in diesen Fällen dem Persönlichkeitsrecht des Namensträgers Genüge zu tun (so hatte der Antragsteller in BVerfG
StAZ 2006, 102 seinen geschlechtsneutralen Namen „Kai" in „Karin Nicole" ändern lassen).

Damit ist als **Ergebnis** festzuhalten: Der Kindesschutz rechtfertigt ein **Verbot ge-**   **49**
schlechtswidriger Vornamen, nicht aber – entgegen der hM – ein positives Gebot der
Geschlechtsdeutlichkeit (so schon SOERGEL/HEINRICH § 12 Rn 98; RASCHAUER 118 f; GERN-
HUBER/COESTER-WALTJEN § 54 Rn 37; GERNHUBER StAZ 1983, 271; ebenso AG Regensburg
StAZ 2005, 234, 235). Der gegenteilige Kammerbeschluß des BVerfG von 1982
(StAZ 1983, 70) ist überholt, weil dort – im Gegensatz zur neueren Rspr des BVerfG
(Rn 39, 47) – die Vornamensgebung noch als Ausdruck des elterlichen Persönlichkeitsrechts verstanden wird. Insbesondere wird ein Gebot der Geschlechtsdeutlichkeit nicht durch den Hinweis auf Erleichterungen im Rechtsverkehr gerechtfertigt
(so aber DIEDERICHSEN, in: FS Henrich [2000] 101, 113; zu gesellschaftlichen Interessen s Rn 46
mwNw). Die Absenkung des Kontrollstandards stellt zudem die Staatskontrolle auf
eine justiziable, von diffusen Spekulationen erheblich entlastete Basis und dient der
Rechtsökonomie. Schließlich werden die persönlichkeitsrechtlichen und elternrechtlichen Argumentationslinien des BVerfG in sinnvolle Konkordanz gebracht.

bb)   Einzelheiten

Der **Geschlechtsbezug eines Vornamens** folgt aus dem **allgemeinen Sprach- und Vor-**   **50**
namensgebrauch. Namensendungen auf -o und -a sind nicht zwingend für die Zuordnung zum männlichen bzw weiblichen Geschlecht (BGH StAZ 1979, 238, 239 [„Aranya"]; OLG Düsseldorf StAZ 1998, 343, 344 [„Kioma"]; BayObLG StAZ 1997, 207, 208 [„Uragano"];
StAZ 1981, 23, 24, 26 [„Momo"]; OLG Köln StAZ 1997, 37, 38 [„Bo"]; OLG Brandenburg
StAZ 2002, 42 [„Jona"]; SOERGEL/HEINRICH § 12 Rn 98; SEIBICKE StAZ 1995, 44 f), sie können
aber hilfreich für die Einordnung neuer oder unüblicher Namen sein (OLG Celle StAZ
1998, 321, 322 [„Maha"]; OLG Karlsruhe StAZ 1985, 224, 225 [„Padma"]; OLG Hamm StAZ 1983,
71 [„Korianda"]; AG Karlsruhe StAZ 1986, 355 [„Ranjo"]). In jedem Fall gibt ein vorhandener Vornamensgebrauch dem Sprachklang gegenüber den Ausschlag (DÖRNER StAZ

1980, 171; vgl OLG Hamm StAZ 1995, 236, 237; StAZ 1994, 116 f; zu „Luca" oder „Luka" OLG Hamm NJW-RR 2005, 874; OLG Frankfurt NJOZ 2004, 3038; AG Tübingen StAZ 1999, 150; AG Freiburg StAZ 1995, 43 m krit Anm SEIBICKE; zur Problematik bei ausländischer Herkunft des Namens und der Kindesfamilie s unten Rn 90). In Zweifelsfällen helfen namenskundliche Gutachten (Gesellschaft für deutsche Sprache in Wiesbaden; Gesellschaft für Namenskunde in Leipzig; zu einer „formlosen und nicht repräsentativen Umfrage unter Kollegen, Mitarbeitern, Freunden und Bekannten" s AG Duisburg StAZ 1997, 74).

51 Die Einstufung eines Vornamens als männlich, weiblich oder „neutral" kann sich im gesellschaftlichen Gebrauch aber **wandeln**. Geschlechtsdeutliche Namen können dadurch, daß sie zunehmend auch vom anderen Geschlecht getragen werden, zu neutralen Namen werden (AG Karlsruhe StAZ 1988, 329, 330 [„Dominique"]; anders noch BayObLG StAZ 1973, 70); nicht ausreichend soll es jedoch sein, wenn ein an sich geschlechtsbezogener Vorname *vereinzelt* vom anderen Geschlecht getragen wird (OLG Hamm NJOZ 2004, 4297 [„Kai"]; NJW-RR 2005, 874 f [„Luka"]; LG Bremen StAZ 1993, 355, 356 und LG Kassel StAZ 1989, 286, 287 [„Sascha"]; AG Bremen StAZ 1991, 256 [„Ineke"]; vgl OLG Hamm StAZ 1998, 322, 323 [„Gerrit"]; SOERGEL/HEINRICH § 12 Rn 98). Umgekehrt können neutrale Namen im Laufe der Zeit zu eindeutig geschlechtsbezogenen Vornamen werden (OLG Düsseldorf StAZ 1979, 169 und OLG Celle StAZ 1988, 106, anders AG Tübingen StAZ 1997, 309, 310 [„Kai"]; LG Koblenz StAZ 1973, 15 [„Kirsten"]; AG Tübingen StAZ 1995, 298 [„Nikita"]; DIEDERICHSEN NJW 1981, 707). Auch die „Umpolung" (vorwiegend ausländischer) Vornamen von männlich zu weiblich oder umgekehrt ist zu beobachten (OLG Frankfurt StAZ 1995, 173, 174 f [„Nicola Andrea"]; LG Mainz StAZ 1983, 15, 16 [„Nicola"]; AG Duisburg StAZ 1987, 104, 105 [„Andrea"]; STENZ StAZ 1980, 175; zu „Luca" s Rn 50, oder die nordischen bzw russischen Jungennamen „Helge" oder „Wanja", DIEDERICHSEN NJW 1981, 707; vgl auch BayObLG StAZ 1981, 23 f [„Mommo" ostfriesischer Jungenname, „Momo" Mädchenname]). Über den Geschlechtsbezug entscheidet auch hier das aktuelle Verständnis im Inland (HWB/WAGENITZ/BORNHOFEN, Der Vorname Rn 54).

52 Ein auf das **gegenteilige Geschlecht** hinweisender Name ist als alleiniger Vorname nach allgemeiner Meinung unzulässig, weil er lächerlich oder belastend wirken würde (BGH StAZ 1979, 238; OLG Hamm NJW-RR 2005, 874; AG Regensburg StAZ 2005, 234, 235 f; vgl schon Rn 49). Gleiches gilt aber auch für seine Erteilung in Verbindung mit anderen, geschlechtsspezifisch „richtigen" Namen, denn eine Verpflichtung, den geschlechtsdeutlichen Vornamen zu führen, besteht rechtlich nicht (vgl Rn 32), und in ihrer Kombination heben sich die erteilten Vornamen gegenseitig auf (BGHZ 30, 132 [„Bernhard Markus Antoinette"]; 73, 239, 241 und OLG Karlsruhe StAZ 1981, 26 m krit Anm DÖRNER [„Aranya Marko"]; OLG Köln StAZ 1989, 285, 286 [„Arne-Josepha"]; OLG Hamm StAZ 1984, 129 [„Ben Philip Ana"]; LG Berlin StAZ 1999, 373, 374 [„Venus Victor"]; LG Münster StAZ 1997, 213, 214 [„Frauke Jona"]; LG Bremen StAZ 1995, 43 [„Simona"], davon zu unterscheiden aber AG Bremen StAZ 1996, 46, 47 [„Daniel Simone"]; AG München StAZ 1993, 50 [„Julius Rosa"]; bedenklich daher AG Ravensburg StAZ 1991, 321 m abl Anm SEIBICKE StAZ 1992, 43 [„Domino Carina"]). Nur bei Maßgeblichkeit ausländischen Namensrechts kann anderes gelten (Rn 90).

53 **Geschlechtsneutrale Vornamen** sind solche, die entweder von Personen beiderlei Geschlechts geführt werden oder die als neue, als Nachnamen (Zwischennamen) oder als Gegenstandsbezeichnungen (Appellativa) überhaupt keinen Geschlechtsbezug haben. Nach *hier vertretener Auffassung* bedeutet die mangelnde Geschlechtsdeutlichkeit als solche noch keine erhebliche Beeinträchtigung der Kindesinteressen iS § 1666, so daß ein geschlechtsneutraler Vorname auch als einziger Vorname wirksam erteilt werden kann (Rn 48 f). Nach *noch herrschender Auffassung* sind hingegen geschlechtsneutrale Vornamen nur dann zulässig, wenn ihnen ein weiterer, geschlechtsdeutlicher Name hinzugefügt wird (BGHZ 30, 132, 134; 73, 239, 241; OLG Hamm NJW-RR 2005, 874, 875; StAZ 1998, 322, 323; StAZ 1994, 116; OLG Schleswig StAZ 2003, 334, 335).

Sie überzeugt auch deshalb nicht, weil es – mangels eines verbindlichen Rufnamens (Rn 32) – dem Namensträger freisteht, den neutralen Namen als alleinigen zu führen (vgl DIEDERICHSEN, in: FS Henrich [2000] 101, 113 f). Für unzulässig wurde entsprechend der hM der alleinige Vorname „Heike" für ein Mädchen befunden (OLG Stuttgart StAZ 1982, 177 und BVerfG StAZ 1983, 70, zustimmend DIEDERICHSEN StAZ 1989, 341 f, aA die erste Instanz AG Tübingen StAZ 1981, 242; ähnlich OLG Karlsruhe StAZ 1989, 283, 284 [„Eike"]; SEIBICKE StAZ 1987, 357 f [„Sirke"]) – eine zu engherzige Wertung, wenn es richtig ist, daß „Heike" fast ausschließlich als Mädchenname gebraucht wird und Abweichungen nur in Ostfriesland vorkommen (so SEIBICKE StAZ 1981, 244). Auch soll beispielsweise der Name „Micha" nach hM als alleiniger Vorname unzulässig sein, weil er sowohl mit „Michael" als auch mit „Michaela" in Verbindung gebracht werden kann (OLG Stuttgart StAZ 1993, 355). Entsprechendes gilt, wenn der Vorname keinem Geschlecht zugeordnet werden kann (s etwa OLG Hamm StAZ 1996, 208, 209 [„Bodhi"]; StAZ 1985, 131, 132 [„Deniz"]). Dies gilt nicht nur für echte „Namenszwitter", sondern auch für unbekannte ausländische oder erfundene Namen (§ 262 Abs 4 DA; BGHZ 73, 239 [„Aranya Marko"]; BayObLG StAZ 1997, 207, 208 [„Uragano Mary Sarah"]; OLG Frankfurt StAZ 1997, 69, 70 [„Mike Nike"]; OLG Düsseldorf StAZ 1996, 43, 44 [„Gor Victoria"]; OLG Celle StAZ 1992, 378 [„Jean-Michel Lafayette"]; OLG Brandenburg StAZ 2005, 42 [Jona]; OLG Hamm StAZ 2001, 200 [„Tjorven"]; 2001, 229 [„Ogün"]; OLG Zweibrücken StaZ 1988, 83 [„Tamy Sarelle"]; StAZ 1983, 346 [„Philipp Pumuckl"]; LG Gießen StAZ 1999, 147 [„Kiana Lemetri"]; LG Aachen StAZ 1990, 197, 198 [„Zeta Laura"]; LG Braunschweig NJW-FER 2001, 72 [„Alke"]; LG Nürnberg StAZ 2005, 18 [„Zooly"]; AG Bremen StAZ 2004, 77 [„Chris"]; AG Essen StAZ 1997, 40 [„Ibanez Sophie"]; AG Duisburg StAZ 1992, 312 f [„Lynik Chantal"]; StAZ 1990, 1999, 200 [„Skrollan Jennifer"]; AG Karlsruhe StAZ 1988, 108 [„Rike Leontes Klarissa"]; DÖRNER StAZ 1980, 171, 172). Die bloße Häufung mehrerer, das Geschlecht nicht eindeutig kennzeichnender Vornamen reicht nach hM ebenfalls nicht (OLG Köln StAZ 1977, 105 [„Galadriel Gesche"]).

Die Instanzgerichte umgehen das angebliche Gebot der Geschlechtsdeutlichkeit mitunter, indem bei „neutral" klingenden Namen ausländischer Herkunft die Geschlechtsdeutlichkeit im Herkunftsland für ausreichend erachtet wird (OLG Stuttgart NJOZ 2003, 378, 380 [„Mienaatchi"]; OLG Stuttgart 21. 10. 2002–8w321/02- [„Sahar"], beide Namen für Mädchen; AG Frankfurt/M StAZ 2006, 171 [„Emanuele", in Italien männlich]; KG StAZ 1991, 45, 46 [„Manal"]); andere lassen es umgekehrt genügen, wenn ein im Herkunftsland „neutraler" Name nach deutschem Sprachempfinden geschlechtsdeutlich ist (OLG Celle StAZ 1989, 322 [„Maha" für Mädchen]; OLG Frankfurt StAZ 2000, 238 [„Deniz Asil" für Jungen]; OLG Hamm NJOZ 2004, 4297, 4298 [„Kai" – nur in Skandinavien weiblich]; StAZ 2004, 75 [„Beke" – in Türkei männlich, in Deutschland eindeutig weiblich]; OLG Frankfurt NJW-RR 1995, 774 [„Andrea" – nur in Italien männlich]; aA OLG Hamm NJW-FER 2001, 229 [„Ogün"]).

Überzeugender und der Rechtssicherheit zuträglicher wäre es, im Inland neutral klingende Namen generell nicht zu beanstanden; dem Wunsch nach positiver Kennzeichnung des Geschlechts durch den Vornamen kann im Einzelfall Rechnung getragen werden (Rn 83).

54 Wie bei der Verwendung von Nachnamen als Vornamen werden auch hinsichtlich der Geschlechtskennzeichnung **Ausnahmen** zugelassen, die auf der Anerkennung übernommener, regional oder personell begrenzter **Gebräuche** beruhen.

Die bekannteste Ausnahme betrifft den Vornamen **„Maria" für Jungen**, der als Zusatzname neben anderen, das männliche Geschlecht klarstellenden Vornamen für katholische Namensträger üblich ist (BGHZ 30, 132, 135; LG Tübingen StAZ 1982, 248, 249; FICKER 163; HEPTING/GAAZ PStG Rn IV-737; vgl § 262 Abs 4 S 2 DA). Dies gilt auch in der Schreibweise mit Bindestrich (AG Traunstein StAZ 1992, 349; SEIBICKE StAZ 1995, 71; fraglich aber AG Mönchengladbach StAZ 1998, 347 [„Johannes-Marie"], vgl Rn 93). Zweifelhaft ist, ob die Führung des Namens „Maria" rechtlich von der katholischen Religionszugehörigkeit des Jungen abhängig zu machen ist. Im Falle eines evangelischen Transvestiten jedenfalls hat das BVerwG (NJW 1969, 857, 858) den gewünschten Zusatznamen „Maria" abgelehnt. Im übrigen ist zu bemerken, daß die ausnahmsweise Zulassung von „Maria" für Jungen diesem Namen jedenfalls insoweit seine geschlechtskennzeichnende Wirkung nimmt, als er für *Mädchen* keine klarstellende Wirkung mehr entfalten kann neben einem anderen, nicht geschlechtsdeutlichen Namen (vgl BayObLG StAZ 1953, 109 [„Wilmar Maria"]; zweifelhaft daher AG Freiburg StAZ 1995, 43 m insoweit abl Anm SEIBICKE [„Luca Maria"]). *Andere* weibliche Namen, auch solche mit religiösem Bezug, dürfen Jungen *nicht* erteilt werden (BGHZ 30, 132, 134 [„Bernhard Markus Antoinette"]; BayObLG JW 1934, 1582 [„Konrad Maria Theresia"]; LOOS 162). Gleichfalls scheiden *männliche Vornamen* mit oder ohne religiösen Bezug *für Mädchen* grundsätzlich aus (BayObLG StAZ 1953, 109; LG Tübingen StAZ 1982, 248; Loos aaO).

55 Eine zweite Ausnahme vom Verbot geschlechtswidriger Namen betraf einen auf eine einzelne Familie beschränkten Brauch: In Ehrung des Paten eines Vorfahren hatten seitdem alle weiblichen Mitglieder der Familie den zusätzlichen Vornamen „Fürchtegott" erhalten. Da im Entscheidungszeitpunkt über hundert weibliche Träger dieses Vornamens existierten, wurde die Fortsetzung dieses Brauchs zugelassen (OLG Hamburg StAZ 1967, 15; vgl aber Rn 53). Eine dritte Ausnahme kann sich aus der Anerkennung von nach ausländischem Brauch erworbenen Namen ergeben (Rn 95). Darüber hinaus ist eine Aufweichung des herkömmlichen Prinzips der Geschlechtsoffenkundigkeit ohnehin zu beobachten (Rn 50), insbesondere bei ausländischen Vornamen (Rn 77) und vor allem bei Fällen mit Auslandsbezug (Rn 90).

b) Individualkennzeichnung

56 Die Kindesinteressen können durch eine Namensgebung gefährdet sein, die die Grundfunktionen des Vornamens nicht gewährleistet: Individualisierung iSv Identitätsfindung und Unterscheidung sowie Selbstdarstellung gegenüber der Umwelt (Rn 20). Hieraus ergeben sich Grenzen in zweierlei Hinsicht:

aa) Geschwisterunterscheidung

Innerhalb einer Geschwistergemeinschaft darf **derselbe Vorname nicht zweimal** vergeben werden (LG Mannheim StAZ 1953, 158; ERMAN/MICHALSKI Rn 18; HEPTING/GAAZ PStG Rn IV-732 f; DANNER StAZ 1964, 116; DIEDERICHSEN NJW 1981, 709; DÖRNER StAZ 1973, 238 f; DREWELLO StAZ 1983, 72, 73; nicht unüblich, jedenfalls nicht kindeswohlgefährdend ist die Weitergabe des Vornamens der Eltern an die Kinder, vgl LG Mainz StAZ 1987, 18, wobei der als Vorname gebräuchliche Geburtsname der Mutter [„Philipp"] weitergegeben wurde, s ansonsten Rn 65). Diese Beschränkung soll nach mancher Auffassung auch dann gelten, wenn die mehreren Vornamen von Geschwistern nur in einem Namen zusammenfallen, denn dessen Zurückstellung als *„Zweitname"* sei rechtlich unverbindlich, nichts hindere die Geschwister daran, den identischen Vornamen als „Rufnamen" zu gebrauchen (AG Augsburg StAZ 1984, 130; HEPTING/GAAZ aaO; DIEDERICHSEN aaO Fn 89; DREWELLO aaO). Hier scheint die Grenze zwischen – aus Sicht der Kindesinteressen – „bedenklicher" und „gefährdender" Namensgebung (Rn 90) nicht beachtet (konsequent gegenteiliger Meinung BayObLG StAZ 1986, 38 f unter anderem mit Verweis darauf, daß auch eine Weitergabe des Vornamens der Eltern an die Kinder möglich sei, zudem seien etwaige Verwechslungsgefahren hinzunehmen; ebenso AG Tübingen StAZ 1996, 336, wonach vier Kinder einen identischen „Zweitnamen" tragen dürfen; nach Ansicht des AG Duisburg StAZ 1989, 11 f und des AG Freiburg StAZ 1985, 342, 343 können Geschwister sogar zwei identische Vornamen haben, wenn sie sich in ihrem dritten Vornamen unterscheiden; ebenso ERMAN/MICHALSKI Rn 18). Nicht ausgeschlossen ist jedenfalls die Möglichkeit, Geschwistern verschiedene Abwandlungen desselben Stammnamens zu erteilen (LG Mannheim StAZ 1953, 158: „Enrico" und „Harry"; LOOS 165; DIEDERICHSEN NJW 1981, 709).

bb) Zahl der Vornamen

Die Kennzeichnungsfunktion des Vornamens ist auch berührt, wenn es um die **Zahl** **57** **der erteilten Vornamen** geht. Grundsätzlich haben die Eltern auch insoweit freie Entscheidung (vgl schon HERRMANN AcP 45 [1862] 158 f). Bei Vornamensidentität zwischen Elternteil und Kind mag ein Zusatzname sogar im Kindesinteresse geboten sein. Versuche von Eltern in jüngerer Zeit, ihrem Kind eine größere Anzahl von Vornamen zu geben, werden allerdings von den Gerichten überwiegend unterbunden. Das OLG Düsseldorf (StAZ 1998, 343 f) hat eine Erteilung von 12 bzw 14 (dazu Rn 58) Vornamen beanstandet und die Ausführungen der Vorinstanz insofern gebilligt, als es eine „an elterliche Willkür grenzende Zumutung für das Kind" darstelle, mit einem „ganzen Arsenal von Vornamen" belegt zu sein; es erachtet eine regelmäßige Maximalzahl von vier bis fünf Vornamen für gerechtfertigt (ähnlich AG Hamburg StAZ 1970, 186; 1980, 198; STAUDINGER/HABERMANN [2004] § 12 Rn 144; HWB/WAGENITZ/ BORNHOFEN, Der Vorname Rn 64 ff; RASCHAUER 120; DIEDERICHSEN NJW 1986, 706; anders noch AG Schöneberg StAZ 1980, 198; krit auch MünchKomm/VON SACHSEN GESSAPHE, nach § 1618 Rn 11). Das BVerfG hat diese Entscheidung gebilligt (StAZ 2004, 109): Eine große Zahl (zudem exotisch klingender) Vornamen habe nicht nur erheblich belästigenden Charakter für das Kind, sondern erschwere auch seine Selbstidentifikation (vgl schon ZÖLLER FamRZ 1975, 615; StAZ 1978, 202; OLG Zweibrücken StAZ 1983, 346). Das Kind werde Schwierigkeiten haben, sich seine Namen korrekt zu merken, und werde wegen seiner Namen immer wieder auffallen. Dem ist beizupflichten. Das Kind hätte zudem Probleme in den nicht seltenen Fällen, in denen im amtlichen Verkehr *alle* Vornamen anzugeben sind (auch bei Einreise in andere Länder) – schon die Formulare bieten insoweit nur begrenzten Raum (das öffentliche Interesse insbesondere der Personenstandsbehörden, hervorgehoben von DIEDERICHSEN NJW 1981, 706; DÖRNER StAZ 1980, 173; SEIBICKE StAZ 2005, 230 f; HEPTING/GAAZ PStG § 21 Rn 106, hat hingegen kein eigenständiges Gewicht, vgl Rn 41).

Die **zulässige Zahl** von Vornamen kann aber **nicht strikt** festgesetzt werden; es **58** kommt auch insoweit stets auf den **Einzelfall** an, wann die Kindesinteressen erheblich beeinträchtigt sind (zutreffend Fachausschuss Standesbeamte StAZ 2005, 20, 21). Das BVerfG (StAZ 2004, 109) hat die Begrenzung der Namen auf fünf durch das OLG für vertretbar, wenngleich nicht zwingend erachtet. Von Bedeutung können sein die Art der Vornamen (kurz und klar oder exotisch-kompliziert, vgl OLG Düsseldorf, Rn 57) oder Familientraditionen (etwa in ehemaligen Adelsfamilien, vgl OLG Köln StAZ 1988, 82; AG Hamburg StAZ 1979, 286; Seibicke StAZ 2005, 230 f) oder auch ausländische Gebräuche bei entsprechendem kulturellen Bezug (Rn 93). Auch die Frage, inwieweit **Bindestrich-Namen** oder sonstige Namenszusammensetzungen als ein oder zwei Namen zu werten sind, wird nur im Einzelfall entschieden werden können (zum Problem Gernhuber StAZ 1983, 269; Seibicke StAZ 1995, 322; ders StAZ 1998, 288 [zu OLG Schleswig StAZ 1998, 288]: Die Übergänge von Anna-Louise zu LouAnn bis Annalouise sind fließend [vgl Rn 61]).

c)   Beeinträchtigungen des Kindesinteresses

59 Bei der Prüfung der Frage, ob ein Vorname das geistige oder seelische Wohl des Kindes gefährdet (Rn 40), ist auch rechtlich beachtlich, daß das gesellschaftliche Verständnis seit alters her den Namen nicht nur als willkürliches sprachliches Etikett eines Individuums ansieht, sondern daß immer wieder – und auch heute noch – mystische Wechselbeziehungen zwischen Person und Name vermutet werden (vgl nur H Krüger AcP 156 [1957] 232 ff; Enste 22 ff; die Belege aus der schöngeistigen Literatur sind Legion, als Beispiel nur Goethe, Werke [Hamburger Ausgabe, 12. Aufl 1981] Bd 3 S 47 [Faust 1. Teil], Bd 6 S 255 [Wahlverwandtschaften], Bd 8 S 428 [Wilhelm Meisters Wanderjahre], S 495 [Wilhelm Meisters Theatralische Sendung], Bd 9 S 407, 463 f [Dichtung und Wahrheit]; aus der neueren Literatur vgl die Zitate von Thomas Mann und John Steinbeck bei Dörner StAZ 1980, 170, 175). Das Recht des Kindes, auf dessen Wahrung sich das *Wächteramt* von Standesbeamten und Gerichten bezieht (Art 6 Abs 2 S 2 GG), geht darauf, nicht einen anstößigen, lächerlichen oder sonst belastenden Namen zu erhalten, der ihm die Selbstidentifikation erschwert und der zu herabsetzenden Reaktionen der Umwelt Anlaß geben könnte. Kinderpsychologisch zutreffend das Schweizer Bundesgericht: „Kinder haben in aller Regel kein bewußtes Bedürfnis nach Originalität; sie leiden im Gegenteil darunter, wenn sie – auf welche Weise auch immer – unter ihresgleichen auffallen" (StAZ 1982, 219; eindringlich mahnend auch Seibicke 11 ff; vgl auch Diederichsen StAZ 1989, 337 f zum elterlichen Mißbrauch bei der Vornamensgebung für funktionswidrige Zwecke).

60 **aa)   Anstößige und lächerliche Vornamen** verletzen demnach das Kindesinteresse. Sie sind unzulässig und können nicht wirksam erteilt werden. Dies ist dann der Fall, wenn die Eltern sich für einen Vornamen entscheiden, der die naheliegende Gefahr begründet, daß er Befremden oder Anstoß erregen, den Namensträger der Lächerlichkeit preisgeben und ihn in der Entfaltung seiner Persönlichkeit beeinträchtigen wird (OLG Hamm StAZ 1995, 236, 237; 1996, 208, 209). Hierher gehören entwürdigende Namen, die die Eltern dem Kind aus einer momentanen Verärgerung heraus erteilen („Pillula", „Ogino", „Gin", vgl Seibicke 12; Diederichsen NJW 1981, 709), die banale Gebrauchsgegenstände des täglichen Lebens bezeichnen (Rn 71) oder die banal-umgangssprachliche Floskeln sind (Rn 63). Anstößig nicht nur wegen der Symbolbedeutung des Namens ist auch die Verwendung medizinischer Krankheitsbezeichnungen („Gastritis", „Meningitis", Diederichsen NJW 1981, 708). Vom inhaltlichen Bezug her sind lächerlich „Schneewittchen" oder „Rotkäppchen" (BayObLG StAZ 1981, 23, 26 [als Beispiele]). Das gleiche gilt für die Erteilung früherer oder ausländischer Adelsbezeich-

nungen als Vornamen (OLG Hamburg StAZ 1965, 75, 76 [„Princess Anne"], vgl auch Rn 67),
aber auch sonstige Nachnamen können wegen ihrer Vornamensuntauglichkeit lächerlich wirken (Rn 64). Selbst schlichte Worte der Umgangssprache wie „Wiesengrund" (BG StAZ 1982, 219), „Birkenfeld", „Rosenherz" (AG Nürnberg StAZ 1994, 118),
„Pfefferminze" (AG Traunstein StAZ 1997, 40) und wohl auch „Sonne" (AG Nürnberg
StAZ 1994, 118, indes aufgehoben durch BayObLG StAZ 1994, 315 f) bergen wegen ihrer
Banalität die Gefahr der Lächerlichkeit in sich. Problematischer sind insoweit ausländische Bezeichnungen (OLG Karlsruhe StAZ 1981, 26 [„Aranya" = Wald]; LG Saarbrücken
StAZ 2001, 177 [„Sundance"]; AG Berlin-Schöneberg StAZ 1988, 139 [„Moon Unit"]; vgl Rn 74).
Die Möglichkeit, daß das Kind mit seinem Namen in seiner Umwelt auf Probleme
stößt, darf allerdings nicht allzu entfernt liegen. Als Grenzfall mag „Bavaria" gelten,
ein in Bayern bisher nicht eingeführter Name, mit dem im Umgangsjargon allerdings
eine „Frau mit üppigen Formen" bezeichnet wird (AG München StAZ 1981, 276: zulässig).
Nicht ausreichend ist es jedenfalls, wenn ein negatives Vergleichswort nur regional
bekannt war und nicht mehr zur modernen Umgangssprache in der Bundesrepublik
gehört (OLG Zweibrücken StAZ 1983, 346, 347 [„Pumuckl" im Vergleich zu „Pomuchelskopp" =
Dummkopf]; HEPTING/GAAZ PStG Rn IV-795 halten hingegen „Pumuckl" schon allein für lächerlich). Die Lächerlichkeit kann auch in der Verstümmelung eingeführter Namen
liegen. Grundsätzlich sind aber **Kurzformen** von Vornamen zulässig, wenn der Na-
menscharakter erhalten bleibt (LOOS 164; DIEDERICHSEN NJW 1981, 709 Fn 81; Beispiele:
Fritz, Heinz, Max, Alex, Grete; restriktiv SEIBICKE 30, 89). Nicht wegen fehlenden Namens-
charakters (vgl Rn 63), wohl aber wegen ihres albernen Klangs unzulässig sind dagegen etwa „Fifi", „Mimi", „Dodo" (LOOS, DIEDERICHSEN aaO; STÖLZEL 39; zumindest Zwei-
felsfall: „Büb", OLG Köln NJWE-FER 2000, 85 [zugelassen]). Die bloße Sinnlosigkeit eines
Vornamens (vgl zB „Tom Tom"; AG Bremen StAZ 1991, 255) legitimiert jedoch noch nicht
einen Eingriff in das elterliche Bestimmungsrecht zum Wohle des Kindes (so aber AG
Bremen aaO; HEPTING/GAAZ PStG Rn IV-765, wonach dies der herkömmlichen Ansicht entsprechen soll); dies gilt insbesondere unter dem Aspekt der Zulässigkeit von Phantasien-
namen, die allerdings nicht lächerlich wirken dürfen (LG Gießen StAZ 1999, 44 [„Me-
chipchamueh"]; AG Coburg StAZ 1990, 73, 74 [„Stompie"]; entgegen LG Ravensburg StAZ 1985,
166 wohl auch „Windsbraut"; vgl Rn 44).

61 Eine lächerliche Wirkung kann sich auch lediglich aus der **Schreibweise** oder Zu-
sammensetzung des Namens ergeben. Dies gilt etwa für das Weglassen des Binde-
strichs bei „Heinzotto" (HEPTING/GAAZ PStG Rn IV-757); lächerlich, jedenfalls aber
belastend sind auch die Verbindung von mehr als zwei Namen mit Bindestrich (LG
Bielefeld StAZ 1982, 46 [„Jan-Marius-Severin"] m Anm DREWELLO; LG Oldenburg StAZ 1990, 262
[„Martin-Luther-King"]; unverständlich deshalb OLG Schleswig StAZ 1998, 288 [„Michiko-Carol-
Lee-Ann-Prestige"]; s oben Rn 58) oder die Koppelung von zwei Doppelnamen durch
Bindestrich („Hansjörg-Wolfdietrich", DREWELLO aaO). Angesichts moderner Entwicklungen in der Schriftsprache befremdet heute die Verwendung von „Binnenmajus-
keln", das heißt von Großbuchstaben mitten im Wort, nicht mehr, sie gefährdet
deshalb auch nicht das Kindeswohl (OLG Jena StAZ 2004, 45 f [„LouAnn"] mit zustimmen-
der Anmerkung SEIBICKE; vgl auch Rn 58).

bb) Namensuntaugliche Bezeichnungen

62 Wenn nach allgemeiner Ansicht „namensuntaugliche Bezeichnungen" nicht erteilt
werden dürfen, so kann damit nicht gemeint sein, daß hier die elterliche Freiheit zur
Namensgebung bis hin zu Phantasienamen (Rn 44) eine eigenständige Grenze findet

– letztlich liefe dies doch wieder auf eine Bindung an vorgegebene Namenskataloge oder eine Kontrolle unterhalb der Gefährdungsgrenze hinaus. Das schließt jedoch nicht aus, daß sich unter dem allein maßgeblichen Kriterium des Kindeswohls (Rn 39 ff), konkretisiert anhand der Funktionen des Vornamens für das Individuum (Rn 20), bestimmte Bezeichnungen als schlechterdings namensuntauglich erweisen, auch wenn sich klare Abgrenzungen zu lächerlichen oder sonst belastenden Namen kaum ziehen lassen.

63 Hierher gehören zum Beispiel aus mehreren Worten bestehende Programmsätze wie „Frieden Mit Gott Allein Durch Jesus Christus" (zulassend OLG Bremen StAZ 1996, 86 mit abl Anm SEIBICKE StAZ 1997, 99; vgl unten Rn 95).

Auch unselbständige **Namenszusätze** wie „jr", „jun", „I", „II" usw haben keine Namensqualität und können weder allein noch in Verbindung mit anderen Vornamen erteilt werden (AG Hamburg StAZ 1980, 198; AG Köln StAZ 1979, 206; DIEDERICHSEN NJW 1981, 711; DÖRNER IPRax 1983, 289 Fn 19; anders offenbar LG Frankfurt NJW-RR 1990, 1094 und AG Frankfurt StAZ 1991, 196 [Vorinstanz] für Ordnungszahlen, allerdings im Hinblick auf eine lange Familientradition, zustimmend MünchKomm/VON SACHSEN GESSAPHE nach § 1618 Rn 13 und ERMAN/MICHALSKI Rn 18; bei Maßgeblichkeit ausländischen Rechts s Rn 92; bei deutschem Namensrecht, aber Auslandsbezug Rn 94). Das gilt auch, wenn der Zusatz in ausgeschriebener Form („junior") oder wie ein Vorname („Junior") erteilt werden soll (zu letzterem AG Hamburg aaO). Unzulässig wegen der Gefahr von Täuschung und Irreführung sind auch **Titel** als Vornamen („Direktor", „Doktor", als Beispiel genannt in OLG Hamburg StAZ 1965, 75, 76; „Mayor", BGE 71 I 366 [Schweiz]).

Auch **bloßen Silbenkombinationen** kann die grundsätzliche Eignung zur Personenkennzeichnung fehlen. Allerdings ist hierbei Vorsicht geboten: Jeder Name besteht letztlich aus Silbenkombinationen, und die Anschauungen, was als Personenname geeignet ist oder nicht, sind ständiger Wandlung unterworfen. Die grundsätzliche Freiheit zur Erfindung neuer Namen (Rn 44) kann über den Einwand der „Silbenkombination" nicht aufgehoben werden. Auch anfängliche Zweifel werden erfahrungsgemäß schnell gegenstandslos: So kann etwa die gerichtliche Ablehnung einer „synthetischen" Silbenkombination wie „Jama" (zusammengesetzt aus „Jakob" und „Maria") dieser zu einem Bekanntheitsgrad verhelfen, der sie als Vorname künftig akzeptabel erscheinen läßt („Jama" abgelehnt von KG StAZ 1931, 179; LG Münster NJW 1965, 1231, 1232; jetzt als „belegt" aufgeführt in KNAURS Vornamenbuch [1984] 164; SEIBICKE 200; vgl auch „Insa" [aus „Ingo" und „Sabine"], SEIBICKE 191 [aA KNAUR aaO 160]; „Hajo" [aus „Hans" und „Joachim"], SEIBICKE 183; „Angrit" [aus „Anna" und „Margit"]). Auch die *spiegelbildliche Umdrehung* vorhandener Vornamen nimmt diesen nicht unbedingt die Namensqualität (vgl LG Münster StAZ 1984, 129: „Max Amos Soma Xam" [zugelassen], dazu noch Rn 75). Gleiches gilt für Buchstabenbezeichnungen wie „Alpha" (AG Duisburg StAZ 1984, 281 m abl Anm DREWELLO StAZ 1985, 43 f) oder „Zeta" (LG Aachen StAZ 1990, 197, 198 [zugelassen]); ein Buchstabe allein scheidet hingegen als „Name" aus (zu „Y" vgl COESTER StAZ 1988, 215).

Problematisch ist die Namensqualität bei bloßen **Ausrufen** oder sonstigen **umgangssprachlichen Floskeln** („Hallo", „He!", auch fremdsprachlich [argentinisch] „Che", LG München StAZ 1973, 88; vgl auch GERNHUBER StAZ 1983, 270: „Widu", „Naja") – solche Bezeichnungen können entwürdigend oder lächerlich wirken. Allerdings kann auch hier der soziale

Gebrauch zu Ausnahmen führen. Wie auch Sachbezeichnungen (Rn 71 f) können insbesondere *fremdländische Ausrufe* Vornamensqualität erlangen, wenn sie durch einen Träger dieses Namens als Personenbezeichnung bekannt geworden sind („Che"). Nicht als Floskel im obigen Sinne wurde die Bezeichnung „Extra" eingestuft, da sie einen eigenen Sinn habe (und in concreto mit einem herkömmlichen Namen verbunden war: „Emelie-Extra", OLG Schleswig StAZ 2003, 334, 335 f). Vornamensuntauglich sind schließlich **unpersönliche Anredeformen** wie „Herr", „Kumpel", auch in ausländischer Form (OLG Braunschweig StAZ 1978, 184, 185 [„Pan" = slawisch „Herr"]); vgl die amerikanischen Anreden „Mac" oder „Bud", als (nicht ganz passendes) Beispiel herangezogen in LG München StAZ 1973, 88 („Che"). Auch unpersönliche **Kosenamen** wie „Hasi" oder „Büb" können lächerlich und belastend wirken und werden deshalb regelmäßig unzulässig sein (vgl aber OLG Köln NJWE-FER 2000, 85 [„Büb", zugelassen]).

Nach herkömmlicher Auffassung sollen zur Individualkennzeichnung auch **Nachnamen** ungeeignet sein, wenn sie als Vornamen erteilt werden sollen. Üblicherweise wird formuliert, daß es der Ordnungsfunktion des Namens widerspreche, einen Familiennamen als Vornamen zu wählen, da Vorname und Familienname deutlich zu unterscheiden seien (OLG Karlsruhe StAZ 1998, 298 [„Cezanne"]; StAZ 1986, 286, 287 [„Bräuche"]; OLG Frankfurt StAZ 1991, 314, 315 [„Holgerson"]; StAZ 1985, 106 [„Schröder"], dazu bereits AG Darmstadt StAZ 1982, 281; OLG Düsseldorf StAZ 1985, 250 [„Hemmingway"], Vorinstanz LG Mönchengladbach StAZ 1985, 109; LG Würzburg StAZ 1987, 139 [„Peterson"]; AG Bielefeld StAZ 1989, 379 [„Beauregard"]; ausführlich zum Grundgedanken AG Berlin-Schöneberg StAZ 1997, 16, 17). Unschädlich solle es allerdings sein, wenn bekannte Vornamen auch als Nachnamen vorkommen (LG Mainz StAZ 1987, 18, 19: „Philipp"; „Heinrich"; „Walther") oder nur im Ausland als Familienname gelten (OLG Celle StAZ 1992, 378 [„Lafayette"], dazu bereits AG Koblenz StAZ 1984, 130; BayObLG StAZ 1992, 72 [„Wannek"]). Diese Auffassung ist spätestens seit der „Anderson"-Entscheidung des BVerfG (StAZ 2006, 50 ff) so allgemein **nicht mehr haltbar**. Mit der „Ordnungsfunktion des Namens" können Eingriffe in das elterliche Namensbestimmungsrecht nicht gerechtfertigt werden, die nötige Abwägung zwischen Elternrecht und Kindeswohl (Wächteramt des Staates") werde verfehlt (BVerfG aaO 51). Auch nach dem BVerfG bleibt es denkbar, daß einem typischen Familiennamen die *individuelle Kennzeichnungskraft eines Vornamens* fehlt oder daß die Gefahr einer *Verwechselung mit dem wirklichen Familiennamen* hervorgerufen wird – dies muß aber vom Gericht **im Einzelfall konkret belegt werden** (im Ausgangsfall hatte dies das OLG Karlsruhe StAZ 2004, 76 weder im Ansatz versucht noch waren entsprechende Gesichtspunkte beim Gesamtnamen „Anderson Bernd Peter K." erkennbar, BVerfG aaO 51 f).

Demnach steht der Umstand, daß ein Vorname auch als Nachname bekannt ist, einer wirksamen Erteilung nicht grundsätzlich entgegen. **Kindeswohlwidrigkeit** kann sich zum einen aus dem *assoziativen Bezug* des Namens ergeben („Heydrich", AG Traunstein StAZ 1994, 317; „Puschkin", AG München StAZ 1983, 351; vgl unten Rn 68 ff). Die *individuelle Kennzeichnungskraft* eines Vornamens fehlt bei verbreiteten, typischen Nachnamen, die als Vornamen generell nicht verwendet werden (zB „Schröder", Rn 64, oder „Schmitz", vgl OLG Köln StAZ 2002, 43). *Verwechslungsgefahr zwischen Vor- und Familiennamen* kann vor allem entstehen, wenn dem Kind der Familienname des anderen Elternteils, von dem es seinen Familiennamen nicht ableitet, als Vorname erteilt wird: Vor allem im mündlichen Verkehr ist zB nicht unterscheidbar, ob ein

Kind „Louise Schmitz Müller" oder „Louis Schmitz-Müller" heißt (vgl OLG Köln
StAZ 2002, 43 [das Kind trug nach der Mutter den Familiennamen (hier geändert) „Müller", der
Vater hieß „Schmitz"]; im Ergebnis ebenso KG StAZ 1999, 171, 172; **anders** jedoch OLG Frankfurt
NJW-RR 2000, 1170 f [„Birkenfeld"]; NJW-RR 2000, 1171 [„Neukirchen"]). Ist der Familienname des anderen Elternteils aber zufällig auch ein verbreiteter Vorname (vgl LG
Mainz StAZ 1987, 18 [„Philipp"]), so wird die Gefährdungsgrenze des Kindeswohls durch
die Erteilung des zusätzlichen Vornamens „Philipp" wohl nicht erreicht (das BVerfG
sieht die Möglichkeit, daß das Kind einer konkreten Verwechslungsgefahr durch Gebrauch seiner
anderen Vornamen ausweichen könnte, StAZ 2006, 50, 52; vgl Rn 56).

66 Schon nach bisheriger Auffassung sind Nachnamen als Vornamen jedenfalls dann
zulässig, wenn dies Ausdruck echter **Familientradition** ist *und* der **örtlichen Sitte**
entspricht: So bei **Zwischennamen** in Ostfriesland und Schleswig (BGHZ 29, 256 = LM
Nr 24 zu § 12 m Anm JOHANNSEN [„ten Doornkaat"]; OLG Schleswig SchlHA 1957, 126 m Anm
RICHTERT = StAZ 1957, 321 m Anm ELLGARD [„Boysen"]; OLG Zweibrücken StAZ 1983, 31
[„Cajus Katte"]; SOERGEL/HEINRICH § 12 Rn 100; SEIBICKE 27). Hierbei handelt es sich um
Familiennamen von Vorfahren, die dem Kind neben einem anderen Vornamen
erteilt werden können. Wie eng der regionale Bezug zu Ostfriesland oder Schleswig
sein muß, bleibt unklar: Unerheblich soll sein, ob das Kind dort geboren worden ist
und aufwächst, es soll ausreichen, wenn ein Elternteil dort aufgewachsen ist (OLG
Zweibrücken aaO). Diese Gesichtspunkte können weiterhin bedeutsam sein, wenn ein
auch nach heute maßgeblicher Sicht (Rn 64) bedenklicher Name legitimiert werden
soll. Zur Sonderproblematik der im Ausland üblichen Zwischennamen s Rn 94.

67 Zur Nachnamensproblematik gehört auch die Erteilung von **früheren Adelsbezeichnungen** als Vornamen (zur rechtlichen Qualifikation generell s Rn 8). Bezeichnungen wie
„Graf", „Fürst", „Ritter" werden allgemein abgelehnt (OLG Hamburg StAZ 1965, 75
[„Princess Anne" oder „Prinzess Anne"]; LG Köln StAZ 1930, 83 [„Graf"]; vgl OLG Braunschweig
StAZ 1978, 184, 185; LOOS 163; PETERS StAZ 1968, 333). Dies gilt auch für entsprechende
ausländische Bezeichnungen (OLG Zweibrücken StAZ 1993, 79, 80 [„Lord"]; vgl OLG Hamburg aaO; PETERS aaO; Spitznamen wie „Count Basie" oder „Duke Ellington" können kein gegen-
teiliges Präjudiz liefern; s auch SEIBICKE 25 Fn 9). Die Unzulässigkeit folgt jedoch nicht aus
vorgetäuschter „Standeszugehörigkeit", die es nicht mehr gibt, oder aus Art 109
Abs 3 S 2 WRV iVm Art 123 GG (so OLG Hamburg aaO; offengelassen von OLG Zweibrücken aaO), sondern weil es sich um einen typisierten und deshalb sprachlich
vornamensuntauglichen Nachnamensbestandteil handelt, der überdies den Namensträger der Gefahr der Lächerlichkeit aussetzt (so auch OLG Zweibrücken aaO; zu letzterem OLG Hamburg aaO 76). Gleiches gilt im Ergebnis für *Patronatsnamen* („Franz von
Paul", nach dem Stifter des Paulanerordens, vgl KUBITZ StAZ 1984, 212): Sie wirken wie ein
Nachname mit früherer Adelsbezeichnung (vgl Rn 64 ff).

cc) Belastender Namensbezug
68 **Belastend** für den Namensträger können sich vor allem **Assoziativnamen** auswirken,
wobei ein inhaltlicher Bezug zu anderen Personen oder zu Gegenständen in Betracht kommt. Entscheidend ist dabei, welche Vorstellungen, Gegenstände und
Personen die **Allgemeinheit** mit dem verwendeten Namen assoziiert, denn aus ihr
sind die negativen Wirkungen des Namens zu befürchten (HEPTING/GAAZ PStG Rn IV-
795; KORB StAZ 1997, 16).

Die Entlehnung des Vornamens vom **Namen anderer Personen** entspricht herge-
brachter Sitte und ist auch nicht tendenziell kindeswohlwidrig. Ob der Vorname eine
Last für das Kind ist, hängt von der Stärke des Namensbezugs zu einem bestimmten
früheren Träger (GERNHUBER StAZ 1983, 270) und von der Einschätzung des Namens-
vorbilds in der sozialen Umwelt des Kindes ab. Unbedenklich ist demnach die
Übernahme von Namen der Vorfahren, von Heiligennamen oder von Namen solcher
Persönlichkeiten, die in der geschichtlichen Bewertung einen unverrückbar positiven
Rang einnehmen. Bei Persönlichkeiten der jüngeren Vergangenheit und der Gegenwart ist hingegen Vorsicht geboten: Eltern mißachten häufig das Kindesinteresse,
wenn sie das Kind zum „lebenden Plakat" ihrer aktuellen Überzeugungen oder
kurzlebiger Moden machen (SEIBICKE 15; NAPPENBACH StAZ 1998, 339; FRIEDRICHS StAZ
1929, 88; s aber auch Rn 42) oder gar kommerziell zu verwerten suchen (Rn 72). Dies gilt
insbesondere für *politische* Namensvorbilder; die Wechselfälle der Vergangenheit
haben genügend warnende Beispiele geliefert (zu Beginn des 19. Jahrhunderts „Landstur-
mine", „Gneisenauette", LEVY 8, 15; zum Dritten Reich vgl DIEDERICHSEN NJW 1981, 708: „Göb-
belen", „Fricklinde"; auch der Name „Adolf" ist seit jener Zeit unpopulär; vgl auch AG Traunstein
StAZ 1994, 317 [„Heydrich"]; zur Vornamensgebung im Nationalsozialismus MAHLBURG StAZ 1985,
241 ff). Nicht gleichermaßen skurril, aber wegen ihrer politischen Befrachtung ebenfalls abzulehnen sind Vornamen wie „Lenin" (LG Mainz StAZ 1930, 84; DIEDERICHSEN
NJW 1981, 708 f; **aA** AG Karlsruhe StAZ 1927, 262). Andere von der Rspr verworfene
Namen würde man heute wohl weniger wegen des politischen Bezugs als kindeswohlwidrig einstufen, sondern allenfalls wegen mangelnder Individualisierungsfunktion, wenn ein kompletter Name als Vorname erteilt wird: so zB „Martin-Luther-
King" (LG Oldenburg StAZ 1990, 262, 263) oder „Angela-Davis" (AG Münster StAZ 1973,
167).

Auch außerhalb der politischen Sphäre kann sich der belastende Charakter eines **69**
Vornamens aus seinem **inhaltlichen Bezug** ergeben. Das gilt trotz Gebräuchlichkeit
in Spanien und lateinamerikanischen Ländern für „Jesus" (LG Mönchengladbach StAZ
1985, 166; AG Bielefeld StAZ 1964, 165; **aA** OLG Frankfurt StAZ 1999, 173 unter Hinweis auf die
fortschreitende Vermischung der Kulturen; auch HEPTING/GAAZ PStG Rn IV-793; SEIBICKE StAZ
1999, 167 ff erachtet die Eintragung als Vorname für zulässig, um sogleich einzuschränken: „Alle
deutschen Eltern seien daher eindringlich davor gewarnt, ihren Sohn Jesus zu nennen ..."), „Christus" (trotz Gebräuchlichkeit in Griechenland) und selbstverständlich für „Judas",
„Kain", „Satan", „Luzifer". Auch „Rasputin" wurde zu Recht abgelehnt (DIEDERICH-
SEN NJW 1981, 710; **aA** DÖRNER StAZ 1980, 172).

Eine erhebliche Rolle in der Praxis spielen aus der **Literatur** oder den **Medien** **70**
entlehnte Personennamen. Diesbezüglich kann allerdings stets nur die Wahrung des
Kindesinteresses, nicht aber des kulturellen Niveaus Aufgabe der Gerichte sein
(bedenklich insoweit die Argumentation des AG Darmstadt StAZ 1975, 134). Derartige Ent-
lehnungen sind unbedenklich, wenn der Name nicht überwiegend negative Assoziation hervorruft (zu restriktiv GERNHUBER StAZ 1983, 270). Für zulässig gehalten wurden
insoweit „Momo" (BayObLG StAZ 1981, 23), „Pumuckl" (OLG Zweibrücken StAZ 1983,
346), „Winnetou" (AG Darmstadt aaO), auch „Galadriel" (OLG Köln StAZ 1977, 105) und
„Godot" (LG Hannover StAZ 1997, 15 m Anm KORB). Aus diversen Comic-Serien wurden
zugelassen „Speedy" (OLG Karlsruhe StAZ 1998, 344 f [„Speedy Gonzales"], ablehnend SEI-
BICKE StAZ 1999, 45), „Pebbels" (AG Bayreuth StAZ 1993, 356 f [„Familie Feuerstein"]) und
„Linus" bzw „Leines" (OLG Celle StAZ 2001, 327 [„Peanuts"]), abgelehnt dagegen „Ver-

leihnix" (AG Krefeld StAZ 1990, 200 [„Asterix und Obelix"]) und „Schröder" (AG Darmstadt StAZ 1982, 281 [„Peanuts"]). Auch Personennamen aus der **Mythologie** unterliegen den gleichen Grundsätzen und können nicht generell zurückgewiesen werden (OLG Frankfurt StAZ 1997, 69, 70 [„Nike"]; LG Berlin StAZ 1999, 373, 374 [„Venus"]; LG München StAZ 1969, 42 [„Europa"]; **aA** OLG Braunschweig StAZ 1978, 184 [„Pan"], krit dazu DÖRNER StAZ 1980, 172 mwNw).

71 Problematischer als die Anknüpfung an vorgefundene Personennamen ist die Verwendung von **Gegenstandsbezeichnungen als Vornamen**. Hierunter ist das Aufgreifen sachlicher Bezeichnungen und Ausdrücke der gesamten natürlichen, sozialen, geistigen oder technischen Umwelt zu verstehen. Derartige Bezeichnungen als Vornamen verletzen das Kindeswohl dann, wenn sie wegen ihres Gegenstands oder ihrer Banalität das Kind voraussichtlich erheblich belasten. Sie verletzen das Kindeswohl jedoch dann nicht, wenn die eigentliche Sachbedeutung gegenüber der Namensfunktion zurücktritt (BayObLG StAZ 1994, 315, 316; SOERGEL/HEINRICH § 12 Rn 101) oder die Gegenstandsbezeichnung selbst von Personennamen entlehnt ist (zB „Mercedes", SEIBICKE StAZ 2000, 372, 373). Gerade in diesem Bereich ist darauf zu achten, daß Geschmacksfragen und Kindeswohlgefährdung strikt unterschieden werden (s Rn 39 ff). Die bisherige Rspr kann wegen Nichtbeachtung dieses Unterschieds nur mit äußerster Vorsicht als Präjudiz herangezogen werden.

72 Noch nicht kindeswohlgefährdend sind deshalb Bezeichnungen wie „Prestige" (OLG Schleswig StAZ 1998, 288 f m abl Anm SEIBICKE), „Sonne" (BayObLG aaO), „Jazz" (AG Dortmund StAZ 1999, 149, 150), „November" (**aA** AG Traunstein StAZ 1995, 176, 177; wie hier LG Bonn StAZ 2006, 362) oder „Woodstock" (**aA** AG Ulm StAZ 1990, 74, 75); zweifelhaft indes bei „Borussia", da die Allgemeinheit diesen Namen wohl im alltäglichen Sprachgebrauch mit Fußballvereinsnamen assoziiert (so AG Kassel StAZ 1997, 240). Unzulässig, weil belastend oder banal erscheint es hingegen, wenn das Kind mit dem Namen von Gebrauchs- oder Konsumgegenständen oder von technischen Apparaten bezeichnet werden soll („Traktora", LG Münster NJW 1965, 1232, vgl AG Stuttgart StAZ 1983, 351, 352; „Sputnik", BUCKENHÜSKES StAZ 1964, 313; „Grammophon", LG Hamburg StAZ 1973, 165; „Pepsi-Cola", DÖRNER StAZ 1980, 172; anders aber bei „Fanta", der auch ein Vorname aus dem afrikanischen Kulturkreis ist, LG Köln StAZ 1999, 147, 148; auch bei „Mikado" wird man nicht zwingend davon ausgehen müssen, daß die Namensfunktion gegenüber der eigentlichen Sachbedeutung zurücktritt, LG Braunschweig StAZ 1998, 209, 210; vgl DIEDERICHSEN, in: FS Henrich [2000] 101, 107 ff). Dies gilt um so mehr, wenn die Eltern die Namensgebung insoweit kommerziell zu verwerten suchen (vgl Süddeutsche Zeitung 28. 7. 2001 S 12: „Ein Kind namens Coke oder Microsoft"; SEIBICKE StAZ 2002, 161; PFEIFER GRUR 2001, 495) – auch hier allerdings entscheidet allein der Name im Lichte des Kindeswohls, nicht die Motivation der Eltern.

73 Geeigneter können **Namen aus der Geographie, Botanik oder den Naturwissenschaften** sein. In ersterer Hinsicht liefert „Florence Nightingale" ein historisches Beispiel; in die gleiche Richtung zielen die für zulässig gehaltenen Vornamen „Taiga" (AG Lüneburg StAZ 1976, 205), „Turpin", „Sheila" (= Himalaya-Berge, berichtet in LG Münster NJW 1965, 1231) oder „Chelsea" (= Londoner Stadtteil, OLG Hamm StAZ 1995, 236, 237). Weniger glücklich hingegen erscheint der Mädchenname „Sanfranziska" (GERNHUBER StAZ 1983, 270 will Städtenamen generell ausschließen; krit auch SEIBICKE 105 f).

Aus der **Botanik** haben sich insbesondere Blumennamen als Namen eingebürgert und sind nicht grundsätzlich zu beanstanden (für Mädchen „Erika", „Viola", „Linde", „Jasmin" [AG Nürnberg StAZ 1957, 128], „Azalee" [AG Koblenz StAZ 1960, 241; zust DIEDERICHSEN NJW 1981, 710 f]; für Jungen „Oleander" [AG Stuttgart StAZ 1983, 351 f m Hinw auf „Narziß"]). Zu den allgemeinen Bezeichnungen „Wiesengrund", „Birkenfeld" (OLG Frankfurt NJW-RR 2000, 1170 f) und „Pfefferminze", die eher banal und lächerlich wirken, jedoch oben Rn 60. Aus dem Bereich der Naturwissenschaften ist der Metallname „Lanthan" für einen Sohn hingenommen worden (AG Karlsruhe StAZ 1977, 49). Demgegenüber wurde aus der **Tierwelt** die Bezeichnung „Moewe" wegen der Assoziation mit der Vogelgattung und deren negativer Assoziationen in heutigen Zeiten abgelehnt (BayObLG StAZ 1986, 248 f, Vorinstanz LG Würzburg StAZ 1986, 44, 45 m Anm SEIBICKE; zustimmend DIEDERICHSEN StAZ 1993, 345, 351), während „Biene" wegen überwiegend positiver Assoziationen zugelassen wurde (AG Nürnberg StAZ 2001, 143, 144).

Soweit Sachbezeichnungen in **fremdsprachlicher Form** als Vornamen erteilt werden **74** sollen, tritt – jedenfalls bei Fällen ohne Auslandsbezug – diese Sachbedeutung in den Hintergrund, der Name gehört eher in die Kategorie der *„Phantasienamen"* (BGHZ 73, 239, 242 [„Aranya" = Wald], dazu auch OLG Karlsruhe StAZ 1981, 26 m Anm DÖRNER; BayObLG StAZ 1997, 207, 208 [„Uragano" = Orkan]; LG Aachen StAZ 1990, 197, 198; LG Berlin StAZ 1998, 208 [„River"]; AG München StAZ 1992, 144; HEPTING/GAAZ § 12 PStG Rn 114; s OLG Hamm StAZ 1989, 376, 377 [„Decembres Noelle"]; OLG Düsseldorf StAZ 1989, 280, 281 [„Sunshine"]; LG Saarbrücken StAZ 2001, 179 [„Sundance"]; s auch Rn 60).

dd) Kompensationseffekt zusätzlicher Vornamen
Es entspricht verbreiteter Auffassung, daß die Bedenklichkeit eines Vornamens **75** dadurch abgemildert werden kann, daß zusätzliche, unbedenkliche Vornamen erteilt werden (vgl DIEDERICHSEN, in: FS Henrich [2000] 101, 114 [„Kunstgriff der gegenseitigen Stützung von Vornamen"]). Bekanntestes, wenngleich nach hier vertretener Ansicht nicht mehr relevantes Beispiel, ist die Zulässigkeit von „geschlechtsneutralen" Namen, wenn ein geschlechtsdeutlicher Name beigefügt wird (dazu Rn 48 f); bei geschlechtswidrigen Vornamen scheidet eine Kompensationswirkung allerdings nach allgM stets aus (Rn 52). Aber auch in anderen Zusammenhängen kann es möglich sein, daß ein Kind – sollte es einen Vornamen aus irgendeinem Grund belastend oder unerwünscht finden – diesen Namen ohne weiteres unbeachtet lassen und einen anderen erteilten Namen als „Rufnamen" benutzen kann (zB BVerfG StAZ 2006, 50, 52 [„Anderson"]; OLG Köln NJWE-FER 2000, 85 [„Büb"]; LG Bonn StAZ 2006, 362 [„November"]; zum Rufnamen oben Rn 32).

ee) Ausländische Vornamen bei sonst fehlendem Auslandsbezug
Die Internationalisierung der Namensgewohnheiten, die steigende Anzahl von ge- **76** mischtnationalen Ehen und der Aufenthalt von Ausländern in Deutschland haben zu einem sprunghaften Anstieg solcher Vornamen geführt, die aus *fremden Kultur- und Sprachbereichen* stammen (vgl OLG Frankfurt StAZ 1995, 173, 175; LG Gießen StAZ 1999, 44; NAPPENBACH StAZ 1998, 339; vgl oben Rn 21). Im Grundsatz können einem Kind auch ausländische Vornamen erteilt werden, selbst wenn jeder sachliche Auslandsbezug fehlt und der Name bisher in der Bundesrepublik noch unbekannt ist (BGHZ 73, 239, 242 und OLG Karlsruhe StAZ 1981, 26, 27 [„Aranya"]; OLG Hamm StAZ 1996, 208, 209 [„Bodhi"]; StAZ 1995, 236, 237 [„Chelsea"]; LG Köln StAZ 1999, 147, 148 [„Fanta"]; LG Verden MDR 1964, 847 [„Ildico"]; AG München StAZ 1988, 330 [„Lucky Indeko Tao"];

STAUDINGER/HABERMANN [2004] § 12 Rn 207; DIEDERICHSEN NJW 1981, 709). Dies ergibt sich zwanglos aus der elterlichen Namensgebungsfreiheit – bis hin zu Phantasienamen (Rn 44). Kein Hindernis ist die Existenz deutschsprachiger Versionen des gleichen Namens, zB „Georg" für „Juri" oder „Andreas" für „Andrijan" (LG Münster NJW 1965, 1231, 1232; dazu näher Rn 78). Auch „kulturelle Reinheit" der ausländischen Namen ist nicht erforderlich, es können Vornamen aus verschiedenen Ländern miteinander verbunden werden (OLG Celle StAZ 1976, 80 [„Malaika-Vannina", ostafrikanisch/korsisch]; LG Duisburg StAZ 1994, 117 [„Cosma-Shiwa", italienisch-indisch]). Allerdings unterstehen auch ausländische Vornamen den Grundsätzen und Grenzen des deutschen Vornamensrechts (BayObLG StAZ 1973, 70; LG Gießen StAZ 1999, 44; STAUDINGER/HABERMANN [2004] aaO; bei echtem Auslandsbezug s Rn 93). Letztlich ist es deshalb gleichgültig, ob die erteilte Namensbezeichnung ein authentischer, wirklich gebrauchter Name in irgendeinem anderen Land ist (vgl LG Münster StAZ 1984, 129: bei afrikanischen Buschleuten): Ist der Name nicht *vorgefunden*, dann ist er *erfunden* – die Zulässigkeitskriterien sind dieselben. So würden zB in Deutschland befremdlich oder lächerlich der in England gebräuchliche Vorname „Princess" (OLG Hamburg StAZ 1965, 75) wirken, oder die in der früheren Sowjetunion erteilten Namen „Elektron", „Energia", „Industria", „Traktoria" (vgl STENZ StAZ 1980, 174).

77 Auch ausländische Namen dürfen nicht die Zulässigkeit des Namensträgers zum **gegenteiligen Geschlecht** suggerieren (vgl Rn 49, 52). Mangels realen Auslandsbezugs bei den hier behandelten Fällen kann es insoweit nur auf die **Namenswirkung im Inland** ankommen – also den Sprachklang oder etwaige Assoziationen zu hier bekannten Namen. In einer deutschen Familie kann dem Sohn also nicht der in Italien übliche Name „Andrea" erteilt werden. Eine Klarstellung durch zusätzliche Namen scheidet aus (Rn 52).

78 Eine **Eindeutschung ausländischer Namen** kann in der Regel nicht verlangt werden, auch nicht, wenn nahezu identische deutsche Sprach- und Schreibformen vorhanden sind (zur Eindeutschung slavisierter Vornamen bei Volksdeutschen Rn 94). Darüber hinaus müssen sich Schreibweise und Ansprache des Vornamens nicht decken (OLG Hamm StAZ 1995, 236, 237 [„Chelsea"]; vgl aber SEIBICKE StAZ 1991, 312). Umgekehrt kann den Eltern eine Eindeutschung des Namens oder nur seiner Schreibweise nicht verwehrt werden (OLG Hamm StAZ 1989, 376, 378 [„Noelle"]; vgl LG Augsburg StAZ 1998, 345, 346 m abl Anm SEIBICKE StAZ 1999, 45 [„Roi"]; aA noch DIEDERICHSEN NJW 1981, 710 mwNw; ders, in: FS Henrich [2000] 101, 111 f). Dies folgt aus der grundsätzlichen Freiheit der Eltern, auch die Schreibweise des erteilten Vornamens zu bestimmen sowie unter dem Aspekt des Namenserfindungsrechts (Rn 44). Begrenzt ist die elterliche Freiheit wie auch sonst bezügl des Verbots geschlechtswidriger Vornamen (Rn 49, 52) und sonstiger kindeswohlwidriger, insbesondere lächerlich wirkender Schreibweisen (abgelehnt wurden LG Bielefeld StAZ 1977, 199, 200 [„Ssonia" statt „Sonja"]; AG Kleve StAZ 1994, 288 [„Jenevje" statt „Geneviève"]; AG Braunschweig StAZ 1974, 156 [„Schanett" statt „Jeanette" oder „Janette", vgl LG Bremen StAZ 1977, 17]; zugelassen hingegen „Leines" statt „Linus", OLG Celle StAZ 2001, 327). Die Gebräuchlichkeit in Norddeutschland von Vornamen wie „Meik", „Maik", „Maike", „Meike", „Meiko" und „Maiko" (SEIBICKE StAZ 1968, 81 ff; vgl zu „Mike" auch OLG Frankfurt aaO) zeigt allerdings, daß sprachlicher Purismus gegen den Wandel der Sprache und Namen keine Barriere zu errichten vermag.

6. Änderungen des Vornamens

Da der wirksam erteilte und eingetragene Vorname grundsätzlich für die Lebenszeit **79**
des Namensträgers **verbindlich** ist (Rn 28), sind Änderungen nur durch öffentlich-
rechtliche Namensänderung möglich. Dies gilt nicht für die Änderung des „Rufnamens" innerhalb des Kreises der erteilten Vornamen (Rn 32). Auch der gesellschaftliche Gebrauch nicht erteilter Vornamen ist von der privatrechtlichen Namensführungsfreiheit gedeckt (Vorbem 17 zu §§ 1616–1625). Namensänderung im hier
gebrauchten Sinn ist nur die Abänderung des Namenseintrags im Geburtenbuch
und anderen Personenstandsbüchern.

Angesichts der oft wenig kindgerechten Namensgebungspraxis der Eltern und der
großzügigen Haltung vieler Gerichte ist wiederholt gefordert worden, dem *Kind* mit
Erreichung der Volljährigkeit ein *freies Änderungsrecht* einzuräumen (LÜDERITZ/
DETHLOFF FamR § 12 Rn 27; WAGENITZ FamRZ 1998, 1545, 1553; HWB/WAGENITZ/BORNHOFEN,
Der Vorname Rn 29). Der Gesetzgeber hat diesen vernünftigen Gedanken bisher nicht
aufgegriffen.

Von den Änderungsfällen ist die **Berichtigung des Namenseintrags** zu unterscheiden. **80**
Eine Berichtigung ist zum einen möglich, wenn der Eintrag **von Anfang an unrichtig**
war, entweder weil der materiellrechtliche Erteilungsakt völlig fehlte oder zwar
vorhanden war, aber inhaltlich nicht mit der Eintragung übereinstimmt (s Rn 36).
Dazu gehören auch Abweichungen lediglich in der Schreibweise (LG Köln StAZ 2003,
113; AG Gießen StAZ 2005, 108 f, beide bezüglich türkischer Namen) sowie unzulässige und
damit nicht erteilungsfähige Vornamen. Eine „Berichtigung" wird aber auch – gewissermaßen auf der Grenze zur echten Namensänderung – dann vorgenommen,
wenn **eingetragener Name und tatsächlich geführter Name auseinanderfallen** und (1)
die Namensführung sich über einen nicht unbedeutenden Zeitraum erstreckt und (2)
der Namensträger auf die Richtigkeit des geführten Namens vertrauen durfte. In
diesem Fall steht auch dieser nicht eingetragene Name unter dem Schutz des allgemeinen Persönlichkeitsrechts der Verfassung (BVerfGE 59, 128, 166; BVerfG StAZ 2001,
207, 208). Der eingetragene Name ist dann gewissermaßen **nachträglich unrichtig
geworden**, so daß er gem § 47 PStG durch Gerichtsbeschluß berichtigt werden kann
(LG Köln StAZ 2003, 113; AG Köln StAZ 2002, 82 f). Der zusätzlich zur tatsächlichen
Namensführung erforderliche Vertrauenstatbestand kann auch darin bestehen, daß
der geführte Name mit ausländischen Personenstands- oder Taufregistern oder dem
Paßeintrag übereinstimmt (LG und AG Köln aaO; sehr restriktiv jedoch OLG Hamm BeckRS
2006, 12189 = FamRZ 2007, 580 [LS]: vorrangig Berichtigung und Namensänderung im Ausland).
Zur Berichtigung bei Intersexualität unten Rn 86, zum Berichtigungsverfahren
§§ 46 ff PStG. Die Berichtigung nach § 47 PStG wird grundsätzlich nicht durch
längeren Zeitablauf ausgeschlossen; bei der Anwendung der Verwirkungsgrundsätze
ist Zurückhaltung geboten (BayObLG StAZ 1995, 106, 107; vgl schon OLG Frankfurt StAZ
1979, 67, 68). Unstreitig ist die Berichtigung jedoch *kein* geeignetes Instrument zur
Revision des ursprünglichen elterlichen Erteilungsbeschlusses (zur Möglichkeit der
Anfechtung der Erteilung s oben Rn 27).

Eine **Änderung** des oder der erteilten Vornamen umfaßt begrifflich nicht nur die **81**
völlige Auswechslung des Vornamens, sondern auch die Streichung oder Hinzufügung einzelner Vornamen (BVerwG StAZ 1984, 131; BayVGH StAZ 1997, 383, 384; Loos 169;

DIEDERICHSEN NJW 1981, 712), die Verbindung oder Lösung mehrerer Vornamen ("Karlheinz", "Karl Heinz", "Karl-Heinz", Loos aaO), sonstige Änderungen in der Schreibweise (BVerfG StAZ 2001, 207 ff; OLG Köln FamRZ 2004, 272; DIEDERICHSEN aaO; abzugrenzen aber von der Berichtigung von Schreibfehlern, vgl oben Rn 80), die Eindeutschung ausländischer Vornamen ("Hans" statt "Jean", "Peter" statt "Pjotr", Loos aaO; DIEDERICHSEN aaO; s zum Ganzen auch SOERGEL/HEINRICH § 12 Rn 104) oder die Wiederherstellung eines ursprünglich geführten Vornamens nach behördlicher Änderung (BRANDHUBER StAZ 1997, 293, 295). Einer Vornamensänderung bedarf es aber nicht, wenn noch kein Vorname besteht (KG StAZ 1993, 9, 11). Zu Änderungen des erteilten Namens in obigem Sinne *vor* der Eintragung in das Geburtenbuch oben Rn 27. *Nach* der Eintragung kann der Vorname des Kindes bei der **Adoption** geändert werden, § 1757 Abs 4 Nr 1 (s dortige Erl), er kann geändert werden nach § **11 NÄG** (dazu sogleich) und nach den Vorschriften des **Transsexuellengesetzes** (TSG; s unten Rn 84 ff). Die Ausnahmevorschrift des § **94 BVFG**, von der nur einmal Gebrauch gemacht werden kann (OLG Stuttgart StAZ 1997, 236, 237; LG Bremen StAZ 1998, 115) und die nicht zusätzlich zur öffentlich-rechtlichen Namensänderung gewährt werden kann (AG München StAZ 1995, 45), gilt nur dann, wenn der Name unter Anwendung ausländischen Namensrechts eine fremdländische Form erhalten hat (OLG Celle StAZ 1994, 120, 121; OLG Köln StAZ 2002, 368 f) bzw keine Entsprechung im deutschen Sprachbereich hat (näher HWB/WAGENITZ/BORNHOFEN, Der Vorname Rn 78, 79). Schließlich können Angehörige nationaler Minderheiten in Deutschland (Dänen, Sorben) nach dem **Minderheiten-NamensänderungsG 1997** (BGBl II 1406, s auch HWB/Gesetzestexte Nr 21) verlangen, ihre Vornamen in ihrer Minderheitensprache führen zu dürfen (näher HWB/WAGENITZ/BORNHOFEN, Der Vorname Rn 80 ff).

a)   Vornamensänderung nach § 11 NÄG

82 Die Änderung von Vornamen (dazu gehört auch die Hinzufügung neuer Vornamen, BVerwG StAZ 2003, 240), ist nach § 11 iVm §§ 1, 3 Abs 1 NÄG an das Vorliegen eines **"wichtigen Grundes"** gebunden (Antragsberechtigung beim Sorgeberechtigten, OVG Brandenburg StAZ 2005, 326 f); der bloße Wunsch nach einer Namensänderung reicht also noch nicht aus. Vielmehr liegt ein solcher nur dann vor, wenn die Abwägung aller für und gegen die Namensänderung streitenden schutzwürdigen Belange ein Übergewicht der für die Änderung sprechenden Interessen ergibt. Indes unterscheidet sich die Änderung des Vornamens von der Änderung des Familiennamens insoweit, als dem öffentlichen Interesse an der Beibehaltung des Vornamens gegenüber dem schutzwürdigen Interesse des Antragstellers an der Vornamensänderung ein geringeres Gewicht zukommt (zum Ganzen BVerwG StAZ 2003, 240, 241; BayVGH StAZ 1997, 383, 384; StAZ 1992, 274, 275; StAZ 1992, 349, 350; OVG Hamburg StAZ 1996, 180, 181; OVG Lüneburg StAZ 1987, 77, 79; STAUDINGER/HABERMANN [2004] § 12 Rn 247 f; vgl auch Nr 62 NamÄndVwV). Ein wichtiger Grund wurde insbesondere bejaht, wenn Eingebürgerte oder Ausländer mit Lebensmittelpunkt in der Bundesrepublik ihren ausländischen Vornamen eindeutschen wollten (Loos 171 f; vgl AG Mönchengladbach StAZ 1963, 333, 334; vgl aber OVG Münster StAZ 1990, 206, 207). Umgekehrt wurde dem Begehren, einen sog "middle name" (dazu Rn 94) zu führen, nicht entsprochen (BayVGH StAZ 1992, 274, 275). Auch der Übertritt zum islamischen Glauben berechtigt zur Namensänderung, sofern die Ernsthaftigkeit des religiös begründeten Begehrens durch zusätzliche Umstände unterstrichen wird (BayVGH StAZ 1992, 349, 350; anders aber bei einer erneuten Änderung, OVG Hamburg StAZ 1996, 180, 181 f; die bloße Streichung eines zusätzlichen christlichen Vornamens wurde jedoch nicht zugelassen, BVerwG StAZ 1984, 131; vgl Loos 174 f;

DIEDERICHSEN NJW 1981, 712). Dies gilt auch für den Übertritt in christliche Religionsgemeinschaften (BVerwG StAZ 2003, 240, 241 f [katholischer Taufname]). Eine bloße „Identitätsveränderung" stellt hingegen keinen wichtigen Grund dar (VG Münster StAZ 1987, 80 [Reinkarnationserfahrung]). Des weiteren sind weder die Häufigkeit eines Vornamens (BVerwG StAZ 1989, 13 [„Georg"], Vorinstanz BayVGH StAZ 1988, 358, 359) noch die im Verwandten- und Bekanntenkreis übliche Verwendung der Kurzform eines Vornamens (BVerwG StAZ 1989, 263 [„Harry"]) als wichtiger Grund anzuerkennen. Ebensowenig vermag das Hinzufügen des Vornamens der verstorbenen Großmutter eine Vornamensänderung zu rechtfertigen (BayVGH StAZ 1997, 383, 384). Andererseits wurde im Falle einer eigenmächtigen Vornamensgebung durch die Pflegeeltern bei Aufnahme eines behinderten Problemkindes in die Pflegefamilie eine Vornamensänderung gebilligt (BVerwG StAZ 1987, 251, 254 m zust Anm SALGO, Vorinstanz OVG Lüneburg StAZ 1987, 77, 79). Schließlich wurde eine Namensänderung auch in einem Fall gewährt, in der ein nichtbeurkundeter Vorname **langjährig in gutem Glauben geführt** worden war (OVG Münster StAZ 1965, 188; LOOS 172; DIEDERICHSEN aaO). Überwiegend wird dieser Situation jedoch dadurch Rechnung getragen, daß ausnahmsweise eine *Berichtigung* des eingetragenen Namens zugelassen wird (Rn 80). Fehlt es am guten Glauben an die personenstandsrechtliche Richtigkeit der Namensführung, so ist diese zwar nicht – wie die Gerichte oft falsch formulieren – „illegal" (vgl OVG Münster StAZ 1990, 206, 207), denn das Recht, einen „Gebrauchsnamen" zu führen, ist verfassungsrechtlich geschützt (Vorbem 17 zu §§ 1616–1625). Man kann auf diese Weise idR aber keinen „wichtigen Grund" für eine Namensänderung nach §§ 11, 3 NÄG setzen.

Der **gewünschte Name** muß den allgemeinen Grundsätzen über die Vornamensgebung entsprechen (vgl NamÄndVwV Nr 66–68). Insbesondere darf der gewünschte Vorname nicht „geschlechtswidrig", dh für das andere Geschlecht gebräuchlich sein. Der für männliche Personen ausnahmsweise zulässige Vorname „Maria" wurde einem Transvestiten verweigert (BVerwG NJW 1969, 857 f). **Geschlechtsneutrale Vornamen** sollen nach noch herrschender, aber nicht mehr haltbarer Auffassung (Rn 45 ff) der Hinzufügung eines geschlechtsdeutlichen anderen Vornamens bedürfen (OVG Münster StAZ 1964, 136; LOOS 173). Im Lichte der neueren Rspr des BVerfG zur Transsexuellenproblematik (unten Rn 85 sowie oben Rn 47) steht das im Einzelfall vorhandene **Bedürfnis, seine Geschlechtsidentität im Vornamen auszudrücken**, unter verfassungsrechtlichem Schutz. Dies rechtfertigt zwar kein allgemeines Gebot der Geschlechtsdeutlichkeit von Vornamen (Rn 48), so daß geschlechtsneutrale Namen grundsätzlich auch allein erteilt werden können (Rn 53); wohl aber muß dem ernsthaften Wunsch nach *positiver* Kennzeichnung der Geschlechtszugehörigkeit schon im Vornamen im Einzelfall ein Ventil eröffnet werden – dieser Wunsch rechtfertigt regelmäßig die Annahme eines „wichtigen Grundes" iS §§ 11, 3 NÄG. **83**

b) Transsexuelle

„Transsexuell" ist eine Person, „die sich aufgrund ihrer transsexuellen Prägung nicht mehr dem in ihrem Geburtseintrag angegebenen, sondern dem anderen Geschlecht als zugehörig empfindet und seit mindestens 3 Jahren unter dem Zwang steht, ihren Vorstellungen entsprechend zu leben" (§§ 1 Abs 1, 8 Abs 1 TSG vom 10. 9. 1980 [BGBl I 1654]; Text und Kommentierung, in: Das gesamte Familienrecht, Bd 1 Nr 3. 2; weitere Literatur: SIESS, Die Änderung der Geschlechtszugehörigkeit – das TSG und seine praktische Anwendung in der Freiwilligen Gerichtsbarkeit [1996]; STAUDINGER/HABERMANN [2004] § 12 **84**

Rn 249 ff; Staudinger/Weick [2004] Vorbem 13 zu § 1; Augstein StAZ 1981, 10; StAZ 1982, 240; StAZ 1983, 339; Becker Zeitschrift für das Fürsorgewesen 1981, 1 ff; Pfäfflin StAZ 1986, 199 ff; zum Kollisionsrecht s Rn 87, 98). Von den Transsexuellen zu unterscheiden sind die Transvestiten, denen es genügt, sich in einer für das andere Geschlecht typischen Form zu kleiden (dazu Rn 83), oder auch Intersexuelle (Hermaphroditen), deren natürliche Geschlechtszuordnung von vornherein nicht eindeutig war (dazu Rn 86).

Die transsexuelle Person hat nach ihrer Wahl die Möglichkeit, entweder nur ihren bisherigen Vornamen in einen Vornamen des anderen Geschlechts ändern zu lassen (*„kleine Lösung"*, §§ 1–7 TSG; zur Verfassungswidrigkeit des § 1 Abs 1 Nr 3 TSG BVerfG StAZ 1993, 109 ff; die „kleine Lösung" umfaßt auch die entsprechende Anpassung ehemaliger Adelsbezeichnungen als Teil des Familiennamens, soweit diese geschlechtsspezifisch veränderbar sind [Rn 8]; BayObLG StAZ 2003, 45 f [„Freiherr, Freifrau"]). Bereits bei dieser „kleinen Lösung" besteht der Anspruch, dem neuen Rollenverständnis entsprechend angeredet zu werden (BayVerfG StAZ 1997, 270, 271 m zust Anm Geisler; vgl BVerfG StAZ 1993, 109, 113; 2007, 9, 15). Änderbar ist aber auch der Geschlechtseintrag im Geburtenbuch selbst, dem die Änderung auch des Vornamens konsequenterweise zu folgen hat (*„große Lösung"*, §§ 8 ff TSG; vgl auch Staudinger/Habermann [2004] § 12 Rn 249 ff; dies gebietet auch Art 8 EMRK, EuGMR FamRZ 2004, 173). Die „große Lösung" setzt voraus, daß sich der Transsexuelle einer irreversiblen geschlechtsverändernden Operation unterzogen hat (zur Überholtheit dieses Konzepts s BVerfG StAZ 2006, 102, 103). Bezüglich der Einzelheiten ist auf den Gesetzestext zu verweisen (Gesetzesmaterialien: RegEntw BT-Drucks 8/2974; BT-Drucks 8/4120; 8/4345; BR-Drucks 426/80; zu Eintragung und Wirksamkeitszeitpunkt Löser StAZ 1985, 54 f).

85 Der Name von Transsexuellen ist nur scheinbar ein Randproblem: Zum einen ist die *quantitative* Bedeutung keineswegs marginal (zur Statistik BVerfG StAZ 2006, 102, 103 mwNw), und *qualitativ* ist das verfassungsrechtliche **Persönlichkeitsrecht** betroffen, insbesondere das sexuelle Selbstbestimmungsrecht des Menschen, umfassend „das Finden und Erkennen der eigenen geschlechtlichen Identität" sowie den „Wunsch nach Ausdruck der eigenen Geschlechtlichkeit im Vornamen" (BVerfG StAZ 2007, 9, 15). So hat das BVerfG die Regelungen des TSG, die dieses Recht einschränken, trotz ihres grundsätzlich legitimen Anliegens als letztlich unzumutbar und verfassungswidrig eingestuft (BVerfGE 60, 123, 134 und StAZ 1993, 109, 112 f [25-Jahres-Grenze]; 2006, 102, 104 ff [§ 7 Abs 1 Nr 3 TSG: Verlust des geänderten Vornamens bei Heirat]; 2007, 9, 14 ff [§ 1 Abs 1 Nr 1 TSG: Ausschluß von ⟨rechtmäßig in Deutschland lebenden⟩ Ausländern], vgl dazu auch EuGMR NJW 2003, 413 [Aufenthaltsprinzip für den Schutzbereich der EMRK] sowie Pawlowski JZ 2007, 409; Röthel IPRax 2007, 204 ff).

86 Während dem Begriff des Transsexualismus die Vorstellung zugrunde liegt, daß sich eine Person von ihrem Geburtsgeschlecht zum gegenteiligen Geschlecht hin entwikkelt, spricht man von einem **Intersexuellen**, wenn eine Person aufgrund ihrer biologisch-psychologischen Konstitution von Geburt an „zwischen den Geschlechtern" liegt. Wird bei einer solchen Person aufgrund äußerer Merkmale ein Geschlecht angenommen und beurkundet, wendet sich die Person dann aber aufgrund psychosomatischer und hormoneller Determination vollends dem anderen Geschlecht zu, dann ist es konsequent anzunehmen, daß die eingetragene Geschlechtszugehörigkeit von vornherein falsch war. Der Anknüpfungspunkt der überwiegenden äußeren Geschlechtsmerkmale bei Zwittern ist demnach nur eine unverbindliche, versuchsweise Bestimmung; der Geburteneintrag beruhte auf falschen Fakten und ist demnach sowohl bezüglich der Geschlechtszugehörigkeit wie auch bezüglich des Vornamens *zu berichtigen* (§ 47 PStG; LG Hamburg StAZ 1958, 128; AG Hannover StAZ 1981, 240, 241; AG Freiburg StAZ 1983, 16, 17; Soergel/Heinrich § 12 Rn 108). Zu denken gibt allerdings der Hinweis Augsteins (StAZ 1981, 241 f), wonach wahrscheinlich viele „Transsexuelle" in Wahrheit „Intersexuelle" seien. Diese Vermutung scheint plausibel, nur würde ein verbreitetes Ausweichen auf das Berichtigungsverfahren nach § 47 PStG das nach dem TSG institutionalisierte gerichtliche Prüfungs- und Feststellungsverfahren weitgehend unterlaufen. Es entspricht deshalb Sinn und Funktion des TSG, dieses auch auf Fälle der Intersexualität zu erstrecken (vgl OLG Naumburg StAZ 2002, 169, 170; LG Frankenthal FamRZ 1976, 214, 216; abgelehnt in AG Freiburg aaO; nach Augstein scheitert eine Erstreckung des Gesetzes auf Intersexuelle am Wortlaut von §§ 1, 8 TSG [die Person fühlt sich „nicht mehr" dem angegebenen Geschlecht zugehörig]; zwingend ist diese Auslegung aber nicht).

7. Auslandsbezüge

a) Internationales Privatrecht
Für die Anknüpfung der Vornamensfrage werden im wesentlichen zwei Auffassun- **87**
gen vertreten. Die ursprünglich hM zieht *Art 21 EGBGB* heran, weil die Vornamensgebung Ausfluß des allgemeinen elterlichen Sorgerechts sei (vor dem KindRG 1998 OLG Frankfurt OLGZ 1976, 423, 424; 1978, 411; LG Wuppertal StAZ 1973, 305, 306; StAZ 1974, 182, 183; LG Lübeck StAZ 1981, 146, 147; AG Aachen StAZ 1977, 19; AG Hamburg StAZ 1971, 313; StAZ 1980, 196; StAZ 1980, 197; AG Köln StAZ 1979, 206; AG Duisburg StAZ 1987, 283; Beitzke StAZ 1966, 329, 333). Demgemäß käme es auf das Recht am gewöhnlichen Aufenthalt des Kindes an.

Neuerdings wird jedoch, der allgemeinen Tendenz im Namensrecht folgend, überwiegend gem Art 10 EGBGB das *Personalstatut des Kindes* für maßgeblich gehalten (KG StAZ 1999, 171, 172; 1993, 9, 10; OLG Hamm StAZ 1997, 235; 1985, 131 f; StAZ 1983, 71; BayObLG StAZ 1990, 69, 70; OLG Düsseldorf StAZ 1989, 281; LG Gießen StAZ 1999, 147; LG Bremen StAZ 1995, 43; AG Berlin-Schöneberg StAZ 1997, 16, 17 und 39; AG Bremen StAZ 1996, 46, 47; AG München StAZ 1995, 300; StAZ 1992, 313; Palandt/Heldrich Art 10 EGBGB Rn 19; MünchKomm/von Sachsen Gessaphe nach § 1618 Rn 22; Jayme IPRax 1999, 50; Henrich, Int FamR [1989] 224 f; Dörner IPRax 1983, 287, 288; Stenz StAZ 1980, 174; Wengler StAZ 1973, 205, 211; offengelassen in BGH StAZ 1993, 190, 192, vgl aber BGH StAZ 1993, 352, 353, wonach für Zwischennamen das Personalstatut gilt). Dieser Auffassung ist zu folgen, da Familienname und Vorname nicht nach verschiedenen Rechtsordnungen beurteilt werden sollten (so auch Sturm StAZ 1990, 350, 356; differenzierend hingegen Hepting/Gaaz PStG Rn IV-810; Staudinger/Hepting [2007] Art 10 EGBGB Rn 547 f). Ein Wechsel des Personalstatuts läßt den Namen grds unberührt (Palandt/Heldrich Art 10 EGBGB Rn 10 m vielen Nw).

Im Ergebnis das gleiche gilt für die kollisionsrechtliche Beurteilung einer *Geschlechtsumwandlung* (näher vBar, Int Privatrecht Bd II [1991] Rn 8 ff).

Bei mehrfacher Staatsangehörigkeit des Kindes gelten die allgemeinen Regeln **88**
(Art 5 EGBGB); jedoch sollen über den Aspekt der „Umwelt- und Familienbezogenheit" des Namens auch die Sitten und Gebräuche in denjenigen Staaten beachtet werden, denen das Kind auch angehört, deren Recht aber nicht primär anzuwenden

ist (OLG Hamm OLGZ 1983, 42; DÖRNER IPRax 1983, 287, 288 will alle Beteiligtenrechte kumulativ anwenden; vgl Rn 93).

Rück- und Weiterverweisung der vom deutschen Recht berufenen Rechtsordnung sind anzuerkennen (LG Wuppertal StAZ 1974, 182, 183; DÖRNER IPRax 1983, 289; KRÜGER StAZ 1982, 34).

b) Maßgeblichkeit ausländischen Rechts

89 Der Geltungsbereich der kollisionsrechtlich bestimmten Rechtsordnung erstreckt sich sowohl auf die Frage, wer zur Vornamenserteilung zuständig ist (vgl LG Wuppertal StAZ 1974, 182; AG Duisburg StAZ 1987, 283; AG Essen IPRax 1998, 213; STAUDINGER/HEPTING [2000] Art 10 EGBGB Rn 316), wie auch auf die materiellrechtliche Zulässigkeit einzelner Namen (zum türkischen Sach- und Kollisionsrecht KRÜGER StAZ 1982, 33 ff; zum spanischen Recht StAZ 2000, 183; zum belgischen Recht BAERTEN StAZ 1998, 294, 295; zum schweizerischen Recht StAZ 1995, 200 f; zum polnischen Recht GRALLA StAZ 1987, 301, 305; zum griechischen Recht KOUTSURADIS StAZ 1986, 283 ff; zum marokkanischen Recht StAZ 1984, 213 f und StAZ 1999, 152; zum äthiopischen Recht StAZ 1999, 211 f; zum vietnamesischen Recht WOHLGEMUTH StAZ 1989, 30, 32 ff und SIMON StAZ 2002, 247; zum birmanischen Recht ders StAZ 1988, 71 ff; zum kanadischen Recht StAZ 1998, 51 f; zum norwegischen Recht RING/OLSEN-RING StAZ 2004, 224 ff; zum dänischen Recht StAZ 2006, 305 ff und RING/OLSEN-RING StAZ 2006, 286 ff). Ein Vorname, der nach deutschem Recht nicht zu beanstanden wäre, kann deshalb nach dem maßgeblichen ausländischen Recht unzulässig sein, seine Eintragung durch den deutschen Standesbeamten macht das Geburtenbuch unrichtig und ist durch Berichtigung (§ 47 PStG) rückgängig zu machen (vgl Rn 36, 80; Einzelfälle: OLG Frankfurt StAZ 1979, 67, 68; OLG Stuttgart StAZ 2003, 82 ff; LG Dessau StAZ 2005, 17 f; AG Gießen StAZ 2005, 108 f; AG Aachen StAZ 1977, 19 [alle Türkei]; AG Hamburg StAZ 1971, 313; PRITSCHE StAZ 1972, 179 [Portugal]; LG Lübeck StAZ 1981, 146, 147 [Tunesien]; MARCKS StAZ 1970, 294 [Spanien]).

90 Anders als bei der Wahl ausländischer Vornamen nach deutschem Recht (Rn 76 ff) ist eine **„Einpassung"** der nach ausländischem Recht zulässig erteilten Vornamen **in deutsches Recht** und Namensgebrauch **nicht erforderlich**. Eigentümlichkeiten der ausländischen Schreibweise haben deshalb Vorrang vor der Schreibweise im Bereich der deutschen Gesetzgebung (LG Stuttgart StAZ 1986, 168 f [„Yilmaz" ohne i-Punkt]). Auch können Namen wie „Jesus" oder „Christus" nach spanischem bzw griechischem Recht erteilt werden (DÖRNER IPRax 1983, 288 f; vgl oben Rn 69). Neben geschlechtsoffenkundigen können auch klanglich auf das gegenteilige Geschlecht hinweisende Namen erteilt werden, sofern der wirkliche Geschlechtsbezug entsprechend dem Brauch im Ursprungsland gewahrt ist (LG München I StAZ 1974, 154, 156; DÖRNER aaO 189). Hat das Kind auch die deutsche Staatsangehörigkeit, so ist ihm ein klarstellender deutscher Zusatzname zu erteilen, wenn der nach dem ausländischen Namensstatut gewählte Name vom Sprachklang her zu Mißverständnissen Anlaß gibt („Hanni" für einen syrisch-deutschen Jungen, vgl MARCKS StAZ 1981, 119; oben Rn 52). Auch *Zwischennamen*, die das ausländische Recht zuläßt, sind hinzunehmen; die Frage einer Qualifizierung als Vor- oder Nachnamen stellt sich nicht, sie sind in den deutschen Personenstandsbüchern als „Zwischenname" zu kennzeichnen (vgl OLG Karlsruhe StAZ 1990, 72; LG Bonn StAZ 1984, 38 [„Ben" bzw „Bent"]; FROWEIN, in: FS Jayme [2004] 197, 201 f; näher MünchKomm/BIRK Art 10 EGBGB Rn 35 f). Dies gilt auch für sonstige *Namenszusätze* aller Art (s aber Rn 92), etwa aus dem islamischen oder hinduistischen

Bereich (Beispiele: Fachausschuss Standesbeamte StAZ 2005, 372 f) oder Eigennamen, die weder Vor- noch Nachname sind (BGH StAZ 1971, 250; zur Einpassung ins deutsche Recht, wenn dieses maßgeblich ist, s Rn 94).

Gelten demnach die deutschen Beschränkungen der Namensgebung nicht ohne **91** weiteres, so können sie doch über den **ordre public** Bedeutung erlangen (Art 6 EGBGB). Bezugspunkt des ordre public ist auch hier nicht die „öffentliche Ordnung" im allgemeinen, sondern allein das **Persönlichkeitsrecht des Kindes** (vgl Rn 39 ff). Nicht alle Beschränkungen des deutschen Rechts sind allerdings unverzichtbar im Sinne des Art 6 EGBGB; das Gewicht der deutschen Grundsätze bestimmt sich proportional zur Stärke des vorhandenen Inlandsbezuges. Keinesfalls hinzunehmen sind demnach grob kindeswohlwidrige, dh lächerliche oder in der deutschen Umwelt unerträgliche Vornamen (vgl den Mädchennamen „Libera szienza al servizio del' umanita", DÖRNER IPRax 1983, 289) – in der Regel werden derartige Namen aber auch nach dem maßgeblichen ausländischen Recht schon verboten sein (vgl KRÜGER StAZ 1982, 36). Streitig ist hingegen das Eingreifen des ordre public, wenn das ausländische Recht dem Vater allein das Namensbestimmungsrecht oder den Stichentscheid überläßt (kein Verstoß LG Wuppertal StAZ 1973, 305, 306; KRÜGER StAZ 1982, 39 bei rein türkischen Familien; AG Essen IPRax 1998, 213 [libanesische Familie], zust Anm JAYME; Verstoß gegen den ordre public: MünchKomm/BIRK Art 10 EGBGB Rn 33; KRÜGER aaO Fn 76 für deutsch-türkische Familien).

Zweifelhaft ist schließlich die Behandlung von **Namenszusätzen** wie „jr" oder „I, II", **92** die nach deutschem Recht unzulässig sind (Rn 63). Vor die Frage nach dem Eingreifen des deutschen ordre public schiebt sich zunächst die auslandsrechtliche Frage, ob derartige Namenszusätze nach dem maßgeblichen *Recht* Namensbestandteil oder ob sie lediglich der gesellschaftlichen Sphäre zuzurechnen sind (unscharf in der Fragestellung AG Köln StAZ 1979, 206). Das AG Köln hat die zweite Frage für das US-amerikanische Recht bejaht, aber wohl zu Unrecht: Zwar gibt es in den USA kaum kodifiziertes Namensrecht, wohl aber ist die Namensfreiheit rechtlich anerkannt und Namenszusätze der bezeichneten Art werden in Paß und Geburtsurkunde eingetragen. Werden die Namenszusätze im maßgeblichen Recht als echter Namensbestandteil qualifiziert, können sie in der Bundesrepublik jedenfalls nicht als ordre-public-widrig eingestuft werden (DÖRNER IPRax 1983, 289).

c)   Maßgeblichkeit deutschen Rechts

Auch bei Maßgeblichkeit deutschen Rechts wird verbreitet auf Brauchtum und **93** Familientradition in denjenigen Ländern Rücksicht genommen, mit denen die beteiligte Familie auch verbunden ist (sofern diese Verbundenheit nicht lediglich untergeordneter Natur ist, vgl LG Gießen StAZ 1999, 44, 45); das Minderheiten-NamensänderungsG 1997 verpflichtet sogar dazu (s Rn 81). Auf die Bekanntheit der ausländischen Namensbräuche in der Bundesrepublik kommt es nicht an (OLG Frankfurt OLGZ 1976, 423, 425; OLG Hamm OLGZ 1983, 42; DÖRNER IPRax 1983, 289; krit DREWELLO StAZ 1983, 73). Rechtsdogmatisch handelt es sich hierbei nicht um eine kollisionsrechtliche Besonderheit (iS einer „Berücksichtigung nicht anwendbaren Rechts", dazu COESTER ZvglRW 1983, 1 ff), sondern schlicht um die Anwendung deutschen Sachrechts auf auslandsrechtlich verknüpfte Sachverhalte. Da das deutsche Recht Brauchtum und Herkommen achtet (Rn 55, 66), kommt es auch nicht auf die Existenz ausländischer *Rechtsnormen*, sondern nur auf die rechtlich tolerierten Gebräuche an (auch in diesem Punkt unrichtig

AG Köln StAZ 1979, 206, vorst Rn 92). Die rechtliche Unzulässigkeit eines Namens nach (nicht maßgeblichem) ausländischem Recht ist zwar bei der Beurteilung nach deutschem Recht grundsätzlich unbeachtlich; allerdings sollte auch auf den Umstand der „hinkenden Namensführung" Rücksicht genommen werden (vgl AG München StAZ 1995, 300). Die Rücksichtnahme bezieht sich sowohl auf die *Schreibweise* des Vornamens (vgl aber OLG Celle StAZ 1998, 176, 177), als auch auf die *Zahl* der erteilten Vornamen (AG Berlin-Schöneberg StAZ 1980, 198 f [7 Vornamen entsprechend afghanischem Brauch]; zustimmend ERMAN/MICHALSKI Rn 18; ablehnend DIEDERICHSEN NJW 1981, 706 Fn 18); die Grenze zulässiger Rücksichtnahme dürfte im Vergleich zum ordre public (Rn 91) früher erreicht sein (wenngleich sicherlich noch nicht bei der Erteilung von 7 Vornamen). Inhaltlich geht es in diesem Zusammenhang vor allem um das angebliche Erfordernis der *Geschlechtsoffenkundigkeit*: Die Gerichte stellen von Fall zu Fall auf den Inlands- oder Auslandsgebrauch ab und unterlaufen das Erfordernis schon auf diese Weise (Rn 50).

94 Besondere Bedeutung haben auch **Zwischennamen**, die im Ausland üblich sind. Vorrangig stellt sich dabei zunächst die Frage, ob die Zwischennamen des betreffenden Landes als Vor- oder als Nachname einzustufen sind. Da deutsches Recht gilt (zum Statutenwechsel von ausländischem zu deutschem Recht s Rn 96), ist in diesen Fällen eine Übernahme als „Zwischenname" nicht möglich, es ergibt sich die Notwendigkeit der Qualifikation und ggf der Angleichung. Hierbei verbietet sich eine pauschale Beurteilung aller vorzufindenden Zwischennamen. Die *ostfriesischen Zwischennamen* im deutschen Rechtsbereich werden eindeutig als *Vornamen* erteilt, wenngleich sie einem Familiennamen entlehnt sind (vgl Rn 66). Gleiches scheint auch für den „middle name" des US-amerikanischen Bereichs zuzutreffen: Die Kennzeichnung von Abstammung und Familienzugehörigkeit obliegt funktional allein dem Familiennamen; der middle name wird – wie in Ostfriesland – zur Ehrung von Vorfahren erteilt, deren Familienname von dem des Kindes abweicht (vgl OLG Frankfurt OLGZ 1976, 423). Ursprünglich wurde in den USA der middle name gar nicht als rechtlich beachtlicher Namensbestandteil angesehen. Zunehmend fand er aber als wichtiges Unterscheidungsmerkmal Beachtung (vgl Amer Jur 2nd, Bd 57 „Name" § 4; Corpus Juris Secundum Bd 65, „Names" § 4 m vielen Nw; KG FamRZ 2000, 53). Schwieriger ist die Qualifikation der in *slawischen* und *islamischen* Rechten begegnenden Zwischennamen (zum slawischen Recht HEPTING StAZ 2001, 256, 265 f). Es hat sich gezeigt, daß diese Namen bei Maßgeblichkeit ausländischen Rechts analog dem Familiennamen auf das Kind übergehen. Bei Maßgeblichkeit deutschen Rechts stellt sich die Frage, ob dies gleichfalls gelten soll oder ob in diesem Fall der Zwischenname „als Vorname" (und den Grundsätzen der Vornamensgebung unterworfen) zu *erteilen* ist. Im Normzusammenhang des § 1355 besteht weitgehend Übereinstimmung, daß jedenfalls islamische Zwischennamen unter deutschem Recht als *Vornamen* einzustufen sind, dh der Zwischenname kann nicht zum Ehenamen gewählt werden, er geht bei Wahl des Geburtsnamens des anderen Gatten zum Ehenamen aber auch nicht verloren, sondern wird als Vorname vor dem neuen Familiennamen geführt (OLG Hamm StAZ 1978, 65, 67 [Ägypten]; OLG Köln StAZ 1980, 92 ff [Sudan]; BACHMANN StAZ 1962, 286, 287; GUNDRUM StAZ 1973, 149; HOFFMANN StAZ 1972, 3; WILL StAZ 1974, 291; krit SCHREMBS StAZ 1978, 123 f; vgl BayObLG StAZ 1987, 168, 169 f zu „Singh" und „Kaur" als indische Namenszusätze, hierzu auch KRÖMER StAZ 1996, 90 f). Trotz der sachlichen Schwierigkeiten, die dieser Qualifikation anhaften, sollte doch in diesem Zusammenhang dasselbe gelten wie bei der Eheschließung. Im Ergebnis erwirbt also das Kind nicht einen etwaigen Zwischennamen seiner Eltern nach § 1616, vielmehr unterliegt die Erteilung eines Zwischennamens den Grundsätzen der Vornamensgebung. Entsprechendes gilt für im Ausland gebräuchliche **Namenszusätze** oder **Eigennamen** (vgl Rn 90 und 96) – sie können hier als *Vornamen* erteilt werden (zu „Singh" oder „Kaur" BayObLG StAZ 1987, 168, 169 f; LG Leipzig StAZ 2001, 112; Fachausschuss Standesbeamte StAZ 1996, 90 f).

d) Anerkennung nach ausländischem Recht erworbener Vornamen

Im Ausland erworbene (und idR eingetragene) Vornamen sind grundsätzlich anzu- **95** erkennen und in deutsche Personenstandsbücher zu übernehmen. Jedenfalls im Bereich der **EU** wird dies auch dann zu gelten haben, wenn das Kind auch die *deutsche* Staatsangehörigkeit hat, gem Art 5 Abs 1 S 2 EGBGB aus deutscher Sicht deutsches Namensrecht anzuwenden ist und der im Ausland erteilte Name hier unzulässig wäre (s Vorbem 21 zu §§ 1616–1625). Aber auch für das nichteuropäische Ausland dürfte im Ergebnis nichts anderes gelten, denn der rechtmäßig erworbene Name ist Teil des auch hier zu achtenden Persönlichkeitsrechts einer Person (vgl Frowein, in: FS Jayme [2004] 197, 202). Ausländische Vornamen dürfen im Bereich des CIEC-Übereinkommens von 1958 in Deutschland nicht öffentlich-rechtlich abgeändert werden (Text und Mitgliedsstaaten s Staudinger/Hepting [2007] Anh I zu Art 10 EGBGB). Sie werden auch nicht automatisch „eingedeutscht" (zur Eindeutschung nach § 11 NÄG Rn 82). Slawisierte Namen von Volksdeutschen aus Ostblockstaaten gelten allerdings als in deutscher Form beigelegt und sind in dieser Form einzutragen (LG Berlin StAZ 1983, 348 ff m Anm Sachse StAZ 1984, 69 ff [„Thomas" statt „Tomasz"]; vgl auch BayObLG StAZ 1995, 169, 170 [„Georg Michael" statt „Gheorge-Mihai"]; zu § 94 BVFG s Rn 81). In diesem Zusammenhang ist noch auf die *Friedlandrichtlinien* (StAZ 1990, 348; hierzu Böhmer StAZ 1990, 153 ff) und auf die Regeln über die *Transliteration* (s etwa EuGH StAZ 1993, 256 m Anm Streinz StAZ 1993, 243; BGH StAZ 1994, 42; Palandt/Heldrich Art 10 EGBGB Rn 7 mwNw) hinzuweisen, die für Vornamen entsprechend gelten.

Besondere Probleme ergeben sich, wenn (idR infolge Einbürgerung) deutsches **96** Recht für Personen mit ausländischem Namen anwendbar wird **(Statutenwechsel)**. Grundsätzlich wird auch dann der erworbene und anzuerkennende Vorname weitergeführt. Trägt die Person jedoch Namen, die sich der in Vor- und Familiennamen aufgegliederten Struktur des deutschen Rechts nicht einfügen, also etwa lediglich einen Eigennamen oder auch Namenszusätze, die nur die Religion oder das Geschlecht des Namensträgers kennzeichnen (vgl Rn 90), so bedarf es der **Einpassung ins deutsche Recht** im Sinne einer Zuordnung entweder zum Vornamen oder zum Familiennamen; auch der ersatzlose Wegfall eines Namenszusatzes kommt in Betracht (ausführliche Darstellung der methodischen Ansätze, der praktischen Umsetzung sowie von Einzelfragen bei Hepting StAZ 2001, 257 ff; vgl auch Fachausschuss Standesbeamte StAZ 2005, 372 f; BayObLG StAZ 1999, 72 ff; OLG Stuttgart StAZ 2002, 338). Der zum 1.1.2009 in Kraft tretende Art 47 EGBGB überläßt die Einpassung weitgehend der Gestaltungsfreiheit des Namensträgers (auszuüben durch Erklärung gegenüber dem Standesamt; vgl Bornhofen StAZ 2007, 33, 43).

Ist dies nicht korrekt geschehen und wurde nach der Einbürgerung in gutem Glauben jahrelang ein unrichtiger Name geführt, so kann sich aus dem Gesichtspunkt des Persönlichkeitsrechts und des Vertrauensschutzes ein Anspruch auf personenstandsrechtliche Anerkennung dieses Namens ergeben (BVerfG StAZ 2001, 207, 208 [„Singh"]).

97 Eine Grenze der Anerkennungspflicht ergibt sich jedoch auch hier aus dem Gesichtspunkt des **ordre public** (vgl Rn 91). Der Vorname „Frieden Mit Gott Allein
Durch Jesus Christus" verletzt ersichtlich die Grundsätze des deutschen Rechts (vgl
oben Rn 63); insoweit liegt wohl auch ein Verstoß gegen den **ordre public** vor, so daß
eine Anerkennung nicht möglich ist (**aA** OLG Bremen StAZ 1996, 86 m Anm SEIBICKE StAZ
1997, 99 f; STAUDINGER/HEPTING [2007] Art 10 EGBGB Rn 19; wie hier die Vorinstanz LG Bremen
StAZ 1996, 46). Das **Verbot geschlechtswidriger Vornamen** steht der Eintragung eines
Mädchennamens für eine männliche Person indes nicht entgegen, wenn sie diesen
Namen nach ausländischem Recht oder Brauch wirksam erworben hat (LG München
StAZ 1974, 154: ein Mähre trug die Namen „Erich Leopold Magda"). Ebenso sind im Ausland
erworbene **Zwischennamen** einzutragen (BGH StAZ 1993, 352, 353 f; zum Verlust nach
Vaterschaftsanerkennung s KRÖMER StAZ 2000, 115 f; vgl ders StAZ 1997, 312 ff; KUBITZ StAZ
1992, 316); dabei ist auch die im Ausland übliche Reihenfolge zu übernehmen (OLG
Rostock StAZ 1994, 287, 288). Zur Anerkennung eines türkischen „Berichtigungsur-
teils", das nach deutschem Recht als Namensänderung aufzufassen ist, KUBITZ StAZ
1997, 112.

98 Anerkennungsprobleme bei **Transsexuellen**, wenn in anderen Staaten Gesetze eine
Geschlechts- und Namensumwandlung unter *leichteren* Voraussetzungen gestatten
als das deutsche Recht, dürfte es kaum geben, seit das BVerfG das restriktive Modell
des TSG als grundsätzlich überholt bezeichnet hat (StAZ 2006, 102, 104 ff; 2007, 9, 14 ff;
vgl oben Rn 84 ff). Jedoch kann die Nichtanerkennung von Geschlechtsumwandlungen
im Heimatstaat einer Person und eine darauf aufbauende Namenserteilung gegen
den deutschen ordre public verstoßen.

§ 1616a

Eingeführt durch FamNamRG Art 1 Nr 3, aufgehoben durch KindRG Art 1 Nr 7
(jetzt § 1617c. S a STAUDINGER/BGB-Synopse 1896–2005 §§ 1616a, 1617c).

§ 1617
Geburtsname bei Eltern ohne Ehenamen und gemeinsamer Sorge

**(1) Führen die Eltern keinen Ehenamen und steht ihnen die Sorge gemeinsam zu, so
bestimmen sie durch Erklärung gegenüber dem Standesbeamten [ab 1.1.2009:
„Standesamt"] den Namen, den der Vater oder die Mutter zur Zeit der Erklärung
führt, zum Geburtsnamen des Kindes. Eine nach der Beurkundung der Geburt
abgegebene Erklärung muss öffentlich beglaubigt werden. Die Bestimmung der
Eltern gilt auch für ihre weiteren Kinder.**

**(2) Treffen die Eltern binnen eines Monats nach der Geburt des Kindes keine
Bestimmung, überträgt das Familiengericht das Bestimmungsrecht einem Elternteil.
Absatz 1 gilt entsprechend. Das Gericht kann dem Elternteil für die Ausübung des
Bestimmungsrechts eine Frist setzen. Ist nach Ablauf der Frist das Bestimmungs-
recht nicht ausgeübt worden, so erhält das Kind den Namen des Elternteils, dem das
Bestimmungsrecht übertragen ist.**

(3) Ist ein Kind nicht im Inland geboren, so überträgt das Gericht einem Elternteil das Bestimmungsrecht nach Absatz 2 nur dann, wenn ein Elternteil oder das Kind dies beantragt oder die Eintragung des Namens des Kindes in ein deutsches Personenstandsbuch [ab 1. 1. 2009: „Personenstandsregister"] oder in ein amtliches deutsches Identitätspapier erforderlich wird.

Materialien: E I 1589; II § 1594; III § 1682;   FamNamRG Art 1 Nr 4; KindRG Art 1 Nr 7.
Mot IV 859; Prot IV 671 (alles zu § 1706 aF);   Staudinger/BGB-Synopse 1896–2005 § 1617;
NEhelG Art 1 Nr 19; 1. EheRG Art 1 Nr 24;   PStRG 2007 Art 2 (16) Nr 9.

Schrifttum

S vor Vorbem 4 zu §§ 1616–1625.

Systematische Übersicht

Alphabetische Übersicht

I. Normbedeutung

1 Bei namensverschiedenen Eltern mit gemeinsamem Sorgerecht fehlt es an Kriterien, an Hand derer dem Kind kraft Gesetzes der Mutter- oder der Vatername zugewiesen werden könnte. Den nahe liegenden Gedanken, einen Doppelnamen zu bilden, hat der Gesetzgeber nicht aufgenommen (s Rn 25). Die Sorgegemeinschaft der Eltern legt es deshalb nahe, ihnen die Verantwortung für die Festlegung des Kindesnamens zuzuweisen. Ein derart bestimmter Kindesname kann naturgemäß nicht ex lege im Moment der Geburt, sondern erst mit Vollzug der Namensbestimmung erworben werden. Vorübergehende Namenlosigkeit des neugeborenen Kindes muß demnach in Kauf genommen werden; bei langfristiger Namenlosigkeit ist gem Abs 2, 3 im Kindesinteresse eine gerichtliche Interventionsmöglichkeit vorgesehen (Rn 59). Dieses Namensbestimmungsmodell gilt **nur für das erste Kind** der Eltern, der Name weiterer Kinder folgt ex lege, Abs 1 S 3 (s Rn 36 ff).

2 Die tatbestandliche Ausgangssituation war nach altem Recht nur bei verheirateten Eltern ohne Ehenamen möglich; demgemäß sah § 1616 Abs 2–4 aF eine entsprechende Regelung für das „eheliche Kind" vor. Nach Abschaffung der Statusunterschiede von Kindern und der Ermöglichung gemeinsamen Sorgerechts auch für nicht miteinander verheiratete Eltern durch das KindRG 1998 ist die Regelung wortgleich, aber eigenständig in § 1617 übernommen worden und gilt jetzt grundsätzlich für **alle Kinder**. Als zuständiges Gericht ist lediglich das **FamG** an die Stelle des VormG gesetzt worden. Zur ursprünglichen Thematik des § 1617 (zuvor § 1706) „Name des nichtehelichen Kindes" s STAUDINGER/COESTER[12] Rn 1 sowie FamNamRG Art 1 Nr 4; die Thematik ist jetzt in §§ 1617, 1617a aufgegangen. Für **Adoptivkinder** gilt gem § 1757 Abs 2 die Regelung des § 1617 Abs 1 entsprechend (Ehepaar ohne Ehenamen, gemeinsame Fremdadoption oder Stiefkindadoption; bei zweiter kommt auch eine Lebenspartnerschaft in Betracht, § 9 Abs 7 LPartG, vgl Fachausschuss Standesbeamte StAZ 2006, 174); allerdings ist hier die Namensbestimmung vor dem Adoptionsdekret vorzunehmen (§ 1757 Abs 2 S 1).

II. Tatbestandliche Voraussetzungen

1. Kein Ehename im Moment der Geburt

Maßgeblicher Zeitpunkt ist die **Geburt des Kindes** (zur Totgeburt s Vorbem 16 zu **3**
§§ 1616–1625 sowie unten Rn 17). Besteht dann ein Ehename, gilt nicht § 1617, sondern
§ 1616; wird ein Ehename erst später gewählt, ändert dies an der Anwendbarkeit von
§ 1617 grundsätzlich nichts, der bestimmte Name wird lediglich ex nunc vom späteren Ehenamen abgelöst (näher § 1616 Rn 10 und unten Rn 35).

Unter den Tatbestand des § 1617 fallen demgemäß folgende Konstellationen: **4**

– Die Eltern sind miteinander verheiratet, führen aber keinen Ehenamen (§ 1355
Abs 1 S 3). Die Ehe endet erst mit Rechtskraft des Scheidungsurteils, vorherige
Drittanerkennung des Kindes nach § 1599 Abs 2 und Sorgeerklärung nach § 1626a
Abs 1 Nr 1 (s STAUDINGER/COESTER [2007] § 1626b Rn 4, 11), berühren § 1617 nicht
(Fachausschuss Standesbeamte StAZ 2003, 217).

– Die Eltern sind nicht miteinander verheiratet, haben aber kraft Sorgeerklärung
(§ 1626a Abs 1 Nr 1) oder kraft früherer Ehe gemeinsames Sorgerecht. War bei
geschiedenen Eltern in der Ehe ein Ehename gewählt worden, muß dieser vor der
Kindesgeburt zumindest von einer Seite schon abgelegt worden sein (§ 1616 Rn 16).

2. Gemeinsames Sorgerecht im Moment der Geburt

a) Gemeinsames Sorgerecht

Nur gemeinsam sorgeberechtigte Eltern werden vom Gesetz auch namensrechtlich **5**
als gleichwertige Alternativen erachtet; alleiniges Sorgerecht eines Elternteils weist
auf diesen auch als namensrechtlichen Bezugselternteil hin, § 1617a Abs 1. Namenserwerb nach letzterer Vorschrift findet auch dann statt, wenn von zwei (für dieses
Kind potentiell) sorgeberechtigten Eltern ein Teil vor der Geburt des Kindes stirbt
(LIPP/WAGENITZ Rn 9; zum Ende der elterlichen Sorge bei Tod der Eltern s § 1677 Rn 1). Sind
beide Eltern vorverstorben, sollte man nicht über die hypothetischen Sorgeverhältnisse bei Kindesgeburt oder die Todesreihenfolge spekulieren. Bei gemeinsamem
wie bei beiderseits fehlendem Sorgerecht sind die Eltern gleichrangig, sachgerecht
ist eine Namensbestimmung durch den Vormund analog § 1617 Abs 1 (vgl § 1617a
Rn 11, 12). Gemeinsames Sorgerecht fehlt auch, wenn abgegebene Sorgeerklärungen
unwirksam waren (§§ 1626e, 104 Nr 2). Das „kleine Sorgerecht" der §§ 1687b BGB,
9 Abs 1 LPartG genügt schon deshalb nicht, weil es einem Nicht-Elternteil zusteht.

Angesichts der erweiterten Möglichkeit von teilgemeinsamer Sorge bedarf der Anwendungsbereich des § 1617 jedoch einer sorgfältigen Abgrenzung.

Leben gemeinsam sorgeberechtigte Eltern getrennt, beschränkt **§ 1687 Abs 1** die ge- **6**
meinsame Zuständigkeit auf Fragen von erheblicher Bedeutung, während für alltäg-
liche Angelegenheiten der Betreuungselternteil allein zuständig ist. Da § 1687 vom
Grundsatz der gemeinsamen Verantwortung ausgeht und außerdem die Bestimmung
des Familiennamens sicher nicht zur Alltagssorge gehört (zum Vornamen s § 1616
Rn 20 ff), steht die Kompetenzaufteilung des § 1687 Abs 1 der Anwendung des

§ 1617 nicht entgegen – die Eltern sind „gemeinsam sorgeberechtigt" iS dieser Vorschrift (STAUDINGER/SALGO [2006] § 1687 Rn 47; LIPP/WAGENITZ Rn 23, 61; HWB/WAGENITZ/BORNHOFEN Rn 52).

7 Schwieriger ist die Abgrenzung bei **teilgemeinsamem Sorgerecht** (Entstehungsgründe: § 1671 oder teilweiser Sorgerechtsentzug bei einem Elternteil; s auch STAUDINGER/COESTER [2007] § 1626a Rn 59, 60). Zwischen den beiden Sorgebereichen Personen- und Vermögenssorge entscheidet die **Personensorge**, weil die Namensbestimmung als Ausfluß gerade dieser Teilkompetenz anzusehen ist (Rn 12; vgl SCHWAB, FamR Rn 507). § 1617 ist also anwendbar, wenn die Personensorge beiden Eltern zusteht, und nicht anwendbar, wenn das gemeinsame Sorgerecht auf die Vermögenssorge beschränkt ist (dann § 1617a Abs 1).

Ist auch die **Personensorge selbst nur teilgemeinsam**, etwa dergestalt, daß einzelne Teilbereiche wie Aufenthaltsbestimmungsrecht, medizinische Versorgung des Kindes oder Schulfragen einem Elternteil allein zugewiesen sind, so muß es für die Anwendbarkeit des § 1617 genügen, wenn gerade **der Teil** der Personensorge in die gemeinsame Zuständigkeit fällt, **zu dem das Namensbestimmungsrecht zu rechnen ist** (vgl SCHWAB, FamR Rn 507 [zu § 1618]). Diese Grundsätze gelten auch, wenn außerhalb des – für die Namensbestimmung maßgeblichen – gemeinsamen Sorgebereichs nicht ein Elternteil alleinsorgeberechtigt ist, sondern (wegen Entzugs bei beiden Elternteilen) ein Pfleger (zum vollständigen beiderseitigen Sorgerechtsentzug nach der Geburt s Rn 11, vor der Geburt § 1617a Rn 11).

8 Ruht das Sorgerecht eines Elternteils, so kommt es nicht auf die Unterscheidung an, ob das Sorgerecht in der Substanz oder nur in der Ausübungsbefugnis verlorengeht (vgl STAUDINGER/COESTER [2004] § 1675 Rn 2): § 1617 ist nicht anwendbar, der andere Elternteil ist iSv § 1617a Abs 1 als alleinberechtigt anzusehen (§ 1678 Abs 1 HS 1; vgl MünchKomm/VON SACHSEN GESSAPHE Rn 9, 10; LIPP/WAGENITZ Rn 9; AnwKomm-BGB/LÖHNIG Rn 8; **aM** HWB/WAGENITZ/BORNHOFEN Rn 9; GERNHUBER/COESTER-WALTJEN § 54 Rn 15). Anderes gilt im Hinblick auf einen **minderjährigen Elternteil**: Das Ruhen seines Sorgerechts erstreckt sich gem § 1673 Abs 2 S 2 nicht auf die Personensorge, so daß in diesem, allein maßgeblichen Sorgebereich die für § 1617 nötige Sorgegemeinsamkeit mit dem anderen Elternteil zu bejahen ist (s Rn 30).

b) Maßgeblicher Zeitpunkt
9 Stichtag für den Bestand des gemeinsamen Sorgerechts ist, wie sich im Umkehrschluß aus § 1617a Abs 1, 1617b Abs 1 klar ergibt, die **Geburt des Kindes** (OLG Frankfurt StAZ 2005, 181; LIPP/WAGENITZ Rn 7; MünchKomm/VON SACHSEN GESSAPHE Rn 9; WAGENITZ FamRZ 1998, 1545). Bei nicht miteinander verheirateten Eltern setzt § 1617 deshalb pränatales Vaterschaftsanerkenntnis (§ 1594 Abs 4) und sodann pränatale Sorgeerklärung (§ 1626b Abs 2) voraus (keine Sorgeerklärung ohne rechtlich etablierte Vaterschaft, STAUDINGER/COESTER [2007] § 1626b Rn 8). Unter diesen Voraussetzungen können nicht nur verheiratete, sondern auch nicht miteinander verheiratete Eltern die Namensbestimmung **pränatal** vornehmen (s Rn 26, 34). Dies gilt auch für die Namensbestimmung durch Ehefrau und Erzeuger im Fall des § 1599 Abs 2 (PALANDT/DIEDERICHSEN Rn 4). Bei **nachgeburtlicher Begründung des gemeinsamen Sorgerechts** sind zunächst § 1617a Abs 1, dann § 1617b Abs 1 anzuwenden (ausnahmsweise Eintragung des Kindes sogleich mit dem gewählten Namen, wenn die Geburt noch nicht

beurkundet war, vgl § 1616 Rn 10; nur im Einzelfall anders OLG Frankfurt StAZ 2005, 181 f, dazu § 1617b Rn 18, 19).

Bei **nachgeburtlichem Verlust des gemeinsamen Sorgerechts** ist zu unterscheiden: **10** Hatten die Eltern den Kindesnamen nach § 1617 Abs 1 **schon wirksam bestimmt** (vgl Rn 26 ff), so ist der spätere Verlust des gemeinsamen Sorgerechts unerheblich; insbesondere erwächst dem dann Alleinsorgeberechtigten kein Neubestimmungsrecht (vgl § 1617b Rn 3). Anderes gilt nur bei *rückwirkendem* Wegfall des gemeinsamen Sorgerechts (wenn man entgegen § 1626e eine Anfechtung der Sorgeerklärung zuläßt, vgl STAUDINGER/COESTER [2007] § 1626e Rn 3).

War der Kindesname **noch nicht wirksam festgelegt**, so ändert der Wegfall des ge- **11** meinsamen Sorgerechts nichts an der Erforderlichkeit einer Namensbestimmung nach § 1617: Die Gleichwertigkeit der Elternnamen und die Wahlnotwendigkeit sind durch das gemeinsame Sorgerecht am Tag der Geburt begründet worden, ein Umschwenken auf § 1617a Abs 1 ist auch deshalb nicht möglich, weil auch diese Vorschrift auf die Sorgeverhältnisse bei der Geburt abstellt. Die Namensbestimmung steht den Eltern als Teil der Personensorge zu (Rn 12); wird nach Entstehung des Bestimmungsrechts ein Elternteil alleinsorgeberechtigt, so kann und muß er es allein ausüben (LIPP/WAGENITZ Rn 8; WAGENITZ FamRZ 1998, 1545, 1546; zum früheren Recht LG Freiburg StAZ 1997, 239; zum Tod eines Elternteils Rn 21). Ist beiden Eltern das Personensorgerecht entzogen worden, so hat der Pfleger oder Vormund des Kindes zwischen den Elternnamen zu wählen (HWB/WAGENITZ/BORNHOFEN Rn 18; zur Bindung an die Kindesinteressen gem § 1793 s Rn 14; zur Erzwingung der Namensbestimmung in diesen Fällen Rn 68).

III. Namensbestimmung durch die Eltern

1. Bestimmungsrecht

a) Rechtsnatur
Das Recht der Eltern zur Namensbestimmung in § 1617 (wie auch in den folgenden **12** Vorschriften) ist Ausfluß der **elterlichen Personensorge** gem § 1626 Abs 1 (zur Vornamensbestimmung s § 1616 Rn 22 ff). Dies war nach bisherigem Recht streitig (für elternrechtliche Kompetenz: GERNHUBER/COESTER-WALTJEN⁴ § 54 I 1; COESTER FuR 1994, 1, 5), ist durch das KindRG 1998 aber außer Zweifel gestellt: §§ 1617 Abs 1, 1617a, 1617b Abs 1 und 1618 verwenden das Sorgerecht als für die Auswahl des namensgebenden Elternteils maßgebliches Kriterium, und auch die Gesetzesverfasser haben die sorgerechtliche Qualität des Bestimmungsrechts klarstellend betont (BT-Drucks 12/3163, 13; 13/4899, 70; 13/8511, 71; vgl BayObLG FamRZ 1997, 232, 234; LG Freiburg StAZ 1997, 239; DIEDERICHSEN NJW 1998, 1977, 1981). Dem folgt das BVerfG: Das Namenserteilungsrecht sei den Eltern „allein im Rahmen ihrer Sorgeverantwortung" eingeräumt, es diene nicht ihrer eigenen Persönlichkeitsentfaltung (FamRZ 2002, 307, 308, 310; FamRZ 2002, 877).

Bei der Ausübung des Bestimmungsrechts handeln die Eltern **nicht in Vertretung des 13 Kindes** gem § 1629, sondern geben im Rahmen ihrer Sorgeverantwortung eine **eigene Erklärung für das Kind** ab (sogenannte „amtsähnliche Handlung", vgl STAUDINGER/ PESCHEL-GUTZEIT [2007] § 1629 Rn 17 ff; iE auch LIPP/WAGENITZ Rn 19; HWB/WAGENITZ/BORN-

Hofen Rn 41). Diese Unterscheidung ist wichtig für den minderjährigen Elternteil, § 1673 Abs 2 (s oben Rn 8 und unten Rn 30).

14 Die sorgerechtliche Qualifikation des Namensbestimmungsrechts hat Konsequenzen für die Entscheidungsfreiheit der Eltern: Die Eltern haben die Pflicht, die **Kindesinteressen** zu wahren (§§ 1626 Abs 1 S 1, 1627 S 1). IdR sind Kindesinteressen am einen oder anderen Elternnamen nicht erkennbar, im Einzelfall kann das aber anders sein (vgl für die gerichtliche Übertragungsentscheidung Rn 73). Doch auch in diesen Fällen hat die Pflichtbindung der Eltern nur theoretische Bedeutung: Ihre Verletzung erreicht jedenfalls in aller Regel nicht die Gefährdungsgrenze des § 1666 Abs 1 und löst deshalb keine staatliche Intervention aus (vgl aber Rn 60); auch ist die Wirksamkeit der elterlichen Bestimmung nicht per se dadurch beeinträchtigt, daß sie den wohlverstandenen Kindesinteressen zuwiderläuft (vgl Staudinger/Coester [2004] § 1666 Rn 82; Staudinger/Peschel-Gutzeit [2007] § 1627 Rn 18).

b) Einzelheiten

15 Einzelne Folgerungen aus dieser Qualifizierung des Bestimmungsrechts sind zT bereits früher hervorgetreten:

– Maßgeblich für die Berechtigung zur Namensbestimmung sind die **sorgerechtlichen Verhältnisse zZ der Ausübung des Bestimmungsrechts** (Rn 10, 11).

– Bei gemeinsam sorgeberechtigten, aber **getrennt lebenden Eltern** ist gem § 1687 Abs 1 S 1 **einvernehmliche Bestimmung** erforderlich (Rn 6).

16 – Ist das **Kind nach der Geburt verstorben**, so hat es eine Zeitlang gelebt und ist in das Geburtenbuch einzutragen. War bei gemeinsam sorgeberechtigten Eltern der Geburtsname noch nicht bestimmt, ist er von den Eltern als Akt „elterlicher Nachsorge" posthum zu bestimmen (Lipp/Wagenitz Rn 27; vgl Staudinger/Coester [2006] § 1698b Rn 1).

17 – Ist das Kind **totgeboren oder in der Geburt verstorben**, so kann nach §§ 21 Abs 2 und 15 Abs 1 S 4 PStG auf Wunsch eines (hypothetisch) Personensorgeberechtigten dennoch ein Kindesname eingetragen werden (Vorbem 16 zu §§ 1616–1625). Für (hypothetisch) gemeinsam sorgeberechtigte Eltern bedeutet dies, daß sie den Namen gem § 1617 Abs 1 einvernehmlich bestimmen müssen (keine familiengerichtliche Entscheidung nach Abs 2, s Rn 69). § 21 Abs 2 S 3 PStG stellt dies für verheiratete Eltern ohne Ehenamen klar. Nicht bedacht ist dabei der Fall, daß miteinander nicht verheiratete Eltern schon pränatale Sorgeerklärungen abgegeben hatten – hier ist § 21 Abs 2 S 3 PStG analog anzuwenden (Rixen FamRZ 1999, 265, 267). Selbst wenn noch keine Sorgeerklärungen abgegeben worden waren, sollte den Eltern (entsprechend Rn 16) ermöglicht werden, den Namen gemeinsam zu bestimmen (Rixen 268 will die Versicherung gegenüber dem Standesbeamten genügen lassen, daß die Eltern bei Lebendgeburt alsbald Sorgeerklärungen abgegeben hätten).

c) Grenzen: Persönlichkeitsrecht des älteren Kindes

18 Zu den Grundstrukturen des Kindesnamensrechts gehört der Schutz des älteren Kindes vor ihm unerwünschten Namenswechseln, ie ausgestaltet in § 1617c Abs 1 S 2, 3 (s ausf dort Rn 9 ff) und anderwärts in Bezug genommen, insbesondere auch für die elterliche Namensbestimmung, § 1617b Abs 1 S 3, 4. In § 1617 ist diese Grenze des elterlichen Bestimmungsrechts nicht angesprochen, da das Gesetz auf die alsbaldige Namensfestlegung nach der Geburt abzielt (Abs 2). Dennoch sind Ausnahmefälle denkbar, in denen die Namensbestimmung nach § 1617 Abs 1 für ein über 5jähriges Kind vorzunehmen ist. Ein solcher Fall kann eintreten, wenn man die Namensbestimmung nach Abs 1 für *anfechtbar* hält (dazu unten Rn 33) und die Anfechtung erst nach dem 5. Geburtstag des Kindes erklärt worden ist. Dann bedarf es noch einer gültigen Namensbestimmung nach § 1617 Abs 1; zum Schutze des Kindes muß jedoch das **Anschlußmodell der §§ 1617b Abs 1 S 3, 4, 1617c Abs 1 analog** angewendet werden (Lipp/Wagenitz Rn 25). Dabei sind die Eltern als Namensbestimmende nicht durch § 181 gehindert, für das Kind zu handeln (Rn 13) – die Erklärungen sind gleichgerichtet gegenüber dem Standesbeamten abzugeben.

Weniger eindeutig ist die Beurteilung bei **Auslandsgeburt des Kindes**, wenn es bislang **19** (etwa als Doppelstaater) einen Namen nach dem Recht seines Aufenthaltsstaates geführt hat und nun, mehr als 5 Jahre nach seiner Geburt, eine Eintragung in ein deutsches Personenstandsbuch ansteht (Abs 3). Wenn der bisher geführte Name mit dem deutschen Recht nicht kompatibel ist, *kann* das Kind ihn (für den deutschen Rechtsbereich) nicht behalten – insofern kann ihm auch kein Bestandsschutz entspr § 1617c Abs 1 gewährt werden (anderes mag innerhalb der EU gelten, Vorbem 21 zu §§ 1616–1625). Die Bestimmungskompetenz der Eltern nach § 1617 Abs 1 ist also nicht eingeschränkt (Lipp/Wagenitz Rn 26; **aM** HWB/Wagenitz/Bornhofen Rn 56); ein Mitbestimmungsrecht des Kindes wäre wünschenswert, kann aber auch analog nicht aus dem gesetzlichen Schutzmodell gefolgert werden (interne Einbeziehung jedoch gem § 1626 Abs 2 S 2, sofern gem Art 21 EGBGB deutsches Sorgerecht anwendbar ist).

Eine absolute Grenze für die elterliche Bestimmungsmacht ist jedoch bei **Volljäh- 20 rigkeit des Kindes** erreicht: Sie erlischt ohne weiteres mit der elterlichen Sorge (§§ 2, 1626 Abs 1 S 1). Hier obliegt es dem **Kind selbst**, das bei seiner Geburt gem § 1617 Abs 1 entstandene Namensbestimmungsrecht auszuüben (vgl § 1617c Rn 18). Eine Erzwingung der Namensbestimmung analog Abs 2 wird, nach ergebnisloser Fristsetzung, auf eine gerichtliche Bestimmung des Mutter- oder des Vaternamens hinauslaufen müssen (Lipp/Wagenitz Rn 26; anders HWB/Wagenitz/Bornhofen Rn 58 [Fortführung des bisher faktisch geführten Namens]).

2. Zur Wahl stehende Namen

a) Grundsätze

Zur Wahl stehen der Name, „den der Vater oder die Mutter zur Zeit der Erklärung **21** führt", Abs 1 S 1. Da bei namensverschiedenen Eltern vollständige Namenseinheit in der Familie (wie bei § 1616) nicht herstellbar ist, bezweckt das Gesetz zumindest **teilweise Namenseinheit**, dh Namensübereinstimmung von Kind und einem Elternteil (vgl BVerfG FamRZ 2002, 307, 308; Lipp/Wagenitz Rn 10). Die Kennzeichnung der Zugehörigkeit zur sozialen Familiengruppe tritt damit als Namensfunktion in den Vordergrund (s Vorbem 7 zu §§ 1616–1625). Deshalb ist auch der **Zeitpunkt der Namensbestimmung** maßgeblich – hat sich ein Elternname zwischen Geburt und Erklärung nach Abs 1 geändert, so ist nur der jetzt aktuelle Name wählbar (Lipp/Wagenitz Rn 13, 72). Die Wahl des bei Geburt geführten, jetzt aber abgegebenen Namens würde dem

Kind einen Namen zuweisen, den keiner seiner Elternteile mehr führt. Im Ergebnis das gleiche gilt, wenn **ein Elternteil zwischen Kindesgeburt und Namensbestimmung gestorben ist**: Hier wird nur noch ein Elternname geführt. Es bedarf zwar einer konstitutiven Namensbestimmung, da es insoweit auf die Verhältnisse zum Geburtszeitpunkt ankommt (Rn 9 ff). Das Bestimmungsrecht steht jedoch nunmehr allein dem überlebenden Elternteil zu (§ 1680 Abs 1; GERNHUBER/COESTER-WALTJEN § 54 Rn 15; WAGENITZ FamRZ 1998, 1545, 1548; aM RAUSCHER FamR Rn 918; vgl Rn 11) und ist inhaltlich auf dessen Namen beschränkt (aM WAGENITZ/BORNHOFEN § 1616 Rn 40; HWB/WAGENITZ/ BORNHOFEN Rn 50; MICHALSKI FamRZ 1997, 977, 982). Pietätsgesichtspunkte haben hinter dem Interesse des Kindes an Namenseinheit in der gelebten Familiengemeinschaft und an potentieller Namensfolge nach dem sorgeberechtigten Elternteil (§ 1617c Abs 2 Nr 2) zurückzutreten. Anders, wenn beide Eltern leben, das Bestimmungsrecht aber nur von einem Teil oder vom Vormund auszuüben ist (Rn 11): Hier stehen beide Elternnamen zur Wahl (HWB/WAGENITZ/BORNHOFEN Rn 50). Das gleiche muß gelten, wenn beide Eltern verstorben sind (vgl Rn 5) – Namenseinheit ist hier ohnehin nicht mehr erreichbar.

22 Weitere Konsequenz der vom Gesetz angestrebten Namenseinheit zwischen Eltern und Kind ist die Einschränkung der Wahl auf die **geführten Namen**. Dabei nimmt das Merkmal der „Namensführung" nicht auf den faktischen Gebrauch Bezug (etwa auf Pseudonyme, Gebrauchsnamen), sondern auf den **personenstandsrechtlich geführten Namen** (LIPP/WAGENITZ Rn 11; HWB/WAGENITZ/BORNHOFEN Rn 28; vgl Vorbem 10, 12 zu §§ 1616–1625). Dies kann der Geburtsname, aber auch ein „erheirateter" Name sein. Dieser unterscheidet sich, wie der Vergleich mit § 1355 Abs 2 deutlich macht, vom Geburtsnamen, dh dem „Stammnamen", der von einem geführten Namen überlagert werden kann. Nur der Geburtsname wird im Geburtenbuch eingetragen und fortgeschrieben (§ 1355 Abs 6; § 30 Abs 1 S 1 PStG), ein bei Heirat übernommener Ehename erscheint nur im Heirats- oder Familienbuch (§§ 11, 14 PStG; vgl HEPTING/ GAAZ § 30 PStG Rn 514). Er ist aber der aktuell „geführte" (und zu führende) Name (§ 1355 Abs 1 S 2), der folglich gem § 1617 Abs 1 S 1 zum Kreis der wählbaren Namen gehört (contra legem MICHALSKI FamRZ 1997, 977, 980 [nur Geburtsname]; Anw-Komm-BGB/LÖHNIG Rn 16 [nicht, wenn der andere Elternteil „eigenen" Namen hat]). Da der beiden Eltern gemeinsame Ehename schon nach § 1616 auf das Kind übergeht, kommen, sofern die Eltern nicht ihre Geburtsnamen führen, für § 1617 Abs 1 nur aus anderweitiger Ehe eines Elternteils erworbene Namen in Betracht. Es kann sich um eine frühere oder eine noch bestehende Ehe mit einem Dritten handeln (DIE-DERICHSEN NJW 1998, 1977, 1981; LIPP/WAGENITZ Rn 12). Einen Schutz des Dritten vor Weitergabe „seines" Namens an ein ihm fremdes Kind sieht das Gesetz ebensowenig vor wie bei Weitergabe an einen neuen Ehegatten (§ 1355 Abs 2; BVerfG FamRZ 2004, 515), denn es ist nicht mehr „sein" Name – sein Ehegatte (und jetzt Elternteil des Kindes) hat den Namen gem § 1355 Abs 1 zu eigenem Recht erworben (vgl aber § 1617c Rn 41 ff).

b) Mehrgliedrige Namen
23 Das Gesetz unterscheidet nicht nach der Art des Namens, den Mutter oder Vater tragen. Auch als mehrgliedriger Name kann er zum Geburtsnamen des Kindes bestimmt werden, etwa bei **echten Doppelnamen** („Schmidt-Rottluff") oder ehemaligen **Adelsnamen** (dazu § 1616 Rn 8; zu „Genannt-Namen" und ähnlichen Namenszusätzen § 1616 Rn 7). Unklar ist die Rechtslage nur bei sogenannten **„unechten Doppelna-**

men", dh der Kombination eines Familiennamens mit einem Begleitnamen (vgl §§ 1355 Abs 4 S 1, 1618 S 2; zu letzterem § 1618 Rn 19). Nach bisherigem Recht konnte der Begleitname nicht an die Kinder weitergegeben werden, er war ein höchstpersönlicher Bestandteil des Namens seines Trägers (bislang hM, vgl COESTER FuR 1994, 1, 5; LIERMANN FamRZ 1995, 199, 201; MICHALSKI FamRZ 1997, 977, 980; **aM** WAGENITZ/BORNHOFEN § 1616 Rn 38; WAGENITZ FamRZ 1994, 409, 413). Dies hatte das Gesetz mehrfach konsequent verdeutlicht (aF von §§ 1617 Abs 1 S 2, 1618 Abs 1 S 2, 1737 S 2, 1740 f Abs 2 S 3, 1757 Abs 1 S 2). Die meisten dieser Vorschriften sind jetzt weggefallen, stehengeblieben ist nur § 1757 Abs 1 S 2 – Redaktionsversehen (WAGENITZ FamRZ 1998, 1545, 1552) oder Repräsentant eines fortgeltenden Prinzips? Es spricht viel dafür, daß der Gesetzgeber des KindRG 1998 die bisherige Ausgrenzung des unechten Doppelnamens als tradierbaren Elternnamen beseitigen wollte: Das Gesetz spricht in § 1617 durchgehend nur noch vom „Namen" eines Elternteils, die frühere Einschränkung bezüglich des Begleitnamens ist nicht übernommen worden. Dem liegt eine bewußte Entscheidung der Gesetzesverfasser zugrunde: Nach der Begründung des RegE zu § 1617a sind die entsprechenden Beschränkungen „überholt und sollen deshalb in der Neuregelung wegfallen" (BT-Drucks 13/4899, 91). Was dort zur Weitergabe des Elternnamens in § 1617a gesagt ist, muß aber auch für §§ 1617, 1617b Abs 1 gelten. Es liegt keine Gesetzeslücke vor, die durch Analogie zu § 1757 Abs 1 S 2 geschlossen werden könnte, sondern eine rechtspolitische Weichenstellung des Gesetzgebers, die zwar befremdlich anmuten mag und undurchdacht umgesetzt ist (vgl § 1618 Rn 19), aber doch grundsätzlich akzeptiert werden muß: Die Gründe für eine Ablehnung erreichen jedenfalls kein verfassungsrechtlich relevantes Gewicht (offenbar auch Absegnung durch BVerfG FamRZ 2002, 307, 311).

Im Ergebnis kann deshalb auch der „unechte Doppelname" eines Elternteils zum Kindesnamen bestimmt werden; als Geburtsname des Kindes wird er zum echten Doppelnamen, der bei einer späteren Heirat des Kindes gem § 1355 Abs 2 auch zum Ehenamen bestimmt werden kann (LIPP/WAGENITZ Rn 11, 15; HWB/WAGENITZ/BORNHOFEN Rn 36; AnwKomm-BGB/LÖHNIG Rn 17; GERNHUBER/COESTER-WALTJEN § 54 Rn 13; **aA** zum neuen Recht PALANDT/DIEDERICHSEN Rn 5; RAUSCHER, FamR 918; SCHLÜTER, FamR Rn 326; FamRefK/WAX Rn 3; zum alten Recht auch noch COESTER FuR 1994, 5).

Es bleibt die Frage, ob es den Eltern auch freisteht, aus einem mehrgliedrigen **24** Namen **nur einzelne Namensteile** zum Geburtsnamen des Kindes zu bestimmen. Grundsätzlich kann der Name nur so an das Kind weitergegeben werden, wie er personenstandsrechtlich vom Elternteil zu führen ist – dazu gehört auch die *Vollständigkeit* des Namens (Vorbem 17 zu §§ 1616–1625). Deshalb ist sowohl der echte Doppelname wie der Adelsname als rechtliche Einheit zu betrachten, die grundsätzlich nicht auflösbar ist (Ausnahme § 1355 Abs 4 S 3 zur Vermeidung von Namensketten; vgl LIPP/WAGENITZ Rn 17). Anderes sollte aber für den unechten Doppelnamen gelten, der – im Gegensatz zum echten Doppelnamen – in seinen einzelnen Teilen eine multiple Zugehörigkeit des Namensträgers signalisiert: Ehe und Abstammungsfamilie, oder mehrere sukzessive Eheverbindungen. Es kann wünschenswert sein, das Kind nur mit einer dieser Namenslinien zu verbinden, etwa nur mit dem im Begleitnamen repräsentierten Geburtsnamen des Elternteils. Damit werden nicht nur Doppelnamen vermieden, sondern auch eine Scheinzugehörigkeit des Kindes zum Ehegatten des Elternteils, dessen Namen zum Ehenamen gewählt worden war. Unterstützend kann auf § 1618 S 2 HS 2 verwiesen werden: Der Begleitname erhält dort die Funktion, wechselnde Familienkonstellationen und Lebensphasen des Kindes jeweils im Kindesnamen aufscheinen zu lassen. Im Ergebnis sollte den Eltern bei unechten Doppelnamen eine freie Wahlmöglichkeit auch bezüglich nur eines Namensteils zugestanden werden (LIPP/WAGENITZ Rn 18; HWB/WAGENITZ/ BORNHOFEN Rn 39, 40; WAGENITZ FamRZ 1998, 1545, 1547; aA PALANDT/DIEDERICHSEN Rn 5; GERNHUBER/COESTER-WALTJEN § 54 Rn 13).

c)   Kein aus Mutter- und Vatername zusammengesetzter Doppelname

25 Es kann nur Mutter- *oder* Vatername gewählt werden, nicht – wie noch nach der Übergangsregelung des BVerfG (Vorbem 5 zu §§ 1616–1625) – eine Namenskombination beider Individualnamen. Das entspricht dem Ausschluß von Doppelnamen bei der Ehenamenswahl gem § 1355 Abs 2.

Dieser bei und nach Inkrafttreten des FamNamRG 1994 noch heftig umstrittene Grundsatz ist bei der Neufassung durch das KindRG 1998 nicht erneut problematisiert worden. Dem Vorwurf der Verfassungswidrigkeit ist allerdings insoweit vorgebeugt worden, als die Herstellung von Namenseinheit der Geschwister in jedem Fall ermöglicht worden ist (Art 224 § 3 Abs 3 EGBGB, dazu unten Rn 50 ff). Demgemäß hat das **BVerfG** das Verbot der Doppelnamenerteilung als **verfassungsmäßig** bestätigt (FamRZ 2002, 307; krit dazu SACKSOFSKY FPR 2002, 121 ff; GERNHUBER/COESTER-WALTJEN § 54 Rn 12). Dennoch sieht sich das Doppelnamensverbot nicht nur bisherigen Einwänden ausgesetzt (vgl DIEDERICHSEN NJW 1998, 1977, 1981: Doppelname wäre sinnfälliger Ausdruck für beiderseitige Elternschaft; dies räumt auch das BVerfG ein, FamRZ 2002, 307, 309), vielmehr hat es im neuen Recht weitgehend seine Legitimationsgrundlage verloren. Erklärtes Ziel des Gesetzes war es, die massenhafte Ausbreitung von Doppelnamen und die Folgeprobleme bei Heirat von Doppelnamensträgern zu verhindern (Namensketten, Namenscocktail von Teilnamen). Auch die Gerichte hielten es für legitim, „Doppelnamen weitgehend zurückzudrängen, damit das Namensgefüge in Deutschland möglichst unberührt bleibt und somit der Name seine identitätsstiftende Wirkung nicht verliert" (OLG Naumburg FamRZ 1997, 1234, 1237; vgl DIEDERICHSEN NJW 1994, 1089, 1092). Das BVerfG hat dies als Legitimation für das Doppelnamensverbot akzeptiert (FamRZ 2002, 307, 309). Muß man nun nach neuem Recht aber akzeptieren, daß als tradierbarer Individualname eines Elternteils auch sein „unechter", dh aus Ehenamen und Begleitnamen zusammengesetzter Doppelname in Frage kommt und daß dieser in der Person des Kindes zu einem echten Doppelnamen mutiert (Rn 23), und nimmt man ferner hinzu, daß das Gesetz einen Doppelnamen des Kindes in § 1618 nunmehr ausdrücklich als Kompromißlösung anbietet, so muß gefragt werden, was vom alten, doppelnamenfeindlichen „Namensgefüge" in Deutschland (vgl BVerfG FamRZ 2002, 307, 309: grundsätzliche „Eingliedrigkeit des Familiennamens") noch übriggeblieben ist, so daß es das Doppelnamensverbot in § 1617 Abs 1 rechtfertigen könnte (vgl WAGENITZ FamRZ 1998, 1545, 1552; HEPTING FPR 2002, 115, 120 [„eklatanter Wertungswiderspruch"]. Jedenfalls sollte, was in der Familie mit Stiefelternteil recht ist (§ 1618 S 2), auch den leiblichen Eltern billigerweise zugestanden werden (GERNHUBER/ COESTER-WALTJEN § 54 Rn 12). Nachdem das Verfassungsrecht als Hebel für eine Reform ausgeschieden ist, ist nun die Rechtspolitik gefordert – immerhin wäre die Zulassung eines Doppelnamens „ebenso verfassungsgemäß" wie sein Verbot (BVerfG FamRZ 2002, 307, 309).

3. Ausübung des Bestimmungsrechts

a) Allgemeines

Die Namensbestimmung der Eltern ist eine familienrechtliche Willenserklärung, die **26** grundsätzlich den allgemeinen Regeln für Willenserklärungen unterliegt (BayObLG FamRZ 2004, 1227, 1228; zu Geschäftsfähigkeit und Willensmängeln unten Rn 30 ff, 33). Die Bestimmungserklärung ist von **beiden sorgeberechtigten Eltern** abzugeben, aber nicht notwendig gemeinsam, dh gleichzeitig oder auf einheitlicher Urkunde (Lipp/Wagenitz Rn 29; Liermann FamRZ 1995, 199, 202; Michalski FamRZ 1997, 977, 980). Die Abgabe hat **persönlich** zu erfolgen, Stellvertretung ist ausgeschlossen. Auf Grund ihres status-bezogenen, rechtsgestaltenden Charakters ist sie **bedingungs- und befristungsfeindlich** (Lipp/Wagenitz Rn 30). Die Zulässigkeit pränataler Namensbestimmungen (Rn 9, 34) wird dadurch nicht berührt (Rechtsbedingungen der Geburt und des dann bestehenden gemeinsamen Sorgerechts). Zur **Frist** für die Namensbestimmung s Rn 61, 62.

Eine bestimmte **Form** ist grundsätzlich **nicht** vorgeschrieben, die Bestimmung kann **27** also auch mündlich gegenüber dem Standesbeamten erfolgen. Erfolgt sie jedoch erst **nach der Beurkundung der Geburt**, bedarf sie der **öffentlichen Beglaubigung**, Abs 1 S 2. Dies kann nicht nur durch einen Notar geschehen (§ 129), sondern auch durch *jeden* Standesbeamten (§ 31a Abs 1 PStG).

Die Erklärungen sind „gegenüber dem Standesbeamten" abzugeben, sind also **amts-** **28** **empfangsbedürftig** (§ 130 Abs 3). Zur Entgegennahme zuständig ist nur der für die Beurkundung der Geburt zuständige Standesbeamte (§§ 31a Abs 2 S 1, 16 PStG). Bei vorgeburtlichen Erklärungen gibt es streng genommen noch keinen zuständigen Standesbeamten (Lipp/Wagenitz Rn 33), dennoch werden solche Erklärungen mit der Geburt des Kindes wirksam, wenn der empfangende Standesbeamte dann zuständig ist.

Das **Wirksamwerden** der Namensbestimmung tritt erst mit Zugang der Erklärung **29** auch des zweiten Elternteils ein (§ 130 Abs 1) und auch nur dann, wenn beide Erklärungen inhaltlich übereinstimmen. Ist eine Anschlußerklärung des Kindes erforderlich (Rn 18 ff), muß auch diese vorliegen. Zwischenzeitlicher Tod oder Geschäftsunfähigkeit des Ersterklärenden hindern das Wirksamwerden nicht (§ 130 Abs 2). Bis zum Wirksamwerden der Bestimmung kann jeder Teil seine Erklärung widerrufen oder ändern, diese entfaltet keine Bindungswirkung (Lipp/Wagenitz Rn 34), ebenso nicht interne Absprachen der Eltern (Lipp/Wagenitz Rn 39). Zur Möglichkeit einer Anfechtung *nach* Wirksamwerden s Rn 33.

b) Kompetenzmängel

Ein **minderjähriger Elternteil** ist in seiner sorgerechtlichen Kompetenz zur Namens- **30** bestimmung nicht eingeschränkt (§ 1673 Abs 2, s Rn 8). An seiner Stelle können wegen der Höchstpersönlichkeit der Erklärung nicht seine Eltern als gesetzliche Vertreter handeln (Lipp/Wagenitz Rn 36). Die Erklärung des minderjährigen Elternteils bedarf zu ihrer Wirksamkeit aber auch **nicht der Zustimmung des gesetzlichen Vertreters** (Staudinger/Coester [2004] § 1673 Rn 25 mwNw; HWB/Wagenitz/Bornhofen Rn 74; MünchKomm/von Sachsen Gessaphe Rn 19; AnwKomm-BGB/Löhnig Rn 11; aA Lipp/ Wagenitz Rn 36, 64): Für den *verheirateten* minderjährigen Elternteil fehlt es seinen Eltern an der personensorgerechtlichen Kompetenz (§ 1633), für den *nicht verhei-*

rateten minderjährigen Elternteil kann nach dem KindRG 1998 nichts anderes gelten. Es kann auch nicht darauf verwiesen werden, daß das Kind bis zur Volljährigkeit bei *eigenen* Namensentscheidungen (Anschlußerklärungen) an die Zustimmung der Eltern gebunden ist (§ 1617c Abs 1 S 2): Hier ist der Minderjährige selbst betroffen, und damit die Sorgeverantwortung seiner Eltern; die „Enkelsorge" ist dem Minderjährigen aber, wie dargelegt, grundsätzlich persönlich und allein zugewiesen. Bei Dissens mit dem anderen Elternteil gilt Abs 2 wie bei beiderseits volljährigen Elternteilen.

31 Bei **Geschäftsunfähigkeit** eines Elternteils ist zu unterscheiden: Lag sie schon bei Kindesgeburt vor, bestand kein gemeinsames Sorgerecht (§ 1673 Abs 1), statt § 1617 ist § 1617a Abs 1 einschlägig. Tritt die Geschäftsunfähigkeit nach der Kindesgeburt ein, kann der Elternteil das Namensbestimmungsrecht nicht ausüben, ihm fehlt sowohl die sorgerechtliche (§ 1673 Abs 1) wie die rechtsgeschäftliche Kompetenz (§ 104 Nr 2, 105 Abs 1). Die Bestimmung obliegt dann allein dem anderen Elternteil (§ 1678 Abs 1 HS 1; vgl Rn 11).

Sind **beide Eltern** geschäftsunfähig geworden, so können nicht ihre Betreuer für sie entscheiden (so aber LIPP/WAGENITZ Rn 37). Diesen obliegt die Sorge für die Eltern selbst, nicht für deren Kinder (insoweit stehen sie Großeltern gleich). Für das *Kind* muß mangels sorgefähiger Eltern ohnehin ein Vormund bestellt werden; dieser nimmt dann auch die Namensbestimmung vor (oben Rn 5, 11, 21 und STAUDINGER/ COESTER [2004] Vorbem 6 zu §§ 1673 ff).

32 Geschäftsfähige, aber **betreute Eltern** sind in ihrer Bestimmungskompetenz nicht eingeschränkt. Dies gilt nicht nur bei der „schlichten" Betreuung, sondern auch bei Anordnung eines Einwilligungsvorbehalts nach § 1903 (ausf STAUDINGER/COESTER [2004] § 1673 Rn 8–10 mwNw; vgl auch STAUDINGER/BIENWALD [2006] § 1903 Rn 25; MünchKomm/ SCHWAB § 1903 Rn 16; HWB/WAGENITZ/BORNHOFEN Rn 72).

c) Willensmängel

33 Bei statusrelevanten, rechtsgestaltenden Willenserklärungen des Familienrechts ist die **Anfechtung** wegen Willensmängeln regelmäßig ausgeschlossen – so bei der Eheschließung (vgl § 1314), Vaterschaftsanerkennung (§ 1598) oder bei Sorgeerklärungen (§ 1626e). Bei der Namensbestimmung ist entsprechendes angenommen worden, obwohl eine gesetzliche Regelung fehlt (BayObLG StAZ 1992, 306, 307; StAZ 1998, 79; OLG Naumburg FamRZ 1997, 1234, 1236; OLG Stuttgart StAZ 1986, 354; OLG Zweibrücken StAZ 2000, 79 f; AG Nürnberg StAZ 1995, 296; **für** Anfechtbarkeit demgegenüber LIPP/WAGENITZ Rn 25, 38; HWB/WAGENITZ/BORNHOFEN Rn 75; zur entspr Diskussion für die Ehenamenswahl nach § 1355 Abs 1, 2 s BayObLG NJW 1993, 337, 338 mwNw; AG Nürnberg StAZ 1995, 296; STAU-DINGER/VOPPEL [2007] § 1355 Rn 46 ff). Dabei vermag der Hinweis auf den „verfahrensrechtlichen Charakter" der Erklärung (OLG Naumburg aaO) von vornherein nicht zu überzeugen – es handelt sich um eine materiell-rechtliche Namensbestimmung im Rahmen der Personensorge, die lediglich formell beurkundet wird. Auch wird der Anfechtungsausschluß etwa bei der Sorgeerklärung kritisiert (§ 1626e Rn 3). Es sollte bedacht werden, daß es durchaus Fälle geben kann, in denen eine Anfechtung von Namenserklärungen sachgerecht erscheint – zB falsche Belehrung durch den Standesbeamten, Täuschung oder Drohung durch den anderen Elternteil oder durch Dritte, Erklärungsirrtum (auch das OLG Naumburg will – in sich inkonsequent – „offensichtlichen Irrtum" oder Restitutionsgründe vorbehalten; ähnl BayObLG StAZ 1992, 306, 307; OLG Zweibrücken StAZ 2000, 79, 80; vgl den Fall in AG Nürnberg StAZ 1995, 296: alleinsorgeberechtigte Mutter kehrt gem § 1355 Abs 5 S 2 zu früherem Namen zurück in Unkenntnis, daß der Kindesname dem nicht folgt). Nimmt man hinzu, daß die Stabilität des Kindesnamens im neuen Recht ohnehin erheblich geschwächt ist (§§ 1617a Abs 2, 1617b Abs 1, 1617c Abs 2, 1618), sollte diesen Konfliktlagen durch **Zulassung der Anfechtung** Rechnung getragen werden (beim älteren Kind Persönlichkeitsschutz entspr § 1617c Abs 1).

4.   Wirkung der Namensbestimmung

a)   Wirksamwerden

Die Namensbestimmung wird wirksam mit Zugang beider Elternerklärungen beim **34** zuständigen Standesbeamten (Rn 28; unrichtig MICHALSKI FamRZ 1997, 977, 981 [schon mit Elterneinigung]), pränatale Bestimmungen (Rn 9, 26) erst mit der Geburt des Kindes (vgl § 1617a Rn 28; entspr bei Totgeburt, Rn 17). Die Eintragung im Geburtenbuch (§ 21 Abs 1 Nr 4 PStG) ist nur deklaratorisch (OLG Hamm FamRZ 1995, 439; FamRZ 2005, 1009, 1010; LIPP/WAGENITZ Rn 40), sie ändert an der Wirksamkeit oder Unwirksamkeit des erteilten Namens nichts (HWB/WAGENITZ/BORNHOFEN Rn 77; anders möglicherweise bei in das Adoptionsdekret aufgenommener Namensbestimmung, BayObLG FamRZ 2005, 1010 f). War die Geburt schon beurkundet, ist ein Randvermerk über den Kindesnamen einzutragen (§ 31a Abs 2 S 2 PStG, vgl § 22 Abs 1 S 2 PStG für den Vornamen). Die Namensbestimmung wird trotz allem nicht wirksam, wenn der gewählte Name nach § 1617 Abs 1 nicht zulässig ist (etwa ein Doppelname, vgl Rn 25; BayObLG StAZ 1996, 364; OLG Zweibrücken StAZ 1996, 141 zur Ehenamenswahl).

b)   Wirkung

Das Kind erwirbt den Namen rückwirkend ab dem Moment der Geburt. Es erwirbt **35** ihn als Geburtsnamen, selbst wenn der tradierte Name in der Person des Elternteils ein „erheirateter Name" ist; ein unechter Doppelname des Elternteils wird zum echten Doppelnamen (Rn 23). Mit der Namensbestimmung ist der Kindesname an den „Namensstamm" des namengebenden Elternteils angebunden, Namensänderungen beim anderen Elternteil sind bedeutungslos und lösen kein Neubestimmungsrecht der Eltern aus. Namensänderungen beim Bezugselternteil können eine Namensfolge des Kindes nach § 1617c Abs 2 Nr 2 auslösen; ein Neubestimmungsrecht nach § 1617 Abs 1 entsteht aber auch in diesem Fall nicht. Bestimmen die Eltern später einen Ehenamen, verdrängt dieser gem § 1617c Abs 1 ex nunc den nach § 1617 Abs 1 bestimmten Namen (vorbehaltlich einer Ausschlußerklärung durch das ältere Kind).

5.   Präjudizwirkung für Geschwister, Abs 1 S 3

a)   Grundsatz

Das Bestimmungsrecht erwächst den Eltern nicht für jedes ihrer Kinder neu – **36** erstmalig ausgeübt, gilt der ausgewählte Name für die gesamte Folgegeneration, Abs 1 S 3. Hiermit will das Gesetz, nachdem wegen der Namensverschiedenheit der Eltern das Ideal der gesamtfamiliären Namenseinheit (§ 1616 Rn 1) nicht zu erreichen ist, wenigstens die **Namenseinheit der Geschwister** gewährleisten (zum rechtspolitischen Streit um diesen Grundsatz vgl **[bejahend]** BT-Drucks 11/4437; 11/6187; 12/617; COESTER StAZ 1990, 287, 288; ders FuR 1994, 1, 5; **ablehnend** BOEMKE FuR 1991, 181, 187; DETHLOFF/WALTHER NJW

1991, 1575, 1578; SCHWENZER FamRZ 1991, 390, 396; dies GutA 59. DJT [1992] A 59). Das
BVerfG hat dies als hinreichende Legitimation für die Einschränkung der elterlichen
Gestaltungsfreiheit akzeptiert – unter Verweis auch auf die elterliche Pflichtbindung
an das Kindeswohl (FamRZ 2002, 877). Dennoch hängt die Auslegung und Abgrenzung
dieses Grundsatzes von dem *Stellenwert* ab, den man ihm im neuen Kindesnamensrecht beizumessen bereit ist. Man könnte ihn sehr hoch ansetzen – geschwisterliche
Namenseinheit als Restbastion eines weitgehend erodierten, aber nach wie vor
gültigen Leitbilds (so tendenziell auch das BVerfG). Allerdings ist fraglich, ob damit
(teilweise) bewahrt werden kann, was der Gesetzgeber selbst zunehmend preisgegeben hat: Die Kennzeichnungskraft des Namens ist im neuen Recht erheblich
geschwächt durch wandelbare Anknüpfungspunkte für den Kindesnamen (Elternname, Sorgerecht) und grundsätzliche Folgeänderungen beim Kind (§ 1617c); auch
sonst sieht das Gesetz viele Umbenennungsmöglichkeiten vor (§§ 1617a Abs 2,
1617b Abs 1, 1618 in unbegrenzter Wiederholung [§ 1618 Rn 49 ff]). Auch die grundsätzlich angestrebte Namenseinheit der Geschwister zerbricht am Persönlichkeitsschutz des § 1617c Abs 1: Über eine Folge in elterliche Namensänderungen entscheidet jedes ältere Kind für sich (§ 1617c Rn 10; vgl AG Schöneberg StAZ 1995, 240).
Selbst die Namenseinheit der Eltern in Gestalt eines später bestimmten Ehenamens
setzt sich gem § 1616 gegenüber der Namenseinheit der Geschwister durch (§ 1616
Rn 19). Im Ergebnis gibt es kein übergreifendes Leitprinzip des Kindesnamensrechts
mehr, sondern nur noch verschiedene, zT gegenläufige Topoi (vgl BayObLG
FamRZ 2005, 1010, 1011; OLG Karlsruhe StAZ 2006, 211, 212). Zu diesen gehört auch die
familienautonome Gestaltungsfreiheit, der das neue Recht deutlich größeren Raum
gewährt – dies ist ein von der elterlichen Persönlichkeitsverwirklichung (als maßgeblicher Gesichtspunkt abgelehnt vom BVerfG aaO) zu unterscheidender Aspekt. In Zweifelsfällen muß, da das Gesetz selbst klare Linien vermissen läßt, dieser Gesichtspunkt ausschlaggebendes Gewicht erlangen (OLG Karlsruhe NJW-RR 2006, 441, 442).

b)   Gesetzlicher Regelfall: Namensbestimmung für das erste Kind

37   Die Bindungswirkung des Abs 1 S 3 zielt auf die **Zukunft**: Die Namensfestlegung für
das erste Kind soll auch für die „weiteren Kinder" gelten. Hierunter fallen in erster
Linie alle **später geborenen**, gemeinsamen Kinder der Eltern (nicht aber einseitige
Kinder eines Elternteils). Die Bindungswirkung erstreckt sich aber auch auf **gleichzeitig** (Zwillinge) oder **früher geborene** Kinder, sofern sie im Moment der Namensbestimmung noch keinen Geburtsnamen tragen (etwa bei Auslandsgeburt, vgl Abs 3;
LIPP/WAGENITZ Rn 44) oder ihr Geburtsname neu zu bestimmen ist (zB wegen erst-
maliger Begründung gemeinsamen Sorgerechts, § 1626b Abs 1; vgl Fachausschuss Standesbeamte StAZ 2003, 305, 306; s STAUDINGER/COESTER [2007] § 1626b Rn 14; Ausweitung für einen
Sonderfall Fachausschuss Standesbeamte StAZ 2005, 49). Die Namensbestimmung für *ein*
Kind ist in dieser Situation de jure eine solche für *alle* vorhandenen Kinder. Einer
Namensbestimmung gem Abs 1 S 3 steht gleich eine Namenszuweisung kraft Gesetzes nach Abs 2 S 4 (Rn 85).

38   Ist das erste Kind ein **Adoptivkind**, so haben die Eltern den Namen entsprechend
§ 1617 Abs 1 zu bestimmen (§ 1757 Abs 2 S 1); der Verweis umfaßt auch die Bindungswirkung des gewählten Namens gem § 1617 Abs 1 S 3 für spätere, adoptierte
oder leibliche Kinder (LIPP/WAGENITZ Rn 45). Eine Beifügung des Herkunftsnamens
gem § 1757 Abs 4 Nr 2 beim ersten Kind steht der Bindungswirkung nicht entgegen;
diese beschränkt sich allerdings auf den von den Eltern abgeleiteten Namensteil.

Aus der Sicht **später geborener Kinder** präsentiert sich die Namensbindung **als prä- 39 judizieller Bestimmungsakt in der Vergangenheit.** Diese Kinder erwerben ihren Geburtsnamen (ceteris paribus) im Moment der Geburt kraft Abs 1 S 3 – dieser **Erwerb ex lege** verdrängt das Bestimmungsrecht der Eltern (vgl noch § 1617a Rn 25). Dies gilt auch für **später adoptierte Kinder** (kein Bestimmungsrecht nach § 1757 Abs 2 S 1; OLG Hamm FamRZ 2001, 859), unbeschadet einer Hinzufügung des Herkunftsnamens nach § 1757 Abs 4 Nr 2 (Lipp/Wagenitz Rn 45). Auch bei späterer **Totgeburt** ist der Kindesname festgelegt, die Eltern entscheiden nur, *ob* er eingetragen werden soll (§ 21 Abs 2 S 2, nicht S 3 PStG; vgl oben Rn 17 und Vorbem 16 zu §§ 1616–1625).

Umstritten ist die Bindungswirkung bei Geschwistern bei **internationalen Sachver- 40 halten.** Hier ermöglicht Art 10 Abs 3 EGBGB den Eltern zunächst eine *Rechtswahl*; erst das gewählte Sachrecht entscheidet über Namensbestimmung und etwaige Bindung. Eine § 1617 Abs 1 S 3 entsprechende Bindungswirkung der Rechtswahl für weitere Kinder sieht Art 10 Abs 3 EGBGB nicht vor. Als Lösungen werden angeboten:

– Die Bindungswirkung des § 1617 Abs 1 S 3 sei in Art 10 Abs 3 EGBGB zu „projizieren", so daß das für das erste Kind gewählte Recht ohne weiteres auch den Namen späterer Geschwister beherrscht (Hepting/Gaaz PStR Rn IV-654; Hepting StAZ 1998, 139).

– Nach vermittelnder Auffassung soll zwar die kollisionsrechtliche Rechtswahl der Geschwisterbindung nicht unterliegen; werden verschiedene Rechte gewählt, setze sich aber im Wege materiellrechtlicher Angleichung das „strengere", das heißt eine Geschwisterbindung vorsehende Recht durch (MünchKomm/Birk Art 10 EGBGB Rn 18 ff; iE auch Henrich StAZ 1996, 129, 134; Bamberger/Roth/Mäsch Art 10 EGBGB Rn 73; AnwKomm-BGB/Mankowski Art 10 EGBGB Rn 164 f). Wird demnach für das zweite Kind deutsches Recht gewählt, so erhielte dieses gemäß § 1617 Abs 1 S 3 automatisch den Namen seines älteren Geschwisters.

– Schließlich wird jede Bindung der Eltern bzw des Kindesnamens abgelehnt: Ohnehin bei der Rechtswahl nach Art 10 Abs 3 EGBGB (so auch die vorgenannte Auffassung), aber auch bei der Anwendung der gewählten Sachrechte. War zB für das erste Kind spanisches Recht gewählt worden und für das zweite deutsches Recht, so gilt dieses aus deutscher Sicht als „Erstkind" iS § 1617 Abs 1 S 1. Nur eine Namensbestimmung nach § 1617, nicht ein Namenserwerb nach ausländischem Recht könne die Bindungswirkung des Abs 1 S 3 auslösen (Fachausschuss Standesbeamte StAZ 2004, 180; vgl auch Palandt/Heldrich Art 10 EGBGB Rn 23; Coester FuR 1994, 1, 8).

Die letztgenannte Auffassung ist richtig – für eine Geschwisterbindung schon bei der kollisionsrechtlichen Rechtswahl fehlt jeder Anhaltspunkt im Gesetz, und eine Angleichung an das „strengere Recht" würde die Rechtswahlfreiheit praktisch entwerten, wenn das für das erste Kind gewählte Recht „strenger" ist, also wie das deutsche Recht eine Geschwisterbindung vorsieht. Korrekturen dieses Ergebnisses wären vom Gesetzgeber zu bewirken (im Rahmen des Art 10 Abs 3 EGBGB).

**c) Erste Ausnahme: Keine Bindungswirkung für weitere Kinder,
wenn Namenseinheit in der Familie nicht erreichbar**

41 Das Bestimmungsrecht der namensverschiedenen Eltern weicht gem Abs 1 S 3 nur
dann den Kindesinteressen, wenn – bei Namensübereinstimmung mit einem Elternteil – die Namenseinheit der Geschwister auf dem Spiel steht. Kann diese ohnehin
nicht erreicht werden oder nur um den Preis einer Namensverschiedenheit zu beiden
Eltern, bleibt es bei der Bestimmungsfreiheit der Eltern nach Abs 1 S 1. Dabei ist an
folgende Fallgestaltungen zu denken:

– Das erste Kind ist vor der Geburt des zweiten Kindes verstorben (Gernhuber/
 Coester-Waltjen § 54 Rn 14 Fn 40; Palandt/Diederichsen Rn 7; Michalski FamRZ 1997,
 977, 981; **aM** HWB/Wagenitz/Bornhofen Rn 85). Gleiches gilt für die Namensbestimmung beim ersten, totgeborenen Kind (oben Rn 17; **aA** Rixen FamRZ 1999, 265, 267).

42 – Bei ihrem ersten Kind haben die nicht miteinander verheirateten Eltern keine
 Sorgeerklärungen abgegeben, es trägt den Mutternamen nach § 1617a Abs 1;
 gleiches gilt beim zweiten Kind, jedoch hat die Mutter dem Kind gem § 1617a
 Abs 2 den Vaternamen erteilt (vgl § 1617a Rn 33); jetzt wird ein drittes Kind ge-
 boren, die Eltern haben pränatal Sorgeerklärungen abgegeben. Hier kann Na-
 menseinheit nur mit einem der Geschwister hergestellt werden, die Eltern haben
 insoweit uneingeschränktes Bestimmungsrecht nach § 1617 Abs 1 (Lipp/Wagenitz
 Rn 50; haben die Eltern hingegen nicht nur für das dritte, sondern für alle Kinder gemeinsames
 Sorgerecht begründet, so wirkt der für das dritte Kind bestimmte Name gem Abs 1 S 3, § 1617b
 Abs 1 S 4 auf die anderen Kinder ohne weiteres über, s oben Rn 37). Es sind auch andere
 „Dreierkonstellationen" vorstellbar, zB: Das erste Kind erhält den Vaternamen
 als Ehenamen gem § 1616; nach Scheidung erhält das zweite Kind den Mutter-
 namen nach § 1617a Abs 1; beim dritten Kind besteht gemeinsames Sorgerecht:
 Bestimmungsrecht der Eltern nach § 1617 Abs 1.

43 – Für das erste Kind ist ein Name nach § 1617 Abs 1 bestimmt worden; einer Namensänderung des Bezugselternteils gem § 1617c Abs 2 Nr 2 hat sich das Kind
 gem § 1617c Abs 1 nicht angeschlossen; jetzt wird ein zweites Kind geboren: Hier
 geraten Namensableitung von den Eltern und von Geschwistern in Konflikt – das
 erste Kind führt einen anderen Namen als seine beiden Eltern. Für sich selbst
 konnte es diese Entscheidung treffen (§ 1617c Abs 1), nicht aber zu Lasten seines
 Geschwisters. Dessen Interesse an Namenseinheit mit einem Elternteil ist vorrangig: also nicht Bindungswirkung gem Abs 1 S 3, sondern Bestimmungsrecht der
 Eltern gem Abs 1 S 1 (Lipp/Wagenitz Rn 53; HWB/Wagenitz/Bornhofen Rn 101; vgl AG
 Schöneberg StAZ 1995, 240; Fachausschuss Standesbeamte StAZ 2005, 328, 329).

**d) Zweite Ausnahme: Keine Erstreckung auf weitere Kinder,
die ihren Namen kraft Gesetzes erwerben**

44 Abs 1 S 3 verdrängt spätere Bestimmungsrechte der Eltern nach § 1617 Abs 1 oder
Normen, die auf diese Vorschrift verweisen, nicht aber anderweitigen Namenserwerb weiterer Kinder kraft Gesetzes:

– Gehen die Eltern vor der Zweitgeburt zu einem Ehenamen über (§ 1355 Abs 3
 S 2), so erwirbt das zweite Kind seinen Familiennamen nach **§ 1616**, auch wenn das
 erste Kind einen anderen Namen trägt (HWB/Wagenitz/Bornhofen Rn 89; Palandt/

DIEDERICHSEN Rn 7). Dieses kann seinerseits gem § 1617c Abs 1 dem elterlichen
Wechsel zum Ehenamen folgen und damit gesamtfamiliäre Namenseinheit her-
stellen; ist es älter als fünf Jahre, kann es die Namensfolge aber auch verweigern
(LIPP/WAGENITZ Rn 46, 52).

– Besteht bei Geburt des zweiten Kindes weder Ehename der Eltern noch gemein-   **45**
sames Sorgerecht, so erwirbt es kraft Gesetzes den Mutternamen nach § 1617a
Abs 1 (LIPP/WAGENITZ Rn 46), eine Bindungswirkung gem § 1617 Abs 1 S 3 scheidet
aus (OLG Hamm FamRZ 2005, 1009 f). Die Eltern *können*, wenn das erste Kind den
Namen des Vaters trägt, Namenseinheit der Geschwister nach § 1617a Abs 2
herstellen, müssen es aber nicht. Selbst wenn die Mutter den Vaternamen nach
§ 1617a Abs 2 erteilt, ist dies keine „elterliche Namensbestimmung" iSv § 1617
Abs 1 (OLG Hamm FamRZ 2005, 1009 f; OLG Karlsruhe StAZ 2006, 211; PALANDT/DIE-
DERICHSEN Rn 7; ausführl § 1617a Rn 14 ff; § 1617b Rn 7).

e) Keine Bindung an vorhandene Geschwisternamen, die kraft Gesetzes erworben worden sind

Nach Abs 1 S 3 gilt „die Bestimmung der Eltern" gem S 1 (sowie gem § 1757 Abs 2   **46**
S 1) auch für weitere Kinder; ein generelles Prinzip der Namenseinheit von Geschwistern ist nicht angeordnet und auch nicht im System des Kindesnamensrechts impliziert (Rn 36). Gesetzliche Namenserwerbe von Kindern folgen ihren eigenen Regeln (oben Rn 45), sie präjudizieren auch nicht bei späteren Kindern eigentlich bestehende Bestimmungsrechte (OLG Hamm FamRZ 2005, 1009 f; aA LIPP/WAGENITZ Rn 49;
WAGENITZ FamRZ 1998, 1545, 1547; AnwKomm-BGB/LÖHNIG Rn 2). Lediglich Namensfest-
legungen, die auf autonomer Willensentscheidung der Eltern beruhen, sollen nur
geschwistereinheitlich erfolgen; gleichgestellt ist allerdings die die elterliche Bestimmung ersetzende Zuweisung nach Abs 2 S 4 (Rn 37, 84 f). Demgemäß ist abzugrenzen:

Hat das erste Kind nach § 1616 den zum Ehenamen gewählten Vaternamen erhalten,   **47**
kehrt die Mutter nach Scheidung zu einem früheren Namen zurück (§ 1355 Abs 5
S 2) und wird dann den wiederversöhnten, aber weiterhin getrennt lebenden Eltern
ein weiteres Kind geboren, für das sie pränatal Sorgeerklärungen abgegeben haben,
so präjudiziert der Name des ersten Kindes nicht den des zweiten Kindes – dieser ist
nach § 1617 Abs 1 zu bestimmen. Geht man lebensnah davon aus, daß das zweite
Kind bei der Mutter aufwächst, so erscheint es durchaus sachgerecht, wenn durch
Wahl des Mutternamens Namenseinheit in der sozialen Teilfamilie hergestellt werden kann.

Im Ergebnis gleiches gilt, wenn das erste Kind seinen Namen nach § 1617a Abs 1
trägt, beim zweiten Kind aber gemeinsames Sorgerecht der Eltern besteht: Hier
kann durch Bestimmung nach § 1617 Abs 1 der konkreten Familienkonstellation
Rechnung getragen werden (vgl AG Schöneberg StAZ 1995, 240; HWB/WAGENITZ/BORN-
HOFEN Rn 92 ff; zu § 1617a Abs 2 Rn 48).

Die **Bindungswirkung nach Abs 1 S 3** ist aber trotz gesetzlichen Namenserwerbs des   **48**
ersten Kindes zu bejahen, **wenn sie durch eine Willensentscheidung der Eltern überlagert worden ist.** Dies gilt ohne weiteres bei **ändernden Namensbestimmungen** durch
die Eltern: Hat das erste Kind seinen Namen zunächst nach § 1617a Abs 1 erworben,

haben die Eltern nach Begründung gemeinsamen Sorgerechts seinen Namen jedoch gem § 1617b Abs 1 neu bestimmt, so gilt diese Bestimmung gem § 1617 Abs 1 S 3 auch für alle weiteren Kinder (LIPP/WAGENITZ Rn 49; vgl § 1617b Rn 23).

Keine geschwistereinheitliche Umbenennung in diesem Sinne liegt jedoch vor, wenn dem ersten Kind statt des Mutternamens nach § 1617a Abs 1 der Vatername gem **§ 1617a Abs 2** erteilt worden ist. Mit den Gestaltungsmöglichkeiten des § 1617a sollte den Eltern *auch* die Möglichkeit gegeben werden, ein unterschiedliches Aufwachsen der Kinder bei Mutter und Vater namensrechtlich nachzuzeichnen; eine Geschwisterbindung würde der bei § 1617a typischerweise vorliegenden Teilfamiliensituation nicht gerecht (OLG Hamm FamRZ 2005, 1009, 1010; OLG Karlsruhe NJW-RR 2006, 441, 442; vgl § 1617a Rn 16).

49 Eine den gesetzlichen Erwerb überlagernde Elternentscheidung ist jedoch auch dann zu bejahen, wenn die Eltern den gesetzlich erworbenen Kindesnamen **durch Nichtausübung eines Neubestimmungsrechts bestätigt haben.** Ein solches Recht kann aus § 1617b Abs 1 folgen, häufig aber auch aus Optionen, die das Übergangsrecht den Eltern (idR befristet) einräumt (BayObLG FamRZ 1997, 232, 233: „Darin liegt die Willensentscheidung, daß das Kind seinen bisherigen Familiennamen weiterführt" [zu Art 7 § 1 Abs 3 S 1 HS 1 FamNamRG 1994]; zum geltenden Recht BayObLG FamRZ 2001, 856 f; OLG Hamm FamRZ 2005, 1009, Fachausschuss Standesbeamte StAZ 2004, 179; vgl § 1617b Rn 14; zweifelnd offenbar OLG Karlsruhe NJW-RR 2006, 441, 442; in concreto ablehnend [aber nicht nachvollziehbar] OLG Düsseldorf StAZ 2006, 74, 75 f; s auch Art 224 § 3 Abs 4 S 2 EGBGB, dazu Rn 50 ff). Dies kann jedoch **nicht** gelten, wenn für *mehrere Kinder gleichzeitig* gemeinsames Sorgerecht begründet wird (Heirat, Sorgeerklärungen, vgl 1626a Rn 57), die Eltern aber ihr Neubestimmungsrecht nach § 1617b Abs 1 nicht ausüben wollen: Hier bleibt es bei den bisherigen Kindesnamen; die Nichtbestimmung für ein Kind kann keine für die anderen Kinder präjudizielle „implizite Bestimmung" sein (der Sache nach ebenso OLG Karlsruhe NJW-RR 2006, 441, 442; Fachausschuss Standesbeamte StAZ 2005, 49).

f) Übergangsrechtliche Besonderheiten, Art 224 § 3 EGBGB

50 Angesichts häufiger Rechtsänderungen im Kindesnamensrecht beschäftigt sich die Übergangsbestimmung zum KindRG 1998 (Art 224 § 3 EGBGB) neben der Fortgeltung altrechtlich erworbener Namen (dazu Vorbem 6 zu §§ 1616–1625) vor allem mit dem Problem der **Namenseinheit von Geschwistern.** Der Regelungsinhalt läßt sich aus dem Wortlaut des Gesetzes nur mit Mühe erschließen (ausführliche Darstellung bei STAUDINGER/RAUSCHER [2003] Art 224 § 3 EGBGB). Im einzelnen gilt:

51 Aus der Zusammenschau von Art 224 § 3 Abs 1 und 2 EGBGB ergibt sich, daß **altrechtliche Namensbestimmungen** durch die Eltern (nach der Übergangslösung des BVerfG [vgl Rn 25] oder nach § 1616 Abs 2 aF) die **Bindungswirkung des § 1617 Abs 1 S 3** entfalten, soweit der bestimmte Name auch nach neuem Recht hätte gewählt werden können (also der von Mutter oder Vater geführte Name; LIPP/WAGENITZ Rn 54, 56).

52 Angesichts der nach der Übergangslösung des BVerfG zwischen dem 28.3.1991 und dem 31.3.1994 bestehenden Möglichkeit, dem Kind auch einen **aus Vater- und Mutternamen zusammengesetzten Doppelnamen** zu erteilen, versuchen **Abs 2–6** des

Art 224 § 3 EGBGB, das jetzige Verbot von Doppelnamen (Rn 25) sowie die Prinzipien der Namenskontinuität und Namenseinheit der Geschwister in Einklang zu bringen (BT-Drucks 13/8511, 80). Gemeinsame **Voraussetzung** aller Absätze ist das **Vorhandensein eines älteren Geschwisters, dem vor dem 1. 4. 1994 wirksam ein Doppelname erteilt worden war.**

Nach **Abs 2** entfaltet die altrechtliche Bestimmung eines **Doppelnamens** für das Kind **53** ausnahmsweise **keine Bindungswirkung** für nach dem 31. 3. 1994 geborene Kinder. Um einer Perpetuierung der Übergangslösung entgegenzuwirken, wird das nachgeborene Kind wie ein „Erstkind" behandelt, dessen Name nach § 1617 Abs 1 zu bestimmen ist (PALANDT/DIEDERICHSEN Art 224 § 3 EGBGB Rn 3). Dadurch erzwingt das Gesetz regelmäßig **Namensverschiedenheit der Geschwister** (Abhilfe durch Abs 3 oder 5).

Abs 3–5 versuchen dieses mißliche Ergebnis abzumildern: Durch konstitutive Er- **54** klärungen konnten oder können die Eltern doch **Namenseinheit der Geschwister** herstellen, entweder in Fortführung des Doppelnamens (Abs 3, 4) oder in einem gemeinsamen Einzelnamen (Abs 5).

Abs 3 betrifft nachgeborene Kinder, für die eine originäre Namensbestimmung zu **55** treffen ist – also insbesondere das jetzt neu geborene Kind, dessen älteres Geschwister unter der Übergangslösung des BVerfG einen Doppelnamen erhalten hatte, oder das nach dem 31. 3. 1994 im Ausland geborene Kind, für das erst jetzt eine Namensbestimmung notwendig wird (§ 1617 Abs 3). Hier eröffnet Abs 3 den Eltern immerhin die **Option**, den Doppelnamen des Erstkindes auch ihrem zweiten Kinde zu erteilen (eine vor dem KindRG 1998 hoch umstrittene, von den Gerichten überwiegend verneinte Möglichkeit, vgl Nw bei LIPP/WAGENITZ Rn 57 Fn 28). Wenn sie sich dazu entschließen, ist der Doppelname allerdings – entspr § 1617 Abs 1 S 3 – für *alle* Kinder verbindlich festgelegt.

Abs 4 betrifft nach dem 31. 3. 1994 geborene weitere Kinder, die bereits (nach § 1616 **56** aF) einen Geburtsnamen erhalten haben (notwendig einen Einzelnamen). Für diese Kinder ermöglichte das Gesetz **befristet eine Umbenennung in den Doppelnamen des Erstkindes** – die Frist ist am 30. 6. 1999 ausgelaufen (bei Fristversäumnis keine Wiedereinsetzung in den vorigen Stand, BayObLG StAZ 2004, 363, 365; die Frist gilt aber nur, wenn der Name des Kindes in ein deutsches Personenstandsbuch eingetragen worden war – sonst läuft das Optionsrecht unbefristet, STAUDINGER/RAUSCHER [2003] Art 224 § 3 EGBGB Rn 3). Wurde von der Option Gebrauch gemacht, gilt die Entscheidung für den Doppelnamen wiederum für die Gesamtheit aller Geschwister. Haben die Eltern ihr weiteres Kind nach dieser Regelung nicht umbenannt, behält es den originär zugeteilten Einzelnamen; dieser entfaltet Bindungswirkung nach § 1617 Abs 1 S 3 für weitere Kinder, weil das weitere Kind als „Erstkind" iS dieser Regelung anzusehen ist. Zum älteren Geschwister besteht Namensverschiedenheit.

Abs 5 eröffnet auch hier noch – unbefristet – eine Abhilfemöglichkeit: Dem vor dem **57** 1 4. 1994 geborenen Kind kann statt des bisherigen Doppelnamens nunmehr ein Einzelname erteilt werden. Für die Auswahl gilt § 1617 Abs 1 S 1 (mit S 3 für spätere Kinder); war jedoch in der Zwischenzeit einem späteren Kind bereits der Name der Mutter oder des Vaters erteilt worden (und ist dieser nicht nach Abs 4 in einen

Doppelnamen umgewandelt worden), so ist der Name der Geschwistergruppe präjudiziert – nur dieser Name kann auch dem vorgeborenen Kind erteilt werden.

Neben aktueller oder potentieller Namenseinheit der Geschwister bezweckt Abs 5 auch die Reduzierung früher erteilter Doppelnamen: Der Wechsel zum Einzelnamen ist deshalb von der Existenz eines „weiteren Kindes" unabhängig (Lipp/Wagenitz Vorbem 4 zu §§ 1616 ff).

58 **Abs 6** schließlich erklärt alle vorstehenden Regelungen für unanwendbar, wenn die Eltern für mehrere vor dem 1. 4. 1994 geborene Kinder bereits Namensverschiedenheit verursacht haben. Hier äußert sich kleinliches und systemwidriges Sanktionsbestreben des Gesetzes: Warum sollen nicht einsichtige Eltern die Gelegenheit des KindRG 1998 nutzen, um doch noch Namenseinheit herzustellen?

IV. Gerichtliche Übertragung des Namensbestimmungsrechts, Abs 2, 3

1. Allgemeines

59 Die Notwendigkeit einer Namensbestimmung bei namensverschiedenen Eltern führt dazu, daß das Kind nicht mit der Geburt einen Namen erhält, sondern erst später – es ist zeitweilig namenlos (unbeschadet der Rückwirkung späterer Namensbestimmung, Rn 35). Es liegt primär in der Sorgeverantwortung der Eltern, diesen Zustand baldmöglichst zu beenden, da das Persönlichkeitsrecht des Kindes es erfordert, dass ihm „kurz nach seiner Geburt" ein Name erteilt wird (BVerfG FamRZ 2002, 307, 310). Das **Wächteramt des Staates** gem Art 6 Abs 2 S 2 GG verpflichtet diesen deshalb zur Kontrolle und ggf Erzwingung dieser elterlichen Sorgemaßnahme. In § 1617 Abs 2, 3 hat die staatliche Wächterfunktion ihre konkrete Ausgestaltung erfahren (die Vorschrift entspricht § 1616 Abs 3, 4 aF).

60 Dogmatisch ist die Vorschrift zwischen § 1628 und § 1666 anzusiedeln. Wie in § 1628 geht es typischerweise um Überwindung elterlicher Konsensunfähigkeit in kindeswichtigen Fragen (so ist § 1628 auch die einschlägige Norm für Vornamensstreite, § 1616 Rn 25). Anders als bei § 1628 interveniert das FamG gem § 1617 Abs 2 allerdings von Amts wegen, längere Namenlosigkeit des Kindes wird damit einer Gefährdung des Kindeswohls entspr § 1666 gleichgesetzt (vgl Rn 14). Auf jeden Fall ist § 1617 Abs 2, 3 gegenüber §§ 1628, 1666 die situationsspezifische *lex specialis* (Lipp/Wagenitz Rn 59).

2. Voraussetzungen des Abs 2

a) Keine Namensbestimmung binnen eines Monats nach Kindesgeburt
aa) Monatsfrist
61 Die Monatsfrist soll den Eltern einen „**Schonraum**" gewährleisten, innerhalb dessen sie sich ohne Druck auf einen ihrer Namen verständigen können; die Frist ist Ausdruck staatlichen Respekts vor dem Sorgeprimat der Eltern gem Art 6 Abs 2 S 1 GG. Selbst auf Antrag eines Elternteils darf das Gericht nicht früher intervenieren (Lipp/Wagenitz Rn 65), der Elternteil hat sich pflichtgemäß um Einvernehmen mit dem anderen Teil zu bemühen (§ 1627). Der ergebnislose Ablauf der Monatsfrist ist vom Standesbeamten, der für die Beurkundung der Kindesgeburt zuständig ist, dem

FamG anzuzeigen, § 21a PStG (die Anzeige ist aber nicht notwendige Verfahrensvoraussetzung, aA KEIDEL/ENGELHARDT FGG § 46a Rn 4).

Allerdings handelt es sich **nicht** um eine **Ausschlußfrist** – der Fristablauf beseitigt nur **62** die Barriere für gerichtliche Maßnahmen, hindert die Eltern aber nicht, später doch noch einvernehmlich einen Namen zu bestimmen (LIPP/WAGENITZ Rn 63). Das FamG hat sogar vor einer Entscheidung auf solches **Einvernehmen hinzuwirken, § 46a S 1 FGG**. Die verspätete Namensbestimmung wird nach allgemeinen Grundsätzen durch Zugang beim zuständigen Standesbeamten wirksam (Rn 34), ein schon eingeleitetes Gerichtsverfahren ist damit erledigt.

bb) Keine Namensbestimmung

Dem Unterlassen jeglicher Namensbestimmung stehen **unwirksame Erklärungen 63** gleich, etwa nur einseitige oder nicht voll übereinstimmende Erklärungen (Weitergabe eines unechten Doppelnamens teils insgesamt, teils nur in einem Bestandteil, vgl Rn 24). Unwirksam ist auch die Bestimmung eines unzulässigen Namens, zB eines aus Mutter- und Vaternamen zusammengesetzten Doppelnamens (Rn 25; BayObLG FamRZ 1996, 236; OLG Celle StAZ 1997, 375, 377; OLG Frankfurt FamRZ 1996, 819; LG München StAZ 1997, 344 f). Auf die **Gründe** für die Unterlassung einer wirksamen Namensbestimmung und auf **Schuld** der Eltern kommt es für Auslösung gerichtlicher Intervention nicht an (s aber Rn 62).

cc) Keine anderweitige Erledigung der Namensbestimmung

Ein Verfahren nach Abs 2 erübrigt sich mit einer anderweitigen Namensfestlegung. **64** Haben die Eltern inzwischen einen **Ehenamen** gewählt, so geht dieser kraft Gesetzes auf das Kind über (§ 1617c Abs 1) – dies zwar eigentlich nur ex nunc, mangels bisherigen Namenseintrags für das Kind kann aber gleich der Ehename als Geburtsname des Kindes eingetragen werden (§ 1616 Rn 10). Die Namenswahl hat sich auch erledigt, wenn die Eltern für ein **Geschwister** den Namen bestimmt haben (nach §§ 1617 Abs 1 S 1, 1617b Abs 1 oder nach Übergangsrecht, Art 224 § 3, vgl Rn 55, 57) – dieser Name wirkt nach § 1617 Abs 1 S 3 kraft Gesetzes auf das Kind über (LIPP/ WAGENITZ Rn 67).

b) Gemeinsames Sorgerecht der Eltern

Das gemeinsame Sorgerecht der Eltern muß auch noch bei Einleitung des Gerichts- **65** verfahrens und auch noch im Entscheidungszeitpunkt vorliegen, die Entscheidungsübertragung als „Stichentscheid" setzt zwei gemeinsam bestimmungsberechtigte Elternteile voraus (zum gemeinsamen Sorgerecht bei Geburt s Rn 9). Ist die gemeinsame Sorgeberechtigung nach der Geburt weggefallen, so wird das Namensbestimmungsrecht vom dann allein Sorgeberechtigten oder vom Vormund/Pfleger ausgeübt (Rn 11).

Ungeregelt und problematisch ist in diesem Fall die **Erzwingungsmöglichkeit bei 66 einseitigem Bestimmungsrecht**. Dabei ist zwischen bestimmungsberechtigtem Elternteil und Vormund/Pfleger zu unterscheiden:

Für den **alleinsorgeberechtigten, aber säumigen Elternteil** sind mehrere Möglichkeiten denkbar. Am naheliegendsten wäre eine **analoge Anwendung von § 1617 Abs 2 S 3, 4**: Fristsetzung durch das FamG mit gesetzlichem Erwerb des Elternnamens nach

Fristablauf (so HWB/WAGENITZ/BORNHOFEN Rn 47; dagegen LIPP/WAGENITZ Rn 21). Zwar fehlt hier eine vorausgegangene, namensorientierte Auswahl des Elternteils durch das Gericht, aber hierfür gibt es ohnehin kaum objektive Kriterien (Rn 73 f). Das Sorgerecht weist, entspr § 1617a Abs 1, deutlich auf den bestimmungsberechtigten Elternteil, das Kind erwirbt so den Namen, den es bei anfänglicher Alleinsorge dieses Elternteils nach § 1617a erhalten hätte.

Es könnte aber auch § **1666 Abs 1** angewendet werden. Die Namenlosigkeit des Kindes kann unschwer als „Gefährdung" iS dieser Vorschrift verstanden werden (LIPP/WAGENITZ Rn 21; vgl oben Rn 60). Als Rechtsfolge kommen unmittelbare Ersetzung der elterlichen Bestimmung durch das Gericht (§ 1666 Abs 3) oder teilweiser Sorgerechtsentzug mit Pflegerbestellung (§§ 1666 Abs 1, 1909) in Betracht.

Schließlich bietet sich auch noch § **69 PStG** an (wie bei der Vornamensbestimmung, vgl HEPTING/GAAZ § 22 PStG Rn 18, § 69 PStG Rn 5). Es kommt nur eine *analoge* Anwendung dieser Vorschrift in Frage, da das Bestimmungsrecht des Elternteils nicht „auf Grund dieses Gesetzes", dh des PStG besteht. Rechtsfolge wäre die Erzwingungsmöglichkeit durch Festsetzung von Zwangsgeld.

67 Im **Ergebnis** sollte einem Vorgehen **entspr § 1617 Abs 2 S 3, 4** der Vorzug gegeben werden: Die Regelung ist am besten auf die spezifische Situation zugeschnitten, und sie stellt gegenüber § 1666 das mildere Mittel dar (zum Grundsatz der Verhältnismäßigkeit s STAUDINGER/COESTER [2004] § 1666 Rn 195). Dies gilt auch im Vergleich zu § 69 PStG, außerdem ist die Ausgangssituation eine andere als bei der Vornamenserteilung. *Dort* ist das Ergebnis, dh der künftige Vorname in keiner Weise vorgezeichnet, er kann nach freiem Ermessen aus einer kaum begrenzten Zahl von Bezeichnungen gewählt werden (§ 1616 Rn 36 ff). Diese freie Wahl durch die Eltern kann weder durch Gesetz noch idR durch Dritte ersetzt werden, die Eltern müssen zur Wahl gezwungen werden. *Hier*, beim Familiennamen, stehen nur zwei Elternnamen zur Auswahl; die letztliche Maßgeblichkeit des Namens des Bestimmungsberechtigten entspricht sowohl dem Konzept des § 1617 Abs 2 S 3, 4 wie auch dem des § 1617a Abs 1.

68 Obliegt die Namensbestimmung einem **Vormund oder Pfleger**, ergeben sich die Erzwingungsmaßnahmen ohne weiteres aus §§ 1837, 1915 Abs 1 (HWB/WAGENITZ/BORNHOFEN Rn 48). Zuständig ist das *VormG*, es kann zur Pflichterfüllung anhalten (§ 1837 Abs 2), Zwangsgeld festsetzen (§ 1837 Abs 3) oder entspr § 1666 in die Kompetenzen des Vormunds/Pflegers eingreifen (§ 1637 Abs 4; vgl Rn 66). Eine analoge Anwendung des § 1617 Abs 2 scheidet demgegenüber aus (LIPP/WAGENITZ Rn 21).

c)   Keine gerichtliche Intervention bei Totgeburt

69 Zwar müssen sich namensverschiedene, hypothetisch gemeinsam sorgeberechtigte Eltern auch bei Totgeburt auf einen Kindesnamen einigen, wenn sie dessen Eintragung wünschen (Vorbem 16 zu §§ 1616–1625; oben Rn 17, 39). § 21 Abs 2 S 3 PStG erklärt jedoch, im Gegensatz zu § 1617, die elterliche **Einigung zur unverzichtbaren Voraussetzung** einer Namensfestlegung und -eintragung: Das totgeborene Kind *muß* keinen Namen haben, und staatlicher Zwang wäre der Situation nicht angemessen (BT-Drucks 13/4889, 24; RIXEN FamRZ 1999, 265, 267 Fn 21).

3. Verfahren des Familiengerichts

Zuständig ist, anders als vor dem KindRG 1998, das **FamG**; innerhalb des Gerichts **70** entscheidet der **Richter** (§§ 8 Abs 4, 14 Abs 1 Nr 5 RPflG; Gernhuber/Coester-Walt-jen § 54 Rn 16; vgl OLG Frankfurt FamRZ 1996, 819: Entscheidung des Rechtspflegers unwirksam). Die **örtliche Zuständigkeit** folgt aus §§ 36, 43, 64 FGG, bei Anhängigkeit einer Ehesache aus § 621 Abs 2 S 1 HS 2 Nr 1 ZPO.

Das Verfahren nach Abs 2 wird **von Amts wegen eingeleitet**, idR nach Mitteilung durch den Standesbeamten gem § 21a PStG. Elterliche „Anträge" sind verfahrens-rechtlich nur als Anregungen anzusehen (anders bei Auslandsgeburt, Abs 3, s Rn 90); Maßnahmen vor Ablauf der Monatsfrist werden auch dadurch nicht gerechtfertigt (Rn 61).

Im Verfahren sind die **Eltern anzuhören**, §§ 46a, 50a FGG. Daß dies **persönlich** zu **71** geschehen hat, ergibt sich nicht nur aus § 50a Abs 1 S 2, sondern auch aus § 46a S 1 FGG, wonach das Gericht auf eine **einvernehmliche Bestimmung hinzuwirken hat** (Liermann FamRZ 1995, 199, 202; vgl oben Rn 62). Wird jetzt doch noch eine Einigung der Eltern erreicht, so sollte diese im Protokoll festgehalten werden; damit wird die nach § 1617 Abs 1 S 2 erforderliche öffentliche Beglaubigung der Elternerklärungen er-setzt (§ 127a; Lipp/Wagenitz Rn 66). Wirksam wird die Namensbestimmung allerdings auch in diesem Fall erst mit *Zugang* beim zuständigen Standesbeamten (Lipp/Wage-nitz Rn 66). Damit ist das Verfahren erledigt. Kommt keine Einigung zustande, muß das FamG einem Elternteil das Bestimmungsrecht übertragen.

4. Übertragungsentscheidung

Das Gericht kann (wie bei § 1628) keine unmittelbare Sachentscheidung treffen, also **72** den Kindesnamen bestimmen, sondern nur das Bestimmungsrecht einem Elternteil übertragen. Damit soll die Elternautonomie weitestmöglich respektiert werden (vgl Staudinger/Peschel-Gutzeit [2007] § 1628 Rn 41). Da aber die Auswahl naturgemäß mit Blick auf die von den Eltern vertretenen Namensvorstellungen erfolgt, nimmt die Übertragungsentscheidung doch mittelbar die Sachentscheidung vorweg.

Einen **Entscheidungsmaßstab** gibt Abs 2 nicht vor. Der für familiengerichtliche Ent- **73** scheidungen generell vorgegebene Maßstab des **Kindeswohls** gem § 1697a gilt zwar nicht direkt, da sich diese Vorschrift nur auf Entscheidungen nach dem 5. Titel (§§ 1626 ff), nicht des hier betroffenen 4. Titels bezieht. Dennoch kann der Gedanke des § 1697a **analog** herangezogen werden, **soweit Gesichtspunkte des Kindeswohls erkennbar sind** (vgl Staudinger/Coester [2006] § 1697a Rn 1; iE ähnl Lipp/Wagenitz Rn 69). Dies ist richterlichen Willkürentscheidungen (Rn 74) allemal vorzuziehen. Aus dem Kindesinteresse ließen sich beispielsweise begründen die Ausscheidung anzüglicher oder sonst sozial belastender Namen bzw die Bevorzugung von selteneren Namen vor Massennamen oder von Einzelnamen vor (insbesondere unechten) Doppelna-men. Eine generelle Disqualifizierung „nur erheirateter" Namen (so Lipp/Wagenitz Rn 69; HWB/Wagenitz/Bornhofen Rn 123) erscheint hingegen auch im Hinblick auf eine mißverständliche Abstammungskennzeichnung nicht gerechtfertigt, ebenso nicht die Bevorzugung deutscher Namen vor ausländischen oder überhaupt die Berücksichtigung der „kulturellen Identität" (so Lipp/Wagenitz Rn 69; HWB/Wage-

NITZ/BORNHOFEN Rn 123) – welche diese für das Kind sein wird, ist nicht vorhersehbar. Die vorerwähnten Gesichtspunkte *können* für das Kindeswohl relevant sein, entscheidend sollte aber stets die konkrete Lebenssituation im Einzelfall sein.

74 Im übrigen und sogar im Regelfall sind jedoch **objektive Entscheidungskriterien** für den Richter **nicht erkennbar** – Abs 2 legitimiert eine „richterliche Willensentscheidung mit rechtsgestaltender Wirkung" (WAGENITZ/BORNHOFEN § 1616 Rn 85; vgl LIPP/WAGENITZ Rn 69). Dennoch hat der Gesetzgeber diese Art der Konfliktlösung dem noch in der Übergangslösung des BVerfG (Vorbem 5 zu §§ 1616–1625) vorgesehenen *Losverfahren* vorgezogen, obgleich dieses die Gleichwertigkeit der Elternnamen und den Willkürcharakter der Entscheidung sinnfälliger zum Ausdruck brachte (zum Streit um das Losverfahren vgl [jeweils mwNw] DETHLOFF/WALTHER NJW 1991, 1575, 1576 f; HEPTING StAZ 1992, 201, 208; COESTER Jura 1991, 580, 584; GERNHUBER/COESTER-WALTJEN § 54 Rn 17 Fn 49).

75 Aus der (regelmäßigen) Kriterienlosigkeit der Entscheidung zieht das Gesetz jedoch **verfahrensrechtliche Konsequenzen**: Die Entscheidung bedarf **keiner Begründung**, § 46a S 2 FGG (was einer möglichen Begründung im Einzelfall nicht entgegensteht), und sie ist auch **nicht mit Rechtsmitteln anfechtbar** (§ 46a S 2 HS 2 FGG). Dies ist allerdings zu präzisieren: Einwendungen *in der Sache* können nicht geltend gemacht werden, wohl aber können mit der Beschwerde Rechtsverletzungen gerügt werden, die die Gesetzmäßigkeit des Verfahrens (einschließlich der Ablehnung einer Übertragung, vgl KEIDEL/ENGELHARDT FGG § 46a Rn 10) oder die Übertragungsvoraussetzungen betreffen (OLG Celle StAZ 1997, 375, 376 f).

Die Entscheidung wird **wirksam** mit Bekanntgabe an den begünstigten Elternteil, § 16 Abs 1 FGG (Bekanntgabe auch an den anderen Elternteil und den Standesbeamten ist jedoch ratsam).

5. Wirkung der Übertragung

76 Die Übertragung konzentriert das Sorgerecht in der Person des begünstigten Elternteils, soweit das Recht zur Namensbestimmung betroffen ist (wie bei einer Teilübertragung nach §§ 1628 oder 1671). Der Bestimmungsberechtigte ist inhaltlich nicht gebunden, er hat dieselben **Wahlmöglichkeiten** wie zuvor beide Eltern gem Abs 1 S 1: Er kann also statt des eigenen Namens den des anderen Elternteils wählen oder aus unechten Doppelnamen nur einen Bestandteil zum Geburtsnamen des Kindes bestimmen (selbst wenn es sich um den Doppelnamen des anderen Teils handelt, LIPP/WAGENITZ Rn 72; HWB/WAGENITZ/BORNHOFEN Rn 127; s oben Rn 24). Es steht ihm auch jetzt noch frei, intern Einvernehmen mit dem anderen Elternteil zu suchen (HEPTING/GAAZ PStR Rn IV 551). Stets muß es sich aber um einen **zum Zeitpunkt der Bestimmung geführten Namen** handeln, auch wenn dieser erst nach der gerichtlichen Entscheidung erworben worden ist (LIPP/WAGENITZ Rn 72).

77 Die **Ausübung des Bestimmungsrechts** hat dieselbe **Wirkung** wie eine gemeinsame Bestimmung nach Abs 1 – der Geburtsname des Kindes ist mit Zugang der Erklärung beim zuständigen Standesbeamten festgelegt, unbeschadet der allgemeinen Änderungsmöglichkeiten nach §§ 1617c, 1618. Handelte es sich um das erste Kind der Eltern, äußert die Namensbestimmung auch die **Bindungswirkung gem Abs 1**

S 3 für weitere Geschwister (LIPP/WAGENITZ Rn 71; LIERMANN FamRZ 1995, 199, 203 [allerdings zweifelnd]).

Unklar ist die Möglichkeit von **Änderungen der Übertragung vor Ausübung des** 78 **Bestimmungsrechts**. Insoweit kann an folgende Fallgestaltungen gedacht werden:

Bei **Tod oder Sorgeverlust** des Berechtigten läge ein automatischer Übergang des Bestimmungsrechts auf den anderen Elternteil nahe. Allerdings war der Berechtigte insoweit *alleinbefugt*; für diesen Fall sehen die §§ 1678, 1680 einen automatischen Übergang des Sorgerechts auf den anderen Elternteil nicht vor, vielmehr bedarf es einer gerichtlichen Übertragung. Beim Sorgerecht im allgemeinen soll die Gerichtskontrolle kindeswohlwidrige Auswirkungen des Sorgerechtsübergangs abwehren (vgl STAUDINGER/COESTER [2004] § 1678 Rn 12 ff, 1680 Rn 19 ff). Bei der Namensbestimmung sind solche Auswirkungen generell nicht zu befürchten, so daß – auch im Interesse der Vereinfachung – im Wege der teleologischen Reduktion der §§ 1678, 1680 auf den gesetzlichen Übergang des Sorgerechts auf den anderen Elternteil gem §§ 1678 Abs 1 HS 1, 1680 Abs 1 abgestellt werden könnte (so LIPP/WAGENITZ Rn 73; HWB/WAGENITZ/BORNHOFEN Rn 130). Will man diesen Schritt nicht gehen, wäre bei Tod oder Sorgerechtsentzug eine familiengerichtliche Übertragung des Bestimmungsrechts auf den anderen Elternteil notwendig (§§ 1680 Abs 2 S 1 bzw 1680 Abs 3 mit Abs 2 S 1); ebenso bei Ruhen des Sorgerechts oder tatsächlicher Verhinderung gem §§ 1678 Abs 1 HS 2, 1696 (der Wegfall des Berechtigten ist stets ein „triftiger Grund" für eine Änderung, vgl STAUDINGER/COESTER [2004] § 1678 Rn 6, 9, 14; § 1680 Rn 19).

Wählen die Eltern vor der Namensbestimmung einen **Ehenamen**, so wird dieser nach 79 § 1617c Abs 1 Geburtsname des Kindes. Allerdings bedarf es, wenn die Geburt schon eingetragen ist, für den Zeitraum zwischen Geburt und Namenserwerb nach § 1617c Abs 1 noch einer Namensbestimmung (§ 1617c Rn 7; vgl § 1616 Rn 10, § 1617 Rn 9) – diese obliegt ohne weiteres noch dem Berechtigten (unklar MICHALSKI FamRZ 1997, 977, 982).

Es bleibt die Frage nach **sonstigen Änderungen**. Ohne weiteres möglich ist die 80 Änderung der gerichtlichen Übertragungsentscheidung bei anfänglicher Unrichtigkeit gem § 18 Abs 1 FGG (LIERMANN FamRZ 1995, 199, 203; MICHALSKI FamRZ 1997, 977, 981). Nachträglichen Veränderungen der Umstände kann damit allerdings nicht Rechnung getragen werden (BayObLGZ 1955, 124; BASSENGE/HERBST FGG § 18 Rn 11; aA KEIDEL/SCHMIDT FGG § 18 Rn 2); insoweit kann allenfalls an § **1696** gedacht werden: *Wenn* Kindeswohlgesichtspunkte vorhanden sind und einen „triftigen Änderungsgrund" iS dieser Vorschrift darstellen (zB Namenswechsel des Berechtigten in einen anstößigen Namen), dann sollte auch eine Entscheidungsänderung nach § 1696 möglich sein. In Abwesenheit von Kindeswohlgesichtspunkten kann auf spätere Veränderungen allerdings nicht reagiert werden.

6. Richterliche Fristsetzung, Abs 2 S 3

a) Voraussetzungen und Fristsetzung
Das FamG „kann" dem Berechtigten eine Frist zur Ausübung des Bestimmungs- 81 rechts setzen, dh die Fristsetzung liegt im **richterlichen Ermessen**. Richtpunkt für die Ermessensausübung ist der Zweck der staatlichen Intervention überhaupt: Der

Schutz des Kindes vor längerdauernder Namenlosigkeit (Rn 59). Demgemäß schrumpft die Ermessensfreiheit zur **Pflicht**, wenn vorauszusehen ist, daß der Elternteil sein Bestimmungsrecht nicht ausüben wird (etwa bei Beharren beider Eltern auf einem unzulässigen Namen; vgl LIPP/WAGENITZ Rn 74).

82 Die Fristsetzung kann, muß aber nicht **mit der Übertragungsentscheidung verbunden werden** – auch dies liegt im Ermessen des Gerichts. Erfolgt sie zunächst nicht, muß sich das Gericht über die Ausübung des Bestimmungsrechts nach angemessener Zeit vergewissern – eine nochmalige Mitteilungspflicht des Standesbeamten von sich aus besteht nach § 21a PStG nicht (LIPP/WAGENITZ Rn 75). Eine Übertragung mit gleichzeitiger Fristsetzung ist regelmäßig geboten, wenn die Nichtausübung des Bestimmungsrechts vorherzusehen ist.

83 Der **Beschluß** muß die **Fristdauer** festlegen – hierbei ist dem Berechtigten ein angemessener Entscheidungszeitraum einzuräumen. Das Ende der Frist sollte durch einen festen Kalendertermin bezeichnet werden (aA LIPP/WAGENITZ Rn 74; HWB/WAGENITZ/BORNHOFEN Rn 134: Zeitraum nach Bekanntgabe), da im Hinblick auf die gesetzliche Folge des Fristablaufs Rechtsklarheit bestehen muß. Eine **Fristverlängerung** ist vor ihrem Ablauf ohne weiteres möglich (LIPP/WAGENITZ Rn 76); nach Fristablauf ist allerdings die Folge des Satz 4 unrevidierbar eingetreten. Entspr § 46a S 2 FGG ist auch der Beschluß über die Fristsetzung nicht zu begründen und unanfechtbar.

b) Wirkungen des ergebnislosen Fristablaufs, Abs 2 S 4

84 Hat der Berechtigte sein Bestimmungsrecht bis zum Fristablauf nicht oder nicht wirksam ausgeübt, so erwirbt das Kind **kraft Gesetzes den Namen, den der Berechtigte zZ des Fristablaufs führt** (LIPP/WAGENITZ Rn 80). Diese Regelung ist durchaus sinnvoll: Das Gericht wird idR den Berechtigten in der Erwartung ausgewählt haben, daß dieser seinen eigenen Namen zum Kindesnamen bestimmt; der gesetzliche Erwerb dieses Namens nach Abs 2 S 4 erspart es dem Berechtigten, durch ausdrückliche Bestimmung seines Namens den Elternkonflikt noch zu vertiefen – die Verantwortung für den Kindesnamen kann so auf Gesetz und Gericht „abgeschoben" werden.

85 Auf den **Grund für die Nichtbestimmung** des Kindesnamens kommt es ebensowenig an wie auf elterliches Verschulden, es gibt keine „Wiedereinsetzung in den vorigen Stand" (OLG Hamm FamRZ 2004, 731, 732). Der **Namenserwerb nach Abs 2 S 4** hat im übrigen dieselben **Wirkungen** wie eine elterliche Bestimmung nach Abs 1 S 1 oder Abs 2 S 1 (Rn 77). Er ist definitiv, für nachträgliche Namensbestimmungen durch die Eltern gem § 1617 ist jetzt kein Raum mehr (OLG Hamm aaO; s aber GERNHUBER/COESTER-WALTJEN § 54 Rn 16 Fn 47: „rechtspolitisch wenig sinnvoll"); auch das FamG hat keine Gestaltungsmöglichkeiten mehr (Rn 83). Der Kindesname wirkt auch **gem Abs 1 S 3** auf weitere Kinder des Elternpaares über (LIPP/WAGENITZ Rn 80; HWB/WAGENITZ/BORNHOFEN Rn 139).

7. Sonderregelung für Geburt im Ausland, Abs 3

a) Tatbestandliche Voraussetzungen

86 Der Staat hält sich mit der Erzwingung der Namensbestimmung zurück, wenn ein Kind **im Ausland geboren** wurde und **deutschem Namensrecht untersteht**. Bei Maßgeblichkeit ausländischen Namensrechts ist § 1617 gar nicht anwendbar, weder gibt es ein Namensbestimmungsrecht nach Abs 1 noch eine Übertragungsmöglichkeit nach Abs 2, 3.

Das anwendbare Namensrecht ergibt sich aus Art 10 EGBGB. Demnach gilt deut- **87** sches Namensrecht bei deutscher Staatsangehörigkeit des Kindes (Art 10 Abs 1 EGBGB), auch bei Doppelstaatern (Art 5 Abs 1 S 2 EGBGB). Kraft Rechtswahl gem Art 10 Abs 3 Nr 2, 3 kann deutsches Namensrecht auch auf Kinder mit ausländischer Staatsangehörigkeit anzuwenden sein. Umgekehrt kann auch für deutsche Kinder statt des deutschen ein ausländisches Namensrecht gewählt worden sein. Die Rechtswahlerklärung kann auch pränatal abgegeben werden (ausführl Kommentierung bei STAUDINGER/HEPTING [2007] Art 10 EGBGB Rn 367 ff).

Stichtag für die Maßgeblichkeit deutschen Namensrechts ist **Tag der Geburt**. Dann **88** entsteht unter den Voraussetzungen des § 1617 das elterliche Namensbestimmungsrecht; ein späterer **Wechsel der Staatsangehörigkeit** des Kindes wirkt nicht zurück und ändert deshalb nichts an der Notwendigkeit einer Namensbestimmung für die Zeit bis zum Wechsel. Erwirbt ein ausländisches Kind erst nach der Geburt die deutsche Staatsangehörigkeit (anstelle oder neben seiner bisherigen), so wird deutsches Recht von nun an maßgeblich, damit entsteht die Notwendigkeit der Namensbestimmung **ab Statutenwechsel** (s aber Vorbem 21 zu §§ 1616–1625).

b) Konsequenzen
Auch bei Auslandsgeburt haben die Eltern das Recht und die Pflicht zur Bestim- **89** mung des Kindesnamens nach § 1617 Abs 1 S 1. Sie können diese Bestimmung auch vom Ausland aus treffen, entscheidend ist nur der Zugang beim zuständigen Standesbeamten (dazu § 41 PStG). Ohne Namensbestimmung hat das Kind keinen für den deutschen Rechtsbereich gültigen Familiennamen; das gilt auch, wenn die Eltern sich nur intern über die Namensführung des Kindes geeinigt oder ihm einen Namen entsprechend der ausländischen Umwelt, in der sie leben, gegeben haben. Dennoch erzwingen die Gerichte eine Namensbestimmung nach § 1617 nicht in jedem Fall, sondern nur, wenn eine der beiden Voraussetzungen des Abs 3 erfüllt ist.

Erster Fall ist die „gerufene Schlichtung", dh der **Antrag eines Elternteils** an das **90** FamG auf Übertragung des Namensbestimmungsrechts (unten Rn 93). Es können auch **beide Eltern** gegenläufige Anträge stellen. Auch das **Kind** hat ein Antragsrecht; diese Regelung ist nur sinnvoll, wenn der gesetzliche Vertreter eine andere Person ist als ein Elternteil oder wenn man dem Kind eigenständiges Handeln ohne seinen gesetzlichen Vertreter zubilligt. Das Gesetz schweigt insoweit; analog § 1617c Abs 1 S 2 und anderweitigen vorgezogenen Handlungsbefugnissen (zB §§ 59 FGG, 5 RKEG) wäre es angemessen, dem 14jährigen, nach deutschem Recht immer noch namenlosen Kind eine eigenständige Antragstellung zu gestatten (das volljährig gewordene Kind muß keinen Antrag mehr stellen, es bestimmt seinen Namen selbst, Rn 20). Es handelt sich in jedem Fall um einen echten Antrag (vgl oben Rn 70), der **Verfahrensvoraussetzung** ist, aber das Gericht inhaltlich nicht bindet: Es kann das Bestimmungsrecht auch auf den Antragsgegner übertragen (vgl STAUDINGER/PESCHEL-GUTZEIT [2007] § 1628 Rn 43). Einer **Form** bedarf es für den Antrag **nicht**.

Zweiter Fall ist die Erforderlichkeit einer Eintragung des Kindesnamens in ein **91**

Michael Coester

deutsches Personenstandsbuch oder ein **amtliches Identitätspapier** (Personalausweis, Paß). Hier wird das FamG (idR auf Hinweis des Standesbeamten nach § 21a PStG oder der angegangenen Verwaltungsbehörde) **von Amts wegen** tätig, wie normalerweise bei Abs 2.

c)   Verfahren und Entscheidung

92 Die **Zuständigkeit** des FamG ergibt sich aus §§ 64 Abs 3 FGG, 621 Abs 1 Nr 1, 621a Abs 1 S 1 ZPO, 43, 35 b (international), 36 Abs 2, 3 FGG (örtlich). Das Gericht hat die Eltern (§ 50a FGG) und bei entsprechendem Alter das Kind (§ 50b FGG) **anzuhören** und auf eine **einvernehmliche Lösung hinzuwirken** (§ 46a S 1 FGG). In das Einvernehmen ist auch das ältere **Kind** einzubeziehen, dessen eigenständiges Interesse im Antragsrecht nach Abs 3 anerkannt ist (§§ 52 FGG, 1626 Abs 2). Den möglicherweise von der Notwendigkeit einer Namensbestimmung überraschten Beteiligten ist eine angemessene Frist zur Einigungsfindung einzuräumen (entspr Abs 2 S 1; Hwb/Wagenitz/Bornhofen Rn 144); auch die Beurkundungs- und Eintragungsbelange, die das Verfahren ausgelöst haben, dürfen hier nicht zu ungebührlichem Druck führen (anders offenbar Lipp/Wagenitz Rn 83).

93 Bei der **Übertragungsentscheidung** werden die besonderen Lebensumstände des Kindes und sein bisher faktisch geführter Name eine Rolle zu spielen haben. Die gerichtliche Entscheidung bedarf aber auch in diesen Fällen keiner Begründung und ist unanfechtbar (§ 46a S 2 FGG; vgl Rn 75). Sie kann entspr Abs 2 S 3, 4 mit der Setzung einer Ausübungsfrist verbunden werden (Rn 18 ff).

§ 1617a
Geburtsname bei Eltern ohne Ehenamen und Alleinsorge

(1) Führen die Eltern keinen Ehenamen und steht die elterliche Sorge nur einem Elternteil zu, so erhält das Kind den Namen, den dieser Elternteil im Zeitpunkt der Geburt des Kindes führt.

(2) Der Elternteil, dem die Sorge für ein unverheiratetes Kind allein zusteht, kann dem Kind durch Erklärung gegenüber dem Standesbeamten [ab 1.1.2009: „Standesamt"] den Namen des anderen Elternteils erteilen. Die Erteilung des Namens bedarf der Einwilligung des anderen Elternteils und, wenn das Kind das fünfte Lebensjahr vollendet hat, auch der Einwilligung des Kindes. Die Erklärungen müssen öffentlich beglaubigt werden. Für die Einwilligung des Kindes gilt § 1617c Abs. 1 entsprechend.

Materialien: KindRG Art 1 Nr 7.

Schrifttum

S vor Vorbem 4 zu §§ 1616–1625.

Systematische Übersicht

Alphabetische Übersicht

I.   Normbedeutung und -inhalt

1   § 1617a ist die letzte der drei Vorschriften, die den originären Namenserwerb des Kindes regeln. Ihr **Auffangcharakter** zeigt sich daran, daß ihr Tatbestand durch das Fehlen der vorrangigen Anknüpfungsmerkmale der §§ 1616, 1617 definiert ist – kein

Ehename und kein gemeinsames Sorgerecht der Eltern. Positiv verlangt die Vorschrift lediglich Alleinsorge eines der beiden Elternteile – eine Ehe der Eltern ist weder erforderlich noch steht sie der Normanwendung entgegen. Der Auffangcharakter der Norm ist aber nicht konsequent ausgestaltet – es fehlt eine gesetzliche Regelung für Kinder, die gar nicht unter elterlicher Sorge stehen (dazu Rn 10 ff).

Inhaltlich setzt § 1617a die Hilfsanknüpfung an das elterliche Sorgerecht für den Fall, **2** daß ein Ehename fehlt, fort. Allerdings weist **Abs 1** dem Sorgeberechtigten kein (dem § 1617 Abs 1 entsprechendes) Namensbestimmungsrecht zu, sondern – in Vorwegnahme seines typischen Willens – sogleich dem Kind den Namen des Sorgeberechtigten (im wesentlichen entspricht die Vorschrift § 1617 Abs 1 aF). **Abs 2** eröffnet dem Sorgeberechtigten jedoch eine Korrekturmöglichkeit zugunsten des Namens des anderen Elternteils (näher Rn 17 ff). Damit integriert Abs 2 die „Einbenennung durch den Vater" gem § 1618 Abs 1 S 1 aF (nur die „Stiefeltern-Einbenennung" ist im jetzigen § 1618 stehengeblieben).

II.   Gesetzlicher Erwerb des Namens des Sorgeberechtigten, Abs 1

1.   Voraussetzungen

a)   Kein Ehename
Führen die Eltern im Moment der Geburt einen Ehenamen, ist – unabhängig von **3** den Sorgerechtsverhältnissen – stets § 1616 vorrangig. Fehlende Ehenamensführung ist in einer Vielzahl von Konstellationen denkbar: nicht miteinander verheiratete Eltern; verheiratete Eltern ohne Ehenamen (§ 1355 Abs 1 S 3); geschiedene Eltern, von denen zumindest ein Teil den Ehenamen abgelegt hat (§ 1355 Abs 5 S 2; vgl § 1616 Rn 16); ein verwitweter Elternteil, selbst wenn er den Ehenamen fortführt (§ 1616 Rn 17). Stets müssen es „die Eltern" sein, die einen Ehenamen als gemeinsamen Familiennamen führen; die alleinige Führung eines Ehenamens durch den alleinsorgeberechtigten Elternteil aus der Elternehe oder der Ehe mit einem Dritten genügt nicht, um die Anwendbarkeit des § 1617a auszuschließen. Das Gleiche gilt, wenn der sorgeberechtigte Elternteil in registrierter Partnerschaft lebt und ein **Lebenspartnerschaftsname** gewählt worden ist: Das Kind stammt nur von einem Lebenspartner ab, es erwirbt gemäß § 1617a Abs 1 den Lebenspartnerschaftsnamen als dessen Individualnamen (vgl Fachausschuss Standesbeamte StAZ 2005, 268 f).

Maßgeblich für die Namensführung ist der **Zeitpunkt der Geburt**. Die spätere Be- **4** stimmung eines Ehenamens durch die Eltern ändert am gesetzlichen Namenserwerb nach § 1617a Abs 1 nichts mehr, der Ehename verdrängt nur für die Zukunft den so erworbenen Namen (§ 1617c Abs 1; rückwirkender Eintrag des Ehenamens als Geburtsname des Kindes nur, wenn die Geburt noch nicht beurkundet war, § 1616 Rn 10).

b)   Alleinsorge eines Elternteils
aa)   Maßgeblicher Zeitpunkt
Die Alleinsorge eines Elternteils muß zum **Zeitpunkt der Geburt** bestehen. Haben **5** die Eltern in diesem Moment noch gemeinsames Sorgerecht und erwirbt erst danach ein Teil die Alleinsorge, so ist und bleibt § 1617 anwendbar: Haben die Eltern den Kindesnamen nach dieser Vorschrift noch nicht bestimmt, übt nunmehr der Allein-

sorgeberechtigte das Bestimmungsrecht allein aus (§ 1617 Rn 11; LIPP/WAGENITZ Rn 5) – § 1617a ist in keinem Fall anwendbar.

6 Bestand bei der Geburt Alleinsorge eines Elternteils, so berühren **spätere Änderungen der sorgerechtlichen Verhältnisse** den Namenserwerb nach § 1617a Abs 1 nicht mehr. Ist *gemeinsames Sorgerecht* begründet worden, erwächst den Eltern nach § 1617b Abs 1 befristet ein Neubestimmungsrecht, aber nur für die Zukunft. *Sorgerechtswechsel* oder *Sorgerechtsverlust* hingegen sind für die Fortführung des nach § 1617a Abs 1 erworbenen Namens bedeutungslos (**aM** AnwKomm-BGB/LÖHNIG Rn 3 bei Sorgerechtswechsel *vor* Eintragung der Geburt) – das Gesetz ordnet keinen fortgesetzten Gleichlauf von Sorgerecht und Kindesnamen an (iS einer „wandelbaren Anknüpfung"), vielmehr dienen die sorgerechtlichen Verhältnisse nur punktuell, im Moment der Geburt zur Identifizierung der namengebenden oder namenbestimmenden Eltern. Der Name des so identifizierten Elternteils ist der fortan maßgebende Anknüpfungspunkt, auch bezüglich möglicher Namensänderungen (§ 1617c Abs 2 Nr 2). Das Kindesnamensrecht knüpft also nicht an das Sorgerecht an, sondern verwendet dieses nur als Hilfskriterium (vgl LIPP/WAGENITZ Rn 5; zur Kritik s noch Rn 18, 21 ff sowie § 1617b Rn 3).

bb) Anwendungsfälle und Abgrenzungen

7 Klassischer Anwendungsfall für Abs 1 ist die mit dem Vater **nicht verheiratete Mutter**, der das alleinige Sorgerecht nach § 1626a Abs 2 zusteht; insoweit ist die Vorschrift deckungsgleich mit § 1617 Abs 1 S 1 aF. Dem Standesbeamten gegenüber weist die Mutter ihr Alleinsorgerecht durch ein Negativattest des Jugendamts nach, daß keine Sorgeerklärungen abgegeben worden sind (§ 1626d; §§ 58a, 87c Abs 1, 6 SGB VIII).

Abs 1 ist aber auch anwendbar, wenn von zwei grundsätzlich gemeinsam sorgeberechtigten Eltern **ein Teil schon vor der Geburt ausgefallen ist**, sei es durch Tod (dann Alleinsorge des Überlebenden nach § 1680 Abs 1), durch Sorgerechtsentzug (§§ 1666, 1680 Abs 3 iVm Abs 1; ausnahmsweise ist auch pränataler Sorgerechtsentzug möglich, vgl STAUDINGER/COESTER [2004] § 1666 Rn 80), durch rechtliche Verhinderung (ruhendes Sorgerecht, §§ 1675, 1678 Abs 1 HS 1) oder aufgrund tatsächlicher Verhinderung (§ 1678 Abs 1 HS 1). Problematisch erscheint der Namenserwerb nach § 1617a Abs 1 hier nur in den Fällen der Verhinderung, denn diese beeinträchtigt das Sorgerecht nur in seiner Ausübung, nicht aber in seiner Substanz (STAUDINGER/COESTER [2004] § 1675 Rn 2); auch kann die Verhinderung jederzeit wieder wegfallen. Wer deshalb vor einer namensrechtlichen Disqualifizierung des nur verhinderten Elternteils scheut (so HWB/WAGENITZ/BORNHOFEN Rn 15), müßte jedoch § 1617 anwenden; dies liefe wegen des Ausübungshindernisses aber auf ein alleiniges Bestimmungsrecht des anderen Elternteils hinaus und damit – nur etwas komplizierter – auf das gleiche Ergebnis, das auch § 1617a Abs 1, 2 vorzeichnet.

8 Unter Abs 1 fällt auch die Situation getrennt lebender, ehemals gemeinsam sorgeberechtigter Eltern, nachdem eine **Sorgerechtsübertragung gem § 1671** auf einen von ihnen stattgefunden hat (solche Übertragung ist auch pränatal möglich, insbesondere nach § 1671 Abs 2 Nr 1). Nicht ausreichend ist hingegen die bloße vorgeburtliche Trennung gemeinsam sorgeberechtigter Eltern; § 1687 Abs 1 S 2 begründet keine Alleinsorge des Betreuungselternteils in Namensfragen (§ 1617 Rn 6).

Auch **teilweise Alleinsorge** eines Elternteils genügt für die Anwendbarkeit des **9**
§ 1617a, wenn sie – und *nur* wenn sie – den Teil der Personensorge betrifft, dem
das Recht zur Namensentscheidung für das Kind zugehört (§ 1617 Rn 6, 7). Zwar
erfolgt der Namenserwerb nach Abs 1 kraft Gesetzes, bei aufgespaltenen Sorgebe-
fugnissen äußert aber dieser Teil der Personensorge die für die namensrechtliche
Zuordnung spezifische Kennzeichnungskraft (vgl Rn 2). Im übrigen hat der insoweit
Alleinsorgeberechtigte die Erteilungsoption nach Abs 2 (s Rn 33).

cc) Fehlende elterliche Sorge
Die §§ 1616 ff sprechen nicht den Namenserwerb von Kindern an, die nicht unter **10**
elterlicher Sorge stehen (Rn 1). Die Regelungslücke wird zT abgedeckt für **Findelkinder:** Sie erhalten Vor- und Familiennamen durch die zuständige Verwaltungsbehörde nach § 25 Abs 2 PStG (neugeborene Kinder) oder § 26 PStG (ältere Kinder
oder Volljährige ohne feststellbaren Personenstand). Es besteht auch keine Regelungslücke, wo es auf das Sorgerecht nicht ankommt: Führen die Eltern einen **Ehenamen**, erwirbt das Kind diesen nach § 1616, auch wenn das Sorgerecht einem
Vormund zusteht.

Ungeregelt bleiben jedoch andere Fälle, in denen sowohl Ehename wie auch elter- **11**
liches Sorgerecht fehlen: beiderseits geisteskranke (§ 1673 Abs 1) oder verhinderte
Eltern (§§ 1675, 1678), auch pränataler Sorgerechtsentzug ist möglich (Rn 7). Das
gleiche gilt, wenn ein Elternteil vorverstorben ist und diese Hindernisse in der
Person des Überlebenden bestehen, oder wenn beide Eltern vor der Geburt verstorben sind.

Da kein gesetzlicher Namenserwerb nach §§ 1616, 1617a Abs 1 möglich ist, bedarf es **12**
in all diesen Fällen der **Namensbestimmung**, die analog § 1617 zu erfolgen hat (s dort
Rn 5). Das Bestimmungsrecht kann nur beim (gem § 1773 zu bestellenden) **Vormund**
liegen (oder beim Pfleger, wenn die elterliche Sorge nur partiell ausgefallen ist;
Fachausschuss Standesbeamte StAZ 2002, 210; AnwKomm-BGB/Löhnig Rn 1; aM Bamberger/
Roth/Enders Rn 2). Insoweit ist die Situation derjenigen gleichzustellen, daß zwei
gemeinsam sorgeberechtigte Eltern erst *nach* der Geburt ausfallen: Auch hier übt
der Vormund ihr Bestimmungsrecht aus (§ 1617 Rn 11; zur Option gem § 1617a Abs 2
s unten Rn 20). Zur Wahl stehen ihm beide von den Eltern geführte Namen; lebt nur
noch ein Elternteil, kann nur dessen Name, bei beiderseits verstorbenen Eltern
können wiederum beide Elternnamen gewählt werden. Die Erzwingung der Namensbestimmung erfolgt nach § 1837 (§ 1617 Rn 68).

2. Rechtsfolge

a) Grundsätze
In Vorwegnahme des typischen Willens des Alleinsorgeberechtigten überläßt das **13**
Gesetz diesem nicht die Namenswahl, sondern weist dem Kind **ex lege** dessen
Namen zu (bei ungeklärter Identität der Mutter ist deren Name mit entsprechendem
Vorbehalt einzutragen, Fachausschuss Standesbeamte StAZ 2006, 151, 152 m Nachw abwei-
chender Auffassungen); ein abweichender Wille kann über Abs 2 umgesetzt werden
(Rn 2). Das Kind erwirbt den **bei der Geburt geführten Elternnamen** (zum Begriff
Vorbem 10 zu §§ 1616–1625; § 1617 Rn 22). Dies kann auch ein aus einer Drittehe erwor-
bener Ehename sein („erheirateter Name"), selbst wenn diese Ehe noch besteht,

oder ein Lebenspartnerschaftsname. Den falschen Anschein seiner Elternschaft
mutet das Gesetz dem Ehegatten des alleinsorgeberechtigten Elternteils zu (vgl
§ 1617 Rn 22; WAGENITZ FamRZ 1998, 1545, 1548). Auch ein **unechter Doppelname** geht
insgesamt auf das Kind über und wird als dessen Geburtsname ein echter Doppelname (BT-Drucks 13/4899, 91: früherer Ausschluß des Begleitnamens sei „überholt"; vgl § 1617
Rn 23; HWB/WAGENITZ/BORNHOFEN Rn 29 ff; **aM** BAMBERGER/ROTH/ENDERS Rn 2).

b)   Verhältnis zu § 1617 Abs 1 S 3

14 Der gesetzliche Namenserwerb nach § 1617a Abs 1 kann in Konkurrenz treten zu
demjenigen nach § 1617 Abs 1 S 3. Auch nach dieser Vorschrift erwerben „weitere
Kinder" den für das erste Kind bestimmten Namen kraft Gesetzes mit Geburt (vgl
§ 1617 Rn 39) – auf die Sorgeverhältnisse zu diesem Zeitpunkt stellt das Gesetz nicht
ab. Zu einer Überschneidung beider Vorschriften kann es beispielsweise in folgenden Fällen kommen:

– Die nicht miteinander verheirateten Eltern haben für ihr erstes Kind Sorgeerklärungen abgegeben und gem § 1617 Abs 1 oder § 1617b Abs 1 den Vaternamen
  zum Kindesnamen bestimmt. Vor Geburt des zweiten Kindes trennen sich die
  Eltern, Sorgeerklärungen werden nicht abgegeben, die Mutter hat Alleinsorge
  nach § 1626a Abs 2: Erwirbt das zweite Kind den Mutternamen nach § 1617a
  Abs 1 oder den Vaternamen nach § 1617 Abs 1 S 3?

– Die verheirateten, aber namensverschiedenen Eltern haben den Vaternamen zum
  Kindesnamen bestimmt (§ 1617 Abs 1); vor der Geburt des zweiten Kindes stirbt
  der Vater: § 1617a Abs 1 oder § 1617 Abs 1 S 3?

15 Die Antwort ist **streitig**: Wegen des starken Gewichts der Namenseinheit von Geschwistern wird stellenweise § 1617 Abs 1 S 3 der Vorrang eingeräumt. Andere
halten dies für rechtspolitisch erwägenswert, aber gesetzlich nicht begründbar; nach
dieser Auffassung wäre § 1617a Abs 1 anzuwenden (LIPP/WAGENITZ Rn 7 Fn 1; FamRefK/
WAX Rn 2).

16 **Stellungnahme:** Auf den ersten Blick erscheint § 1617 Abs 1 S 3 als die sinnvollere
Lösung, sie liegt auch keineswegs außerhalb des gesetzlichen Systems, sondern ist
Teil desselben – der Gesetzgeber hat den Normkonflikt lediglich übersehen. Als
Sondergruppe innerhalb des Auffangtatbestandes von § 1617a Abs 1 (vgl Rn 1) könnten die Geschwisterfälle § 1617 Abs 1 S 3 als lex specialis zugewiesen werden. Dennoch sprechen ergebnisorientierte Gründe gegen diese Lösung und **für § 1617a
Abs 1**. In beiden obigen Beispielsfällen wächst das Kind in einer Teilfamilie mit der
Mutter auf und hat regelmäßig ein starkes Interesse an Namensübereinstimmung mit
dieser. Die Namenseinheit zwischen sorgeberechtigtem Elternteil und Kind wiegt
noch schwerer als die der Geschwister, sie wird aber allein durch § 1617a Abs 1
ermöglicht. Bei gemeinsamem Sorgerecht der Eltern (§ 1617) kann von Harmonie
auf Elternebene ausgegangen werden, so daß die Geschwistergemeinschaft erstran-
giges Anliegen sein kann. Bei Alleinsorge ist vorrangig Namenseinheit in der Teilfamilie herzustellen. Sollte die Interessenlage in untypischen Fällen anders sein,
erlaubt § 1617a Abs 2 ohne weiteres einen Wechsel zum Namen des anderen Elternteils. **§ 1617a** erweist sich damit insgesamt als die **flexiblere und interessengerechtere**

Norm (iE ebenso OLG Hamm FamRZ 2005, 1009, 1010; MünchKomm/VON SACHSEN GESSAPHE § 1617 Rn 22; AnwKomm-BGB/LÖHNIG Rn 4; vgl oben § 1617 Rn 45, 48).

III. Erteilung des Namens des anderen Elternteils, Abs 2

1. Normbedeutung

Abs 2 steht in engem Funktionszusammenhang mit Abs 1, er ermöglicht eine privat- **17** autonome Korrektur der dortigen gesetzlichen Regelzuweisung. Der Korrektur anderweitiger Namenszuweisungen dient Abs 2 nicht (näher Rn 24 ff). Die gedankliche Ausgangslage ist die gleiche wie nach altem Recht (ausnahmsweise Erteilung des Vaternamens an das nichteheliche Kind, §§ 1617 Abs 1, 1618 Abs 1 S 1 Alt 2 aF), nur ist der Anwendungsbereich der Norm erweitert auf **alle Kinder, die bei Geburt unter Alleinsorge eines Elternteils stehen, der nicht mit dem anderen Elternteil zusammen einen Ehenamen führt** (Rn 19 ff). Des weiteren besteht ein **konzeptioneller Unterschied** zum bisherigen Recht, der jedoch mehr grundsätzlicher als praktischer Natur ist: Es erteilt nicht mehr (persönlichkeitsrechtlich) der Vater dem Kind seinen Namen (mit Zustimmung der Mutter), sondern (sorgerechtlich) der alleinsorgeberechtigte Elternteil (idR die Mutter) dem Kind den Namen des anderen Elternteils, naturgemäß mit dessen Zustimmung: Die persönlichkeitsrechtliche und sorgerechtliche Qualifikation von Erteilung und Zustimmung haben die Plätze getauscht (vgl BT-Drucks 13/4899, 92 f; 13/8511, 73).

Insgesamt erscheint Abs 2 nur vordergründig stimmig, ist aber **rechtspolitisch wenig** **18** **durchdacht**: Bei nach Geburt **gleichbleibenden Sorgerechtsverhältnissen** kann dem Kind der Name des nichtsorgeberechtigten Elternteils erteilt werden, idR also der Name des Elternteils, mit dem es nicht in Familiengemeinschaft lebt; ohne Not und Legitimation ermöglicht hier das Gesetz die Zerstörung der Namenseinheit in der gelebten Teilfamilie (zur Kritik an der „Vatereinbenennung" nach altem Recht s schon STAUDINGER/COESTER[12] § 1618 Rn 4–7 mwNw). Bei einem **Wechsel des Sorgerechts** (und damit in aller Regel auch des Betreuungselternteils) verwehrt das Gesetz hingegen einen entsprechenden Namenswechsel, nicht einmal bei Elternkonsens kann der Kindesname dem Sorgerecht folgen (näher Rn 21 ff). Das gleiche gilt, wenn der namensgebende Elternteil verstorben ist (vgl § 1617c Rn 40). Die Politik des Gesetzes ist damit bei Abs 2 **gegen Namenseinheit der Eltern-Kind-Gemeinschaft** gerichtet – dies ist zumindest eine grobe Systemwidrigkeit gegenüber §§ 1616, 1617 Abs 1 S 1 („geführter Name"), 1617c, 1618. Das gleiche gilt hinsichtlich der **Namenseinheit der Geschwister**: Diese stellt keine Schranke für das Erteilungsrecht nach Abs 2 dar (Rn 14 ff).

2. Voraussetzungen

a) Alleinsorge im Zeitpunkt der Erteilung
Für Abs 2 muß das Alleinsorgerecht, das nach Abs 1 zZ der Geburt maßgeblich ist **19** (Rn 5), auch noch **zZ der Namenserteilung** bestehen (iü gelten die Ausführungen zu Abs 1 sinngemäß auch hier, Rn 6 ff). Haben die Eltern nach der Geburt *gemeinsames Sorgerecht* begründet, können sie eine Korrektur des Namenserwerbs nach Abs 1 durch Neubestimmung nach § 1617b Abs 1 bewirken, § 1617a Abs 2 ist nicht mehr anwendbar.

20 Ist dem bei Geburt Alleinsorgeberechtigten das Sorgerecht entzogen und auf einen Pfleger/Vormund übertragen worden (§§ 1666, 1680 Abs 3 mit Abs 2, 1773, 1909), so steht diesem die nunmehr sorgerechtlich zu qualifizierende Kompetenz nach Abs 2 zu (Rn 33; HWB/WAGENITZ/BORNHOFEN Rn 52 f; Fachausschuss Standesbeamte StAZ 2002, 210). Dies ist sinnvoll vor allem in Fällen, in denen der nach Abs 1 namengebende Elternteil verstorben oder auf andere Art aus dem Lebenskreis des Kindes verschwunden ist (zB Freiheitsstrafe) und das Kind Kontakt nur mit dem anderen, wenn auch nicht sorgeberechtigten Elternteil hat (bei Sorgerechtsübertragung auf diesen s Rn 21 ff). Natürlich bedarf es auch hier der Zustimmung des Elternteils, dessen Name erteilt werden soll, Abs 2 S 2.

b) Namensgleichheit zwischen alleinsorgeberechtigtem Elternteil und Kind

21 Der Alleinsorgeberechtigte kann nur „**den Namen des anderen Elternteils**", also des nichtsorgeberechtigten Elternteils erteilen, Abs 2 S 1 (vgl Rn 2). Abs 2 bietet deshalb keinen Ansatz für einen nach Sorgerechtswechsel (zB §§ 1672, 1680 Abs 2) sorgeberechtigt gewordenen Elternteil, dem Kind nunmehr *seinen* Namen zu erteilen. Dies entspricht einer bewußten Entscheidung des Gesetzgebers: Noch der RegE (BT-Drucks 13/4899, 8 [§ 1617b Abs 2]) sah ein Neubestimmungsrecht nach Sorgerechtswechsel vor; diese Vorschrift wurde auf Vorschlag des Rechtsausschusses gestrichen (BT-Drucks 13/8511, 13). Der Kindesname sollte nicht wandelbar an die Sorgerechtsverhältnisse angeknüpft sein, sondern – nach originärem Erwerb – möglichst kontinuierlich Bestand haben (vgl Rn 6 sowie § 1617b Rn 3; zustimmend LIPP/WAGENITZ Rn 23; FamRefK/WAX § 1617b Rn 16).

22 Dies ist ein rechtspolitisch grundsätzlich tragfähiger Gedanke – der Kindesname ist so dem (sorgerechtlichen) Kampf der Eltern um das Kind entzogen, und Namensstabilität ist ein hoher Wert im Namensrecht generell (vgl Vorbem 7 zu §§ 1616–1625). Allerdings trägt das Gesetz selbst so erheblich zur Erosion der Namensstabilität bei (vgl nur §§ 1355 Abs 2, 5, 1617a Abs 2, 1617b Abs 1, 1617c, 1618), daß eher die Anpassung des Familiennamens an die wechselnden Lebensverhältnisse als Grundsatz erscheint. Außerdem führt das geltende Recht zu merkwürdigen, schwer erträglichen Ergebnissen: Der Name des nicht mit dem Kind zusammenlebenden Elternteils ist erteilungsfähig, der des für das Kind sorgenden Elternteils hingegen nicht (Rn 18). Bei sorgerechtlichem Wegfall des bei Geburt alleinsorgeberechtigten Elternteils kann dem Kind der Name des anderen Elternteils erteilt werden, wenn dieser kein Sorgerecht hat (Erteilung durch Vormund/Pfleger Rn 20), nicht aber, wenn (gem §§ 1678 Abs 2, 1680 Abs 2, 1696) das Sorgerecht auf ihn übergegangen ist.

Bei der Problematik sollte auch im Auge behalten werden, daß *stets* nur ein von beiden Eltern *konsentierter* Namenswechsel in Betracht kommt (Erteilung durch einen, Zustimmung durch den anderen Elternteil). Streitiges Gezerre um den Kindesnamen, wie es § 1618 S 4 ermöglicht (s § 1618 Rn 26 ff), kann nach der Konzeption des § 1617a Abs 2 die Stabilität des Kindesnamens nicht gefährden.

23 Es ist verständlich, wenn angesichts des vorstehenden Gesamtbefundes die Gerichte versucht haben, die gesetzlich vorgezeichneten Ergebnisse zu umgehen (BayObLG FamRZ 2005, 126; 2000, 1435; OLG Celle StAZ 2002, 11; OLG Köln FamRZ 2001, 154 ff; LG Bremen StAZ 1999, 337 f; MünchKomm/VON SACHSEN GESSAPHE Rn 22; AnwKomm-BGB/LÖHNIG Rn 6; BAMBERGER/ROTH/ENDERS Rn 8; PALANDT/DIEDERICHSEN Rn 6; HEPTING StAZ 2002, 129,

142) – zum Teil auch nur für den Fall eines konsentierten Sorgerechtsübergangs von der Mutter auf den Vater (zB nach § 1672 Abs 1). Eine analoge Anwendung des § 1617a Abs 2 oder eine Analogie zu § 1618 scheidet jedoch sachlich wie mangels Gesetzeslücke aus – das Gesetz ist klar, aber verfehlt (so jetzt BGH NJW 2005, 3498 f [in Aufhebung von BayObLG FamRZ 2005, 126]; zuvor auch schon OLG Celle StAZ 2002, 366; OLG Bremen FamRZ 2003, 1687; Lipp/Wagenitz Rn 23). Die gelegentlich empfohlene Abhilfe durch öffentlichrechtliche Namensänderung (§§ 1, 3 NÄG; so Bamberger/Roth/Enders Rn 2) scheidet aus, weil es sich nicht um ein Einzelfallproblem handelt (vgl Vorbem 19 zu §§ 1616–1625). Bei konsentierten Sorgerechtswechseln kann und muß die Mutter die Namenserteilung nach Abs 2 vor dem Wechsel vollziehen. Im übrigen könnte unter dem Aspekt des Gleichheitssatzes wie des Kindeswohls jedoch an eine Verfassungswidrigkeit der Regelung gedacht werden (so vMünch/Kunig/Coester-Waltjen Art 6 GG Rn 80; iE abl OLG Bremen FamRZ 2003, 1687; zum ganzen auch § 1617b Rn 3).

c) Kindesname nach Abs 1

Aus dem Funktionszusammenhang beider Absätze des § 1617a folgt, daß die Na- **24** menserteilung nach Abs 2 lediglich zur Korrektur des gesetzlichen Namenserwerbs nach Abs 1 dient – das Kind muß also im Moment der Erteilung noch einen **Namen nach § 1617a Abs 1** tragen (Lipp/Wagenitz Rn 18). Dies ist *auch* der Fall, wenn das Kind nach der Geburt einer Änderung des elterlichen Bezugsnamens nach Abs 1 gem § **1617c Abs 2 Nr 2** gefolgt ist (Lipp/Wagenitz Rn 19; Wagenitz FamRZ 1998, 1545, 1548). Ebenso bei einer „nachziehenden Namenserteilung" gem § 1618 (s dort Rn 3, 44, 45 sowie § 1617c Rn 27; **aM** Fachausschuss Standesbeamte StAZ 2005, 49, 50; vgl unten Rn 25) oder wenn das Kind, das zunächst den Vaternamen nach § 1616 oder § 1617 erhalten hatte, nach rechtskräftiger Feststellung der Nichtvaterschaft gem § 1617b Abs 2 auf den Mutternamen bei Geburt (§ 1617a Abs 1) zurückfällt (Lipp/Wagenitz Rn 19 und § 1617b Rn 33; HWB/Wagenitz/Bornhofen Rn 37; Wagenitz FamRZ 1998, 1545, 1548).

Eine **Namenserteilung nach Abs 2 scheidet demgegenüber aus**, weil das Kind keinen **25** Namen nach Abs 1 (mehr) führt, wenn eine der folgenden Fallgestaltungen gegeben ist:

– Das Kind hat seinen Geburtsnamen originär nach § 1616 oder § 1617 erworben, einschließlich eines Erwerbs nach § 1617 Abs 1 S 3 (§ 1617 Rn 39).

– *Nach* Erwerb eines Namens nach § 1617a Abs 1

  – haben die Eltern einen Ehenamen bestimmt: Hier bestimmt sich der Kindesname allein nach § 1617c Abs 1;

  – haben die Eltern den Namen des Kindes neu bestimmt nach § 1617b Abs 1 oder Art 224 § 3 Abs 4 S 2 EGBGB;

  – ist dem Kind schon einmal der Name des anderen Elternteils nach § 1617a Abs 2 erteilt worden: Hat nunmehr das Sorgerecht gewechselt, kann der Sorgeberechtigte nicht den Namen des ehemals sorgeberechtigten Elternteils erteilen (Lipp/Wagenitz Rn 18; HWB/Wagenitz/Bornhofen Rn 41 – kein „Namens-Ping-Pong").

d) Erteilungszeitraum: Dauer der elterlichen Sorge

26 Die Namenserteilung nach Abs 2 kann nur für ein unter elterlicher Sorge stehendes Kind erfolgen. Dies ergibt sich nicht nur aus dem Gesetzeswortlaut, sondern auch aus der Qualifizierung der Namenserteilung als Akt der elterlichen Personensorge (Rn 33).

27 Für das **volljährige Kind** gibt es deshalb weder ein elterliches Namenserteilungsrecht noch ein entsprechendes Wahlrecht des Kindes selbst (PALANDT/DIEDERICHSEN Rn 9; LIPP/WAGENITZ Rn 21, 39; **aA** FamRefK/WAX Rn 3). Ein solches Recht wäre rechtspolitisch gut vertretbar, zumal nunmehr auch das volljährige Kind sich noch elterlichen Namensänderungen anschließen kann (§ 1617c Rn 18). Angesichts der klaren Gesetzeskonzeption ist ein Namenswahlrecht de lege lata jedoch nicht begründbar (BayObLG FamRZ 2002, 1729, 1730; 2004, 1227, 1228). Allerdings bestehen verfassungsrechtliche Bedenken gegen diese nur formal begründete und systematisch unstimmige Beschneidung des Namenserteilungsrechts (im einzelnen erwogen, aber zu Unrecht für nicht durchgreifend erachtet vom BayObLG aaO).

Jedenfalls bezieht sich das Erfordernis der Minderjährigkeit nur auf den Zeitpunkt der Vornahme der Sorgerechtshandlung, also der Abgabe der Erteilungserklärung – wird das Kind dann volljährig, bevor die Erklärung dem Standesbeamten zugegangen ist oder der andere Elternteil zugestimmt hat, schadet dies entsprechend dem Rechtsgedanken des § 130 Abs 2 nicht (LIPP/WAGENITZ Rn 21; **aM** BayObLG FamRZ 2004, 1227, 1228; LG München StAZ 2004, 72, 74 f; wie hier jedoch für die Erbausschlagung durch die Eltern für das Kind OLG Karlsruhe FamRZ 1965, 573, 574); auch die eigene Zustimmung (Abs 2 S 2) kann das Kind dann allein abgeben (vgl Abs 2 S 4 und § 1617c Abs 1; vgl Rn 40; offenlassend BayObLG FamRZ 2004, 1227, 1229).

28 Eine **pränatale Erteilungserklärung** nach Abs 2 ist **grundsätzlich möglich** (FamRefK/ WAX Rn 5; HOMEYER StAZ 2000, 53, 54; Fachausschuss Standesbeamte StAZ 2002, 210; zum bisherigen Recht STAUDINGER/COESTER[12] § 1618 Rn 46; wNw bei BayObLG FamRZ 1983, 949, 951; **aM** KEMPER DAVorm 1999, 88). Dies folgt aus einer Analogie zu §§ 1594 Abs 4, 1626b Abs 2, die Handlungsmacht des künftigen Sorgeberechtigten folgt aus § 1912 Abs 2 (zur pränatalen Namensbestimmung nach § 1617 s dort Rn 9, 26, 34). Dem kann nicht entgegengehalten werden, vor der Geburt gebe es keinen empfangszuständigen Standesbeamten (so aber LIPP/WAGENITZ Rn 38); es genügt, wenn der Standesbeamte, dem gegenüber die Erklärung abgegeben worden war, später der für die Beurkundung der Geburt zuständige ist (§ 31a Abs 2 S 1 PStG). Dann erwirbt das Kind *mit der Geburt* den Namen des anderen Elternteils (zum vorherigen Widerruf s Rn 40), es ist von vornherein dieser Name in das Geburtenbuch einzutragen (AnwKomm-BGB/LÖHNIG Rn 4; BAMBERGER/ROTH/ENDERS Rn 2; HWB/WAGENITZ/BORNHOFEN Rn 91; § 265 Abs 4 S 5 DA). Die Gegenansicht (Grundeintrag: Name nach Abs 1, Randvermerk: Name nach Abs 2; BayObLG FamRZ 1983, 949, 951) entspricht nicht dem Grundkonzept des neuen Rechts und der grundsätzlichen Gleichwertigkeit beider Elternnamen. Allerdings erwirbt bei pränataler Erteilung das Kind stets nur *den* Namen, den der andere Elternteil *zur Zeit der Geburt* führt (nicht den zur Zeit der Erklärung, vgl Rn 35), und auch dies nur unter der Voraussetzung, daß dann auch alle Voraussetzungen des Abs 2 erfüllt sind (zur Vaterschaftsfeststellung Rn 31; haben die Eltern doch noch pränatale Sorgeerklärungen abgegeben, wird die zuvor erklärte Namenserteilung gegenstandslos; sie kann allenfalls in eine pränatale Namensbestimmung nach § 1617 Abs 1 umgedeutet werden, § 140).

Bei **Tod des Kindes** wird vereinzelt eine nachträgliche Namenserteilung nach Abs 2 **29** nicht mehr für möglich gehalten (BayObLG StAZ 2000, 370, 372; LIPP/WAGENITZ Rn 38). Anders beim **totgeborenen Kind**: Dieses erhält erst auf Wunsch der Eltern einen Namen (§ 21 Abs 2 S 2 PStG); statt § 1617a Abs 1 muß dann auch Abs 2 anwendbar sein (§ 21 Abs 2 S 3 PStG ist auf die Zustimmung des anderen Elternteils analog anzuwenden). Wegen vergleichbarer Situation und Interessenlage sollte Entsprechendes auch bei alsbaldigem Tod des lebend geborenen Kindes gelten (AG Regensburg StAZ 2005, 109 f; GERNHUBER/COESTER-WALTJEN § 54 Rn 22 Rn 60). Die Namenserteilung stellt sich dann als Akt „elterlicher Nachsorge" dar (STAUDINGER/COESTER [2006] § 1698b Rn 1), für die der Rechtsgedanke des § 21 PStG hinreichend Grundlage bildet. So wird auch Gleichklang mit gemeinsam sorgeberechtigten Eltern hergestellt (vgl § 1617 Rn 16).

e)   Unverheiratetes Kind

In Klarstellung gegenüber dem früheren Recht (dazu STAUDINGER/COESTER[12] § 1618 **30** Rn 45) erlaubt Abs 2 die Namenserteilung nur bei einem „unverheirateten Kind". Damit sollen Fernwirkungen einer Namensänderung auf einen etwaigen Ehenamen vermieden werden; außerdem ist das verheiratete Kind der elterlichen Personensorge entwachsen (§ 1633). Aus zweiterem Gesichtspunkt folgt, daß auch dem Kind, dessen Ehe noch vor Erreichen der Volljährigkeit aufgelöst worden ist, ein Name nach Abs 2 nicht mehr erteilt werden kann (die Einschränkung der elterlichen Personensorge nach § 1633 besteht fort; LIPP/WAGENITZ Rn 20; PALANDT/DIEDERICHSEN Rn 7 [anders jedoch § 1618 Rn 8]; **aM** FamRefK/WAX Rn 3). Entscheidend ist der Familienstand des Kindes in dem Moment, in dem die Namenserteilung *wirksam* wird – sie wird nicht wirksam, wenn das Kind nach Abgabe der Erklärung, aber vor Erfüllung der letzten Voraussetzung (Zugang, Zustimmungen) heiratet (LIPP/WAGENITZ Rn 20).

f)   Rechtlich etablierter und noch lebender anderer Elternteil

„Anderer Elternteil" iS des § 1617a Abs 2 ist in aller Regel der *Vater*. Als solcher **31** kommt nur ein Mann in Frage, **dessen Vaterschaft nach §§ 1592 Nr 1–3, 1593 feststeht** (zur Mutterschaft § 1591). Das namensrechtliche Bekenntnis zum Kind setzt das statusrechtliche voraus; das bloße Nichtbestreiten der Vaterschaft genügt nicht, dem stehen die Stabilitätsbedürfnisse des Kindesnamens entgegen. Bei pränataler Namenserteilung (Rn 28) muß spätestens bei der väterlichen Zustimmung nach Abs 2 S 2 ein pränatales Vaterschaftsanerkenntnis gem § 1594 Abs 4 vorliegen (vgl § 1617 Rn 9).

Der andere Elternteil muß zur Zeit der Namenserteilung **noch leben** (vgl § 1617 Rn 21; **32** HEPTING StAZ 2002, 129, 141 f; LIPP/WAGENITZ Rn 32; HWB/WAGENITZ/BORNHOFEN Rn 74; PALANDT/DIEDERICHSEN Rn 10; AnwKomm-BGB/LÖHNIG Rn 9; **aA** FamRefK/WAX Rn 4; GERNHUBER/COESTER-WALTJEN § 54 Rn 23; RAUSCHER, FamR Rn 924). Eine dem § 1740f Abs 2 S 2 aF entsprechende Regelung (Verlobtenkind) gibt es nicht mehr. Es könnten zwar Fälle vorkommen, in denen eine postmortale Namenserteilung sinnvoll wäre (beide Eltern verstorben, das Kind wächst bei den Großeltern väterlicherseits auf). Häufiger bestände aber die Gefahr sentimentaler Entscheidungen des Sorgeberechtigten, die die Namenseinheit in der gelebten Teilfamilie zerstören würde; problematisch wäre hier auch die Zustimmungskompetenz gem Abs 2 S 2 (vgl Rn 36). In Ausnahmefällen ist Abhilfe nach § 3 NÄG möglich (vgl Vorbem 19 zu §§ 1616–1625).

3. Namenserteilung

33 a) Die **Erteilungsberechtigung** folgt aus der Personensorge für das Kind (ebenso wie das Bestimmungsrecht der Eltern nach § 1617 Abs 1, s dort Rn 12 ff; BayObLG FamRZ 2002, 1729, 1730; zu Inhaberschaft und Einzelheiten Rn 17 ff). Die Berechtigung geht nicht dadurch verloren, daß ein früheres Kind bereits einen Namen nach § 1617a Abs 1 trägt – **§ 1617 Abs 1 S 3 ist nicht anwendbar** auf den *gesetzlichen* Namenserwerb des ersten Kindes (§ 1617 Rn 46 ff); der Gesetzgeber hat es versäumt, eine dem § 1617 Abs 1 S 3 entsprechende Sicherung in § 1617a einzubauen (vgl Rn 14 ff; OLG Hamm FamRZ 2005, 1009, 1010; Fachausschuss Standesbeamte StAZ 2005, 49; **aM** RAUSCHER, FamR Rn 923). Die gesetzliche Namenserstreckung nach § 1617 Abs 1 S 3 auf weitere Kinder greift auch umgekehrt nicht ein, wenn schon einem früheren Kind ein Name nach § 1617a Abs 2 erteilt worden ist (§ 1617 Rn 48).

34 b) Die **Erteilungserklärung** steht hinsichtlich rechtsgeschäftlicher Kompetenz, Form, Empfangszuständigkeit etc einer Namensbestimmungserklärung nach § 1617 Abs 1 gleich (s Einzelheiten deshalb dort Rn 26 ff sowie oben Rn 27).

c) Erteilbarer Name

35 Erteilbar ist nur der Name, den der andere Elternteil **zZ der Namenserteilung führt** (zur Erteilung des eigenen Namens s Rn 21 23). Dies folgt aus einem Vergleich mit §§ 1617 Abs 1 S 1, 1617a Abs 1; auch bei § 1617a Abs 2 soll zumindest teilweise Namensgleichheit des Kindes mit seinen Eltern hergestellt werden (LIPP/WAGENITZ Rn 27; anders, aber widersprüchlich PALANDT/DIEDERICHSEN Rn 13 [nur der bei Geburt *und* Namenserteilung geführte Name]). Die Herkunft des Namens ist gleichgültig; es kann auch ein „erheirateter Name" sein, die Zustimmung des (früheren) Ehegatten des anderen Elternteils ist ebensowenig erforderlich wie bei Abs 1 (LIPP/WAGENITZ Rn 26; WAGENITZ FamRZ 1998, 1545, 1548; aA PALANDT/DIEDERICHSEN Rn 13). Auch ein **Adoptivname** des anderen Elternteils ist erteilbar (aA PALANDT/DIEDERICHSEN Rn 13). Trägt der andere Elternteil einen „unechten Doppelnamen", so kann dieser entweder in seiner Gesamtheit erteilt werden oder nur ein einzelner Bestandteil davon (insoweit gilt das gleiche wie bei § 1617, s dort Rn 23, 24; **aM** GERNHUBER/COESTER-WALTJEN § 54 Rn 24; RAUSCHER, FamR Rn 923; BAMBERGER/ROTH/ENDERS Rn 7). Ebensowenig wie in § 1617 ist jedoch die **Kombination beider Elternnamen** zu einem Doppelnamen zulässig (§ 1617 Rn 25), eine § 1618 S 2 entsprechende Regelung fehlt in § 1617a Abs 2.

d) Zustimmungen, Abs 2 S 2
aa) des anderen Elternteils

36 Das Erfordernis einer Zustimmung des anderen, nichtsorgeberechtigten Elternteils kann keine sorgerechtliche, sondern nur eine persönlichkeitsrechtliche Grundlage haben (OLG Karlsruhe StAZ 2006, 211, 212; MünchKomm/VON SACHSEN GESSAPHE Rn 25; BAMBERGER/ROTH/ENDERS Rn 5; s oben Rn 17). Die Kombination von Erteilungserklärung und Zustimmung zeichnet zwar den elterlichen Konsens nach, den § 1617 Abs 1 fordert, verläßt aber die sorgerechtliche Begründungsbasis (vgl LIPP/WAGENITZ Rn 31; WAGENITZ FamRZ 1998, 1545, 1552; HWB/WAGENITZ/BORNHOFEN Rn 68 wollen – nicht überzeugend – das Einwilligungserfordernis aus dem Kindeswohl begründen).

Die Zustimmung ist eine **höchstpersönliche Willenserklärung**, sie kann auch vom **37** minderjährigen Elternteil nur selbst abgegeben werden, einer Zustimmung seines gesetzlichen Vertreters bedarf es nicht (Bamberger/Roth/Enders Rn 5; näher § 1617 Rn 30; aA Lipp/Wagenitz Rn 32; HWB/Wagenitz/Bornhofen Rn 73). Betreuung oder Einwilligungsvorbehalt beeinträchtigen die Zustimmungskompetenz des Elternteils nicht (näher § 1617 Rn 32).

bb) des Kindes

Da die Namenserteilung während der gesamten Dauer der Minderjährigkeit zulässig **38** ist und für das Kind eine Namensänderung bedeutet, sieht das Gesetz einen Persönlichkeitsschutz des Kindes vor ihm unerwünschten Namenswechseln ab Vollendung des fünften Lebensjahres vor. Im einzelnen gilt das Namensanschlußmodell des § 1617c Abs 1 entsprechend, **S 4** (s § 1617c Rn 10 ff, 14 ff).

cc) Die Zustimmungserklärungen

Obwohl das Gesetz in Abs 2 S 2 von „Einwilligung" spricht, soll damit doch nur gesagt **39** sein, daß die Namenserteilung ohne Zustimmung des anderen Elternteils oder des Kindes nicht wirksam werden kann; nicht erforderlich hingegen ist, daß die Zustimmung schon *vor* der Erteilungserklärung des sorgeberechtigten Elternteils vorliegt. Es reicht also auch eine Genehmigung dieser Erklärung (vgl §§ 182–184; LG München I StAZ 2004, 72, 73; Lipp/Wagenitz Rn 37; HWB/Wagenitz/Bornhofen Rn 89; MünchKomm/von Sachsen Gessaphe Rn 26; offenlassend BayObLG FamRZ 2004, 1227, 1229 unter Hinweis auf ältere Rspr). Im übrigen gelten für die Zustimmung als familienrechtliche Willenserklärung die gleichen Grundsätze wie für elterliche Namensbestimmungen oder die Erteilungserklärung selbst (s § 1617 Rn 26 ff; zur Form ausdrücklich Abs 2 S 3; zur Höchstpersönlichkeit der Zustimmung des anderen Elternteils Rn 37, des Kindes § 1617c Abs 1 S 2 sowie § 1617c Rn 19 f). Hervorzuheben ist die **Amtsempfangsbedürftigkeit** auch der Zustimmungen, ihre Erklärung gegenüber dem sorgeberechtigten Elternteil genügt – anders als nach bisherigem Recht (dazu Staudinger/Coester[12] § 1618 Rn 31) – nicht (für das Kind folgt dies aus dem Verweis in Abs 2 S 4 auf § 1617c Abs 1 S 3, für den anderen Elternteil muß das gleiche gelten, vgl HWB/Wagenitz/Bornhofen Rn 80).

e) Wirksamwerden und Wirkung

Die Namenserteilung wird **wirksam**, wenn dem zuständigen Standesbeamten (§ 31a **40** Abs 2 S 1 PStG) die letzte der erforderlichen Willenserklärungen formgerecht zugegangen ist (zur pränatalen Namenserteilung s jedoch Rn 28; vgl § 1617 Rn 34); bei pränatalen Namenserteilungen (Rn 28) muß allerdings noch die Kindesgeburt hinzutreten (Fachausschuss Standesbeamte StAZ 2002, 210). Die Beischreibung des erteilten Namens im Geburtenbuch ist lediglich deklaratorisch.

Zugegangene Erklärungen sind, solange die Namenserteilung nicht wirksam geworden ist, **widerruflich** (Lipp/Wagenitz Rn 39; zum alten Recht Staudinger/Coester[12] § 1618 Rn 40 mwNw). Im übrigen hindert es das Wirksamwerden nicht, wenn der sorgeberechtigte Elternteil nach Abgabe der Erteilungserklärung stirbt oder sein Sorgerecht verliert (§ 130 Abs 2, 3) oder das Kind volljährig wird (Rn 27). Die Namenserteilung kann allerdings nicht mehr wirksam werden, wenn das Kind zuvor geheiratet hat (Rn 30) oder bei Vorversterben des Kindes (Rn 29) oder des anderen Elternteils (Rn 32).

41 Die **Wirkung** der Namenserteilung besteht in einem **Namenswechsel des Kindes ex nunc** (PALANDT/DIEDERICHSEN Rn 14). Für die Vergangenheit bleibt es beim Namen nach Abs 1, der neue Name nach Abs 2 wird am Rande des Geburtenbuchs vermerkt. War die Geburt noch nicht beurkundet (zB auch bei Auslandsgeburt), kann ausnahmsweise der erteilte Name von vornherein eingetragen werden (vgl § 1616 Rn 10). Eine Bindungswirkung für weitere Kinder entspr § 1617 Abs 1 S 3 entfaltet die Namenserteilung nach § 1617a Abs 2 nicht (Rn 33 und § 1617 Rn 48).

42 Der Name des anderen Elternteils ist fortan der „Bezugsname" für den Kindesnamen, nur seine **Änderungen** können eine Namensfolge des Kindes nach § 1617c Abs 2 Nr 2 auslösen. Unabhängig von einer Änderung des Bezugsnamens kann sich der Kindesname auch dann ändern, wenn die Eltern einen anderslautenden Ehenamen bestimmen (§ 1617c Abs 1, s dort Rn 40, 41) oder wenn der Mann, dessen Namen das Kind nach § 1617a Abs 2 erhalten hat, sich später als Nicht-Vater herausstellt (§ 1617b Abs 2; näheres s dort Rn 24 ff). Begründen die Eltern später gemeinsames Sorgerecht, so erwächst ihnen ein Recht zur Neubestimmung des Kindesnamens nach § 1617b Abs 1 (s dort Rn 7).

§ 1617b
Name bei nachträglicher gemeinsamer Sorge oder Scheinvaterschaft

(1) Wird eine gemeinsame Sorge der Eltern erst begründet, wenn das Kind bereits einen Namen führt, so kann der Name des Kindes binnen drei Monaten nach der Begründung der gemeinsamen Sorge neu bestimmt werden. Die Frist endet, wenn ein Elternteil bei Begründung der gemeinsamen Sorge seinen gewöhnlichen Aufenthalt nicht im Inland hat, nicht vor Ablauf eines Monats nach Rückkehr in das Inland. Hat das Kind das fünfte Lebensjahr vollendet, so ist die Bestimmung nur wirksam, wenn es sich der Bestimmung anschließt. § 1617 Abs. 1 und § 1617c Abs. 1 Satz 2 und 3 und Abs. 3 gelten entsprechend.

(2) Wird rechtskräftig festgestellt, dass ein Mann, dessen Familienname Geburtsname des Kindes geworden ist, nicht der Vater des Kindes ist, so erhält das Kind auf seinen Antrag oder, wenn das Kind das fünfte Lebensjahr noch nicht vollendet hat, auch auf Antrag des Mannes den Namen, den die Mutter im Zeitpunkt der Geburt des Kindes führt, als Geburtsnamen. Der Antrag erfolgt durch Erklärung gegenüber dem Standesbeamten [ab 1. 1. 2009: „Standesamt"], die öffentlich beglaubigt werden muss. Für den Antrag des Kindes gilt § 1617c Abs. 1 Satz 2 und 3 entsprechend.

Materialien: KindRG Art 1 Nr 7.

Schrifttum

S vor Vorbem 4 zu §§ 1616–1625.

Systematische Übersicht

Alphabetische Übersicht

I. Normbedeutung

Die durch das KindRG 1998 neu eingeführte Vorschrift enthält in ihren beiden **1** Absätzen zwei völlig verschiedene Tatbestände (krit PALANDT/DIEDERICHSEN Rn 1; Fam-RefK/WAX Rn 2), gemeinsam ist ihnen nur die Funktionsverbindung mit § 1617a Abs 1.

Abs 1 ermöglicht den Eltern eines Kindes, das zunächst den Geburtsnamen durch Gesetz gem § 1617a Abs 1 zugewiesen bekommen hat, eine autonome Namensbestimmung, wenn sie sich zu gemeinsamem Sorgerecht zusammenfinden – sie werden für die Zukunft so gestellt, wie wenn sie schon bei Geburt gemeinsames Sorgerecht gehabt hätten (§ 1617; zur entsprechenden Anwendung auf den Vornamen s § 1616 Rn 77).

Abs 2 regelt die namensrechtlichen Konsequenzen, wenn sich der Name des Kindes bisher – unmittelbar oder jedenfalls inhaltlich – von einem Scheinvater ableitete, dessen Nicht-Vaterschaft nunmehr rechtskräftig festgestellt worden ist: Im Kindesinteresse gilt grundsätzlich Namenskontinuität, auf Antrag fällt das Kind jedoch auf den Muternamen gem § 1617a Abs 1 zurück.

II. Nachträgliche Begründung gemeinsamen Sorgerechts, Abs 1

1. Grundsätzliches

§ 1617b Abs 1 will die **Nachholung einer Namenswahl** ermöglichen, die bei anfäng- **2** lichem gemeinsamem Sorgerecht nach § 1617 Abs 1 möglich gewesen wäre, aber wegen der Alleinsorge eines Elternteils im Moment der Geburt durch den gesetzlichen Namenserwerb nach § 1617a Abs 1 verdrängt worden ist. Hierauf ist § 1617b Abs 1 vom Normzweck her funktionell beschränkt – beruht der Kindesname auf elterlicher Bestimmung, so gibt § 1617b Abs 1 auch nach der (Wieder)Begründung gemeinsamen Sorgerechts **kein Neubestimmungsrecht** (Rn 4 ff).

3 Die Vorschrift begegnet systematischer und rechtspolitischer **Kritik**. Die Anknüpfungspunkte des Geburtsnamens für das Kind sind grundsätzlich zeitlich fixiert, dh
unwandelbar festgelegt auf den Zeitpunkt der Geburt: Ehename der Eltern (§ 1616),
gemeinsame Sorge und Namensbestimmung (§ 1617), Alleinsorge eines Elternteils
(§ 1617a). Dem Wandel dieser Anknüpfungspunkte im Laufe der Zeit trägt das
Gesetz unterschiedlich Rechnung: beim Ehenamen grundsätzlich (§ 1617c Abs 1,
2 Nr 1), beim Individualnamen nur eingeschränkt (§ 1617c Abs 2 Nr 2), beim Sorgerecht nur punktuell in § 1617b Abs 1. Im **Grundsatz** ist demnach **kein ständig her-
zustellender Gleichlauf von Sorgerechtsverhältnissen und Kindesname** vorgesehen, das
Interesse des Kindes an Namenskontinuität hat Vorrang (so ausdrücklich der Rechtsausschuß, BT-Drucks 13/8511, 73 in Korrektur des RegE, vgl BT-Drucks 13/4899, 91). So bleibt
der Kindesname unberührt beim Wechsel von der gemeinsamen Sorge (Name nach
§ 1617) zur Alleinsorge (weder Neubestimmungsrecht des jetzt Alleinsorgeberechtigten noch § 1617a Abs 1; anders noch der RegE zum KindRG, BT-Drucks 13/4899, 8) oder
beim Wechsel der Alleinsorge von einem Elternteil zum andern, etwa nach §§ 1671,
1672 Abs 1, 1678 Abs 2, 1680 Abs 2, 3, 1681, 1696 (krit PALANDT/DIEDERICHSEN Rn 1 [für
den Fall der Scheidungskinder, die beim nichtnamensgebenden Elternteil aufwachsen]; GAAZ StAZ
1998, 241, 247 f, 249 [der hier wieder mit dem NÄG helfen will]; vgl § 1617a Rn 6, 18, 21 ff). Nur für
den (erstmaligen) Wechsel in das gemeinsame Sorgerecht meinte der Gesetzgeber,
den Eltern die nach § 1617 Abs 1 vorgesehene Namenswahl nachträglich (und befristet) eröffnen zu müssen. Ein tragfähiger *namensrechtlicher* Grund hierfür ist nicht
ersichtlich, hier scheint die sorgerechtliche Privilegierung gemeinsamen Sorgerechts
fortzuwirken (vgl WAGENITZ FamRZ 1998, 1545, 1552): Die Wahlmöglichkeit in § 1617
Abs 1 ist nicht Selbstzweck oder elternrechtliches Privileg, sondern im Kindesinteresse notwendige Bestimmung angesichts unterschiedlicher Elternnamen; sie ist
eigentlich obsolet, nachdem das Kind kraft Gesetzes (§ 1617a Abs 1) einen Geburtsnamen erhalten hat, der zudem auch zu den Wahlmöglichkeiten des § 1617 Abs 1
gehört hätte. Schließlich hätten die Eltern, falls sie den Namen des anderen Elternteils bevorzugen, auch ohne gemeinsames Sorgerecht den Kindesnamen insoweit
ändern können (§ 1617a Abs 2). Die von § 1617b Abs 1 eingeräumte Entscheidungs-
möglichkeit hilft den Eltern auch nicht, „ihre über das Sorgerecht vermittelte Gemeinsamkeit im Kindesnamen zu manifestieren" (LIPP/WAGENITZ Rn 6; vgl WAGENITZ
FamRZ 1998, 1545, 1549, 1552) – nur im Wahlakt als solchem manifestiert sich die neu
gewonnene Sorgegemeinsamkeit der Eltern. Das Kind trägt so oder so nur den
Namen eines der Elternteile. Damit stärkt die Wahlmöglichkeit des § 1617b Abs 1
nur das *sorgerechtliche* Gemeinschaftsgefühl der Eltern (ähnlich HEPTING FPR 2002, 115,
117 f: namensrechtliche Selbstdarstellung [der Eltern]), sie hat aber keine *namensrechtliche*
Legitimation, sondern trägt zur Instabilität des Kindesnamens bei.

2.   Voraussetzungen

a)   Bereits vorhandener Geburtsname des Kindes
aa)   Überblick

4 Abs 1 will den Eltern eine Wahlmöglichkeit eröffnen, die sie bisher nicht hatten
(Rn 1); die Vorschrift dient nicht dazu, Eltern, die bereits eine Entscheidung über den
Kindesnamen getroffen haben, eine Revision ihrer Entscheidung zu ermöglichen.
Damit beschränkt sich der Anwendungsbereich des Abs 1 auf Kinder, die ihren
Namen bisher **kraft Gesetzes** erworben haben (näher unten Rn 6 ff). Da aus dem Kreis
der insoweit in Betracht kommenden Vorschriften jedoch auch § 1616 ausscheidet

(unten Rn 5), bleiben im praktischen Ergebnis vor allem **Kindesnamen nach § 1617a Abs 1**, die einer Abänderung nach § 1617b Abs 1 unterliegen (LIPP/WAGENITZ Rn 3, 6; zu anderen Anwendungsfällen s Rn 6 ff). Dem steht es gleich, wenn das Kind mit seinem nach § 1617a Abs 1 erworbenen Namen zwischenzeitlich einer Namensänderung des Bezugselternteils gem § 1617c Abs 2 Nr 2 gefolgt ist (zu § 1618 s Rn 8) oder wenn es gem § 1617b Abs 2 auf den Mutternamen bei Geburt zurückgefallen ist (LIPP/WAGENITZ Rn 33; AnwKomm-BGB/LÖHNIG Rn 2; vgl aber auch unten Rn 30).

bb) Durch Abs 1 nicht korrigierbarer gesetzlicher Namenserwerb
Nicht anwendbar ist § 1617b Abs 1 insbesondere bei einem **Ehenamen** der Eltern. **5** Haben diese **nach der Kindesgeburt geheiratet** und dadurch nicht nur gemeinsames Sorgerecht begründet (§ 1626a Abs 1 Nr 2), sondern auch einen **Ehenamen gewählt**, so regelt **§ 1617c Abs 1 als lex specialis** den Übergang dieses Namens auf das Kind (LIPP/WAGENITZ Rn 4). Hatte das Kind schon bei Geburt seinen Namen nach § 1616 erworben und begründen die Eltern erst später gemeinsames Sorgerecht, so berührt dies nicht den Kindesnamen – die Anknüpfung nach § 1616 ist unabhängig von den Sorgerechtsverhältnissen (§ 1617a Rn 3), über eine Änderung des Kindesnamens entscheidet allein § 1616c Abs 2 Nr 1 (Beispielsfälle: [1] getrennt lebende Eheleute, schon vor Geburt angeordnete Alleinsorge eines Elternteils [§ 1671 Abs 2 Nr 1], nach der Geburt gemeinsames Sorgerecht gem § 1696; [2] geschiedene Eheleute, beiderseitige Fortführung des Ehenamens, bei Kindesgeburt Alleinsorge der Mutter gem § 1626a Abs 2, Kindesname nach § 1616 [§ 1616 Rn 15], dann gemeinsames Sorgerecht durch Sorgeerklärungen; vgl LIPP/WAGENITZ Rn 4–6).

cc) Keine Neuwahl bei vorheriger gemeinsamer Namensbestimmung
Es ist tragender Normzweck des Abs 1, den Eltern bei erstmaliger Begründung **6** gemeinsamen Sorgerechts die gemeinsame Sorgeausübung auch noch bezüglich der Kindesnamensbestimmung zu ermöglichen, obwohl das Kind schon einen Namen erhalten hat (Rn 2, 3). Abs 1 ist deshalb nicht anwendbar, wenn die Eltern schon zur Zeit des originären Namenserwerbs gemeinsame Sorge (und Ausübungsberechtigung) hatten. Damit scheidet Abs 1 nicht nur bei früherer gemeinsamer Namensbestimmung nach § 1617 Abs 1 aus, sondern auch wenn die ursprüngliche Bestimmung nicht von beiden Eltern gem § 1617 Abs 1 S 1, sondern wegen elterlichen Dissenses nach § 1617 Abs 2 erfolgt war (Bestimmung durch den vom FamG ermächtigten Elternteil oder kraft § 1617 Abs 2 S 4). Demgegenüber sollte den Eltern **doch ein Neubestimmungsrecht nach § 1617b Abs 1** zugestanden werden, wenn die ursprüngliche Namensbestimmung nach § 1617 durch einen *Vormund oder Pfleger* erfolgt war oder durch einen *Elternteil allein*, weil das gemeinsame Sorgerecht schon vor Ausübung des Bestimmungsrechts geendet hatte (vgl § 1617 Rn 11). In letzterem Fall ähnelt die Situation der des § 1617a Abs 1 (ablehnend BAMBERGER/ROTH/ENDERS Rn 2 Fn 1).

Elterliche Namensbestimmung, die § 1617b Abs 1 ausschließt, liegt ebenfalls **nicht 7** bei einer **Namenserteilung nach § 1617a Abs 2** vor. Diese setzt zwar praktisch Konsens der Eltern voraus, ist aber nicht Ausfluß gemeinschaftlicher elterlicher Sorgeausübung – die Zustimmung des Vaters dient lediglich dessen Persönlichkeitsschutz (§ 1617 Rn 36; § 1617a Rn 36). Erst mit Erwerb des gemeinsamen Sorgerechts wird gemeinsame Namensbestimmung möglich, sie kann also nicht schon „verbraucht" sein. Außerdem gibt ein Bestimmungsrecht nach Abs 1 Gelegenheit, auf etwaige

Änderungen der Familienverhältnisse zu reagieren (vgl auch § 1617 Rn 45, 48; HWB/
WAGENITZ/BORNHOFEN Rn 11 ff; aA LIPP/WAGENITZ Rn 7; WAGENITZ FamRZ 1998, 1545, 1549).

8 Eine differenzierte Beurteilung ist geboten bei **Einbenennungen nach § 1618**. Eine
„nachziehende Einbenennung" ist funktional nichts anderes als eine Namensfolge
des Kindes nach seinem Bezugselternteil gem § 1617c Abs 2 Nr 2 (vgl Rn 4), lediglich
mit Zustimmung des Stiefelternteils, aber ohne die des anderen Elternteils (näher
§ 1618 Rn 3, 44, 45). Folglich bleibt der Kindesname an den ursprünglich nach § 1617a
Abs 1 erworbenen Individualnamen des Bezugselternteils gebunden. Begründet
dieser später mit dem anderen Elternteil gemeinsames Sorgerecht, so bietet
§ 1617b Abs 1 grundsätzlich die Gelegenheit, der wiedergewonnenen Gemeinsamkeit auch durch Namenswahl Ausdruck zu verleihen (vgl § 1618 Rn 45; HWB/WAGENITZ/
BORNHOFEN Rn 17; aA LIPP/WAGENITZ Rn 8; WAGENITZ FamRZ 1998, 1545, 1548). Allerdings ist
zu differenzieren: Haben die Eltern nach Auflösung der Stiefelternehe geheiratet
und einen *Ehenamen* gewählt, folgt das Kind nach § 1617c Abs 1. Haben sie während
des *Bestands der Stiefelternehe* gemeinsames Sorgerecht begründet, so steht ihnen
der Kindesname *nicht* nach § 1617b zur Disposition – die fortdauernde, von den
Ehegatten konsentierte Integration des Kindes in die Stiefelternfamilie hat hier den
Vorrang (Fachausschuss Standesbeamte StAZ 2005, 49, 50). **Eine Neubestimmung nach
§ 1617b Abs 1 kommt also nur in Betracht nach Auflösung der Stiefelternehe**, wenn
die Eltern zwar gemeinsames Sorgerecht begründet, aber keinen Ehenamen gewählt
haben.

Bei „erteilender Einbenennung" ist mit Zustimmung des anderen Elternteils (oder
deren gerichtlicher Ersetzung, § 1618 S 3, 4) der Bezugspunkt des Kindesnamens
ausgetauscht worden: statt des Individualnamens des anderen Elternteils ist dies
nunmehr der Ehename aus der Stiefelternehe (s § 1618 Rn 3). Daran bleiben die
Eltern auch bei späterer Begründung gemeinsamen Sorgerechts, selbst nach Auflösung der Stiefelternehe, gebunden (vgl § 1617c Rn 27, § 1618 Rn 45; s aber auch § 1617c
Rn 4 bei Wahl eines Ehenamens).

b) Begründung gemeinsamen Sorgerechts

9 Das gemeinsame Sorgerecht der Eltern darf erst begründet worden sein, nachdem
das Kind bereits einen Geburtsnamen erworben hat (s aber auch Rn 18). Da gesetzlicher Namenserwerb nach § 1617a Abs 1 stets im Moment der Geburt stattfindet,
kommt es also auf die **nachgeburtliche Begründung des gemeinsamen Sorgerechts** an.
Typischer Fall ist die **Heirat** der Eltern ohne Bestimmung eines Ehenamens (§ 1626a
Abs 1 Nr 2) oder die Abgabe von **Sorgeerklärungen** für ein Kind, dessen Eltern bei
der Geburt nicht miteinander verheiratet waren (zunächst Alleinsorge der Mutter
und Muttername nach §§ 1626a Abs 2, 1617a Abs 1). Die Eltern können aber auch
erst nach einem Umweg über die Vatersorge zum gemeinsamen Sorgerecht gelangt
sein (§§ 1626a Abs 2, 1672 Abs 1, 1672 Abs 2 S 1). War ein Elternteil bei der Geburt
nach § 1671 alleinsorgeberechtigt, kann gemeinsames Sorgerecht später nach § 1696
erworben werden (STAUDINGER/COESTER [2006] § 1696 Rn 34).

10 Es muß sich um den **erstmaligen Erwerb des gemeinsamen Sorgerechts** nach Kindesgeburt handeln. Haben die Eltern dabei die Option des § 1617b Abs 1 ungenutzt
verstreichen lassen (zur Dreimonatsfrist s Rn 18 ff), so lebt das Wahlrecht nicht stets
erneut wieder auf, wenn die Eltern nach zwischenzeitlichem Verlust des gemein-

samen Sorgerechts dieses wieder erwerben – der Gesetzeszweck zielt auf Korrektur gesetzlichen Namenserwerbs, nicht aber auf ständige Umbesinnung (Rn 6 ff).

Das gemeinsame Sorgerecht ist sowohl **Entstehungs- wie auch Bestandsvoraussetzung** 11 des Neubestimmungsrechts, dh es muß auch noch dann bestehen, wenn das Bestimmungsrecht ausgeübt wird. Geht das gemeinsame Sorgerecht vorher wieder verloren (Tod eines Elternteils, Sorgerechtsentzug), so hat sich der Grund für eine Neubestimmung des Kindesnamens erledigt; eine Ausübung durch den Alleinsorgeberechtigten oder einen Vormund/Pfleger wie bei § 1617 (dort Rn 11) kommt nicht in Betracht, denn das Kind trägt schon einen Namen (Lipp/Wagenitz Rn 14).

3.   Wählbare Namen

a)   Grundsatz
Für die nach Abs 1 S 1 inhaltlich scheinbar offene Neubestimmung verweist S 4 auf 12 § **1617 Abs 1**, dh es stehen nur der von der Mutter oder vom Vater geführte Name zur Auswahl (zum maßgeblichen Zeitpunkt Rn 13). Da das Kind regelmäßig einen dieser Namen schon trägt, läuft die Neubestimmung auf eine **Umbenennung in den anderen Elternnamen** hinaus; den vom Kind schon geführten Namen können die Eltern nicht „neu bestimmen".

Im einzelnen gelten die zu § 1617 dargelegten Grundsätze (s dort Rn 21 ff); insbesondere können die Eltern auch jetzt einen unechten Doppelnamen zum Kindesnamen bestimmen oder auch nur einen Bestandteil davon (§ 1617 Rn 23, 24).

b)   Maßgeblicher Zeitpunkt
Wählbar sind nur **zur Zeit der Neubestimmung geführte Namen** (Abs 1 S 4 iVm 13 § 1617 Abs 1 S 1; Lipp/Wagenitz Rn 10). Die Umbenennung darf nicht die teilweise Namenseinheit der Familie preisgeben. Vor der Neubestimmung abgelegte oder geänderte Namen stehen deshalb nicht mehr zur Wahl.

c)   Problemfälle
aa)   Verhältnis zu § 1617 Abs 1 S 3
Die Wahlfreiheit der Eltern kann **durch § 1617 Abs 1 S 3 eingeschränkt** sein: Ist der 14 Name des ersten Kindes nach § 1617 bestimmt worden (auch gem § 1617 Abs 2 oder § 1617b Abs 1 [vgl auch § 1617 Rn 49], nicht aber bei gesetzlichem Erwerb [s § 1617 Rn 47 f]), bestand bei der Geburt des zweiten Kindes Alleinsorge der Mutter (§ 1626a Abs 2) und hat dieses Kind deshalb seinen Namen nach § 1617a Abs 1 erhalten (s § 1617a Rn 14 ff), und begründen die Eltern dann gemeinsames Sorgerecht auch für das zweite Kind, so ist ihr nach § 1617b Abs 1 grundsätzlich entstehendes Neubestimmungsrecht gleichzeitig inhaltlich durch § 1617 Abs 1 S 3 gebunden bzw aufgehoben: Stimmten die Namen der Kinder trotz unterschiedlicher Grundlagen inhaltlich überein, schließt § 1617 Abs 1 S 3 eine andere Bestimmung durch die Eltern aus. Waren die Namen der Kinder verschieden, entsteht die gesetzliche Präjudizwirkung des Erstnamens auf weitere Kinder gem § 1617 Abs 1 S 3 zugleich mit dem Bestimmungsrecht; dieses ist nicht – wenngleich inhaltlich gebunden – auszuüben, vielmehr erwirbt das zweite Kind den Namen seines älteren Geschwisters kraft Gesetzes im Moment der Begründung des gemeinsamen Sorgerechts (BayObLG FamRZ 2001, 856 f; Lipp/Wagenitz Rn 12; FamRefK/Wax Rn 7; Palandt/Diederichsen Rn 6; Fachausschuss Stan-

desbeamte StAZ 2004, 179; 2003, 305, 306; aM BAMBERGER/ROTH/ENDERS Rn 6), vorbehaltlich allerdings des hier analog anzuwendenden Persönlichkeitsschutzes des älteren Kindes (vgl Rn 22).

bb) Verhältnis zu § 1617c Abs 2 Nr 2

15 Hat sich der elterliche Bezugsname gem § 1617a Abs 1 geändert und ist dann gemeinsames Sorgerecht der Eltern begründet worden, so ist der Kindesname in zwei Schritten zu beurteilen: Zunächst regelt ausschließlich § 1617c Abs 2 Nr 2, ob das Kind der elterlichen Namensänderung folgt. Im zweiten Schritt kann eine Neubestimmung des so ermittelten Kindesnamens erfolgen (allerdings auch hier Persönlichkeitsschutz des Kindes entspr § 1617c Abs 1, s § 1617b Abs 1 S 3, 4).

cc) Verhältnis zu § 1618

16 Eine Namenswahl nach § 1617b Abs 1 kommt hier nur in zwei Fällen in Betracht: für das „nachziehend" einbenannte (Rn 8) und für das nicht einbenannte Kind.

Ist das Kind kraft **Einbenennung** dem heiratsbedingten Namenswechsel seines sorgeberechtigten Elternteils gefolgt (vgl § 1617c Abs 2 Nr 2; § 1618 Rn 3 sowie oben Rn 8), so stehen die nach Auflösung der Stiefelternehe gemeinsam sorgeberechtigt gewordenen Eltern in derselben Situation wie ohne Einbenennung – das Kind trägt den Namen eines Elternteils, wählbar ist nur der andere (Rn 12; vgl auch Rn 15).

Ist das Kind nicht einbenannt worden, führt es (wegen des Vorbehalts in § 1617c Abs 2 Nr 2) einen anderen Namen als sein sorgeberechtigter Elternteil, und zwar den originär nach § 1617a Abs 1 erworbenen. Insofern könnte das Neubestimmungsrecht der Eltern aus § 1617b Abs 1 zum Zuge kommen. Jedoch darf dabei der von §§ 1617c Abs 2 Nr 2, 1618 bezweckte Schutz des Stiefelternteils vor unfreiwilliger Weitergabe seines Namens an Stiefkinder (vgl § 1617c Rn 41) nicht unterlaufen werden: Die gesetzliche Konzeption ist zwar verfehlt (§ 1617c Rn 42), aber als geltendes Recht zu respektieren. Die gemeinsam sorgeberechtigt gewordenen Eltern dürfen deshalb nicht den von dem Elternteil geführten Namen wählen, der mit dem Dritten verheiratet ist – dies würde auf eine „kalte Einbenennung" ohne Zustimmung des Dritten hinauslaufen (ähnlich LIPP/WAGENITZ Rn 11; aM HWB/WAGENITZ/BORNHOFEN Rn 25). Es steht nur der Name des anderen Elternteils zur Wahl. Diese Wahl ist auch sinnvoll, weil der Kindesname bisher mit keinem seiner Eltern übereinstimmt.

17 Von dieser Einschränkung werden die Eltern jedoch *frei*, wenn die **Stiefelternehe zum Zeitpunkt der Neubestimmung bereits aufgelöst** ist, der geschiedene Elternteil aber den in dieser Ehe erworbenen Namen noch fortführt (vgl Rn 8, 16). „Erheiratete Namen" können ohne weiteres an Kinder weitergegeben werden (§ 1617 Rn 22), der geschiedene Stiefelternteil wird nicht mehr geschützt. Eine Konkurrenz zu § 1618 besteht nicht mehr, weil eine Einbenennung nicht mehr möglich ist (§ 1618 Rn 13; vgl zum ganzen auch LIPP/WAGENITZ Rn 11).

4. Neubestimmung durch die Eltern

a) Grundsätze

18 Hinsichtlich der **Bestimmungserklärungen** (Rechtsnatur, Form, Empfangszuständigkeit usw) gilt dasselbe wie bei § 1617 (s dort Rn 26 ff). Trotz grundsätzlicher Bedingungsfeindlichkeit (§ 1617 Rn 26) kann die Bestimmung unter der Rechtsbedingung künftigen gemeinsamen Sorgerechts erfolgen (OLG Frankfurt StAZ 2005, 181 f: aber Auslegung, ob wirklich schon Bestimmung iS § 1617b Abs 1 gewollt war – in concreto [Geburtsanzeige] abgelehnt). Allerdings ist die Option der Eltern zur Umbenennung des Kindes **befristet** auf **drei Monate nach Begründung des gemeinsamen Sorgerechts**, Abs 1 S 1. Sinn der Vorschrift ist, schnell Klarheit über die namensrechtlichen Auswirkungen der neuen sorgerechtlichen Verhältnisse zu schaffen. Bei elterlichem Dissens oder Fristversäumung aus anderen Gründen bleibt es beim bisherigen Kindesnamen, es gibt keine staatliche Schlichtungshilfe wie in § 1617 Abs 2 oder § 1628 (vgl § 1617c Rn 12). Eine spätere Namensbestimmung ist unwirksam (Ausschlußfrist, OLG Frankfurt StAZ 2004, 272, 273; s nachf Rn 19).

Die **Frist beginnt** mit der Begründung der gemeinsamen Sorge, dh gem § 187 mit der **19** Eheschließung der Eltern, mit der formgerechten Abgabe beider nach § 1626a Abs 1 Nr 1 erforderlichen Sorgeerklärungen (uU auch erst nach Vorliegen der nach § 1626c Abs 2 erforderlichen Zustimmung bzw deren gerichtlicher Ersetzung oder der Etablierung der Vaterschaft bei insoweit bedingten Sorgeerklärungen, Rn 18, vgl Fachausschuss Standesbeamte StAZ 2003, 86, 87, bzw bei vorheriger Heirat, vgl [unrichtig] Fachausschuss Standesbeamte StAZ 2006, 239) oder mit der Rechtskraft eines die gemeinsame Sorge anordnenden Gerichtsbeschlusses nach § 1672 Abs 2 S 1 oder § 1696 Abs 1. Der Beginn des Fristlaufs ist im übrigen davon unabhängig, ob den Eltern die Frist oder die Bedeutung der Fristversäumung bekannt ist (OLG Düsseldorf StAZ 2004, 71, 72; 2006, 74, 75; LG Kassel StAZ 2003, 173 f; MünchKomm/VON SACHSEN GESSAPHE Rn 14; BAMBERGER/ROTH/ENDERS Rn 4). Anderes kann bei behördlicher Falschinformation gelten (OLG Düsseldorf StAZ 2004, 71, 72; OLG Frankfurt StAZ 2004, 272, 273 mwNw), nicht aber schon bei unterbliebener Belehrung durch das Jugendamt anläßlich der Beurkundung der Sorgeerklärungen (OLG Frankfurt aaO).

Die **Frist endet** drei Monate nach ihrem Beginn (Einzelheiten s § 188 Abs 2). Hatte bei **20** Begründung des gemeinsamen Sorgerechts ein Elternteil seinen gewöhnlichen Aufenthalt im **Ausland**, endet die Frist gem Abs 1 S 2 nicht vor Ablauf eines Monats nach Rückkehr in das Inland. Diese Vorschrift ist gänzlich mißglückt, wenn man „gewöhnlichen Aufenthalt" im üblichen kollisionsrechtlichen Sinn als „dauerhaften Lebensmittelpunkt" versteht, der vom „schlichten Aufenthalt" zu unterscheiden ist (vgl nur PALANDT/HELDRICH Art 5 EGBGB Rn 10, 11; zur familienrechtlichen Verwendung des Begriffs STAUDINGER/SALGO [2006] § 1687 Rn 10, 14). Schlichter Aufenthalt im Inland, etwa zur Abgabe der Sorgeerklärungen oder zum Zweck der Heirat, stände der Fristverlängerung demnach nicht im Wege. Als „Rückkehr in das Inland" wäre nur eine Verlagerung des gewöhnlichen Aufenthalts hierher zu verstehen – oder soll jede Wiedereinreise die Nachfrist auslösen? Ungereimtheiten bis hin zum praktisch unbefristeten Neubestimmungsrecht (bei bleibendem gewöhnlichen Aufenthalt im Ausland) lassen sich nur dann vermeiden, wenn man den Zusatz „gewöhnlichen" wegdenkt und Aufenthalt sowie Rückkehr in faktisch-physischem Sinne versteht. *Nach* der Begründung der gemeinsamen Sorge eintretender Auslandsaufenthalt verlängert die Frist jedenfalls nicht, auch nicht die Wiederausreise vor Ablauf der drei Monate; hier müssen die Eltern auf die fristgerechte Wahrung ihrer Rechte achten.

Im Moment des Fristablaufs müssen **alle Wirksamkeitsvoraussetzungen** der Neube- **21** stimmung des Namens erfüllt sein, einschließlich eines möglicherweise erforderlichen Namensanschlusses des Kindes (Lipp/Wagenitz Rn 15; vgl OLG Düsseldorf StAZ 2006, 74, 75 [in concreto allerdings verfehlt, da mangels ändernder Namensbestimmung gar keine Anschlußerklärung erforderlich war]). Dies umschließt den *Zugang* beim zuständigen Standesbeamten (vgl § 31a Abs 2 S 1 PStG), Erklärungen gegenüber einem unzuständigen Standesbeamten wahren die Frist nicht (anders nur, wenn dieser die rechtzeitige Weiterleitung an den zuständigen Standesbeamten pflichtwidrig unterläßt, vgl BayObLG StAZ 1996, 16, 17 f; StAZ 1997, 10 f; KG StAZ 1997, 175; OLG Rostock StAZ 1996, 367, 368 f).

b)   Anschlußerklärung des älteren Kindes, Abs 1 S 3, 4 iVm § 1617c Abs 1 S 2, 3, Abs 3

22   Da die Neubestimmung des Namens zu einer Namensänderung führt, sieht das Gesetz denselben Schutz des Kindes vor unerwünschtem Namensverlust vor wie bei der Namensfolge nach elterlichen Namensänderungen: Ab fünf Jahren muß sich das Kind „anschließen" (Abs 1 S 3), was der Sache nach eine Zustimmung zur elterlichen Neubestimmung bedeutet; wegen der Einzelheiten ist auf § 1617c Abs 1 zu verweisen (s dort Rn 10 ff, 14 ff). Maßgeblicher Zeitpunkt für das Kindesalter ist, da es auf den effektiven Namenswechsel ankommt, der Moment, in dem die Neubestimmung wirksam wird. Auch die Anschlußerklärung des Kindes muß noch innerhalb der Dreimonatsfrist vorliegen.

c)   Wirkung der Neubestimmung

23   Mit Wirksamwerden der Neubestimmung ändert sich der Kindesname für die Zukunft, im Geburtenbuch ist ein entsprechender Randvermerk einzutragen (§ 30 PStG; Ersteintrag hingegen, wenn die Geburt noch nicht beurkundet war, vgl § 1617 Rn 9, 79). War das **Kind schon verheiratet** und war sein Name zum Ehenamen gewählt worden, folgt dieser der Änderung nur, wenn sich auch der Ehegatte anschließt, Abs 1 S 4 iVm § 1617c Abs 3 (s § 1617c Rn 45 ff). Die Dreimonatsfrist des Abs 1 gilt für diese Anschlußerklärung nicht. Handelte es sich um das erste Kind, für das die Eltern einen Namen bestimmt haben, tritt **für weitere Kinder** die **Bindungswirkung** des § 1617 Abs 1 S 3 ein (vgl Rn 14 sowie § 1617 Rn 48; BayObLG FamRZ 2001, 856 f; Fachausschuss Standesbeamte StAZ 2004, 179 [dazu auch § 1617 Rn 49]).

III.   Wegfall der Vaterschaft, Abs 2

1.   Grundsatz

24   Ist die Vaterschaft eines Mannes, der bisher gem § 1592 Nr 1, 2 als Vater des Kindes galt, erfolgreich angefochten worden (§§ 1599 Abs 1, 1600 ff, 1600e), oder ist eine gerichtliche Vaterschaftsfeststellung (§§ 1592 Nr 3, 1600d) im Restitutionsverfahren aufgehoben worden (§ 640i ZPO), so ist die Vaterschaft rechtlich rückwirkend beseitigt (entspr Anwendung auf § 1599 Abs 2: Rn 29). Ist der Geburtsname des Kindes vom Namen des Mannes als vermeintlichem Vater abgeleitet gewesen, so ist hierfür – ebenfalls rückwirkend – die Grundlage entfallen. Nach altem Recht fiel das Kind automatisch auf den Mutternamen zurück (§ 1617 Abs 1 aF), was idR mit einem Namenswechsel verbunden war (vgl Staudinger/Coester12 § 1617 Rn 19; ausführl zur intertemporalen Rechtslage Fachausschuss Standesbeamte StAZ 2006, 20 f). § 1617b Abs 2 will demgegenüber das Kontinuitätsinteresse des Kindes an seinem Namen stärker schüt-

zen. Einen Namenswechsel muß das Kind nur erdulden, wenn es diesen selbst beantragt oder wenn wegen seines geringen Alters seine Identifikation mit dem Familiennamen und damit sein Kontinuitätsinteresse noch nicht stark ausgeprägt sind – in diesem Fall genügt ein Antrag des Scheinvaters, der sich auch namensrechtlich von dem Kind trennen will. Stets bedarf es also eines *Antrags* (des Kindes oder des Scheinvaters), ein Wechsel des Kindesnamens kraft Gesetzes findet niemals statt.

2. Tatbestand

a) Familienname des Scheinvaters als Bezugspunkt für den Geburtsnamen des Kindes

Der Kindesname muss *unmittelbar* an den Vaternamen anknüpfen; so bei Namens- **25** bestimmungen nach § 1617 oder 1617b Abs 1 oder bei Namenserteilung nach § 1617a Abs 2 (in seltenen Ausnahmefällen auch nach § 1617a Abs 1). Hier kommt es nicht darauf an, ob es sich im Moment des kindlichen Namenserwerbs um den Geburtsnamen des Scheinvaters oder um seinen aus einer Vorehe erworbenen Namen handelte; auch durch Hinzufügung eines Begleitnamens gebildete Doppelnamen sind (als nunmehr echte Doppelnamen) auf das Kind übergegangen.

Es genügt aber auch eine nur *mittelbare* Herleitung des Kindesnamens vom Mannes- **26** namen, nämlich wenn dieser gem § 1355 Abs 1, 3 zum **Ehenamen** bestimmt worden ist und als solcher gem §§ 1616 oder 1617c Abs 1 auf das Kind übertragen worden ist (LIPP/WAGENITZ Rn 21; BAMBERGER/ROTH/ENDERS Rn 7; AnwKomm-BGB/LÖHNIG Rn 7; aM PALANDT/DIEDERICHSEN Rn 14, 19; RAUSCHER, FamR Rn 915). Hier geht es nach Wegfall der Vaterschaft nicht um Fortführung des Vaternamens oder Wechsel zum Mutternamen, sondern nur darum, ob das Kind den (auch von der Mutter geführten) Namen künftig weiterhin von der *Ehegemeinschaft* Mutter/Scheinvater ableiten will oder vom *Individualnamen* der Mutter. Ein Interesse des Kindes an der erstgenannten Alternative ist nicht denkbar: Die Anknüpfung an die (in aller Regel zerbrechende) Ehegemeinschaft würde den Kindesnamen praktisch versteinern, dh Namenseinheit in der sozialen Teilfamilie Mutter/Kind wäre (vorbehaltlich einer neuen Ehe und Einbenennung, § 1618) nicht mehr herstellbar. Hieraus könnte man folgern, daß § 1617b Abs 2 von vornherein nicht anwendbar ist, sondern daß das Kind *automatisch* auf den Namen der Mutter gem § 1617a Abs 1 zurückfällt (so insbesondere RAUSCHER, FamR Rn 915). Anderseits ist zu bedenken, daß dies auch ohne Namenswechsel der Mutter zu einer Namensänderung des Kindes führen kann, die die Beteiligten uU nicht bemerken: Führte die Mutter zum Ehenamen „Rot" ihren Geburtsnamen „Grün" als Begleitnamen (§ 1355 Abs 4 S 1), so würde aus dem Kindesnamen „Rot" mit Wegfall der Vaterschaft des Ehemannes ohne weiteres „Rot-Grün" (als echter Doppelname, vgl § 1617a Rn 13). Das Antragserfordernis des § 1617b Abs 2 hat den Vorteil, daß es Kind und Mutter zur Kenntnisnahme und Auseinandersetzung mit den namensrechtlichen Konsequenzen nötigt; da das Antragsrecht unbefristet ist (Rn 33), drohen Rechtsverluste nicht.

Zwischenzeitliche Änderungen des Bezugsnamens, denen der Kindesname gem **27** § 1617c Abs 2 Nr 1 oder 2 gefolgt ist, haben die Ableitung des Kindesnamens vom Vaternamen nicht unterbrochen, sondern sogar aktuell aufrechterhalten; sie stehen der Anwendung des § 1617b Abs 2 also nicht entgegen. Weniger klar, aber iE ebenso zu beurteilen, ist die Situation, wenn das Kind sich einer Änderung des Bezugsnamens *nicht angeschlossen* hat (vgl § 1617c Abs 1 S 2, 3). Dann führt es zwar nicht mehr den aktuellen, sondern einen früheren Vaternamen als Geburtsnamen; der Wegfall der Vaterschaft beseitigt aber auch hierfür die Grundlage.

28 § 1617b Abs 2 ist auch anwendbar, wenn das Kind den vom Scheinvater abgeleiteten Namen inzwischen **mit einem anderen Namen verbunden** hat – entweder mit dem eines Stiefvaters (§ 1618 S 2) oder der Adoptiveltern (§ 1757 Abs 4 Nr 2) oder dem seines Ehegatten (§ 1355 Abs 4 S 1).

29 b)   Rechtskräftige **Feststellung der Nicht-Vaterschaft** des namensprägenden Mannes (dazu Rn 24). Dem ist, obwohl vom Gesetz nicht erwähnt, ein Vaterschaftswechsel gem § 1599 Abs 2 gleichzustellen (HWB/WAGENITZ/BORNHOFEN Rn 70 ff; HEPTING FPR 2002, 115, 120; AnwKomm-BGB/LÖHNIG Rn 8).

3.   Antrag auf Wechsel zum Mutternamen

30 Der Kindesname bleibt vom Wegfall der Vaterschaft grundsätzlich unberührt, **nur auf Antrag** findet ein Wechsel in den Mutternamen statt.

Wird **kein Antrag** gestellt, bleibt der Mannesname weiterhin Anknüpfungspunkt für den Kindesnamen – auch im Hinblick auf **spätere Änderungen** dieses Bezugsnamens (§ 1617c Abs 2 Nr 1, wenn Ehename; § 161c Abs 2 Nr 2 in sonstigen Fällen; vgl HWB/ WAGENITZ/BORNHOFEN Rn 75). Stehen spätere Änderungen des Kindesnamens an, die *nicht* der Folge des Mannesnamens dienen, so ist zu unterscheiden: Ist es nach der Änderungsnorm gleichgültig, welchen Namen das Kind bisher getragen hat, so kann das Kind unmittelbar vom Mannesnamen in den neuen Namen wechseln. Dies ist vor allem der Fall, wo auf eine neue Familiensituation reagiert werden soll: Ehenamenswahl der Eltern, § 1617c Abs 1; erstmaliges gemeinsames Sorgerecht der Eltern, § 1617b Abs 1 (vgl auch Rn 4); Einbenennung, § 1618 S 1 (vBARGEN StAZ 2001, 73 f; COESTER StAZ 2001, 229 f; **aM** GAAZ StAZ 2000, 357, 362; 2001, 74; Fachausschuss Standesbeamte StAZ 2002, 309 f). Baut aber eine Änderungsnorm (ausnahmsweise) darauf auf, dass das Kind bisher den *Mutternamen* trägt (so § 1617a Abs 2, s dort Rn 17, 24, 25), muß das Kind *zunächst* gem § 1617b Abs 2 zu diesem zurückkehren (bevor ihm der Vatername erteilt werden kann; **aM** vBARGEN aaO; PALANDT/DIEDERICHSEN Rn 19). Gleiches gilt bei Namensfolge nach § 1617c Abs 2 Nr 2 (Mutter kehrt gem § 1355 Abs 5 S 2 zu früherem Namen zurück), wenn der Mannesname als Ehename auf das Kind übergegangen war (Rn 26) – hier muß das Kind zunächst zum Individualnamen der Mutter wechseln, bevor es deren Namensänderung folgen kann (Fachausschuss Standesbeamte StAZ 2006, 266). In der Einwilligung eines Kindes ab fünf Jahren nach § 1617a Abs 2 S 2 oder in seiner Anschlußerklärung gem § 1617c Abs 2 S 2, Abs 1 kann allerdings ohne weiteres *auch* ein Antrag iS § 1617b Abs 2 gesehen werden (Rn 35).

a)   Antragsberechtigung
aa)   Antrag des Mannes
31 Der Gesetzgeber hat einen Ausgleich gesucht zwischen den Interessen des Kindes an Namenskontinuität und dem Interesse des Scheinvaters an namensrechtlicher Distanzierung vom Kind. Demgemäß gilt folgende Unterscheidung:

Bis zum Alter von fünf Jahren liegt beim Kind noch keine starke Identifikation mit dem Familiennamen vor; innerhalb der Familie wird der Vorname gebraucht, mit der Außenwelt besteht noch kein wesentlicher und eigenständiger Kontakt (vgl ENGLER FamRZ 1971, 78; KOUMAROS 13; zur 5-Jahres-Grenze vgl auch §§ 1617a Abs 2 S 2, 1617b Abs 1 S 3, 1617c Abs 1 S 1, 1618 S 3). Das gesteigerte Interesse des Kleinkinds an einer Namenseinheit mit dem Betreuungselternteil weist bei Vaterschaftsanfechtung aber gerade auf die Mutter. Jedenfalls mangels erheblicher Interessen des Kindes am Vaternamen **überwiegt deshalb das Distanzierungsinteresse des Scheinvaters**, sofern er darauf Wert legt (dh einen Antrag stellt).

Ab dem fünften Geburtstag tritt das Kind verstärkt in die Außenwelt (Kindergarten, **32** Schule) und identifiziert sich zunehmend auch mit seinem Familiennamen. Deshalb dominiert von nun an das Kontinuitätsinteresse des Kindes, über das nur noch es selbst disponieren kann (§ 1617c Rn 9). Der Scheinvater hat keine Antragsberechtigung mehr, auch nicht mit Zustimmung des Kindes (er muß ein älteres Kind zur eigenen Antragstellung bewegen). Im Ergebnis erweist sich das **Antragsrecht des Mannes** als auf die ersten fünf Lebensjahre des Kindes **befristet** (PALANDT/DIEDERICHSEN Rn 16).

bb) Antrag des Kindes
Das Kind kann **jederzeit** nach Wegfall der Vaterschaft den Namenswechsel bean- **33** tragen, auch schon vor Erreichung des fünften Geburtstages und selbst nach Erreichung der Volljährigkeit (LIPP/WAGENITZ Rn 28; PALANDT/DIEDERICHSEN Rn 16). Es besteht auch **keine Frist** zur Antragstellung nach Wegfall der Vaterschaft (LIPP/WAGENITZ Rn 28; HWB/WAGENITZ/BORNHOFEN Rn 76). Zur Kompetenz und Vertretung des Kindes s Rn 36.

cc) Kein Antragsrecht der Mutter
Ein eigenes Interesse der Mutter an einem Namenswechsel des Kindes wäre durch- **34** aus denkbar – insbesondere an Namenseinheit mit dem von ihr betreuten Kind oder an Kennzeichnung der wahren väterlichen Abstammung (über §§ 1616 oder 1617b Abs 1). Dennoch gesteht das Gesetz der Mutter kein eigenes Antragsrecht zu; als gesetzliche Vertreterin des Kindes kann sie jedoch auch ihre Interessen einbringen (PALANDT/DIEDERICHSEN Rn 16; FamRefK/WAX Rn 16). Dieser Ausweg versagt jedoch, wenn der Mutter das Vertretungsrecht für das Kind nicht zusteht. Die Situation ähnelt der bei der Vaterschaftsanfechtung nach altem Recht; in § 1600 hat der Gesetzgeber der Kritik am fehlenden Anfechtungsrecht der Mutter nachgegeben, § 1617b Abs 2 steht dazu in gewissem Widerspruch (ausführlich LÖHNIG, Das Recht des Kindes nicht miteinander verheirateter Eltern [2. Aufl 2004] Rn 165).

b) Antragstellung
aa) Antrag als Willenserklärung
Der „Antrag" hat die **gleiche rechtliche Qualität wie namensrechtliche Bestimmungs-** **35** **erklärungen**, eine behördliche oder gerichtliche Entscheidung über ihn ist nicht vorgesehen (s Rn 37). Deshalb gelten die zu § 1617 dargelegten Grundsätze hinsichtlich Rechtsnatur, Form, Empfangszuständigkeit etc hier entsprechend, Abs 2 S 2, 3 (s § 1617 Rn 26 ff; § 1617c Rn 19 ff). Schließt sich das Kind, das noch den Namen des Scheinvaters trägt, unvermittelt der Namensänderung der Mutter oder einer Namensbestimmung seiner Eltern (nach § 1617a Abs 2, 1617b Abs 1, 1618) an, so kann

darin im Wege der *Auslegung* auch zugleich ein „Antrag" nach § 1626 Abs 2 gesehen werden, der den Kindesnamen zunächst (für eine „logische Sekunde") auf den originären Mutternamen „zurückstellt" (Coester StAZ 2001, 229, 230; **abl** Palandt/Diederichsen Rn 19; vgl auch oben Rn 30 und unten Rn 44).

bb) Handlungsfähigkeit und Vertretung des Kindes

36 Hinsichtlich der Handlungsfähigkeit des Kindes sind verschiedene **Altersstufen** zu unterscheiden:

– **Bis zum Alter von einschließlich 6 Jahren** kann allein der gesetzliche Vertreter den Antrag nach Abs 2 stellen (idR die gem § 1626a Abs 2 sorgeberechtigte Mutter). Das gleiche gilt für **geschäftsunfähige** Kinder (§§ 104 Nr 2, 105 Abs 1).

– **Zwischen 7 und 13 Jahren** kann gem § 107 entweder das Kind selbst mit Zustimmung seines gesetzlichen Vertreters oder dieser allein für das Kind handeln (vgl § 1617c Rn 16).

– Das minderjährige Kind **zwischen 14 und 17 Jahren** kann den Antrag **nur selbst** stellen, bedarf allerdings der Zustimmung des gesetzlichen Vertreters (§§ 1617b Abs 2 S 3 iVm 1617c Abs 1 S 2). Der Persönlichkeitsschutz des Kindes ist hier gewissermaßen durch ein Vetorecht des Kindes verstärkt (vgl § 1617c Rn 17).

– Das **volljährige** (und nicht geschäftsunfähige) Kind nimmt sein Antragsrecht allein wahr (Palandt/Diederichsen Rn 16).

4. Wirksamwerden und Wirkung des Antrags

a) Grundsatz

37 Der Antrag wird **wirksam mit Zugang** beim zuständigen Standesbeamten (beim Kindesantrag ggf erst bei Vorliegen auch der Zustimmung des gesetzlichen Vertreters) und **bewirkt** damit **ex lege den Namenswechsel des Kindes**. Es handelt sich deshalb der Sache nach um eine namensrechtliche Gestaltungserklärung, nicht um einen Antrag, über den zu entscheiden wäre (Rn 35).

b) Rückwirkender Erwerb des Mutternamens

38 Das Kind erwirbt den Namen, „den die Mutter im Zeitpunkt der Geburt des Kindes führt" – richtiger: geführt hat. Damit soll der eigentlich angebrachte Namenserwerb des Kindes nach § 1617a Abs 1 nachgezeichnet werden (zum Mutternamen ie deshalb § 1617a Rn 13). Da faktisch jedoch eine Namensänderung vorliegt, ist ein entsprechender Randvermerk (nicht Originaleintrag) im Geburtenbuch vorzunehmen. Der rückwirkende Bezug auf den Mutternamen zZ der Geburt bedeutet im einzelnen:

aa) Muttername identisch mit dem scheinväterlichen Bezugsnamen

39 Diese Situation ist gegeben, wenn die Mutter mit dem Scheinvater dessen Namen als **Ehenamen** gewählt hatte. Trotz Namensgleichheit von Mutter und Scheinvater ist § 1617b Abs 2 dennoch nicht bedeutungslos: Es findet zwar kein aktueller Namenswechsel des Kindes statt (vorbehaltlich Rn 40, 41), wohl aber eine **Auswechslung des Bezugspunkts für den Kindesnamen**: Statt des „Ehenamens" ist künftig der **Individualname der Mutter** maßgeblich (Lipp/Wagenitz Rn 21; HWB/Wagenitz/Bornhofen

Rn 87; GAAZ StAZ 2000, 357, 362; Fachausschuss Standesbeamte StAZ 2003, 86, 87; AnwKomm-BGB/LÖHNIG Rn 39). Dies gilt insbesondere für **Namensänderungen auf der Elternebene**; hier folgt der Kindesname nicht mehr dem Schicksal des Ehenamens (§ 1617c Abs 2 Nr 1), sondern dem Mutternamen nach **§ 1617c Abs 2 Nr 2**. Das wirkt sich vor allem bei Namenswechseln der Mutter nach Eheauflösung aus (§ 1355 Abs 5 S 2; vgl § 1617a Rn 21 ff sowie unten Rn 41; Fachausschuss Standesbeamte StAZ 2001, 275, 276). Da der Namenswechsel das Kind so stellt, wie wenn es bei Geburt seinen Namen nach § 1617a Abs 1 erhalten hätte, sind darüber hinaus auch eine **Namenserteilung nach § 1617a Abs 2** oder eine **Neubestimmung des Namens nach § 1617b Abs 1** möglich (vgl Rn 4).

bb) Zwischenzeitliche Änderungen des Mutternamens

Mit dem Rückbezug auf den Mutternamen bei Geburt des Kindes will der Gesetz- **40** geber nicht aktuelle Namensverschiedenheit von Mutter und Kind riskieren, sondern nur zunächst die dem § 1617a Abs 1 entsprechende Ausgangsbasis für den Kindesnamen herstellen (Rn 38): Das Kind soll namensrechtlich so stehen, **wie wenn bei Geburt ein Erwerb nach § 1617a Abs 1 erfolgt wäre**. Das bedeutet aber auch, daß das Kind allen (vom Geburtszeitpunkt aus gesehen) späteren Namensänderungen der Mutter nach den Grundsätzen des **§ 1617c Abs 2 Nr 2** folgt und damit nach § 1617b Abs 2 **praktisch den Namen erhält, den die Mutter aktuell führt** (LG Köln StAZ 2002, 11 f; RAUSCHER, FamR Rn 922; AnwKomm-BGB/LÖHNIG Rn 13; LIPP/WAGENITZ Rn 21, 32; HWB/WAGENITZ/BORNHOFEN Rn 91; so schon zum bisherigen Recht STAUDINGER/COESTER[12] § 1617 Rn 19; DIECKMANN StAZ 1982, 268; MERGENTHALER StAZ 1981, 362, 363; RASCHAUER 180; zum geltenden Recht aA PALANDT/DIEDERICHSEN Rn 9; BAMBERGER/ROTH/ENDERS Rn 9; GAAZ StAZ 1998, 241, 248). Die schon überholten, nur für eine „logische Sekunde" eintretenden Namenswechsel können als „verdeckte Namensänderungen" bezeichnet werden (zum Begriff GAAZ StAZ 2000, 357 ff; vgl auch Rn 30, 43). Auf diese Weise wird Namenseinheit in der Teilfamilie von Mutter und Kind ermöglicht; die Namenssequenz ist im Randvermerk zum Geburtenbuch nachzuzeichnen.

Praktisch wichtigster **Beispielsfall** ist die **Rückkehr** der Mutter vom Ehenamen **zu** **41** **einem früheren Namen nach § 1355 Abs 5 S 2** nach Scheidung, aber noch vor rechtskräftiger Feststellung der Nicht-Vaterschaft. Hat sich die Mutter damit begnügt, nach § 1355 Abs 4 dem Ehenamen einen **Begleitnamen** hinzuzufügen, so wird aus dem bisherigen Kindesnamen ein entsprechender (echter) Doppelname (vgl § 1617 Rn 23; LIPP/WAGENITZ Rn 32; GAAZ StAZ 2000, 357, 362). Allerdings gilt der **Ausschlußtatbestand des § 1617c Abs 2 Nr 2** auch in diesem Zusammenhang: In ehebedingte Namensänderungen der Mutter folgt der Kindesname nicht (dazu § 1617c Rn 41 ff). Hat also die Mutter nach Scheidung der Ehe mit dem Scheinvater einen Dritten (nicht den Kindesvater) geheiratet und dessen Namen als Ehenamen übernommen, so erwirbt das Kind (vorbehaltlich einer Einbenennung nach § 1618) nach § 1617b Abs 2 **nur den früheren Mutternamen**. Die so verursachte Namensverschiedenheit von Mutter und Kind ist nur *eine* Ausprägung der verfehlten Konzeption der §§ 1617c Abs 2 Nr 2, 1618 (s § 1617c Rn 42).

Die Namensfolge des Kindes in zwischenzeitliche Namensänderungen der Mutter **42** muß aber, dem System des Kindesnamensrechts entsprechend, unter dem **Vorbehalt des Persönlichkeitsschutzes für das ältere Kind** stehen – **§ 1617c Abs 1** ist **analog** anzuwenden (LIPP/WAGENITZ Rn 32; zum bisherigen Recht: STAUDINGER/COESTER[12] § 1617

Rn 19; Dieckmann StAZ 1982, 270 f). Wegen des Rückbezugs des Namenswechsels nach § 1617b Abs 2 gelten aber folgende **Besonderheiten**:

Das Kontinuitätsinteresse des Kindes ist auf den bislang geführten Namen gerichtet, das Schutzbedürfnis entsteht in dem Zeitpunkt, zu dem ein aktueller Namenswechsel in Frage steht. Daraus folgt, daß auch hinsichtlich des im Stufensystem des § 1617c Abs 1 maßgeblichen Kindesalters nicht auf „juristische" Namensänderungen in der Vergangenheit, sondern allein auf den **aktuellen Wechselzeitpunkt gem § 1617b Abs 2 abzustellen ist**. Beispielsfall: Die Mutter ist nach Scheidung der Ehe mit dem Scheinvater zu ihrem Geburtsnamen zurückgekehrt, zu dieser Zeit war das Kind 4 Jahre alt; im Kindesalter von 5 ½ Jahren wird die Nicht-Vaterschaft festgestellt. Hier erwirbt das Kind gem § 1617b Abs 2 zunächst den Namen der Mutter zur Zeit seiner Geburt, dh es ändert sich noch nicht sein Name, wohl aber der Bezugspunkt (Rn 39). Dem späteren Namenswechsel der Mutter könnte das Kind nach § 1617c Abs 2 Nr 2 folgen: Für die Notwendigkeit seiner Anschlußerklärung ist nicht auf den mütterlichen Namenswechsel, sondern auf die *jetzt* in Frage stehende Namens- änderung des Kindes abzustellen – also bedarf es der Anschlußerklärung des jetzt 5 ½ jährigen Kindes.

43 Eine zweite Besonderheit besteht darin, daß – bei *mehreren* Namenswechseln der Mutter zwischen Geburt und Antrag nach § 1617b Abs 2 – **Persönlichkeitsschutz des Kindes nur bezüglich aktueller Namenswechsel** angebracht ist, nicht aber bezüglich solcher Namensänderungen, die nur eine rechtliche Zwischenstufe für den jetzt zu übernehmenden Namen darstellen, also nur für eine „juristische Sekunde" erworben worden sind. **Beispielsfall**: Die Mutter hatte in der Ehe mit dem Scheinvater zunächst einen aus einer Vorehe „erheirateten Namen" fortgeführt; als das Kind fünf Jahre alt war, bestimmte sie mit dem Scheinvater einen Ehenamen; nach Scheidung der Ehe kehrte sie zu ihrem Geburtsnamen zurück; nunmehr wird die Nicht-Vaterschaft festgestellt. Hier genügt eine Anschlußerklärung des Kindes an den Wechsel in den Geburtsnamen der Mutter; nur wenn das Kind sich insoweit nicht anschließt, wird die Frage relevant, ob es sich gem § 1617c Abs 1 der Namensänderung in den Ehenamen anschließt. Die Namenskette ist – bezüglich der Notwendigkeit eines Kindesanschlusses – also „rückwärts zu lesen".

44 Soweit eine Anschlußerklärung des Kindes erforderlich ist, bleibt **fraglich, ob diese stets in einem Kindesantrag nach § 1617b Abs 2 mitenthalten ist** (zur umgekehrten Frage- stellung s Rn 35). Abs 2 S 3 verweist **für den Antrag** des Kindes auf das Schutzsystem des § 1617c Abs 1. Damit ist aber nur die Abwägung zwischen Namenskontinuität und Wechsel in den Mutternamen angesprochen; stehen seit Geburt bis jetzt meh- rere Mutternamen zur Auswahl, bedarf es *nach* dem Antrag und grundsätzlichem Wechsel in den Mutternamen noch weiterer Anschlußentscheidungen. Ob diese im Antrag mitenthalten sind, kann nicht – anders als bei der umgekehrten Fragestellung Rn 35 – generell bejaht werden; vielmehr ist eine **Auslegung im Einzelfall** notwen- dig.

c) Erstreckung auf den Ehenamen des Kindes
45 Ist das Kind zur Zeit des Namenswechsels nach § 1617b Abs 2 schon verheiratet und ist sein Name Ehename geworden, so wirkt die Änderung seines Geburtsnamens nur dann auf den Ehenamen über, wenn der Ehegatte sich seinerseits anschließt. Zwar

verweist Abs 2 S 3 nicht auch auf die entsprechende Regelung in § 1617c Abs 3, dafür aber auf „§ 1617c Abs. 1 Satz … 3": Dieser Verweis ist sinnlos, weil sich die dort stehende Regelung schon in § 1617b Abs 2 S 2 findet. Es liegt ein offensichtliches Redaktionsversehen vor, gemeint ist der Verweis auf „§ 1617c Abs. 1 Satz 2 und Abs. 3" (PALANDT/DIEDERICHSEN Rn 18; HWB/WAGENITZ/BORNHOFEN Rn 94). Selbst wenn man dem nicht folgt, ergäbe sich eine entsprechende Regelung aus dem System des Kindesnamensrechts. Zu Einzelheiten der Anschlußerklärung des Ehegatten s § 1617c Rn 51 f.

d) Spätere Änderungen des Kindesnamens
Hinsichtlich späterer Änderungen steht der nach § 1617b Abs 2 erworbene Name **46** einem Namen nach § 1617a Abs 1 gleich (Rn 30, 40 ff). Zu Änderungen des Kindesnamens kann es deshalb kommen bei Namensänderungen der Mutter gem § 1617c Abs 2 Nr 2 oder wenn sie den Kindesvater heiratet und dessen Name Ehename wird (§ 1617c Abs 1). Der Vatername kann aber auch erteilt werden nach § 1617a Abs 2 (s dort Rn 24 und oben Rn 30) oder – nach Begründung gemeinsamer Sorge mit dem Vater – neubestimmt werden nach § 1617b Abs 1 (LIPP/WAGENITZ Rn 33; ohne Umweg über § 1617b Abs 2: Rn 30). Eine Einbenennung in eine Stiefvater-Ehe nach § 1618 ist ohnehin immer möglich.

§ 1617c
Name bei Namensänderung der Eltern

(1) Bestimmen die Eltern einen Ehenamen, nachdem das Kind das fünfte Lebensjahr vollendet hat, so erstreckt sich der Ehename auf den Geburtsnamen des Kindes nur dann, wenn es sich der Namensgebung anschließt. Ein in der Geschäftsfähigkeit beschränktes Kind, welches das 14. Lebensjahr vollendet hat, kann die Erklärung nur selbst abgeben; es bedarf hierzu der Zustimmung seines gesetzlichen Vertreters. Die Erklärung ist gegenüber dem Standesbeamten [ab 1. 1. 2009: „Standesamt"] abzugeben; sie muss öffentlich beglaubigt werden.

(2) Absatz 1 gilt entsprechend,

1. wenn sich der Ehename, der Geburtsname eines Kindes geworden ist, ändert oder

2. wenn sich in den Fällen der §§ 1617, 1617a und 1617b der Familienname eines Elternteils, der Geburtsname eines Kindes geworden ist, auf andere Weise als durch Eheschließung oder Begründung einer Lebenspartnerschaft ändert.

(3) Eine Änderung des Geburtsnamens erstreckt sich auf den Ehenamen oder den Lebenspartnerschaftsnamen des Kindes nur dann, wenn sich auch der Ehegatte oder der Lebenspartner der Namensänderung anschließt; Absatz 1 Satz 3 gilt entsprechend.

Materialien: KindRG Art 1 Nr 7; LPartG Art 2
Nr 10. STAUDINGER/BGB-Synopse 1896–2005
§§ 1616a, 1617c.

Schrifttum

S vor Vorbem 4 zu §§ 1616–1625 sowie zu
§ 1618.

Systematische Übersicht

Alphabetische Übersicht

I. Normbedeutung

1 Übergreifendes Thema der Vorschrift sind die **Auswirkungen, die eine spätere Änderung des elterlichen Bezugsnamens auf den Kindesnamen hat.** Dabei werden drei nach Absätzen getrennte Fragenkreise unterschieden:

– der **Übergang** bisher verschiedennamiger Eltern **zu einem Ehenamen, Abs 1**;

– die **Änderung des elterlichen Bezugsnamens, Abs 2**, handele es sich um den Ehenamen (Nr 1) oder einen elterlichen Individualnamen (Nr 2);

– die **Auswirkungen einer Kindesnamensänderung auf einen Ehenamen** des schon verheirateten Kindes, der sich vom bisherigen Kindesnamen ableitet, **Abs 3.**

Die Vorschrift entspricht im wesentlichen § 1616a aF. Die Gleichstellung von Eheschließung und Lebenspartnerschaft (Abs 2 Nr 2, Abs 3) erfolgte durch das LPartG 2001 (s noch unten Rn 25, 41).

2 Die Ausgestaltung der Regelungen ie wird durch **zwei gegenläufige Wertungsgesichtspunkte** geprägt: Einerseits will die Vorschrift die **(Wieder-)Herstellung familiärer Namenseinheit** trotz Namenswechsels einzelner Mitglieder ermöglichen; andererseits soll der „Nachfolgekandidat" (dh das Kind oder – in Abs 3 – dessen Ehegatte) davor geschützt werden, gegen seinen Willen seinen ihm bisher vertrauten Namen zu verlieren (**Persönlichkeitsschutz**). Der insoweit in § 1617c konkretisierte Interessenausgleich hat **Modellcharakter** auch für anderweitig geregelte Namenswechsel des Kindes – dort wird regelmäßig auf das „Anschlußmodell" des § 1617c Abs 1 S 2, 3, Abs 3 verwiesen (§§ 1617a Abs 2 S 2, 4; 1617b Abs 1 S 3, 4; 1617c Abs 2; 1618 S 3, 6; 1757 Abs 2 S 2; Art 224 § 3 Abs 3 S 2 HS 2, Abs 4 S 3, Abs 5 S 2 EGBGB).

Obwohl die Vorschrift offensichtlichen Kompromißcharakter hat, ist sie noch zu **3** unflexibel, um den Interessenkonflikten der Beteiligten angemessen Rechnung zu tragen. Auch wenn Optionen eingeräumt werden, so sind diese doch vom Alles-oder-nichts-Prinzip bestimmt: Namensfolge ja oder nein, Namensgemeinsamkeit mit den Geschwistern ja oder nein (vgl Rn 10). Ein Sowohl-als-auch-Kompromiß findet seinen Ausdruck im *Begleitnamen*; nach dessen schon traditioneller Anerkennung im Ehenamensrecht (§ 1355 Abs 4) hat ihn der Gesetzgeber nun auch zur Entschärfung der Stiefkinderkonflikte eingesetzt (§ 1618 S 2, vgl § 1618 Rn 19 f). Er könnte – de lege ferenda – auch in § 1617c einen sinnvollen Ausgleich zwischen Kontinuitäts- und Konformitätsinteressen des Kindes darstellen.

II. Nachträgliche Ehenamensbestimmung durch die Eltern, Abs 1

1. Grundsätzliches

Der Fall, daß die Eltern einen Ehenamen erst bestimmen, nachdem das Kind bereits **4** einen Geburtsnamen (auf anderer Grundlage) erhalten hat, kann nach neuem Recht häufiger vorkommen, da die Bestimmung eines Ehenamens auch nach der Heirat nunmehr unbefristet möglich ist (§ 1355 Abs 3). Die **Grundregel** des § 1617c Abs 1 ergibt sich nur indirekt aus dem Gesetzeswortlaut: Dem gemeinsamen Namen der Eltern folgt fortan auch der Kindesname, das Idealziel der gesamtfamiliären Namenseinheit (§§ 1355 Abs 1 S 1, 1616) wird doch noch verwirklicht. Die Vorrangigkeit des Ehenamens als Anknüpfungspunkt für das Kind (vgl § 1616 Rn 1) setzt sich auch in § 1617c Abs 1 fort, andere Anknüpfungen werden grundsätzlich verdrängt – vorbehaltlich nur des Persönlichkeitsschutzes des Kindes. Dies gilt *auch* für einen nach § 1618 erteilten Ehenamen aus einer Stiefelternehe: Er hat einem Ehenamen der Eltern, den diese nach Auflösung der Stiefelternehe bestimmen, gem § 1617c Abs 1 zu weichen.

2. Tatbestand

a) Bisheriger Geburtsname des Kindes
Das Kind muß **schon einen Geburtsnamen erworben** haben (zur Bestimmung des Ehe- **5** namens nach der Geburt, aber vor deren Beurkundung s § 1616 Rn 10). Dessen **Grundlage** ist **gleichgültig**: Typischerweise wird es sich um einen Namen nach §§ 1617 oder 1617a handeln, aber auch § 1617b Abs 1 oder § 1618 kommen in Betracht (nach Auflösung der Stiefelternehe, vgl § 1618 Rn 44, 45). Die Rechtsfolge des Abs 1 setzt auch nicht voraus, daß der bisher geführte Kindesname anders lautet als der neu bestimmte Ehename (s Rn 8). Hatte das Kind noch keinen Geburtsnamen, kommt unmittelbarer Erwerb des Ehenamens entspr § 1616 in Betracht (§ 1616 Rn 10).

b) Nachträgliche Bestimmung eines Ehenamens durch die Eltern

6 Die Bestimmung eines Ehenamens muß **nach der Geburt** erfolgt sein (wenn schon *vorher*: § 1616; zum inzwischen *schon verstorbenen* Kind Rn 7); *wie* es dazu gekommen ist, ist ohne Belang. Auch auf die sorgerechtlichen Verhältnisse kommt es nicht an. Erfaßt sind bei der Geburt verheiratete Eltern, die jetzt erst einen Ehenamen wählen, ebenso wie solche Eltern, die jetzt erst heiraten und einen Ehenamen wählen (insoweit übernimmt Abs 1 die Funktion von § 1720 aF).

Abs 1 ist aber auch anwendbar, wenn die (bisher nicht gemeinsam sorgeberechtigten) Eltern nach der Geburt heiraten und wiederum erst einige Zeit später einen Ehenamen wählen: Hier konnte der originär nach § 1617a erworbene Kindesname zunächst nach § 1617b Abs 1 neu bestimmt werden; unabhängig von der Wahrnehmung dieser Option verdrängt dann jedoch der Ehename nach § 1617c Abs 1 den bisher geführten Namen, ein noch nicht ausgeübtes Bestimmungsrecht hat sich erledigt (vgl § 1617b Rn 5; unklar BT-Drucks 13/4899, 92; wie hier PALANDT/DIEDERICHSEN Rn 4; GERNHUBER/COESTER-WALTJEN § 54 Rn 26).

3. Rechtsfolge: Erstreckung des Ehenamens auf den Geburtsnamen des Kindes

a) Das noch nicht fünfjährige Kind

7 Das Kleinkind übernimmt den Ehenamen der Eltern **kraft Gesetzes** in dem Moment, in dem die Ehenamensbestimmung nach § 1355 Abs 1–3 wirksam wird (auf den Elternwillen, auch für das Kind zu handeln, kommt es nicht an); der bisher geführte Kindesname geht verloren. Diese Wirkung tritt jedoch nur **ex nunc** ein, für die Vergangenheit bleibt es bei der bisherigen Namensführung (entsprechender Randvermerk im Geburtenbuch, § 30 Abs 1 PStG; zu eventuell noch ausstehender Namensbestimmung nach § 1617 s dort Rn 3). Dennoch sollte die Namenserstreckung auch noch für das vor der Ehenamensbestimmung *verstorbene* Kind eintragbar sein, wenn die Eltern dies wünschen – der Rechtsgedanke aus § 21 PStG für das totgeborene Kind gilt entsprechend (vgl auch §§ 1616 Rn 18; 1617 Rn 16; 1617a Rn 29; **aM** AG Lübeck StAZ 2002, 244; AG Gießen StAZ 2006, 55; PALANDT/DIEDERICHSEN Rn 5; MünchKomm/VON SACHSEN GESSAPHE Rn 7; HEPTING/GAAZ PStR Rn V-745). Grund für die automatische Miteinbeziehung des Kindes in die Namensgemeinschaft der Eltern ist die Erwartung, daß sich das Kind in den ersten Lebensjahren noch nicht mit seinem Familiennamen identifiziert hat, sondern vielmehr besonders intensiv mit den Eltern verbunden ist (vgl § 1617b Rn 32).

8 Eine **Namenskombination** zwischen bisherigem und neuem Namen sieht das Gesetz **nicht** vor, sie ist hier wohl auch nicht angezeigt. Abs 1 äußert hingegen **auch dann Wirkung, wenn der bisherige Kindesname und der Ehename identisch sind.** Es tritt dann zwar keine Namensänderung ein, wohl aber eine **Auswechslung der Ableitungsgrundlage** (vgl § 1617b Rn 39): Bisher war dies der Individualname eines Elternteils (mit potentieller Namensfolge nach § 1617c Abs 2 Nr 2), jetzt wird es der Ehename (mit potentieller Namensfolge nur noch nach § 1617c Abs 2 Nr 1). Damit erhält der Kindesname einen wesentlich stabileren Bezugspunkt, was sich insbesondere nach Auflösung der Ehe auswirkt (vgl § 1617a Rn 21 ff; § 1617b Rn 3).

b) Das ältere Kind
aa) Grundsätze

Ab dem Alter von fünf Jahren *können* gewichtige Interessen des Kindes an der **9**
Kontinuität seines Namens einem nachfolgenden Wechsel in den Elternnamen entgegenstehen. Deshalb sieht das Gesetz keine automatische Namensfolge des Kindes
mehr vor, vielmehr ist eine **Entscheidung über den Namensanschluß notwendig** (ähnlich §§ 1617a Abs 2 S 2, 1617b Abs 1 S 3, 1618 S 3, 6). Diese Entscheidung ist
grundsätzlich Sache des Kindes als Namensträger und höchstpersönlich Betroffenen;
beim minderjährigen Kind obliegt allerdings die verantwortliche Abwägung oder
zumindest die Kontrolle seiner Erklärung seinem gesetzlichen Vertreter (näher Rn 16,
17). Effektiver Persönlichkeitsschutz setzt deshalb praktisch doch erst mit 14 Jahren
ein (vgl Rn 12, 13, 17).

Die Interessenlage kann bei jedem Kind einer Geschwistergruppe unterschiedlich **10**
sein, deshalb ist die Anschlußentscheidung nach Abs 1 von jedem Kind bzw **für jedes**
Kind persönlich zu treffen, **ohne Bindung an** den Grundsatz geschwisterlicher Namenseinheit entspr § **1617 Abs 1 S 3.** Diese Einheit kann also durch unterschiedliche
Anschlußentscheidungen zerstört werden.

Aus dem Zweck des Persönlichkeitsschutzes folgt eine **teleologische Reduktion** des **11**
Abs 1 in den Fällen, in denen **bisheriger Kindesname und Ehename identisch** sind:
Hier steht kein Namenswechsel an, sondern nur die Auswechselung der Ableitungsgrundlage für den Kindesnamen (Rn 8). Es ist kein schutzwertes Interesse des Kindes
ersichtlich, seinen fortbestehenden Namen statt vom Ehenamen der Eltern weiterhin vom Individualnamen eines Elternteils abzuleiten: Deshalb besteht in diesen
Fällen **auch beim älteren Kind keine Anschlußnotwendigkeit,** der Ehename wird
automatisch neuer Bezugspunkt für den Kindesnamen (ebenso GAAZ StAZ 2000, 357,
359; GERNHUBER/COESTER-WALTJEN § 54 Rn 25; Fachausschuss Standesbeamte StAZ 2000, 344; **aM**
Fachausschuss Standesbeamte StAZ 2002, 345).

Soweit die **Eltern als gesetzliche Vertreter** zur Entscheidung für das Kind oder **12**
zumindest zur Zustimmung berufen sind, handeln sie wie auch bei der Namensbestimmung (§ 1617 Rn 12) in Wahrnehmung ihrer **Personensorge** (zur posthumen Nachsorge Rn 7). Können sich **gemeinsam sorgeberechtigte Eltern nicht einigen,** so fehlt eine
dem § 1617 Abs 2 entsprechende Interventionsmöglichkeit des Gerichts – immerhin
hat das Kind hier schon einen Geburtsnamen. Andererseits kann der Dissens nicht,
wie bei § 1617b Abs 1, unaufgelöst bleiben: Dort besteht keine elterliche Namensgemeinsamkeit, auf dem Spiel steht nur die teilweise Gemeinsamkeit des Kindes mit
dem einen oder dem anderen Elternteil (vgl § 1617b Rn 18). Hier geht es darum, ob das
Kind einen vom gemeinsamen Elternnamen verschiedenen Namen trägt – diese
Frage ist von „erheblicher Bedeutung" für das Kind, so daß das FamG nach
§ **1628** angerufen werden kann (GERNHUBER/COESTER-WALTJEN § 54 Rn 25 Fn 65; MICHALSKI
FamRZ 1997, 977, 984).

Hat ein Elternteil das **alleinige Sorgerecht,** so übt er die elterliche Kompetenz nach **13**
Abs 1 allein aus. Bei **kindeswohlwidrigem** Verhalten des Elternteils oder beider
sorgeberechtigten Eltern ist eine *Ersetzung* ihrer Zustimmung nicht vorgesehen (für
eine analoge Anwendung der §§ 1303 Abs 3, 1618 S 4 AnwKomm-BGB/LÖHNIG Rn 15). Das
elterliche Verhalten wird kaum je die Gefährdungsgrenze des § 1666 Abs 1 erreichen

– die Anschlußverweigerung wahrt immerhin die Namenskontinuität des Kindes, die Bejahung die Namenseinheit der Familie. In Ausnahmefällen könnte jedoch an einen Entzug des elterlichen Vertretungsrechts gem §§ 1629 Abs 2 S 3, 1796 gedacht werden, wenn ein „erheblicher Interessengegensatz" zwischen Kind und gesetzlichem Vertreter festzustellen ist. Dies sollte jedoch nicht schon bei jeder Meinungsverschiedenheit zwischen Elternteil und Kind angenommen werden, da sonst die elterliche Zustimmungsbefugnis nach Abs 1 in ihr Gegenteil verkehrt würde (vgl COESTER FuR 1994, 1, 4). Nur besondere, schwere Interessenkonflikte im Einzelfall können einen Vertretungsentzug rechtfertigen. Die Frage, wer ggf statt des Elternteils die Entscheidung oder Zustimmung nach Abs 1 zu treffen hat (§ 1680 Abs 3; vgl STAUDINGER/COESTER [2004] § 1680 Rn 19 ff), sollte dabei vom FamG mitgeprüft und entschieden werden (BayObLG NJW 1999, 293 f; STAUDINGER/COESTER [2004] § 1666 Rn 203; COESTER FuR 1994, 1, 4)

bb) Altersstufen (Anschlußmodell)

14 Die Entscheidungskompetenz für die Anschlußfrage ist nach **Altersstufen** gestaffelt. Welche Altersstufe im Einzelfall maßgeblich ist, bestimmt sich nach dem **Zeitpunkt der Anschlußerklärung** (Rn 21), denn erst in diesem Moment realisiert sich eine Namensänderung des Kindes (vgl Fachausschuss Standesbeamte StAZ 2005, 329 f; aM PALANDT/DIEDERICHSEN Rn 5; zur Frage einer Erklärungsfrist nach der elterlichen Namensänderung s Rn 20).

15 Für das **fünf- und sechsjährige Kind** kann die Option für den Namensanschluß allein von seinem gesetzlichen Vertreter ausgeübt werden. Das gleiche gilt für eine darüber hinaus andauernde oder später eintretende **Geschäftsunfähigkeit des Kindes** (Argument aus S 2; unrichtig Fachausschuss Standesbeamte StAZ 2006, 332: analoge Anwendung von § 2 NÄG).

16 Für das beschränkt geschäftsfähige **Kind zwischen 7 und 13 Jahren** besteht eine konkurrierende Erklärungszuständigkeit entspr allgemeinen Grundsätzen (ein gerichtliches Genehmigungserfordernis [§ 1616a Abs 1 S 4 aF] besteht nicht mehr; krit SCHLÜTER, FamR Rn 328). Der Anschluß kann also vom gesetzlichen Vertreter allein erklärt werden, aber auch vom Kind mit Zustimmung des gesetzlichen Vertreters, § 107 (SCHWAB, FamR Rn 502; HWB/WAGENITZ/BORNHOFEN Rn 21; KOUMAROS 17 f; ENGLER FamRZ 1970, 118; § 379 Abs 2 Nr 2 DA; aA LIPP/WAGENITZ Rn 10; MICHALSKI FamRZ 1997, 977, 983). Diese Auffassung wird auch vom Vergleich mit §§ 1596 Abs 2 S 1, 1600a Abs 3 gestützt: Dort wird die Eigenerklärung des Kindes bis 14 Jahre ausdrücklich ausgeschlossen, in § 1617c Abs 1 hingegen nicht. Gibt der gesetzliche Vertreter die Erklärung für das Kind ab, so muß diese Erklärung bis zum 14. Geburtstag des Kindes wirksam geworden sein, andernfalls gilt die folgende Altersstufe.

17 Das **Kind zwischen 14 und 17 Jahren** kann das Optionsrecht nur allein ausüben, Abs 1 S 2. Diese Regelung beruht auf dem Berufseintritt vieler Kinder mit 14 Jahren und auf der anderweitigen Tendenz des Gesetzes, dem Kind ab diesem Alter vorgezogene Teilmündigkeiten einzuräumen (BT-Drucks 8/2134, 5). Allerdings bedarf auch das Kind in dieser Altersphase der Zustimmung seines gesetzlichen Vertreters; im Gegensatz zur vorherigen Altersstufe stellt das Gesetz also nur sicher, daß der gesetzliche Vertreter den Namensanschluß *nicht gegen den Willen des Kindes* vollziehen kann (Vetorecht). Es erscheint jedoch merkwürdig und verfehlt, daß die Eltern eine

vom mindestens vierzehnjährigen Kind gewünschte Folge in den neu bestimmten Elternnamen verweigern, dh das Kind von der für sich selbst hergestellten Namenseinheit ausschließen können (uU nicht einmal geschwistereinheitlich; krit schon WACKE NJW 1979, 1439, 1440 Fn 23). Eine gerichtliche Ersetzungsmöglichkeit entspr § 1303 Abs 3 oder § 1618 S 4 wäre sachgerecht gewesen. De lege lata ist ein Entzug des elterlichen Vertretungsrechts gem §§ 1629 Abs 2 S 3, 1796 zu erwägen (vgl Rn 13).

Ab **Vollendung des 18. Lebensjahres** übt das geschäftsfähige Kind sein Anschlie- **18** ßungsrecht allein und uneingeschränkt aus (die Beschränkung auf minderjährige Kinder gem § 1616 Abs 3 S 3 aF ist entfallen; vgl BT-Drucks 13/8511, 71; KG StAZ 2002, 79; OLG Frankfurt StAZ 2007, 146, 147). Stand für eine eigene, vorher abgegebene Anschlußerklärung des Kindes noch die elterliche Zustimmung aus, so kann diese jetzt vom Kind selbst erteilt werden, § 108 Abs 3. Zum volljährigen, aber *geschäftsunfähigen* Kind s Rn 15; ist das Kind nicht geschäftsunfähig, aber betreut, so steht dies seiner Entscheidungskompetenz auch dann nicht entgegen, wenn ein Einwilligungsvorbehalt nach § 1903 angeordnet ist (unrichtig § 379a Abs 2 S 3 DA; vgl § 1617 Rn 32).

cc)   Anschließungserklärung
Die Anschließungserklärung nach Abs 1 steht anderen namensrechtlichen Erklä- **19** rungen der §§ 1616 ff hinsichtlich Rechtsnatur, Inhalt und Form grundsätzlich gleich (Einzelheiten deshalb § 1617 Rn 26 ff; zum geschäftsunfähigen Kind Rn 15). Empfangszuständig (Abs 1 S 3 HS 1) ist der Standesbeamte, der die Geburt beurkundet hat (§ 31a Abs 1 Nr 5, Abs 2 S 1 PStG; OLG Zweibrücken FamRZ 1996, 430 f); die Erklärung ist stets öffentlich zu beglaubigen (Abs 1 S 3 HS 2; vgl § 31a PStG); dies gilt jedoch nicht für die Zustimmung des gesetzlichen Vertreters, § 182 Abs 2 (unrichtig PALANDT/DIEDERICHSEN Rn 6). Der Vertretung durch die Eltern steht § 181 nicht entgegen (vgl § 1617 Rn 18).

Eine **Erklärungsfrist** für das Kind nach der elterlichen Ehenamensbestimmung be- **20** steht grundsätzlich **nicht** (LIPP/WAGENITZ Rn 13). Das Kind kann also uU jahrelang mit dem Anschluß warten, es kann eine von den Eltern blockierte Namensfolge nach Volljährigkeit doch noch durchsetzen. Der Anschlußerklärung steht auch nicht entgegen, wenn der Ehename inzwischen nicht mehr von beiden Eltern geführt wird (Tod eines Elternteils oder Ablegung des Ehenamens durch einen Elternteil nach Scheidung gem § 1355 Abs 5 S 2). Zweifelhaft erscheint die Anschlußmöglichkeit jedoch, wenn der Ehename von *keinem* Elternteil mehr geführt wird (bejahend HWB/ WAGENITZ/BORNHOFEN Rn 31; LIPP/WAGENITZ Rn 13; ablehnend AnwKomm-BGB/LÖHNIG Rn 4; MünchKomm/VON SACHSEN GESSAPHE Rn 12): Bei Tod beider Eltern ist ein berechtigtes Interesse des Kindes am postmortalen Anschluß zu bejahen, nicht hingegen, wenn beide Eltern nach Scheidung andere Namen angenommen haben – hier kann das Ziel des Abs 1 nicht mehr erreicht werden.

Die Anschlußerklärung wird **wirksam** mit Zugang beim zuständigen Standesbeamten **21** (uU aber erst nach Zugang der elterlichen Zustimmung); die Eintragung des Randvermerks im Geburtenbuch ist lediglich deklaratorisch (OLG Zweibrücken FamRZ 1999, 1382, 1383 mwNw).

III. Änderung des elterlichen Bezugsnamens, Abs 2

1. Normkonzeption

22 In Abs 2 geht es nicht (wie in Abs 1) um einen Wechsel des Anknüpfungspunktes für den Kindesnamen, sondern – bei gleichbleibender Anknüpfung – um eine **inhaltliche Änderung des Bezugsnamens**; im einzelnen wird danach unterschieden, ob es sich dabei um einen **Ehenamen** handelt (Nr 1) oder um einen elterlichen **Individualnamen** (Nr 2).

23 Der **Ehename** ist der Name einer Personengemeinschaft, in die grundsätzlich auch die Kinder einbezogen sind (§§ 1616, 1617c Abs 1; zum **Lebenspartnerschaftsnamen** Rn 25). Anknüpfungspunkt für den Kindesnamen ist dieser „**Gemeinschaftsname**" als solcher, der zu unterscheiden ist von den (latenten) Individualnamen der Beteiligten (deutlich in Abs 3; vgl Vorbem 9 zu §§ 1616–1625). Über ihren *gemeinsamen* Namen können nur beide Eheleute disponieren, kein Teil allein und auch beide nicht mehr nach Auflösung der Ehegemeinschaft. Daraus ergibt sich eine gewisse Stabilisierung des Anknüpfungspunktes, denn **nur Änderungen des Gemeinschaftsnamens als solchen** können sich gem Nr 1 auf den Kindesnamen auswirken (HWB/ WAGENITZ/BORNHOFEN Rn 44 ff; zu Problemen unten Rn 32, 36).

24 Die Anknüpfung an einen elterlichen **Individualnamen** ist eine Hilfsanknüpfung bei verschiedennamigen Eltern, mit der jedenfalls teilweise Namenseinheit zwischen Eltern und Kind hergestellt werden soll. Um diese Einheit auch im Laufe der Zeit zu gewährleisten, muß der Kindesname Änderungen des elterlichen Bezugsnamens folgen können (Nr 2) – eine naturgemäß instabilere Bezugsgröße als ein Ehename. Allerdings sind mit Nr 2 die Reaktionsmöglichkeiten auf elterliche Namensänderungen auch eingegrenzt: Namensänderungen auf seiten des Elternteils, von dem das Kind seinen Namen *nicht* ableitet, berühren den Kindesnamen nicht, und keinerlei Namensänderung gibt den Eltern die Befugnis, die originäre Auswahl des Bezugsnamens nach §§ 1617, 1617a Abs 2, 1617b Abs 1 zu revidieren (kein Neubestimmungsrecht; vgl § 1617 Rn 35). Der Elternname ist auch dann der maßgebliche Bezugsname, wenn das Kind seinen Namen über § 1617 Abs 1 S 3 erworben hat – der vermittelnde Geschwistername ist nicht seinerseits Anknüpfungspunkt, sondern verweist nur auf den maßgeblichen Elternnamen.

2. Änderung des Ehenamens, Nr 1

a) Ehe- oder Lebenspartnerschaftsname als Geburtsname des Kindes

25 Das Kind erwirbt einen **Ehenamen** (Rn 23) als Geburtsnamen vor allem nach §§ **1616, 1617c Abs 1 oder 1757 Abs 1 S 1** (letztere Vorschrift gilt auch für den Lebenspartnerschaftsnamen, s § 1616 Rn 2). In Betracht kommen aber auch der Erwerb nach **altrechtlichen Vorschriften**, etwa § 1720 aF (vgl Art 224 § 3 Abs 1 EGBGB: Fortgeltung, aber vorbehaltlich künftiger Änderungen) oder nach **ausländischem Recht**, wenn jetzt – nach Statutenwechsel – gem Art 10 EGBGB deutsches Recht (und damit § 1617c) anwendbar ist (praktisch bedeutsam vor allem auch bei Erwerb der deutschen Staatsangehörigkeit neben der bisherigen nach dem neuen StAG, Art 5 Abs 1 S 2 EGBGB; dazu GRUBER IPRax 1999, 429).

Dem Ehenamen iS Abs 2 Nr 1 steht der **Lebenspartnerschaftsname** gleich, wenn beide Lebenspartner rechtliche Eltern des Kindes sind (wenn nicht: § 1617a Rn 3). Dies ist nur, aber immerhin möglich nach einer Stiefkindadoption (§§ 9 Abs 7 LPartG, 1757 Abs 1 BGB; Hk-BGB/KEMPER § 1757 Rn 3; zum Erwerb des Gemeinschaftsnamens [Rn 23] bei der Stiefkindadoption s § 1616 Rn 3). Für spätere Änderungen des Lebenspartnerschaftsnamens nach Adoption (Fallgruppen wie beim Ehenamen, Rn 30–36) muss § 1617c Abs 2 Nr 1 ohne weiteres auch gelten – die Nichterwähnung des Lebenspartnerschaftsnamens in Abs 2 Nr 1 beruht insoweit auf gesetzgeberischem Versehen. Wenn im Folgenden vom „Ehenamen" die Rede ist, so ist (im Interesse textlicher Kürze) der Lebenspartnerschaftsname sinngemäß mitgemeint.

Weiterhin ist die Vorschrift einschlägig, wenn sich **nur ein Teil eines Doppelnamens** 26 des Kindes von einem Ehenamen ableitet – etwa im Fall des § 1618 S 2 oder des § 1757 Abs 4 Nr 2. Von der potentiellen Namensfolge nach § 1617c Abs 2 Nr 1 ist nur dieser Namensteil betroffen, der andere Teil bleibt konstant (vgl aber Rn 27).

Zu **differenzieren** ist bei der **Einbenennung nach § 1618**: § 1617c Abs 2 Nr 1 ist **an-** 27 **wendbar**, wenn das Kind dabei vom Namen des „anderen Elternteils" in den Ehenamen von Sorgeberechtigtem und Stiefelternteil gewechselt ist („erteilende Einbenennung") und sich dieser Ehename später ändert. Während § 1616a Abs 2 aF noch vom „Ehenamen der Eltern" sprach, spricht das Gesetz jetzt nur noch vom „Ehenamen" generell (LIPP/WAGENITZ Rn 15, 20; WAGENITZ FamRZ 1998, 1545, 1550). Ist das Kind jedoch lediglich vom vorehelichen Namen des Sorgeberechtigten in dessen neuen „erheirateten" Namen gefolgt („nachziehende Einbenennung"), ist Abs 2 Nr 1 **nicht anwendbar, sondern Nr 2** (anders BGH StAZ 2004, 131 f; s zum ganzen unten Rn 38 und § 1618 Rn 3, 44, 45).

Kein „**Ehename**" iS der Vorschrift liegt vor, wenn das Kind seinen Namen nur von 28 einem Elternteil ableitet, der Name in dessen Person aber ein Ehename ist oder war (insbesondere ein **„erheirateter" Name**). Dabei bleibt es gleich, ob es sich um einen Einzelnamen oder um einen unechten Doppelnamen handelte. Das Kind hat diesen Namen jedenfalls *nicht* als Gemeinschaftsnamen seiner Eltern (oder des Elternteils mit dem Stiefelternteil) erhalten, sondern als Individualnamen des Bezugselternteils. Damit ist nicht Abs 2 Nr 1, sondern Nr 2 einschlägig (LIPP/WAGENITZ Rn 27).

Ebenfalls unanwendbar ist Abs 2 Nr 1 schließlich in den Fällen, in denen das Kind 29 einen **aus beiden Elternnamen zusammengesetzten Doppelnamen** führt (vgl § 1617 Rn 25, 52–56). Hier besteht keine Namensgemeinschaft der Eltern, an die angeknüpft wird; ihre unterschiedlichen Individualnamen finden sich erst im Kindesnamen zur Kombination vereinigt. Für jeden Namensteil bleibt deshalb iS des § 1617c Abs 2 Nr 2 der jeweilige elterliche Bezugsname maßgeblich (s unten Rn 39).

b)   Änderung des Ehe- oder Lebenspartnerschaftsnamens
aa)   Grundfälle
Es muß sich gerade der Ehename als „Gemeinschaftsname" geändert haben (Rn 23), 30 das individuelle Ausscheren eines Beteiligten aus der Namensgemeinschaft (insbesondere gem § 1355 Abs 5 S 2) genügt nicht (dazu noch Rn 32). Im einzelnen kommen folgende Fallgruppen in Betracht:

31 Unmittelbare Änderungen des Ehenamens können beruhen auf übergangsrechtlichen Vorschriften (Art 234 § 3 EGBGB; Art 7 § 1 FamNamRG 1994; Art 1 § 2 EheNÄG 1979; § 13a Abs 2 aF EheG), auf einer Neubestimmung des Ehenamens gem Art 10 Abs 2 EGBGB oder auf dem MindNamÄndG 1995 (BGBl 1997 II 1406). Gleichzustellen ist der (eher seltene) Fall, daß geschiedene Eheleute einander wieder heiraten und dabei einen anderen Ehenamen wählen als in ihrer ersten Ehe: Da jedenfalls nach neuem Recht nicht mehr die „Ehe" Bezugspunkt des Kindesnamens ist, sondern der gemeinsame Name der Eltern, ist dieser Fall unter Abs 2 Nr 1 zu subsumieren (zum früheren Recht vgl AG Hamburg StAZ 1977, 231; ähnlich OLG Frankfurt NJW 1978, 2301; STAUDINGER/COESTER[12] § 1616 Rn 45 mwNw). Als Änderung iS § 1617c Abs 2 Nr 1 ist auch die **Aufgabe des Ehenamens** anzusehen, etwa wenn Eheleute mit im Ausland erworbenem Ehenamen nach Statutenwechsel zum deutschen Recht gem Art 10 Abs 2 S 1 EGBGB, § 1355 Abs 1 S 3 getrennte Namensführung wählen. Art 10 Abs 2 S 3 EGBGB ordnet ausdrücklich die „sinngemäße" Anwendung des § 1617c an – diese kann hier nur bedeuten, daß die Kinder nun den Namen des einen oder des anderen Elternteils erhalten können (OLG Frankfurt StAZ 2007, 146 f).

Zu **abgeleiteten Änderungen des Ehenamens** kann es kommen, wenn sich der Geburtsname des namengebenden Gatten ändert und diese Änderung auf den Ehenamen nach oder entspr § 1617c Abs 3 überwirkt, nachdem der andere Gatte zugestimmt hat.

bb) Insbesondere „Scheidungshalbwaisen"
32 Kein Fall des Abs 2 Nr 1 liegt insbesondere vor, wenn nach Scheidung der Elternehe, in der ein Ehename bestimmt und gemäß § 1616 auf das Kind übergegangen war, der Betreuungselternteil (typischerweise die Mutter) gemäß § 1355 Abs 5 S 2 zu einem früheren Namen zurückkehrt und das Kind dem folgen soll: Der *Ehename* als Bezugspunkt des Kindesnamens iS Abs 2 Nr 1 hat sich als solcher nicht geändert, die Mutter hat sich nur für ihre Person von ihm abgewendet. Es ist aber auch *nicht Abs 2 Nr 2* anwendbar, denn das Kind leitet seinen Namen nicht – wie dort vorausgesetzt – von einem elterlichen Individualnamen ab, sondern vom Gemeinschaftsnamen beider Eltern (BVerwG StAZ 2002, 205, 206). Als Konsequenz ergibt sich Namensverschiedenheit in der Teilfamilie von Mutter und Kind, offenkundig ein mißliches Ergebnis. Für den Fall einer *Neuheirat* der Mutter bietet § 1618 einen Ausweg an: Wird in der Ehe mit einem Dritten („Stiefelternteil") ein Ehename gewählt (dies kann auch der Name der Mutter sein), so kann er auch dem Kind „erteilt" werden – das Kind wechselt also vom Ehenamen der Eltern zum Ehenamen in der „Stiefelternehe" (nach deren Scheidung sich allerdings wieder die „Scheidungshalbwaisenproblematik" stellen kann, vgl § 1618 Rn 44 aE).

Im übrigen, das heißt wenn die Mutter nicht neu heiratet oder keinen neuen Ehenamen bestimmt, ist die Problematik, obwohl seit langem bekannt, im zivilrechtlichen Namensrecht **nicht geregelt**, weder positiv noch – im Sinne eines Verbots der kindlichen Namensfolge – negativ (BVerwG StAZ 2002, 205, 207; HEPTING StAZ 2002, 129, 138). Damit ist der Anwendungsbereich der **öffentlich-rechtlichen Namensänderung** nach § 3 NÄG eröffnet (nahezu allgM, BVerwG aaO) – eine einzelfallbezogene Korrekturmöglichkeit, obwohl es sich doch eigentlich um eine Standardproblematik handelt (der Vorwurf der Systemwidrigkeit [vgl Vorbem 18, 19 zu §§ 1616–1625], trifft jedoch nicht das öffentliche, sondern das Zivilrecht). Für die **Änderungsschwelle des**

„wichtigen Grunds" (§ 3 NÄG) für eine Namensänderung hat das BVerwG – in Abweichung von früherer Rechtssprechung den Maßstab an die **Eingriffsgrenze des § 1618 S 4 angeglichen** (Ersetzung der [typischerweise] väterlichen Einwilligung in einen Namenswechsel durch Einbenennung, s ausführlich § 1618 Rn 26 ff). Demgemäß genügt es noch nicht, dass eine Namensangleichung Mutter/Kind dem Kindeswohl „dienlich" oder „förderlich" wäre, sie muß **erforderlich** sein, das heißt das Kindeswohl muß sie im Einzelfall „gebieten" (BVerwG StAZ 2002, 205, 207 ff; ebenso WITTINGER NJW 2002, 2371 ff; SCHMITZ/BAUER StAZ 2001, 99 ff; HEPTING StAZ 2002, 129, 139). Die Instanzgerichte folgen dem und lehnen eine Namensfolge des Kindes deshalb im Regelfall ab (OVG Frankfurt/Oder BeckRS 2004, 20636; VG Stade BeckRS 2003, 22727; VG Oldenburg BeckRS 2006, 20548; VG Hamburg BeckRS 2005, 24368; VG Münster BeckRS 2006, 20690; ausnahmsweise bejahend VG Freiburg BeckRS 2005, 20270 [tiefgreifende Entfremdung zum Vater, Wunsch des nahezu volljährigen Kindes]). Richtigerweise gilt jedoch ein **anderer Maßstab**, wenn der andere Elternteil (typischerweise der Vater) der Namensfolge des Kindes in den Mutternamen **zustimmt** (BVerwG StAZ 2002, 244, 245 f [wenngleich in der Begründung unklar; zu letzterem deutlich HEPTING StAZ 2002, 129, 139]; anders vor allem noch BayVGH StAZ 2001, 214, 215). Schon aus der vom BVerwG angestrebten Parallelität von § 3 NÄG und § 1618 sowie aus Respekt vor der Elternautonomie des Art 6 Abs 2 GG folgt, daß (1) das genügen muß, wenn die Namensänderung dem Kindeswohl „entspricht", und (2) vermutet werden kann, daß dies der Fall ist (BVerwG StAZ 2002, 244, 245 f).

Als Konsequenz aus dieser Rechtslage droht, wenn der nach Scheidung allein betroffene Elternteil zu seinem früheren Namen zurückkehren möchte, im Regelfall (das heißt mangels Zustimmung des anderen Elternteils und mangels Neuheirat) *dauerhafte Namensverschiedenheit zum Kind* (zu Recht kritisch deshalb SCHWERDTNER NJW 2002, 735 ff; EWERS FamRZ 2003, 210; PIEPER FuR 2003, 394 ff; WAGNER-KERN 405). Bei der öffentlichen Beglaubigung der Namensrückkehr des Elternteils (§ 1355 Abs 5 S 3 mit Abs 4 S 4) sollte auf diese Gefahr nachdrücklich hingewiesen werden.

cc) Insbesondere öffentlich-rechtliche Änderungen des Ehenamens
Änderungen des Ehenamens können auch auf öffentlich-rechtlichen Vorschriften **33** beruhen, vor allem auf § 3 NÄG (vgl auch § 94 BVertriebenenG; dazu BayObLG StAZ 1996, 14). Allerdings finden sich hier Spezialregelungen für die Auswirkungen einer Namensänderung der Eltern auf die Kinder: Nach **§ 4 NÄG** (neugefaßt durch das KindRG 1998) erstreckt sich die Namensänderung auf das Kind, wenn es (1) unter elterlicher Sorge steht, (2) vor der Änderung den gleichen Namen wie die Eltern geführt hat und (3) „nichts anderes" bestimmt wird (vgl die Darstellungen bei Loos 120 ff; HEPTING/GAAZ § 30 PStG Rn 525 ff). Wegen der Unbestimmtheit des letzteren Vorbehalts will RASCHAUER (223 ff) § 4 NÄG eigenen normativen Gehalt absprechen und lediglich als Verweisung auf die allgemeinen familienrechtlichen Anschlußregeln interpretieren. Dem kann iE nicht gefolgt werden. Erstens gilt nach allgemeinem Verständnis das *Kindeswohl* als Maßstab der Verwaltungsentscheidung nach § 4 NÄG (vgl Nr 8 Abs 2 NamÄndVwV; Loos 109) – ein zwar ebenfalls nicht bestimmter, aber konkretisierungsfähiger Rechtsbegriff. Zweitens kann man § 4 NÄG nicht als schlichte Rezeption der familienrechtlichen Regeln über die Namenserstreckung auf Kinder verstehen. Zum Teil dient das Namensänderungsverfahren gerade der Korrektur unbefriedigend empfundener Ergebnisse des bürgerlichen Rechts durch erweiterte Erstreckung im Einzelfall (Vorbem 18 f zu §§ 1616–1625), andererseits ergibt sich aus der Einzelfallbezogenheit der Entscheidung und dem Vorbehalt des Kindes-

wohls, daß eine bürgerlich-rechtlich grundsätzlich mögliche Erstreckung auch ausgeschlossen werden kann (etwa wenn den Eltern das Sorgerecht entzogen worden
war). § 4 NÄG muß deshalb als **lex specialis** angesehen werden, die einen unver-
mittelten Rückgriff auf § 1617c ausschließt (WAGENITZ/BORNHOFEN § 1626a Rn 24; Fachausschuss Standesbeamte StAZ 2001, 21).

34 Allerdings ist eine gewisse **Wechselwirkung** zwischen der verwaltungsrechtlichen
Entscheidung und dem Familienrecht nicht zu verkennen. Das NÄG-Verfahren ist
nach dem ersten EheRG wesentlich umstrukturiert und angepaßt worden, vor allem
iS eines Zurücktretens der öffentlichen Ordnungsfunktion des Namens und einer
Betonung der Namenseinheit der Familie (BRINTZINGER StAZ 1971, 59; PROMBERGER StAZ
1978, 129 [krit]). Diese Tendenz hat sich bei den späteren Reformen noch verstärkt.
Als Konsequenz müssen aber auch die Sicherungen des familienrechtlichen Namensrechts zum Schutze der Persönlichkeit des Kindes und des Ehegatten (§ 1617c Abs 1,
3) auch im Verwaltungsverfahren gelten (vgl LIPP/WAGENITZ Rn 18: wünschenswert). Spätestens ab Vollendung des 14. Lebensjahrs ist das Kind deshalb auf jeden Fall
anzuhören, darüber hinaus sollte eine Folgeänderung seines Namens *nicht gegen
seinen Willen* angeordnet werden können (vgl Rn 17; anders wohl BVerwG StAZ 1984, 132).
Zum Schutz des Ehegatten sieht Nr 8 Abs 1 S 3 der NamÄndVwV vor, daß sich
beim verheirateten Kind die Folgeänderung seines Namens *nur* auf den Geburtsnamen erstreckt. Diese – ohnehin nicht verbindliche – Regel ist unvollständig:
Stimmt der Ehegatte des Kindes einer Erstreckung auf den Ehenamen zu, müßte
– entspr § 1617c Abs 3 – auch eine Änderung dieses Namens aufgrund von § 4 NÄG
möglich sein.

35 § 4 NÄG sagt nichts über die Namensfolge bereits **volljähriger Kinder**. Weil der
Ausschluß der Namensfolge in § 4 aus Gründen des Kindesschutzes motiviert ist,
dieser bei Volljährigen aber entfällt, wäre auf eine grundsätzliche Folgemöglichkeit
(durch Anschlußoption) entsprechend den einschlägigen familienrechtlichen Regelungen, insbesondere § 1617c Abs 2 Nr 1, zu schließen (so KG FGPrax 2001, 193 ff).
Andererseits ist aber auch der Grund für eine generelle Namensfolge der Kinder, die
familiäre Lebensgemeinschaft zwischen Eltern und Kindern, regelmäßig entfallen.
Demnach könnte, als argumentum e contrario aus § 4 NÄG, gefolgert werden, daß
eine *Regelfolge* bei volljährigen Kindern nicht stattfinden solle (so AG Bielefeld
StAZ 2004, 369 f; VG Münster BeckRS 2006) – eine implizite Gesetzeswertung, die als lex
specialis den familienrechtlichen Folgeregelungen vorginge. In diesem Sinne wäre es
Sache des den Namen der Eltern ändernden Verwaltungsaktes festzulegen, ob sich
die Namensfolge (materiellrechtlich: „der wichtige Grund" iS des § 3 NÄG) auch
auf volljährige Kinder erstreckt, die für den Namensanschluß optieren (in letzterem
Sinne BayObLG StAZ 1984, 339, 340 f; nach Loos 121 müssen die Kinder dem Antrag der Eltern
beitreten oder einen eigenen Antrag nach § 2 NÄG stellen; s auch Fachausschuss Standesbeamte
StAZ 2001, 21). Es erscheint jedoch angemessener, im Sinne der erstgenannten Ansicht die Entscheidung über die Namensfolge gem § 1617c allein in die Hände des
volljährigen Kindes zu legen.

dd) Ehenamensänderungen nach Tod eines Ehegatten
36 Obwohl nach Auflösung der Ehe der Ehename als solcher grundsätzlich nicht mehr
veränderbar, also als Anknüpfungspunkt für den Kindesnamen unwandelbar fixiert
ist (Entsprechendes gilt für den Lebenspartnerschaftsnamen), sollte jedenfalls für

den Fall einer Eheauflösung durch *Tod* eines Elternteils die damit verbundene Problematik (vgl Rn 32 und § 1618 Rn 43) aufgelockert und auch eine **einseitige Verfügung des überlebenden Teils über den Ehenamen** als solchen gestattet werden: Ein gemeinsamer Anschluß der Ehegatten an Namensänderungen der Vorgeneration ist hier nicht mehr möglich. Es ist aber nicht einzusehen, warum der überlebende Elternteil darauf beschränkt sein sollte, eine Folgeänderung nur für seinen persönlichen Namen unter Aufgabe der Namenseinheit mit dem Kind durchzuführen oder, im Interesse der Namenseinheit, auf die Folgeänderung ganz zu verzichten (so aber iE MünchKomm/von Sachsen Gessaphe Rn 17; AnwKomm-BGB/Löhnig Rn 5; HWB/Wagenitz/ Bornhofen Rn 49): Optiert er für einen Namensanschluß, der auch von beiden Elternteilen gemeinsam hätte vorgenommen werden können, so handelt es sich nicht um eine Namensänderung in Abwendung von der ehelichen Verbindung wie in allen sonstigen Fällen, vielmehr ist nur der überlebende Ehegatte als *elterlicher Repräsentant der ehelichen Familiengemeinschaft* übriggeblieben. Es erscheint deshalb angemessen, die sonst nur den Eheleuten gemeinsam zustehende Anschlußoption auch bezüglich des Ehenamens als auf den überlebenden Elternteil allein übergegangen anzusehen, mit der Folge, daß eine Anschlußerklärung des überlebenden Teils an eine Namensänderung in der Vorgeneration nicht nur den persönlichen Familiennamen, sondern auch den Ehenamen betrifft und damit zwanglos eine weitere Folgemöglichkeit für das Kind gem § 1617c Abs 2 Nr 1 eröffnet. Dabei sollte auch berücksichtigt werden, daß seit dem KindRG 1998 die Anknüpfung nach § 1616 nicht primär auf eine „Ehe" und die Abstammung des Kindes hieraus („eheliches Kind") verweist (zum alten Recht deutlich BVerwG StAZ 1983, 250), sondern nur noch auf die auf die Ehe gründende *Namensgemeinschaft* der Eltern, die durch den Tod eines Teils nicht als aufgelöst angesehen werden muß (vgl auch unten Rn 50).

c)   Rechtsfolge
Die Rechtsfolge einer Ehenamensänderung ergibt sich durch Verweis auf Abs 1: **37** automatische Erstreckung auf das Kind bis zu 5 Jahren, danach Anschlußnotwendigkeit nach dem dortigen Altersstufenmodell (oben Rn 14 ff). Diese ist auch für jüngere Kinder zu bejahen, wenn – wie beim Übergang vom Ehenamen zu getrennter Namensführung – eine Wahl getroffen werden muß (vgl Rn 31).

3.   Änderung des individuellen Bezugsnamens, Nr 2

a)   Familienname eines Elternteils als Geburtsname
Der Kindesname muß vom Individualnamen eines Elternteils abgeleitet sein; dabei **38** ist unerheblich, ob der Elternteil seinerseits den Namen als Geburtsnamen oder als Ehenamen führt (Rn 28). Auf welcher Grundlage das Kind den Elternnamen erworben hat, ist ebenfalls gleichgültig – die gesetzliche Aufzählung ist nicht abschließend (Wagenitz FamRZ 1998, 1545, 1550; AnwKomm-BGB/Löhnig Rn 7; Bamberger/Roth/Enders Rn 9). In Betracht kommen auch § 1757 Abs 1 S 1 (Palandt/Diederichsen § 1757 Rn 2; Staudinger/Frank [2001] § 1757 Rn 44 ff), § 1617c Abs 1 oder 2 (wenn der namensgebende Elternteil einer Namensänderung auf der Großelternebene gefolgt ist; vgl Palandt/Diederichsen Rn 9) sowie altrechtliche oder übergangsrechtliche Erwerbstatbestände (Art 7 FamNamRG 1994; Art 224 § 3 Abs 5 EGBGB) oder Erwerb nach ausländischem Recht vor dem Statutenwechsel zum deutschen Recht. Die Argumentation des BGH, die Gründe des kindlichen Namenserwerbs seien in Abs 2 Nr 2 „abschließend" aufgezählt (StAZ 2004, 131 f; ebenso Fachausschuss Standesbeamte StAZ 2000,

309) ist deshalb evident falsch; sie kann deshalb auch die These nicht tragen, ein Namenserwerb nach § 1618 sei von § 1617c Abs 2 Nr 2 nicht erfaßt. Von einem individuellen Bezugsnamen im Sinne dieser Vorschrift sollte man auch nach einer Einbenennung gemäß § 1618 ausgehen, wenn diese (wie bei der „nachziehenden" Einbenennung) nur die Funktion hat, die Änderungssperre des § 1617c Abs 2 Nr 2 bei Eheschließung oder Begründung einer Lebenspartnerschaft (dazu Rn 41 f) zu überwinden (Rn 27; s noch § 1618 Rn 43 ff).

39 Unwesentlich ist auch, ob das Kind vom Elternteil einen **Einzel- oder Doppelnamen** erworben hat – handele es sich um einen echten Doppelnamen, einen „unechten Doppelnamen" (§ 1617 Rn 23, 24) oder um einen aus den Namen beider Elternteile zusammengesetzten Doppelnamen (erworben nach der Übergangslösung des BVerfG [§ 1617 Rn 25], nach Art 224 § 3 Abs 3, 4 S 2 EGBGB oder nach ausländischem, zB spanischem Recht).

b) Änderung des Bezugsnamens
40 Warum und auf welcher Grundlage es zur Namensänderung beim Bezugselternteil gekommen ist, spielt keine Rolle – der Elternteil kann Namensänderungen auf Großelternebene gefolgt sein (§ 1617c Abs 1, 2, vgl Rn 38), sein Name kann sich aber auch unmittelbar geändert haben (zB §§ 1617a Abs 2, 1355 Abs 4, 5 oder 1757). Beruht die Änderung allerdings auf einer Ehenamenswahl mit dem anderen Elternteil (§ 1355 Abs 1), ist § 1617c Abs 1 vorrangig (vgl Rn 4). Bei Wahl eines Ehe- oder Lebenspartnerschaftsnamens mit einem Dritten greift allerdings die Änderungssperre des Abs 2 Nr 2 ein (dazu Rn 41 f). Auch eine *bloße Veränderung* des Namens fällt unter Nr 2, insbesondere die Erweiterung des bisherigen Einzelnamens zu einem Doppelnamen (Annahme eines Begleitnamens nach § 1355 Abs 4, § 3 Abs 2 LPartG; Adoption § 1757 Abs 4 Nr 2, 1767 Abs 2) oder – umgekehrt – die Rückkehr zu einem Einzelnamen (Ablegung des Begleitnamens nach §§ 1355 Abs 4 S 4; 1355 Abs 5; § 3 Abs 2 S 4, Abs 3 LPartG) oder auch nur die Änderung des Teils eines Doppelnamens (LIPP/WAGENITZ Rn 26; HWB/WAGENITZ/BORNHOFEN Rn 58; aM BAMBERGER/ ROTH/ENDERS Rn 9). Die Auswirkungen öffentlich-rechtlicher Namensänderungen auf minderjährige Kinder unterliegen auch insoweit der Sonderregelung des § 4 NÄG (s Rn 33 ff). Der *Tod des Bezugselternteils* löst hingegen keinen Namenwechsel des Kindes nach § 1617c Abs 2 Nr 2 aus; vielmehr ist der Kindesname nunmehr (vorbehaltlich einer Heirat oder des NÄG) praktisch festgeschrieben (vgl § 1617a Rn 18; FamRefK/WAX § 1617b Rn 16).

c) Ausnahme: Namensänderung „durch Eheschließung"
aa) Grundkonzeption
41 Im Umkehrschluß aus Abs 2 Nr 2 ergibt sich, daß sich elterliche Namensänderungen „durch Eheschließung" oder Begründung einer Lebenspartnerschaft **grundsätzlich nicht auf den Kindesnamen erstrecken** (explizit noch § 1617 Abs 3 aF, der hier verkürzt übernommen worden ist). Gemeint ist nur die Eheschließung mit einem *Dritten* (sonst § 1617c Abs 1, vgl Rn 40). Der Sinn dieser Regelung erschließt sich im übrigen erst aus dem historischen Rückblick: Nach dem patriarchalischen System der §§ 1355 aF, 1706 Abs 2 aF war es selbstverständlich, daß die nichtehelichen Kinder dem heiratsbedingten Erwerb des Mannesnamens durch die Mutter nicht ohne weiteres folgten. Es sollte der Entscheidung des Ehemannes überlassen bleiben, durch „Einbenennung" des Stiefkindes den „moralischen Makel der unehelil-

chen Geburt des Kindes abzuwenden" (so August Bebel, Reichstagssitzung v 1.7.1896, Stenogr Berichte Bd 146, 3093).

Dieses Gedankengut wird auch nach der neuesten Reform fortgeführt. Der Vorbehalt des Abs 2 Nr 2 zielt also nicht auf punktuellen (und insoweit unmotivierten) Schutz des kindlichen Kontinuitätsinteresses am Namen; vielmehr wird das Prinzip der Namenseinheit in der Familie preisgegeben typischerweise zugunsten des Ehemannes der Mutter, dem eine Namensgleichheit mit seinen Stiefkindern und damit der Schein eines ehelichen Abstammungsverhältnisses nicht aufgedrängt werden soll (vgl DIECKMANN StAZ 1982, 273 f). Korrespondierend dazu eröffnet § 1618 die Möglichkeit, durch konstitutiven Akt (Namenserteilung) doch den „Namensnachzug des Kindes" zu gestatten – das Gesetz trifft die Entscheidung über die Namensfolge also nicht selbst, sondern legt sie in die Hände der Partner der Stiefelternehe. Die konstruktive Verlagerung der Erteilungskompetenz in § 1618 vom Stiefelternteil auf beide Ehegatten (§ 1618 Rn 14, 44) kaschiert diese Zusammenhänge nur, ohne den Wertungshintergrund zu verändern (nicht überzeugend der Rechtfertigungsversuch bei LIPP/ WAGENITZ § 1618 Rn 10; WAGENITZ FamRZ 1998, 1545, 1552).

Die Erstreckung dieses Konzepts auf **Lebenspartnerschaften** ist **im Ansatz verfehlt**: Hier kann der Normzweck (Schutz des Stiefelternteils vor dem Schein der ehelichen/ partnerschaftlichen Abstammung) von vornherein nicht eingreifen.

bb) Konzeptionelle Kritik

Bedenkt man, daß gesetzlicher Leitgedanke des § 1617c die grundsätzliche Möglich- **42** keit der Namensfolge und damit der (teil-)familiären Namenseinheit ist, eingeschränkt nur durch einen entgegenstehenden Willen des Kindes, so überrascht und befremdet der punktuelle Persönlichkeitsschutz des Stiefelternteils in §§ 1617c Abs 2 Nr 2, 1618. Sonst nimmt das Gesetz wenig Rücksicht auf die namensrechtlichen Interessen Dritter: Diese müssen es hinnehmen, daß ihr zum Ehenamen bestimmter Geburtsname an einseitige Kinder des Gatten weitergegeben wird (§§ 1617, 1617a), uU sogar an Ehebruchskinder (§ 1617b Abs 2; vgl auch WAGENITZ FamRZ 1998, 1545, 1552). In diesen Fällen wird den Ehegatten des den Namen tradierenden Elternteils Namensgleichheit mit Kindern aufgedrängt, zu denen sie auch bei Anlegung nur sittlicher Maßstäbe kein positives Verhältnis haben müssen. Hingegen berührt es merkwürdig, wenn einem Mann das Recht eingeräumt wird, eine Mutter zu heiraten, sich von ihren Kindern aber namensrechtlich zu distanzieren (krit auch AnwKomm-BGB/LÖHNIG Rn 7 Fn 11; GERNHUBER/COESTER-WALTJEN § 54 Rn 31). Das geltende Recht trägt nicht nur überholtes Gedankengut unreflektiert fort, es steht auch im scharfen Widerspruch zu den zwar noch ausbaubedürftigen, aber doch schon erkennbaren Ansätzen, den Stiefelternteil sorgerechtlich und persönlich in die Familie einzubinden (vgl Vorbem 2 zu §§ 1616–1625). Die Möglichkeit der namensmäßigen Distanzierung paßt schlecht dazu, ganz abgesehen von der Systemwidrigkeit dieses Drittschutzes im Kindesnamensrecht. Seit der Möglichkeit der Weitergabe „erheirateter" Namen sogar an neue Ehepartner (§ 1355 Abs 2 – dies kann auch ein früherer Ehebruchspartner sein) ist der Stiefelternschutz in Abs 2 Nr 2 vollends anachronistisch geworden.

cc) Tatbestandliche Konkretisierung

Auch auf der Grundlage des geltenden Rechts ergeben sich vom Gesetzeszweck her **43**

Eingrenzungen des Vorbehalts in Abs 2 Nr 2. Eine „Namensänderung durch Eheschließung" gibt es seit der Entscheidung des BVerfG vom 15.3.1991 (Vorbem 5 zu
§§ 1616–1625) ohnehin nicht mehr, gemeint ist eine **Namensänderung infolge einer
Ehenamensbestimmung**. Diese kann bei, uU aber auch erst Jahre *nach* der Eheschließung erfolgen (§ 1355 Abs 3). Eine *Namensänderung* hat sie nur zur Folge,
wenn

– der Name des Dritten (Ehegatten) zum Ehenamen gewählt wird, oder

– der Geburtsname, den der Elternteil bisher nicht geführt hatte, zum Ehenamen
gewählt wird.

Entsprechendes gilt für die Bestimmung eines Lebenspartnerschaftsnamens (§ 3
Abs 1 LPartG).

Wählen die Ehegatten oder Lebenspartner den bislang nicht geführten Geburtsnamen des Elternteils, wird die Verfehltheit der gesetzlichen Konzeption besonders
offenbar, weil das Kind einer Rückkehr seines Bezugselternteils in den Geburtsnamen *eigentlich* ohne weiteres folgen könnte und auch gefolgt wäre, wenn der
Elternteil *vor* der Heirat oder Begründung der Lebenspartnerschaft zunächst den
Geburtsnamen wieder angenommen hätte (Rechtfertigungsversuch bei DIECKMANN StAZ
1982, 273). Wird mit dem Gesetz jedoch ein Ausschluß der Namensfolge nach § 1617c
Abs 2 Nr 2 bejaht und erfolgt auch keine Einbenennung nach § 1618, so muß der
Vorbehalt doch auf eine **zeitliche Grenze** stoßen: Ist die Ehe mit dem Dritten wieder
aufgelöst und führt der Elternteil seinen zum Ehenamen gewordenen Geburtsnamen
weiter, *muß* das Kind sich dem Elternnamen nunmehr anschließen können, es kann
nicht dauernd vom Geburtsnamen seines Elternteils getrennt bleiben. Der Dritte
mag sich schützen durch Ablegung des Ehe- oder Lebenspartnerschaftsnamens nach
§ 1355 Abs 5 S 2, § 3 Abs 3 S 2 LPartG (vgl DIECKMANN StAZ 1982, 273).

d)   Erklärung des Namensanschlusses

44 Für die **Erklärung des Namensanschlusses** durch das Kind und die **Rechtsfolgen** gilt
dasselbe wie bei Abs 2 Nr 1 (Rn 19 ff). Ist ein Namensanschluß des Kindes noch nicht
erforderlich (Kind unter fünf Jahren, Rn 7), so hat der andere, nicht namensgebende
Elternteil keine Einflußmöglichkeit auf die Namensänderung des Kindes (Fachausschuss Standesbeamte StAZ 2000, 276).

**IV.   Erstreckung der Namensfolge auf den Ehenamen
oder Lebenspartnerschaftsnamen des Kindes, Abs 3**

1.   Norminhalt und -bedeutung

45 Ist der Kindesname, dessen Änderung im Anschluß an eine Änderung des Bezugsnamens in der Vorgeneration gem § 1617c Abs 1, 2 in Frage steht, seinerseits schon
als Ehename weitergegeben an die eheliche Gemeinschaft von Kind und seinem
Ehegatten, so berührt eine Namensänderung über das Kind hinaus auch letzteren.
Der dem Kind in § 1617c Abs 1 S 1, 2 gewährte Persönlichkeitsschutz wird in Abs 3
deshalb auch auf den Ehegatten ausgedehnt – dieser ist mit verfügungsbefugt über
den gemeinsamen Namen (vgl Rn 23). Zu einer Änderung des von beiden Ehepart-

nern geführten Ehenamens kommt es deshalb nur, wenn sich auch der Gatte der Namensänderung anschließt. Für die Lebenspartnerschaft gilt Entsprechendes.

Abs 3 betrifft nicht die Situation, dass das Kind zwar schon verheiratet ist oder in registrierter Partnerschaft lebt, aber getrennte Namensführung besteht – dann ändert sich bei Namensanschluß des Kindes nur der Geburtsname des Kindes. Die Ehegatten oder Lebenspartner können die Namensänderung aber zum Anlaß nehmen, den neuen Namen des Kindes nun doch zum Ehe- oder Lebenspartnerschaftsnamen zu bestimmen (PALANDT/DIEDERICHSEN Rn 11).

2.   Ehename und Individualname des Kindes

a)   Disposition über den (latenten) Individualnamen

Aus Abs 3 folgt nicht, daß der Namensanschluß des Kindes an Namensänderungen **46** seiner Eltern gem Abs 1, 2 nach seiner Verheiratung und Ehenamenswahl nur noch gemeinsam mit seinem Ehegatten möglich wäre (so allerdings noch § 1617 Abs 4 S 1 aF vor dem FamNamRG 1994, dazu STAUDINGER/COESTER[12] § 1617 Rn 49). Zwar kann das Kind über den gemeinsam geführten Ehenamen allein nicht verfügen; hinter diesem existiert latent aber noch sein individueller Geburtsname fort, der nach Auflösung der Ehe ohne weiteres reaktiviert, dh als aktuell geführter Name gegen den bisherigen Ehenamen ausgetauscht oder ihm hinzugefügt werden kann, § 1355 Abs 5 (vgl Vorbem 9 zu §§ 1616–1625). Mit *diesem* Namen kann das Kind der elterlichen Namensänderung individuell folgen, auch wenn sich dies auf seinen aktuell geführten (Ehe-) Namen (noch) nicht auswirkt. Das ist offenkundig, wenn das Kind und sein Ehegatte den **Namen des anderen Teils zum Ehenamen** gewählt hatte – der den Namen des anderen Teils übernehmende Gatte gibt seinen Geburtsnamen nicht vollständig und endgültig auf, sondern behält ihn als „Reservenamen". Führt er ihn als Begleitnamen aktuell fort, ist seine Namensfolge nach den Eltern mit diesem individuellen Namensteil ganz unproblematisch (oben Rn 39, 40; STAUDINGER/VOPPEL [2007] § 1355 Rn 78). Aber auch mit seinem nicht geführten, latenten Geburtsnamen kann er sich schon bei bestehender Ehegemeinschaft einer elterlichen Namensänderung anschließen (HEPTING FPR 2002, 115, 118, ein erneutes Wahlrecht der Ehegatten gem § 1355 Abs 2 erwächst daraus allerdings nicht; PALANDT/DIEDERICHSEN Rn 11). Seine „Rückkehr zum Geburtsnamen" gem § 1355 Abs 5 S 2 nach Eheauflösung bedeutet dann die (erstmalige) Führung des so, dh gem § 1617c Abs 1, 2 geänderten Individualnamens.

Im Ergebnis das gleiche gilt, wenn der **Kindesname zum Ehenamen** geworden ist, aber der Ehegatte sich der Namensänderung, der das Kind gem Abs 1, 2 mit seinem Namen gefolgt ist, nicht anschließt. Da der dann fortgeführte Ehename weder auf die Familie des einen noch des anderen Gatten verweist, sollte es dam Kind analog § 1355 Abs 4 gestattet werden, dem Ehenamen seinen (geänderten) Geburtsnamen als Begleitnamen hinzuzufügen (vgl Fachausschuss Standesbeamte StAZ 2001, 371, 372).

b)   Disposition über den Ehenamen/Lebenspartnerschaftsnamen

Nach dem Gesetzeswortlaut entscheidet allein der Ehegatte des Kindes über die **47** Erstreckung der Namensänderung auf den Ehenamen. Dies ist kritisiert worden, weil über den Ehenamen nur beide Gatten gemeinsam disponieren könnten (LIPP/ WAGENITZ Rn 32, 33; WAGENITZ/BORNHOFEN § 1616a Rn 36; HWB/WAGENITZ/BORNHOFEN Rn 66,

67). Demgemäß sei eine zweifache Anschlußerklärung des Kindes erforderlich, einmal bezüglich seines individuellen Geburtsnamens, zum zweiten aber auch bezüglich des Ehenamens. Die Anschlußerklärung nach Abs 1, 2 sei zwar *idR* so zu verstehen, daß sie sich auf Geburts- wie Ehenamen beziehe, so daß in zweiter Hinsicht in der Tat nur noch die Erklärung des Ehegatten ausstehe. Für das Kind bestehe aber die Gefahr, daß der Gatte die Ehenamensänderung nunmehr allein in der Hand habe und diese erst nach Jahren, uU zur Unzeit auslösen könne. Das Kind könne deshalb und grundsätzlich seine Anschlußerklärung auch auf seinen individuellen Geburtsnamen beschränken. Erst ausdrückliche Anschlußerklärungen *beider* Gatten bezüglich des Ehenamens könnten dann zu einer Änderung führen (LIPP/WAGENITZ aaO).

48 Eine solche Konzeption scheint schlüssig, findet aber im Gesetz keine hinreichende Grundlage. Die (allerdings stets auch bei Abs 3 erforderliche) Anschlußerklärung des Kindes bezieht sich auf seinen Geburts- wie den daran anknüpfenden Ehenamen. Ein berechtigtes Interesse des Kindes, mit seinem Geburtsnamen der Namensänderung der Eltern zu folgen, nicht aber mit dem aktuell geführten Ehenamen, ist nicht zu erkennen. Als „Reservename" steht der geänderte Elternname ohnehin zur Verfügung, wenn es zur Auflösung der Kindesehe kommen sollte – die Anschlußerklärung nach Abs 1, 2 ist unbefristet möglich (Rn 20). Die Abblockung des Ehegatten von einer individuell vollzogenen Namensfolge erscheint nicht legitim; will das Kind umgekehrt die sofortige gemeinsame Namensfolge gewährleisten und seine aktuelle Namensführung nicht der Disposition des Gatten überlassen, muß es die gemeinsame Abgabe der Anschlußerklärungen nach Abs 1, 2 sowie nach Abs 3 sicherstellen (§ 379a Abs 2 S 4 DA verlangt immer noch – wenngleich ohne erkennbare Rechtsgrundlage – „gemeinsame Abgabe").

49 **Im Ergebnis** bleibt also der Namensanschluß des Kindes zwar auf seinen latenten Geburtsnamen beschränkt, wenn sich nicht auch der Ehegatte anschließt; das Kind kann diese Beschränkung jedoch nicht seinerseits erklären und damit eine Änderung auch des Ehenamens von vornherein ausschließen. Der Fehler des Gesetzes liegt in der mangelnden Befristung der Ehegattenerklärung nach Abs 3 (unten Rn 51).

c)   **Namensanschluß des Schwiegerkindes nach Tod**
      des namengebenden Ehegatten

50 Der Folgeanschluß des Ehegatten nach Abs 3 setzt eine Anschlußerklärung des namengebenden Partners, also des „Kindes", an eine Namensänderung auf seiner Elternseite voraus – schließt sich das Kind nicht nach Abs 1, 2 an, fehlt die Basis für einen Folgeanschluß des Ehegatten. Anderes sollte gelten, wenn der Partner (= Kind) **verstorben** ist und dann in seiner Namenslinie eine Namensänderung eintritt: Mit der Ehenamenswahl hatte sich der Ehegatte in dieser Linie eingereiht; nachdem nun die namensvermittelnde Person gestorben ist, muß der Ehegatte (= Schwiegerkind) an den Entwicklungen dieser Namenslinie eigenständig teilnehmen können (vgl Rn 36). Insoweit *genügt seine Anschlußerklärung* analog Abs 3.

3.   **Anschlußerklärung des Ehegatten bzw Lebenspartners und Folgen**

51 Für die Anschlußerklärung des Ehegatten gilt hinsichtlich **Form und Empfangszuständigkeit** das gleiche wie für das Kind selbst nach Abs 1 (Abs 3 HS 2). Empfangszuständig ist sowohl der Standesbeamte, der das Geburtenbuch des Kindes führt

(§ 31a Abs 2 S 1 PStG; vgl § 293c Abs 2 DA) wie auch – da der Ehename betroffen ist – der das Familienbuch fortführende Standesbeamte (§ 13 Abs 1 S 2 PStG; vgl § 379a Abs 4 DA). Der minderjährige Gatte bedarf ebensowenig wie zur originären Ehenamenswahl nach § 1355 der Zustimmung seiner gesetzlichen Vertreter (vgl Staudinger/Voppel [2007] § 1355 Rn 44; aA HWB/Wagenitz/Bornhofen Rn 71). Auch die Anschlußerklärung nach Abs 3 ist grundsätzlich **unbefristet** möglich, allerdings nur, solange die Ehe noch besteht: Nach Auflösung der Ehe kann ein Gatte nur noch über seinen Individualnamen (§ 1355 Abs 5), nicht aber mehr über den Namen der früheren Ehegemeinschaft verfügen (anders jedoch bei Tod des Partners, Rn 36, 50).

Die Folgeänderung des Ehenamens wird **wirksam**, wenn sowohl die Anschlußerklä- 52 rung des Kindes (Abs 1, 2) wie auch die des Ehegatten (Abs 3) dem zuständigen Standesbeamten zugegangen sind. Hatte der Gatte dem Ehenamen einen Begleitnamen hinzugefügt, so ändert sich in seinem unechten Doppelnamen nur der Ehenamensteil. Der alte Ehename kann jetzt hingegen nicht als Begleitname des neuen Ehenamens aufgenommen werden (aA offenbar Palandt/Diederichsen Rn 11). Die Änderung des Ehenamens kann weitere Folgeänderungen in der **Enkelgeneration** gem § 1617c Abs 2 Nr 1 auslösen.

§ 1618
Einbenennung

Der Elternteil, dem die elterliche Sorge für ein unverheiratetes Kind allein oder gemeinsam mit dem anderen Elternteil zusteht, und sein Ehegatte, der nicht Elternteil des Kindes ist, können dem Kind, das sie in ihren gemeinsamen Haushalt aufgenommen haben, durch Erklärung gegenüber dem Standesbeamten [ab 1. 1. 2009: „Standesamt"] ihren Ehenamen erteilen. Sie können diesen Namen auch dem von dem Kind zur Zeit der Erklärung geführten Namen voranstellen oder anfügen; ein bereits zuvor nach Halbsatz 1 vorangestellter oder angefügter Ehename entfällt. Die Erteilung, Voranstellung oder Anfügung des Namens bedarf der Einwilligung des anderen Elternteils, wenn ihm die elterliche Sorge gemeinsam mit dem den Namen erteilenden Elternteil zusteht oder das Kind seinen Namen führt, und, wenn das Kind das fünfte Lebensjahr vollendet hat, auch der Einwilligung des Kindes. Das Familiengericht kann die Einwilligung des anderen Elternteils ersetzen, wenn die Erteilung, Voranstellung oder Anfügung des Namens zum Wohl des Kindes erforderlich ist. Die Erklärungen müssen öffentlich beglaubigt werden. § 1617c gilt entsprechend.

Materialien: E I § 1569; II § 1594; III § 1682; Mot IV 859; Prot IV 61. NEhelG Art 1 Nr 19; 1. EheRG Art 1 Nr 15; FamNamRG Art 1 Nr 5; KindRG Art 1 Nr 7; KinderrechteverbesserungsG Art 1 Nr 3. Staudinger/BGB-Synopse 1896–2005 § 1618.

§ 9 LPartG
Regelungen in Bezug auf Kinder eines Lebenspartners

(1)–(4)

(5) Der Elternteil, dem die elterliche Sorge für ein unverheiratetes Kind allein oder gemeinsam mit dem anderen Elternteil zusteht, und sein Lebenspartner können dem Kind, das sie in ihren gemeinsamen Haushalt aufgenommen haben, durch Erklärung gegenüber der zuständigen Behörde ihren Lebenspartnerschaftsnamen erteilen. § 1618 Satz 2 bis 6 des Bürgerlichen Gesetzbuchs gilt entsprechend.

(6)–(7)

Materialien: Gesetz zur Überarbeitung des Lebenspartnerschaftsrechts Art 1 Nr 4.

Schrifttum

S vor Vorbem 4 zu §§ 1616–1625.
Außerdem:
BEITZKE, Die Einbenennung im deutschen und ausländischen Recht, StAZ 1969, 287
GAAZ, Probleme der Einbenennung nach § 1618 BGB, FPR 2002, 125
KOUMAROS, Die Einbenennung des nichtehelichen Kindes (Diss Freiburg 1976)
KUMME, Die Einbenennung des nichtehelichen Kindes durch den leiblichen Vater, ZBlJugR 1979, 343
OELKERS/KREUTZFELDT, Die Ersetzung der Einwilligung nach § 1618 S 4 BGB, FamRZ 2000, 645

SCHMITZ/BAUER, Spannungsverhältnis zwischen bürgerlich-rechtlicher Namenskontinuität und öffentlich-rechtlicher Namensänderung bei Scheidungskindern, StAZ 2001, 99
SCHWIMANN, Kollisions- und sachrechtliche Behandlung einer Namenserteilung („Namensgebung") bei nichtehelichen Kindern, ÖJZ 1977, 85
WILLUTZKI, § 1618 BGB – eine schwierige Aufgabe für alle!, KindPrax 2000, 76
WINKLER VON MOHRENFELS, Verfassungswidrige Einbenennung, FamRZ 1983, 546.
ZWISSLER, Probleme bei der Einbenennung, FPR 2004, 64.

Systematische Übersicht

Alphabetische Übersicht

I. Norminhalt und -bedeutung

1 Die Vorschrift ermöglicht die Namensintegration des Kindes in die eheliche Familie seines (zumindest mit-)sorgeberechtigten Elternteils mit einem Dritten („Stief-elternteil"; s noch Rn 12). Da das Kind einem heiratsbedingten Namenswechsel seines sorgeberechtigten Elternteils nicht nach sonst üblichen Grundsätzen folgt (§ 1617c Abs 2 Nr 2), muß diese Integration durch konstitutiven Akt, die sogenannte „Einbenennung" erfolgen (zur Kritik Rn 4).

Die **Neufassung des § 1618** durch das **KindRG 1998** hat den Normbereich teils ein- **2** geschränkt, teils erweitert (zur bisherigen Normgeschichte s STAUDINGER/COESTER¹² Rn 1–7): Die Erteilung des Vaternamens (§ 1618 Abs 1 S 1 Alt 2 aF) ist ausgelagert worden in § 1617a Abs 2; die Einbenennung in die Familie von nichtehelicher Mutter und Stiefvater (§ 1618 Abs 1 S 1 Alt 1 aF) wurde – im Rahmen eines einheitlichen Kindschaftsrechts – erstreckt auf *alle* Stiefelternfamilien, insbesondere die Fälle einer **Neuheirat des geschiedenen Elternteils mit einem Dritten.** Für diese häufige Konstellation sah das bisherige Familienrecht keine Regelung vor, so daß den Unzuträglichkeiten nur über die Anwendung des öffentlich-rechtlichen NÄG (Verwaltungsrechtsweg) mit der Allerweltsformel „wichtiger Grund" für eine Namensänderung Rechnung getragen werden mußte (ausf STAUDINGER/COESTER¹² § 1616 Rn 58 ff; zuletzt BVerwG FamRZ 1994, 439; StAZ 1996, 237 ff; BARTH StAZ 1997, 108; vgl Vorbem 19 zu §§ 1616–1625). Die Neufassung des § 1618 durch das KindRG 1998 hat diesen Konfliktbereich mit anderen Einbenennungsfällen nicht nur einer einheitlichen familienrechtlichen Regelung unterworfen, sondern damit auch den öffentlich-rechtlichen Lösungsansatz mitsamt dem Verwaltungsrechtsweg verdrängt. Auf § 3 NÄG kann daneben oder gar korrigierend nicht mehr zurückgegriffen werden (ausf OVG Münster FamRZ 2000, 698 f; VG Düsseldorf NJW 1999, 1730, 1737 f; BECK FPR 2002, 138; PIEPER FuR 2003, 394; vgl schon BARTH StAZ 1997, 108 f; anders nur VG Koblenz StAZ 2001, 113, 114 f; **abl** SCHMITZ/BAUER StAZ 2001, 99, 105 f).

Eine weitere Neuregelung des KindRG 1998 griff ältere Reformvorschläge auf: Der Ehename der Stiefelternfamilie muß den bisherigen Geburtsnamen des Kindes nicht verdrängen, er kann ihm **auch als Begleitname** hinzugefügt werden (S 2; dazu näher Rn 17 ff; zu früheren Reformvorschlägen s ENSTE 234 ff; STAUDINGER/COESTER¹² § 1616 Rn 73 mwNw).

Die **derzeit gültige Fassung des § 1618** beruht auf dem **Kinderrechteverbesserungsgesetz** von 2002 (BGBl I 1239; eine Textänderung von 2004 hat nur ein Redaktionsversehen beseitigt, vgl STAUDINGER/BGB-Synopse 1896–2005 zu § 1618). Die mit diesem Gesetz eröffnete Möglichkeit der Einbenennung in eine Stiefelternehe auch bei gemeinsamem Sorgerecht der Eltern (Rn 7; zum früheren Recht STAUDINGER/COESTER [2000] Rn 7) machte eine textliche Neugestaltung der Vorschrift erforderlich.

Die Ausdehnung der Einbenennung auf den **Lebenspartnerschaftsnamen** hat der Gesetzgeber (anders als bei § 1617c Abs 2, 3, s dort Rn 25, 41) nicht im Rahmen des BGB vorgenommen, sondern er hat mit dem LPartG-Überarbeitungsgesetz 2005 dem § 1618 S 1 ein weitgehend wortgleiches Pendant in **§ 9 Abs 5 LPartG** an die Seite gestellt. Der einzige sachliche Unterschied besteht hinsichtlich der für die Erteilungserklärungen empfangszuständigen Stelle (unten Rn 16); im übrigen wird pauschal auf § 1618 S 2–6 verwiesen.

Allerdings verbergen sich unter der Einbenennung neuen Rechts **zwei Varianten** mit **3** dogmatisch ganz unterschiedlicher Bedeutung: (1) Hat das **Kind bisher den Namen des sorgeberechtigten Elternteils** getragen, räumt die Einbenennung nur die Namens-

folgesperre des § 1617c Abs 2 Nr 2 für heiratsbedingte Namenswechsel des Bezugs-
elternteils aus dem Weg („nachziehende Einbenennung", vgl Rn 44); (2) führte das
Kind bisher den Namen des anderen Elternteils, so bedeutet die Einbenennung einen
Wechsel des namensrechtlichen Bezugselternteils – wie in § 1617a Abs 2, nur hier mit
Zustimmung auch des Stiefelternteils und in umgekehrter Richtung, dh vom nicht-
sorgeberechtigten zum sorgeberechtigten Elternteil („erteilende Einbenennung").

Die erste Variante entspricht § 1618 aF, die zweite Variante stellt eine durch das
KindRG 1998 neu eröffnete Möglichkeit dar (zu dieser Unterscheidung HEPTING
StAZ 2002, 129, 135; ZWISSLER FPR 2004, 64, 65; s auch §§ 1617a Rn 24 f, 1617b Rn 8; 1617c Rn 27
und unten Rn 44).

4 Grundsätzlicher **Kritik** ist § 1618 nach wie vor ausgesetzt: Der gesamte Ausgangspunkt ist rechtspolitisch verfehlt und systemwidrig (s § 1617c Rn 41 ff), darüber hinaus
ist § 1618 konzeptionell undurchdacht: Der Kindesname wird – jedenfalls dem Gesetzeswortlaut nach – durch die „Einbenennung" an den Ehenamen der Stiefelternehe angeknüpft und hierauf festgeschrieben (vgl § 1617c Rn 23, 26). Diese Ehe ist aber,
wie in der Diskussion zur Stiefelternadoption immer wieder betont wird, keine
verläßliche Grundlage – oft genug erweist sie sich für das Kind nur als Episode im
Rahmen wechselnder Familienverhältnisse (vgl STAUDINGER/FRANK [2001] § 1741 Rn 42 ff
mwNw; MUSCHELER StAZ 2006, 189, 192 f). Unrevidierbare rechtliche Verfestigungen
vertragen sich damit nicht bzw führen zu schwerwiegenden Konflikten nach Auflösung der Stiefelternehe. Diese aus der Diskussion zur „Stiefkindadoption" bekannte Problematik sollte nicht ohne Not in die namensrechtliche Einbenennung
(traditionell die „kleine Schwester" der Stiefkindadoption) übertragen werden (zur
Problemlösung unten Rn 42 ff).

5 Richtiger wäre es, die Sperre für kindliche Namensfolgen in § 1617c Abs 2 Nr 2
abzuschaffen; § 1618 könnte dann darauf beschränkt werden, Kindern in Stiefelternfamilien generell die Möglichkeit zu eröffnen, den dort gewählten Ehenamen als
(nach Auflösung der Ehe ablegbaren) Begleitnamen zu übernehmen.

II. Allgemeine Voraussetzungen

1. Minderjähriges, unverheiratetes Kind

6 Da das Kind nach S 1 unter elterlicher Sorge stehen muß, muß es **minderjährig** sein
(§§ 2, 1626 Abs 1 S 1), die Einbenennung eines volljährigen Kindes ist damit ausgeschlossen (vgl § 1617a Rn 27). Allerdings genügt es, wenn im Moment der Erteilungserklärung durch den Elternteil die Minderjährigkeit (und damit das Sorgerecht)
noch besteht – das Volljährigwerden des Kindes vor seiner Zustimmung oder der
Erklärung des Stiefelternteils schadet nicht (§ 1617a Rn 27). Auch **pränatale** Einbenennung ist möglich (vgl § 1617a Rn 28; PALANDT/DIEDERICHSEN Rn 14), nicht mehr jedoch
eine Einbenennung nach dem **Tod des Kindes** – der alleinige Zweck des § 1618, die
Namensintegration des Kindes in die neue Familie, ist jetzt nicht mehr erreichbar
(anders die Interessenlage bei § 1617a Abs 2, s dort Rn 29). Auch nach **Heirat** des
(minderjährigen) Kindes scheidet eine Einbenennung aus, selbst wenn die Ehe vor
Volljährigkeit schon wieder aufgelöst ist (GAAZ FPR 2002, 125, 127; **aM** PALANDT/DIE-
DERICHSEN Rn 8; näher § 1617a Rn 30).

2. Sorgerecht des Elternteils, der mit einem Dritten verheiratet ist

Das Kind muß unter der elterlichen Sorge des Elternteils stehen, der es in die Ehe **7** mit einem Dritten (= Stiefelternteil) „eingebracht" hat. Dabei bleibt es nach der Neufassung durch das KindRVerbG 2002 (Rn 2) gleich, ob der Elternteil das Sorgerecht allein innehat oder gemeinsam mit dem anderen Elternteil. Das „kleine Sorgerecht" des Stiefelternteils besteht daneben allerdings nur bei Alleinsorge des Elternteils, § 1687b Abs 1.

Wegen der Gleichstellung von Alleinsorge und gemeinsamer Sorge ist es unerheb- **8** lich, ob diese jeweils in vollem Umfang oder nur **teilweise** besteht. Wesentlich ist nur, daß der mit dem Dritten verheiratete Elternteil *den* Teil der Personensorge zumindest mitinnehat, dem die Befugnis zur Namenserteilung zuzurechnen ist. Unerheblich ist des weiteren die rechtliche Beziehung zwischen beiden Eltern (geschieden; niemals verheiratet) und die Grundlage des Sorgerechts (§§ 1626, 1626a Abs 1 oder 2, 1671, 1672 etc). Zum Tod des (mit-)sorgeberechtigten Elternteils s Rn 24.

3. Bisheriger Name des Kindes

Während die frühere Fassung des § 1618 verlangte, daß das Kind seinen Namen von **9** der Mutter ableitete (§ 1617 aF), enthält sich die Neufassung jeglicher Einschränkung. Es kommt deshalb **jeder Name** als bisheriger Geburtsname des Kindes in Betracht. Er kann von einem *Individualnamen* des einen oder des anderen Elternteils (Rn 3) abgeleitet sein (§§ 1617, 1617a Abs 1, 1617b) oder vom *Ehenamen* der Eltern (§§ 1616, 1617c Abs 1, Abs 2 Nr 1). Er kann auch aus einer **früheren Namenserteilung** stammen (§§ 1617c Abs 2, 1618; zur wiederholten Einbenennung s Rn 49 ff). Es ist nicht einmal nötig, daß das Kind überhaupt schon einen Namen führt – hieran fehlt es stets bei der pränatalen Einbenennung (Rn 6) und möglicherweise bei Auslandsgeburt (vgl Lipp/Wagenitz Rn 8; HWB/Wagenitz/Bornhofen Rn 19).

4. Ehe von Elternteil und Stiefelternteil

Die Heirat des Elternteils mit einem Dritten kann vor oder nach der Kindesgeburt **10** liegen (aA Palandt/Diederichsen Rn 7: nur nachträglich). Die Ehe muß im Erteilungszeitpunkt grundsätzlich **noch bestehen**, denn die Erteilung erfolgt durch den Elternteil und seinen „Ehegatten" (S 1). Eine Namenserteilung nach **Scheidung** (ohnehin eine kaum realistische Vorstellung) scheidet deshalb selbst dann aus, wenn beide ehemaligen Gatten noch den Ehenamen fortführen. Gleiches gilt für den Fall, daß der **Stiefelternteil verstorben** ist – die neue Familiengemeinschaft, in die das Kind namensmäßig integriert werden sollte (s auch Rn 12), besteht dann nicht mehr (OLG Zweibrücken StAZ 2004, 231, 232; MünchKomm/von Sachsen Gessaphe Rn 10). Einer Einbenennung bedarf es nach Auflösung der Stiefelternehe auch gar nicht mehr, wenn der Elternteil sein Kind namensrechtlich „nachziehen" will: Die Folgesperre des § 1617c Abs 2 Nr 2 ist gegenstandslos geworden, der Elternteil kann seinen „erheirateten Namen" nach dieser Vorschrift weitergeben wie in anderen Konstellationen auch (vgl § 1617c Rn 43). Eine „Ersetzung" der Stiefelternerklärung analog S 4 scheidet deshalb in jedem Fall aus (OLG Zweibrücken aaO).

Ist hingegen der mit dem Stiefelternteil verheiratete **Elternteil verstorben**, so scheint eine Einbenennung allein durch den Stiefelternteil von vornherein ausgeschlossen. Dennoch kann insoweit ein berechtigtes Interesse bestehen, wenn der Stiefelternteil Vormund wird oder das Kind im Einverständnis mit dem anderen Elternteil oder gem einer Anordnung nach § 1682 weiter aufzieht. Statt einer Bemühung des NÄG sollte man § 1618 analog anwenden.

5.   Ehename

11 Nur wenn sich Elternteil und Stiefelternteil zur Namenseinheit entschließen, erwächst dem Stiefelternteil ein Mitbestimmungsrecht über die Namensfolge des Kindes (S 1 mit § 1617c Abs 2 Nr 2), sonst folgt das Kind Namensänderungen seines Bezugselternteils ohne weiteres nach § 1617c Abs 2 Nr 2. Führen die Ehegatten ihre bisherigen Namen fort (§ 1355 Abs 1 S 3), kommt eine Erteilung des Stiefelternnamens nicht in Betracht (PALANDT/DIEDERICHSEN Rn 7), auch dann nicht, wenn das Kind ausnahmsweise nicht den gleichen Namen führt wie sein Elternteil (GAAZ FPR 2002, 125, 128).

Typischerweise wird der Ehename vom **Namen des Stiefelternteils** abgeleitet sein; dies ist aber nicht Voraussetzung des § 1618. Haben Elternteil und Kind bisher unterschiedliche Namen geführt und wird nun der Name des Elternteils zum Ehenamen bestimmt, so folgt das Kind der Namensänderung nicht nach § 1617c Abs 2 Nr 2, es kann aber (in den Namen des eigenen Elternteils!) einbenannt werden (LIPP/WAGENITZ Rn 6). Gleiches gilt, wenn der Geburtsname des Elternteils zum Ehenamen gewählt worden ist (§ 1355 Abs 2), vorher aber vom Elternteil und – daran anknüpfend, § 1617 Abs 1 oder 1617a Abs 1 – vom Kind ein anderer („erheirateter“) Name geführt wurde.

Einer Namenserteilung nach § 1618 steht nicht entgegen, daß ein Ehegatte dem Ehenamen einen **Begleitnamen** hinzugefügt hat (§ 1355 Abs 4; PALANDT/DIEDERICHSEN Rn 7; LIPP/WAGENITZ Rn 6). Erteilbar ist dann aber nur der Ehename; wird dieser nach der Einbenennung vom Kind *neben* dem bisherigen Namen geführt (S 2; vgl Rn 17 ff), kann es iE den gleichen unechten Doppelnamen führen wie sein Elternteil.

6.   Aufnahme des Kindes in den gemeinsamen Haushalt

12 Mit diesem neuen Erfordernis wollte der Gesetzgeber (des KindRVerbG 2002) verdeutlichen, dass die Einbenennung lediglich die Funktion hat, die soziale Integration des Kindes in die neue Familie mit dem Stiefelternteil nach außen zu verlautbaren – nicht aber, nicht existente Familienbeziehungen vorzutäuschen. Ausgeschlossen ist die Einbenennung insbesondere dann, wenn das Kind bei gemeinsam sorgeberechtigten Eltern vom anderen Elternteil betreut wird, der nicht mit dem Stiefelternteil verheiratet ist (vgl BReg, Stellungnahme in BT-Drucks 14/2096, 10: Einbenennung etwa wegen klangvollen oder bekannten Namens des Stiefelternteils). Die Aufnahme in den Haushalt von Stiefelternteil und Elternteil ist aber auch Einbenennungsvoraussetzung, wenn letzterer alleinsorgeberechtigt ist (anders wohl Hk-BGB/KEMPER Rn 3). Die Aufnahme in den gemeinsamen Haushalt der Eheleute wird dann zu bejahen sein, wenn es dort seinen gewöhnlichen Aufenthalt iS § 1687 Abs 1 S 2 hat. Partielle Drittbetreuung (Tagesmutter uä) schadet nicht.

7. Besonderheiten bei einer registrierten Lebenspartnerschaft

Die vorstehend aufgeführten Voraussetzungen einer Einbenennung gelten glei- **13** chermaßen, wenn ein sorgeberechtigter Elternteil mit einem Dritten eine Lebenspartnerschaft eingegangen ist, **§ 9 Abs 5 LPartG** (s Rn 2). Erteilt wird hier der gemäß § 3 Abs 1 LPartG gewählte Lebenspartnerschaftsname; die Möglichkeit der Einbenennung korrespondiert mit dem Ausschluß einer automatischen Folge des Kindesnamens in § 1617c Abs 2 Nr 2 (vgl § 1617c Rn 25, 41). Weitere Besonderheiten bestehen nur insoweit, als das Gesetz hier die Nichtelternschaft des neuen Partners nicht zu betonen brauchte; außerdem ist statt des „Standesbeamten" die nach Landesrecht „zuständige Behörde" empfangszuständig für die Erteilung der Erklärungen (Rn 16).

III. Namenserteilung

1. Erteilungsberechtigung

Elternteil und Stiefelternteil erteilen dem Kind ihren Ehenamen **gemeinsam** (ange- **14** sichts klaren Gesetzeswortlauts nicht vertretbar AnwKomm-BGB/LÖHNIG Rn 1: Erteilung durch Elternteil mit Zustimmung des Ehegatten). Dies scheint zwanglos aus der gemeinsamen Verfügungsbefugnis über den Ehenamen zu folgen, verdeckt aber die unterschiedlichen Grundlagen beider Erklärungen: Die Erteilung durch den **Elternteil** ist ein Akt der **Personensorge** wie alle anderen namensrechtlichen Bestimmungen der Eltern für ihre Kinder (BGH StAZ 2000, 45). Die bei gemeinsamem Sorgerecht mit dem anderen Elternteil notwendige Mitwirkung (nicht § 1687 Abs 1 S 2, da Frage von „erheblicher Bedeutung" iS § 1) wird durch dessen Einwilligung sichergestellt, S 3. Der **Stiefelternteil** hat kein Sorgerecht, seine Erklärung bedeutet eine **persönlichkeitsrechtliche Disposition** über seinen Namen, sie ist der Sache nach eher *Zustimmung* zur Namenserteilung durch den Elternteil (vgl LIPP/WAGENITZ Rn 10; HWB/ WAGENITZ/BORNHOFEN Rn 28, 29). Zur grundsätzlichen **Kritik** an dieser Konzeption s § 1617c Rn 42 sowie unten Rn 44.

2. Erteilungserklärungen

Zwar müssen **beide Ehegatten** die Namenserteilung erklären, aber **nicht in einem** **15** **gemeinsamen Erklärungsakt** (PALANDT/DIEDERICHSEN Rn 12). Sie sind auch **nicht** auf eine **geschwistereinheitliche Entscheidung** festgelegt, § 1617 Abs 1 S 3 ist weder direkt noch analog anzuwenden (vgl unten Rn 41; eine dem Art 224 § 3 Abs 3 S 2 EGBGB entsprechende Bestimmung fehlt). Alter und Interessenlage der Kinder können unterschiedlich sein und dementsprechende Differenzierungen rechtfertigen (PALANDT/DIEDERICHSEN Rn 12; KRÖMER StAZ 1999, 47).

Für die Erteilung als **Willenserklärung** gelten grundsätzlich die gleichen Regeln wie **16** für elterliche Namensbestimmungen (s § 1617 Rn 26 ff). S 5 fordert stets öffentliche Beglaubigung (§ 129 BGB; § 31a Abs 1 Nr 6 PStG); empfangszuständig ist der Standesbeamte, der die Geburt des Kindes beurkundet hat (§ 31a Abs 1 Nr 6, Abs 2 PStG), bei Lebenspartnerschaften die nach Landesrecht zuständige Behörde (die noch immer nicht in allen Bundesländern bestimmt ist, krit KAISER StAZ 2006, 65, 67). Bis zum Wirksamwerden sind die Erklärungen **widerruflich** (ungeachtet interner

Vereinbarungen; zum Wirksamwerden Rn 40), danach jedoch nicht mehr (PALANDT/DIE-
DERICHSEN Rn 25; HEPTING/GAAZ § 15c PStG Rn 11 ff); auch eine Anfechtung scheidet
grundsätzlich aus.

3. Gestaltungsmöglichkeiten

17 Zu einer wesentlichen Entschärfung der namensrechtlichen Stiefkindkonflikte dürfte die durch das KindRG 1998 eingeführte Möglichkeit beitragen, den Ehenamen
dem Kind nicht nur **anstelle** des bisherigen Namens zu erteilen („ersetzende" oder
„substituierende" Namenserteilung), sondern auch **zusätzlich** zum bisherigen Namen
(„additive" Namenserteilung, Kombinationslösung), S 2 (zu Reformvorschlägen in diesem
Sinne s oben Rn 3; zur Rechtfertigung des Unterschieds zu § 1617 Abs 1 [dort Rn 25] s BVerfG
NJW 2002, 1256, 1260; vgl auch § 1757 Abs 4 S 1 Nr 2). Dabei kann der Ehename voran-
gestellt oder angefügt (Oberbegriff: hinzugefügt) werden. Zwischen den Gestaltungsmöglichkeiten besteht **freie Wahl**, anders als in § 1757 Abs 4 Nr 2 bedarf es keiner
„schwerwiegenden Gründe" für die Namenskombination (zu den möglichen Rückwirkun-
gen auf die Interpretation des § 1757 Abs 4 Nr 2 vgl WAGENITZ FamRZ 1998, 1545, 1552).

18 § 1618 trifft keine Vorsorge gegen die Entstehung von **Namensketten**: Sind Ehename
oder bisheriger Kindesname Doppelnamen, könnten durch Kombination drei- oder
viergliedrige Kindesnamen entstehen. Dies widerspricht der klaren Gesetzespolitik
in § 1355 Abs 4 S 2, 3; es kann nicht angenommen werden, daß im Rahmen von
§ 1618 (zumal zu Lasten des Kindes) anderes gelten sollte. Dafür spricht auch, daß
Namensketten immerhin für den Fall der wiederholten additiven Einbenennung
ausgeschlossen werden, S 2 HS 2. Der Gesetzgeber des KindRG 1998 hat das weitergehende Problem offensichtlich übersehen, die Lücke ist durch **entsprechende Anwendung des § 1355 Abs 4 S 2, 3** zu füllen (aA LIPP/WAGENITZ Rn 9). Dies ist um so
notwendiger, als nach neuem Recht Doppelnamen des Kindes wesentlich häufiger
begegnen werden als früher, da „unechte Doppelnamen" des namensgebenden
Elternteils als echte Doppelnamen an das Kind weitergegeben werden (§ 1617 Rn 24).

19 Der nach S 2 hinzugefügte Ehename verschmilzt nicht mit dem bisherigen Namen
des Kindes zu einem echten Doppelnamen, sondern tritt als **Begleitname** neben ihn
(PALANDT/DIEDERICHSEN Rn 4; MünchKomm/VON SACHSEN GESSAPHE Rn 16; BAMBERGER/ROTH/
ENDERS Rn 12; GAAZ FPR 2002, 125, 128; RAUSCHER, FamR Rn 926; **aA** LIPP/WAGENITZ Rn 9;
HWB/WAGENITZ/BORNHOFEN Rn 25; Fachausschuß Standesbeamte StAZ 2004, 51 f; AnwKomm-
BGB/LÖHNIG Rn 16). Für diese Auffassung sprechen nicht nur die allgemeine Uner-
wünschtheit von Doppelnamen (die zwar iE abgeschwächt, aber als Grundsatz nicht
beseitigt ist), sondern rechtspolitische und systematische Überlegungen:

(1) Der nach § 1618 erteilte Name „soll die Lebenssituation des Kindes namensrechtlich widerspiegeln" (Rechtsausschuß, BT-Drucks 13/8511, 74); er ist also zur Kennzeichnung der aktuellen Familienkonstellation bestimmt und muß sich mit dieser
verändern können. Dies hat der Gesetzgeber für den Fall wiederholter Heiraten und
Einbenennungen konsequent umgesetzt, S 2 HS 2: Der Name aus der Vorehe entfällt zugunsten des Namens aus der aktuellen Ehe (zu weiteren Konsequenzen s Rn 49 ff).

(2) Dem entspricht die Lebenserfahrung, daß die Stiefelternehe möglicherweise nur
eine Episode im Kindesleben darstellt (s oben Rn 4); eine unabänderliche Namens-

zuordnung ist hier – anders als bei der grundsätzlich endgültigen Adoption, § 1757 Abs 4 Nr 2 – nicht angebracht (vgl Rn 4).

(3) Schließlich ist auch das Verbot für verschiedennamige Eltern zu berücksichtigen, ihrem Kind einen aus ihrer beiden Namen zusammengesetzten Doppelnamen zu erteilen (§ 1617 Rn 25; aus BVerfG NJW 2002, 1256, 1260 [Rn 17] läßt sich – entgegen Fachausschuss Standesbeamte StAZ 2004, 51, 52 – für die Qualität des Doppelnamens nach § 1618 S 2 nichts herleiten).

Im praktischen Ergebnis trägt das Kind, das einen vom anderen Elternteil abgeleiteten Namen führt, nach Hinzufügung des Ehenamens des sorgeberechtigten Elternteils doch solch einen Doppelnamen. Dies ist zwar unvermeidliche Konsequenz von S 2, sollte aber nicht in Form eines echten Doppelnamens perpetuiert werden.

Allerdings „erstarkt" der unechte Doppelname des einbenannten Kindes zum voll- **20** wertigen Doppelnamen, wenn er bei Heirat zum Ehenamen bestimmt wird (§ 1355 Abs 2; STAUDINGER/VOPPEL [2007] § 1355 Rn 32b) oder wenn er gem §§ 1617, 1617a an eigene Kinder weitergegeben wird (§ 1617 Rn 23, 24). Die spezifische Funktion des Begleitnamens wirkt sich aber wieder aus, wenn die durch ihn gekennzeichnete Familiengemeinschaft (Stiefelternfamilie oder eigene Ehe des Kindes, s oben) zerbricht: Dann kann – wenn man eine Namensfolge des Kindes nach dem individuellen Namen seines Elternteils ablehnt – der Begleitname des Kindes wieder abgelegt werden (näher Rn 48).

IV. Einwilligungen, S 3

1. Anderer Elternteil

a) Voraussetzungen
Der Einwilligung des „anderen Elternteils", dh desjenigen, der nicht mit dem Kind **21** zusammenlebt, bedarf es in zwei Fällen: (1) wenn das Kind bislang dessen Namen führt, es also um eine „erteilende Einbenennung" geht (vgl Rn 3) oder (2) wenn die Eltern gemeinsames Sorgerecht haben (S 3). Ein über diese Voraussetzungen hinausgehendes, allgemeines Mitspracherecht kraft bloßer Elternstellung hat der andere Teil nicht (BT-Drucks 13/4899, 92; vgl auch EuGMR NJW 2003, 1921, 1922 [weder Sorgerecht noch Namensgleichheit Vater-Kind]; krit BATTES, in: FS Gaul [1997] 13, 16). Das Einwilligungserfordernis besteht in beiden Fällen unabhängig davon, ob eine ersetzende oder eine additive Namenserteilung beabsichtigt ist.

Die Einwilligungsberechtigung bei Namensgleichheit mit dem Kind räumt dem anderen Elternteil kein umfassendes Kontrollrecht ein, sondern schützt nur sein Interesse an fortbestehender Namensgemeinschaft mit dem Kind (BT-Drucks 13/4899, 92; LIPP/WAGENITZ Rn 13; GAAZ FPR 2002, 125, 129). Die Einwilligung ist auch dann erforderlich, wenn der andere Elternteil seinerseits den Namen, den auch das Kind führt, vom Betreuungselternteil als Ehenamen übernommen („erheiratet") hatte (LIPP/WAGENITZ Rn 14).

Es muß **Gleichheit zwischen dem aktuell geführten Namen von Kind und anderem Elternteil** bestehen. Dies ist **nicht** der Fall, wenn

– sich der andere Elternteil vom früheren Ehenamen, den das Kind nach § 1616 übernommen hatte, abgewendet hat (§ 1355 Abs 5 S 2; vgl Fachausschuss Standesbeamte StAZ 2000, 23);

– sich der Name des anderen Elternteils, von dem sich der Kindesname ableitete, geändert hat und das Kind sich dieser Änderung nicht angeschlossen hat (§ 1617c Abs 1, 2);

– der andere Elternteil neu geheiratet und den Namen seines Gatten zum Ehenamen bestimmt hat; daß der bisherige, mit dem Kindesnamen übereinstimmende Elternname noch als „latenter" Name weiterexistiert, genügt nicht – S 3 stellt auf „geführte Namen" ab (LIPP/WAGENITZ Rn 16; GAAZ FPR 2002, 125, 129; aM Fachausschuss Standesbeamte StAZ 1999, 47).

22 Andererseits steht der geforderten **Namensgleichheit** nicht entgegen, wenn der andere Elternteil zwischenzeitlich einmal einen anderen Namen geführt hatte (zB in einer neuen Ehe), jetzt aber zum gemeinsamen Namen mit dem Kind wieder zurückgekehrt ist (§ 1355 Abs 5 S 2; HWB/WAGENITZ/BORNHOFEN Rn 49). Des weiteren ist **nicht völlige Namensübereinstimmung erforderlich**, Teilgemeinsamkeit genügt (HWB/WAGENITZ/BORNHOFEN Rn 46; GAAZ FPR 2002, 125, 129).

Beispielsfälle:

– Der andere Elternteil hat dem (mit dem Kindesnamen identischen) Ehenamen einen Begleitnamen hinzugefügt oder führt den bisherigen Namen in neuer Ehe als Begleitnamen fort.

– Vom unechten Doppelnamen des anderen Elternteils war nur ein Teil zum Geburtsnamen des Kindes bestimmt worden (§ 1617 Rn 24; § 1617a Rn 35).

– Das Kind führt einen aus beiden Elternnamen zusammengesetzten Doppelnamen (§ 1617 Rn 25, 50 ff).

– Das Kind war von Elternteil 1 additiv einbenannt worden; nach Wechsel zu Elternteil 2 will dieser das Kind wiederum in *seinen* Ehenamen einbenennen (vgl Rn 51): Da das Kind den Namen von E 1 als Begleitnamen trägt, bedarf es der Einwilligung von E 1.

– Anläßlich einer Adoption durch ein Ehepaar mit Ehenamen hatte das Kind einen Doppelnamen gem § 1757 Abs 4 S 1 Nr 2 erhalten; nach Scheidung der Ehe der Adoptiveltern will der Betreuungselternteil das Kind einbenennen.

23 Die Einwilligungsberechtigung bei gemeinsamem Sorgerecht folgt aus dem sorgerechtlichen Charakter der Namenserteilung (Rn 14) und eröffnet dem anderen Elternteil (unabhängig von Namensgleichheit mit dem Kind) eine volle Kontrolle über die Einbenennungsentscheidung. Für einen Dissens der Eltern gelten allerdings nicht die allgemeinen Regeln (§ 1628 oder § 1671), die eine freie Kindeswohlabwägung des FamG vorsehen, sondern als lex specialis § 1618 S 4 mit einer erhöhten Ersetzungsschwelle (dazu Rn 26 ff; vgl SCHOMBURG KindPrax 2002, 77 f).

b) Tod des anderen Elternteils

Ist der andere Elternteil schon verstorben so steht dies einer Namenserteilung nach 24
§ 1618 nicht grundsätzlich entgegen (BayObLG StAZ 1999, 236 f; OLG Zweibrücken FamRZ
1999, 1371, 1372). Umstritten ist jedoch, ob die **Einwilligung des anderen Elternteils**
dann **gegenstandslos geworden** ist (BayObLG StAZ 2004, 335, 336; BayObLG 2002, 288; OLG
Stuttgart StAZ 2001, 68; OLG Frankfurt StAZ 2001, 270; OLG Zweibrücken [5. Senat] FamRZ
2000, 696 f; AG Bremen StAZ 1999, 242 f; AG Limburg StAZ 2000, 81; AG Kiel StAZ 2000, 21 f;
AG Lübeck StAZ 2000, 22; SACHSE StAZ 2000, 22; GAAZ FPR 2002, 125, 131 f; ZWISSLER
FPR 2004, 64, 66; **zweifelnd** HEPTING StAZ 2002, 129, 139 f), ob das Einwilligungsrecht auf
seine Angehörigen übergegangen ist oder ob es einer gerichtlichen Ersetzung entspr
S 4 bedarf (so OLG Zweibrücken [3. Senat] FamRZ 1999, 1372, 1373 f; OLG Hamm StAZ 2000,
213; LIPP/WAGENITZ Rn 17; HWB/WAGENITZ/BORNHOFEN Rn 68). Richtig ist die erste Auffassung, da das Schutzgut des Einwilligungserfordernisses, die aktuelle Namensübereinstimmung von Elternteil und Kind oder das Mitsorgerecht des anderen Elternteils, nicht mehr besteht. Deshalb kommt es auch nicht darauf an, ob sich die
Willensrichtung des Verstorbenen noch ermitteln läßt (so aber OLG Zweibrücken [3. Se-
nat] aaO), und für eine objektive Kontrolle der Namenserteilung im Lichte anderer
Interessen (Abstammungsfamilie; Geschwister) bietet § 1618 S 3 keinen Ansatzpunkt (ausf und sorgfältig OLG Zweibrücken [3. Senat] FamRZ 2000, 696, 697). Anderes mag
gelten bei **unbekannten Aufenthalt** des anderen Elternteils – hier bedarf es der
Ersetzung seiner Einwilligung (OLG Hamm FamRZ 2000, 695; AG Blomberg FamRZ
2002, 1736 f), die aber wohl regelmäßig vorzunehmen wäre.

c) Erklärung der Einwilligung

Die Einwilligung ist Wirksamkeitsvoraussetzung (Rn 40), muß aber nicht *vor* den 25
Erteilungserklärungen nach S 1 abgegeben werden, sie kann diesen auch nachfolgen
in Form einer Genehmigung (vgl § 1617a Rn 39 sowie unten Rn 40; BayObLG StAZ 1999, 236,
237; ZWISSLER FPR 2004, 64, 67; GAAZ FPR 2002, 125, 130; **aM** AG München StAZ 2000, 268;
PALANDT/DIEDERICHSEN Rn 14). Als **Willenserklärung** ist sie den Erteilungserklärungen
generell gleichgestellt (S 5, 6). Es gelten deshalb die allgemeinen Grundsätze für
namensrechtliche Willenserklärungen (§ 1617 Rn 26 ff; zur Form s Fachausschuss Standesbeamte StAZ 2005, 212 [gerichtlicher Vergleich, § 127a]), insbesondere auch die Empfangszuständigkeit des Standesbeamten – die Einwilligung gegenüber dem sorgeberechtigten Elternteil genügt nicht (vgl § 1617a Rn 39).

d) Gerichtliche Ersetzung der Einwilligung, S 4
aa) Eingriffsschwelle

Die Einwilligung des anderen Elternteils kann vom FamG ersetzt werden, wenn die 26
Namenserteilung **„zum Wohl des Kindes erforderlich ist"**. Diese Regelung verletzt
nicht das „Recht auf Achtung des Familienlebens" gem Art 8 Abs 1 EMRK (EuGMR
StAZ 2001, 68). Noch der RegE zum KindRG 1998 hatte die „Dienlichkeit" der
Namenserteilung genügen lassen (BT-Drucks 13/4899, 8, 92); mit der vom Rechtsausschuß eingefügten „Erforderlichkeit" sollte die Eingriffsschwelle **merklich angeho-
ben** werden (BT-Drucks 13/8511, 74; und 11 [Rechtsausschuss]). Damit hat der Gesetzgeber
auch im früheren Streit der Verwaltungsgerichte bei Stiefkindeinbenennungen Stellung bezogen: Das BVerwG wollte zumeist bloße Förderlichkeit oder Nützlichkeit
der Namensänderung genügen lassen, während andere Verwaltungsgerichte auf
ihrer Erforderlichkeit bestanden (vgl BVerwG FamRZ 1994, 439; FamRZ 1996, 937). Demgemäß geht – nach anfänglichen Unsicherheiten – die **Rspr** inzwischen einhellig

davon aus, daß mit dem Kriterium der „Erforderlichkeit" eine **bewußte Verschärfung der Voraussetzungen"** für die Einwilligungsersetzung bezweckt ist (BGH StAZ 2002, 123; 2003, 11; OLG Hamm FamRZ 2004, 1748, 1749). Für den dem NÄG verbliebenen Bereich der „Scheidungshalbwaisen" (dazu § 1617c Rn 32) hat das BVerwG inzwischen seine Maßstäbe an § 1618 S 4 angeglichen (StAZ 2002, 205, 207 ff).

27 Eine **Konkretisierung der Erforderlichkeitsgrenze** auf allgemeiner Ebene, die über tautologische Umschreibungen der restriktiven Grundtendenz des Gesetzes (Rn 26) hinausgeht, ist nur schwer möglich. Unproblematisch ist eine negative Abgrenzung: Dass eine Einbenennung im Interesse des Kindes „dienlich" oder „wünschenswert" wäre, genügt jedenfalls nicht (BGH StAZ 2002, 123; 2003, 11; OLG Saarbrücken ZfJ 2000, 437, 438; OLG Hamm FamRZ 2004, 1748, 1749). Positive Umschreibungen der Ersetzungsschwelle fallen schwerer: Während der BGH sich zunächst auf die Formel „unabdingbar notwendig" festgelegt hatte (StAZ 2002, 123; so schon OLG Celle FamRZ 1999, 1374, 1375; 1999, 1377; OLG Jena NJ 2001, 487), wird neuerdings zunehmend davon gesprochen, nur eine ohne Einbenennung drohende „Kindeswohlgefährdung" rechtfertige eine Ersetzung; die Einbenennung müsse „unerläßlich" sein, „um Schaden vom Kind abzuwehren" (BGH StAZ 2003, 11; 2003, 39, 40; 2005, 295, 296; OLG Hamm FamRZ 2004, 1748, 1749). Dies erscheint übertrieben (OLG Naumburg FG-Prax 2001, 240) und verfehlt den Sprachgebrauch des Gesetzes: Die Gefährdungsschwelle liegt generell deutlich höher als die Erforderlichkeitsgrenze (anschaulich § 1684 Abs 4 S 1 und 2; vgl auch § 1687 Abs 2; deutlich differenzierend BVerwG StAZ 2002, 205, 208, 209).

Hilfreicher und weitgehend konsentiert erscheinen demgegenüber einige allgemeine Abgrenzungen: Die Erforderlichkeit einer Ersetzung kann nur durch *außerordentliche* Belastungen des Kindes im Einzelfall begründet sein, nicht schon durch Umstände, die nicht über das hinausgehen, „was typischerweise die Situation eines Kindes aus geschiedener Ehe kennzeichnet" (BGH StAZ 2003, 11; 2002, 123, 124). Bloße Lästigkeit oder Unannehmlichkeiten im Zusammenhang mit der unterschiedlichen Namensführung in der Stiefelternfamilie begründen noch keine „Erforderlichkeit" der Namensänderung (BGH StAZ 2003, 11; 2003, 39, 40; BVerwG StAZ 2002, 205, 209; OLG Hamm FamRZ 2004, 1748, 1749; OLG Oldenburg FamRZ 1999, 1381, 1382). Im allgemeinen wird man sagen können, daß die Namenserteilung im Kindesinteresse nur „erforderlich" ist, wenn sonst schwerwiegende Nachteile für das Kind entstehen oder fortbestehen oder (positiv gewendet) wenn die Namenserteilung mit einem deutlichen Gewinn für die Kindesinteressen verbunden ist (BGH StAZ 2002, 123, 124 [„so dass ein sich verständig um sein Kind sorgender Elternteil auf der Erhaltung des Namensbandes nicht bestehen würde"]; ebenso BVerwG StAZ 2003, 205, 209; OLG Köln FamRZ 2002, 637; OLG Oldenburg FamRZ 1999, 1381; LIPP/WAGENITZ Rn 19). Um dies zu ermitteln, bedarf es nicht nur einer *Abwägung* der (grundsätzlich gleichwertigen) *Eltern- und Kindesinteressen*, sondern (zunächst) eine Abwägung der an sich *ambivalenten Kindesinteressen* selbst: Seinen Integrationsinteressen stehen die grundsätzlich wünschenswerte Namenskontinuität und die Aufrechterhaltung des Namensbandes und der guten Beziehungen zum anderen Elternteil gegenüber (BGH StAZ 2002, 123; 2003, 39, 40; 2005, 295, 296; OLG Hamm FamRZ 2004, 1748, 1749). Auch *übergreifende Wertungen und Entwicklungen* sind dabei zu berücksichtigen: Auf der einen Seite der Trend zur Betonung der gelebten Familienwirklichkeit und damit auch der Aufwertung der „Stiefelternfamilie" (vgl §§ 1682, 1685 Abs 2, 1687b; zuletzt MUSCHELER StAZ 2006, 189 ff) sowie auch die Erosion der Namenskontinuität im heutigen Namensrecht, auf der anderen

Seite aber auch der Bedeutungsverlust der familiären Namenseinheit (Rn 32), der Bedeutungsgewinn des Kindesinteresses an *beiden* Eltern auch nach der Trennung (§§ 1671 Abs 1 mit 1687; 1684) und die erfahrungsgemäße Instabilität von „Stiefelternfamilien" (Rn 4) – ein Gesichtspunkt, der dramatisches Gewicht erhält durch die Weigerung der Rechtsprechung, den Namen des einbenannten Kindes späteren Änderungen der Familienverhältnisse anzupassen (dazu näher Rn 42 ff).

Die **Höhe der Eingriffsschwelle** wird – trotz mangelnder Differenzierung im Wortlaut **28** von S 4 – wesentlich davon beeinflußt, ob eine **ersetzende oder nur eine additive Namenserteilung** beabsichtigt ist. Im zweiten Fall ist der Eingriff in Elternrecht und Kindesinteressen geringer (näher Rn 35); es ist gut vorstellbar, daß die Argumente für eine ersetzende Namenserteilung nicht ausreichen, wohl aber für eine additive. Hinreichenden Ansatzpunkt für eine **konzeptionell niedrigere Eingriffsschwelle bei additiver Einbenennung** bietet das einzelfallbezogene Kriterium der „Erforderlichkeit" (iE auch OLG Stuttgart StAZ 2005, 76, 77). Sorgeberechtigter und Stiefelternteil können dem, wenn eine gütliche Einigung mit dem anderen Elternteil nicht gelungen ist, mit einem **Hilfsantrag** an das FamG Rechnung tragen (s noch Rn 35, 38; vgl auch BT-Drucks 13/8511, 74; OLG Celle FamRZ 1999, 1374, 1375; OLG Stuttgart StAZ 2005, 76, 77; WILLUTZKI KindPrax 2000, 76, 78). Beschränkt sich der Dissens der Eltern bei einer additiven Namenserteilung auf die *Reihenfolge* der Namen, sollte § **1618 S 4 analog** angewendet werden.

bb) Einzelne Kriterien
Gründe für oder gegen eine Namenserteilung können beim anderen Elternteil, beim **29** Kind oder in den familiären Verhältnissen in der Stiefelternfamilie liegen. Wenig hilfreich dürfte es sein, über die Stabilität der Stiefelternehe zu spekulieren; daß diese scheitern *kann* (Rn 4, 27), sollte zwar im Auge behalten werden, konkrete Prognosen sind jedoch weder möglich noch angebracht.

Das **Verhältnis des anderen Elternteils zum Kind** ist ein wichtiges Beurteilungskrite- **30** rium. Seine Position auch in namensrechtlicher Hinsicht scheint weniger schutzwürdig, wenn er sich **kindeswohlwidrig verhalten** hat (OLG Nürnberg FamRZ 1999, 1379, 1380); hierbei können auch die **Unterhaltszahlungen** eine Rolle spielen (OLG Köln FamRZ 1999, 734, 735; OLG Oldenburg FamRZ 2000, 694; abschwächend OLG Koblenz FamRZ 2000, 690; nicht beachtet hingegen vom OLG Celle FamRZ 1999, 1374). Unterbliebene Zahlungen sind Indiz für mangelndes Elterninteresse und -verantwortung; anders nur bei mangelnder Leistungsfähigkeit (OLG Hamm FamRZ 1999, 736). Korrekte Erfüllung der Unterhaltspflichten deutet andererseits auf wahrgenommene Elternverantwortung und damit auf ein schutzbedürftiges Eltern-Kind-Verhältnis (OLG Hamm FamRZ 1999, 1380, 1381; OLG Oldenburg FamRZ 2000, 692, 693; OELKERS/KREUTZFELDT FamRZ 2000, 645, 647 f). Die **Bindungen zwischen Kind und anderem Elternteil** sind aber auch darüber hinausgehend ein wesentlicher Faktor (BT-Drucks 13/8511, 74; OELKERS/KREUTZFELDT FamRZ 2000, 645, 647; **krit** WILLUTZKI KindPrax 1999, 87). Besteht kein Eltern-Kind-Kontakt, ist dies nicht per se ein Ersetzungsgrund (BGH StAZ 2002, 123 [gegen OLG Dresden StAZ 2000, 19, 20]; StAZ 2003, 11, 2003, 39, 40; 2005, 295, 296; OLG Brandenburg JAmt 2003, 194); die Beseitigung der Namenseinheit kann dann zwar besonders schwerwiegende Bedeutung haben (BGH StAZ 2003 und 2005 aaO). Es wird wesentlich auf den *Grund* der fehlenden Beziehungen ankommen – bei *Desinteresse* des Vaters und nur vorgeschobenem Wunsch nach Namenseinheit wird eine Ersetzung nahe liegen (vgl OLG

Michael Coester

Oldenburg FamRZ 2000, 693, 694; weder Unterhalt noch Umgang, stattdessen Adoptionsempfehlung an Stiefvater; ähnlich OLG Bremen FamRZ 2001, 858; OLG Naumburg FG-Prax 2001, 240), ebenso bei längerem *unbekannten Aufenthalt* (AG Blomberg FamRZ 2002, 1736 [mit unpassender Parallele zum verstorbenen Elternteil, vgl Rn 24]). Bei echtem Kontaktwunsch des Vaters sind fehlende Beziehungen hingegen kein Argument für eine Ersetzung (BGH StAZ 2002, 123; 2003, 39, 40 [Bemühungen des Vaters um Umgang mit dem Kind]). Beruhen die mangelnden Bindungen insbesondere auf einer *Blockade-Strategie des Betreuungselternteils,* dürfen sie nicht zur Begründung einer Namenserteilung herangezogen werden (OLG Hamm FamRZ 1999, 736; FamRZ 1999, 1380 f; OLG Oldenburg FamRZ 2000, 693, 694; OELKERS/KREUTZFELDT FamRZ 2000, 645, 648; WILLUTZKI KindPrax 2000, 76, 78; anders wohl OLG Dresden FamRZ 1999, 1378 f). Keinesfalls ist § 1618 S 4 allerdings der Ort, an dem Partnerkonflikte fortgesetzt oder vorweggenommen werden dürfen (problematisch deshalb OLG Nürnberg FamRZ 1999, 1379, 1380: Der kontinuierliche Kampf des Vaters um das Sorgerecht wurde als Verunsicherung des Kindes gewertet, die Einbenennung soll dem Kind gegenüber Sicherheit verschaffen, „daß sein Platz dauerhaft in der neuen Familie sein wird"). Deshalb ist auch das Bestreben des sorgeberechtigten Elternteils, einen totalen Schlußstrich zur Vergangenheit zu ziehen (vgl OLG Oldenburg FamRZ 1999, 1381, 1382), eher kontraindikativ (BGH StAZ 2003, 11, 12) – § 1671 Abs 1 betont die fortdauernde beiderseitige Elternschaft (vgl OLG Oldenburg FamRZ 2000, 692, 693). Die Ablehnung einer additiven Einbenennung durch den Betreuungselternteil kann Indiz für eine solche Motivation sein (BGH StAZ 2005, 295, 297), ebenso voreiliger „Vollzug" einer erstinstanzlichen Ersetzungsentscheidung (BGH StAZ 2005, 295, 297) oder die faktische Vorwegnahme (zB bei der Schulanmeldung, PALANDT/DIEDERICHSEN Rn 18; aber OLG Koblenz NJWE-FER 2000, 112: anders bei fundierten Kontinuitätsinteressen des Kindes am „geänderten" Namen).

31 Hat der andere Elternteil **Zweifel an seiner Vaterschaft** und betreibt er möglicherweise sogar ein Vaterschaftsanfechtungsverfahren, so muß dies nicht unbedingt seine Abwendung vom Kind bedeuten (so aber tendenziell OLG Köln FamRZ 1999, 734, 735). Das Interesse an Aufklärung ist legitim und steht einem Bekenntnis und der Zuwendung zum Kind nicht entgegen, wenn die Vaterschaft bestätigt wird. Es wird hier auf die Einstellung des Vaters im Einzelfall ankommen.

32 **Auf seiten des Kindes** werden seine *Bindungen an den Stiefelternteil* sowie seine Belastung durch die Namensverschiedenheit in der Stiefelternfamilie eine Rolle spielen; dabei wird auch die bisherige *Dauer* der Stiefelternfamilie zu berücksichtigen sein (OLG Koblenz FamRZ 2000, 690; OLG Düsseldorf FamRZ 2000, 691, 692). Zweifelhaft erscheint, ob eine (bisher ohne Einbenennung) gelungene Integration des Kindes in die neue Familie als Argument *gegen* die Erforderlichkeit einer Ersetzung verwendet werden kann (so BGH StAZ 2003, 39, 40). Bloßes Unbehagen oder auch Hänseleien in der Schule rechtfertigen noch keine Namenserteilung (BGH StAZ 2002, 123: Der 15jährige Sohn findet die Namensverschiedenheit „blöd", aber nicht ernsthaft belastend; OLG Hamm FamRZ 1999, 736; OLG Oldenburg FamRZ 1999, 1381, 1382). Dabei wird das *reduzierte Gewicht familiärer Namenseinheit* zu berücksichtigen sein – Scheidung und Wiederverheiratung gehören zu den täglichen Erfahrungen auch im Schul- und Freundeskreis und stellen kein Stigma mehr dar (OLG Braunschweig StAZ 2000, 16; OLG Düsseldorf FamRZ 2000, 691 f; OLG Hamm FamRZ 1999, 1380, 1381; 2004, 1748, 1749; OLG Oldenburg FamRZ 1999, 1381, 1382). Allerdings führt dieser Gesichtspunkt auch zu einer Reduzierung des Gewichts, das dem Namensband zwischen anderem Elternteil und Kind beizumessen ist (OLG Braunschweig StAZ 2000, 16; OLG Düsseldorf FamRZ 2000, 691 f;

OLG Hamm FamRZ 1999, 736; OELKERS/KREUTZFELDT FamRZ 2000, 645, 648). Der Gesichtspunkt der *Namenskontinuität* spricht regelmäßig gegen eine (jedenfalls ersetzende) Einbenennung; anders, wenn das Kind bereits lange Zeit *faktisch* den Ehenamen aus der Stiefelternehe führt (OLG Koblenz NJWE-FER 2000, 112, vgl Rn 30 aE).

Auch die **Namensgleichheit mit den Geschwistern** ist ein beachtlicher Gesichtspunkt **33** (OLG Nürnberg FamRZ 1999, 1379, 1380: allerdings nicht allein ausschlaggebend). Das gilt sowohl für die Vollgeschwister der Herkunftsfamilie (OLG Köln FamRZ 1999, 734, 735) wie umgekehrt auch für die Halb- oder Stiefgeschwister in der neuen Familie (vgl OLG Dresden FamRZ 1999, 1738; OELKERS/KREUTZFELDT FamRZ 2999, 645, 648).

Wie in anderen Sorgerechtsfragen muß auch – altersangemessen – dem **Kindeswillen 34** ein (uU erhebliches) Gewicht eingeräumt werden, zumal der Name auch eine persönlichkeitsrechtliche Komponente hat. Der Kindeswille kann nicht damit abgetan werden, daß er sich schon im Einwilligungsrecht des Kindes gem S 3 ausdrückt (so aber OLG Celle FamRZ 1999, 1374, 1375; OLG Hamm FamRZ 1999, 736; OLG Nürnberg FamRZ 1999, 1379, 1380) – bis zum 14. Lebensjahr wird sich insoweit nur der gesetzliche Vertreter für das Kind erklärt haben. Allerdings ist zu berücksichtigen, daß das Kind häufig in einem schwierigen Loyalitätskonflikt zwischen leiblichem Elternteil und „neuer Familie" steht. Eine generelle Unbeachtlichkeit des Kindeswillens etwa unter 12 Jahren (vgl OLG Oldenburg StAZ 2000, 17, 18; OELKERS/KREUTZFELDT FamRZ 2000, 645, 648) wird man daraus aber nicht folgern können. Der geäußerte *Wille des Kindes* hat vielmehr das gleiche Gewicht im Rahmen (anderer) sorgerechtlicher Entscheidungen (vgl STAUDINGER/COESTER [2004] § 1671 Rn 233 ff) – es kommt auf das *Alter* an, auf das *Verständnis* der Namensbedeutung (insoweit auch bei Heranwachsenden zweifelnd OLG Köln FamRZ 2002, 637; OLG Stuttgart StAZ 2005, 76, 77) und auf mögliche *Beeinflussung* durch den Betreuungselternteil (BGH StAZ 2003, 39, 40; OLG Köln FamRZ 2002, 637; OLG Hamm FamRZ 2004, 1748, 1749). Gewichtige nachvollziehbare Gründe untermauern das Gewicht des Kindeswillens (vgl OLG Bremen FamRZ 2001, 858; OLG Koblenz FamRZ 2000, 692).

Schließlich wird in die Abwägung einfließen müssen, ob der andere Elternteil eine **35** Namenserteilung schlechthin ablehnt oder nur eine **ersetzende Namenserteilung**. Wäre er mit einer Namenskombination einverstanden, bestehen Betreuungselternteil und Stiefelternteil jedoch auf einer ersetzenden Namenserteilung, so kommt es gerade auf *deren* Erforderlichkeit an im Vergleich zur (zugestandenen) additiven Einbenennung. Da die familiengerichtliche Einwilligungsersetzung einen Eingriff in das Elternrecht des anderen Elternteils bedeutet und die additive Einbenennung auch die (ambivalenten) Kindesinteressen besser wahrt (vgl Rn 27; OLG Stuttgart StAZ 2005, 76, 77), ist der **Grundsatz der Verhältnismäßigkeit** zu beachten (OLG Frankfurt FamRZ 1999, 1376, 1377). Es bedarf gewichtiger Gründe, warum das „mildere Mittel" der additiven Einbenennung zur Interessenwahrung des Kindes nicht ausreicht (BGH StAZ 2002, 123; 2003, 11, 12; 2005, 295, 297; OLG Stuttgart StAZ 2005, 76, 77; OLG Celle FamRZ 1999, 1374, 1375; OLG Frankfurt FamRZ 1999, 1376; OLG Rostock FamRZ 2000, 695, 696; WILLUTZKI KindPrax 2000, 76, 78). Solche Gründe sind jedenfalls kaum vorstellbar, wenn der Betreuungselternteil selbst den vom Ehegatten übernommenen Ehenamen mit einem Begleitnamen führt (OLG Celle FamRZ 1999, 1374, 1375). Umgekehrt ist, wenn von dem Ehegatten nur **additive Einbenennung** angestrebt wird, die Ersetzungsschwelle niedriger (Rn 28) – sind die Integrationsinteressen des Kindes in con-

creto erheblich und überwiegen seine Kontinuitätsinteressen, wird es besonderer
Gründe auf seiten des anderen Elternteils bedürfen, warum diese Kompromißlösung
seine berechtigten Interessen verletzt.

cc) Verfahren

36 Das Ersetzungsverfahren ist eine **Familiensache** nach §§ 23b Abs 1 S 2 GVG, 621
Abs 1 Nr 1, 621a Abs 1 S 1 ZPO (KEIDEL/KUNTZE Vorbem 10b zu § 64 FGG); **Rechts-
mittel**: befristete Beschwerde gem § 621e ZPO (BGH StAZ 2000, 45 mNw des bisherigen
Streitstandes), weitere Beschwerde beim BGH nur bei Zulassung, § 621e Abs 2 S 1
ZPO. Zur sachlichen **Zuständigkeit** des FamG § 64 Abs 1 FGG, zur örtlichen Zu-
ständigkeit §§ 64 Abs 3 S 2 FGG, 621 Abs 1 Nr 1, 621a Abs 1 S 1 ZPO, 43 Abs 1, 36
Abs 1 S 1 FGG. Innerhalb des FamG entscheidet der **Rechtspfleger** (OLG Celle FamRZ
1999, 1377; OLG Frankfurt FamRZ 1999, 1376; OLG Köln FamRZ 1999, 734; FamRZ 1999, 735;
OLG Stuttgart FamRZ 1999, 1375; **zu Recht krit** WILLUTZKI KindPrax 2000, 76, 78; HEISTERMANN
FamRZ 2003, 279, 280; Entscheidung durch den Richter allerdings unschädlich, § 8 RPflG, OLG
Dresden FamRZ 1999, 1378).

37 Das **Verfahren** wird nur auf **Antrag** eingeleitet (LIPP/WAGENITZ Rn 19); es handelt sich
jedoch nicht um einen Sachantrag, an den das Gericht gebunden wäre (OLG Stuttgart
FamRZ 1999, 1375, 1376; vgl aber Rn 38). Alle Beteiligten sind **anzuhören** (Eltern § 50a
FGG; OLG Celle FamRZ 1999, 1377 f; OLG Frankfurt FamRZ 1999, 1376; FamRZ 1999, 1379;
Kind § 50b FGG), in aller Regel *persönlich* (OLG Hamm FamRZ 2004, 1748, 1749; OLG
Koblenz StAZ 2000, 20; OLG Düsseldorf FamRZ 2000, 691 f; OLG Bamberg FamRZ 2000, 691;
OLG Naumburg FamRZ 2000, 690 [LS]; OLG Oldenburg FamRZ 2000, 693; OLG Rostock FamRZ
2000, 695; ausf OELKERS/KREUTZFELDT FamRZ 2000, 645, 646). Da die Namenserteilung zur
Personensorge gehört, ist auf eine **einvernehmliche Regelung** hinzuwirken, § 52 FGG
(OLG Celle FamRZ 1999, 1377 f; OLG Köln FamRZ 1999, 734; FamRZ 1999, 735); hier wird vor
allem die *additive Einbenennung* als Kompromißlösung im Mittelpunkt stehen (vgl
OLG Celle FamRZ 1999, 1374, 1375). Eine diesbezügliche Hinweispflicht des Gerichts
wird idR aus § 52 FGG folgen, kann aber im Einzelfall entbehrlich sein (vgl BGH
StAZ 2003, 11, 12: destruktive Haltung der Muter). Eine Anhörung des Jugendamts ist nicht
gesetzlich vorgeschrieben, aber sinnvoll (OLG Celle FamRZ 1999, 1377; weitergehend OLG
Oldenburg FamRZ 2000, 693, 694 [gebotene Anhörung analog § 49a FGG]). Die **Ermittlungen**
richten sich nach § 12 FGG, sie müssen umfassend und vor allem auf die Beziehungen des Kindes zum anderen Elternteil sowie in der Stiefelternfamilie gerichtet
sein (OLG Frankfurt FamRZ 1999, 1379). In konfliktreichen Fällen, insbesondere bei
erkennbaren Loyalitätsproblemen, wird ein **Verfahrenspfleger** für das Kind (§ 50
FGG) zu bestellen sein (vgl OLG Hamm FamRZ 2004, 1748, 1749; OLG Rostock FamRZ
2000, 695, 696; OELKERS/KREUTZFELDT FamRZ 2000, 645, 646). Ein Sachverständigengut-
achten wird hingegen in aller Regel entbehrlich sein (vgl BGH StAZ 2005, 295, 297; im
Einzelfall anders OLG Hamm FamRZ 2004, 1748, 1749).

38 Ist eine **ersetzende Namenserteilung** beabsichtigt, so ist *nur* die Einwilligung des
anderen Elternteils *hierzu* Verfahrensgegenstand – die additive Einbenennung ist
zur ersetzenden nicht ein „minus", sondern ein „aliud". Das FamG kann also **nicht**
durch **„teilweise Stattgabe"** die Einwilligung in eine lediglich **additive Namenserteilung** ersetzen (BGH StAZ 2003, 11, 12; 2005, 295, 297; OLG Stuttgart StAZ 2005, 76, 77;
FamRZ 1999, 1375, 1376; OELKERS/KREUTZFELDT FamRZ 2000, 645, 646; WILLUTZKI KindPrax
2000, 76, 78; implizit auch OLG Celle FamRZ 1999, 1374, 1375). Anderes gilt, wenn **hilfsweise**

die Ersetzung der Einwilligung zu einer additiven Namenserteilung beantragt wird
(vgl Rn 28; zu den Anforderungen für die Stattgabe des Hauptantrags in diesen Fällen s Rn 35). Die
Entscheidung bedarf einer nachvollziehbaren **Begründung** (OLG München FamRZ 1999,
520, 521; OLG Rostock FamRZ 2000, 695 f).

2.   Einwilligung des Kindes

Da die Namenserteilung mit einer Namensänderung des Kindes verbunden ist, sieht **39**
das Gesetz auch hier einen **Schutz des Kindes vor unerwünschtem Namensverlust** vor.
Der Persönlichkeitsschutz ist allerdings nicht als Anschlußerklärung, sondern als
Einwilligung, dh als Erteilungsvoraussetzung ausgestaltet (s auch § 1617a Abs 2 S 2).
In dieser Funktion ist die Einwilligung zu unterscheiden vom *Kindeswillen* als
Kriterium im Rahmen der gerichtlichen Interessenabwägung (dazu Rn 34). Im ein-
zelnen verweist S 6 auf das **Modell des § 1617c** mit seinen Altersstufen (s dort Rn 14 ff).
Auch hinsichtlich sonstiger Modalitäten (Vertretung des Kindes, Eigenkompetenz,
Form etc) gilt grundsätzlich dasselbe wie in § 1617c (s dort Rn 10, 13; zur Form s aus-
drücklich S 5). Ist die Einwilligung des anderen Elternteils allerdings ersetzt worden
gem S 4, so bedarf es für die Vertretung des Kindes bei dessen Einwilligung allerdings auch bei gemeinsamem Sorgerecht der Eltern keiner gesonderten Entscheidung nach § 1628 – die Ersetzungsentscheidung nach S 4 impliziert die alleinige
Vertretungsbefugnis des Betreuungselternteils in der Einbenennungsfrage (zutr HEI-
STERMANN FamRZ 2003, 279, 280; PALANDT/DIEDERICHSEN Rn 17).

Eine **Ersetzung** der Kindeseinwilligung ist **nicht** möglich.

V.   Wirksamwerden und Wirkung

1.   Wirksamwerden

Die Namenserteilung wird wirksam, wenn alle erforderlichen Erklärungen und Ein- **40**
willigungen formgerecht beim zuständigen Standesbeamten eingegangen sind (zum
vorherigen Widerruf s Rn 16). Eine bestimmte Reihenfolge des Eingangs ist nicht vorgeschrieben, insbesondere folgt aus dem Erfordernis einer „Einwilligung" gem S 3
nicht, daß diese iSv § 183 *vor* den Erteilungserklärungen abgegeben sein müßten
(näher Rn 25; nach OLG Stuttgart StAZ 2005, 76, 77 kann sogar die Einwilligungsersetzung vor
Abgabe der Erteilungserklärungen erfolgen). Eine andere Sicht wäre formalistisch; mit der
Bezeichnung als „Einwilligung" soll nur gesagt sein, daß vorher die Namenserteilung
nicht wirksam werden kann (§ 1617a Rn 39). Die Zustimmung von anderem Elternteil
und Kind kann also den Erteilungserklärungen auch nachfolgen. Die anschließende
Beurkundung durch den Standesbeamten (Randvermerk im Geburtenbuch, § 31a
Abs 2 S 2 HS 1 PStG) hat nur deklaratorische Bedeutung (OLG Zweibrücken FamRZ
1999, 1383, 1384 mwNw). Wegen weiterer Einzelheiten s § 1617a Rn 40.

2.   Wirkung

a)   Grundsätze

Der Name des Kindes ändert sich mit **Wirkung für die Zukunft** – *inhaltlich* bestimmt **41**
sich die Änderung nach der Art der Namenserteilung. Bei *ersetzender Erteilung*
verliert das Kind seinen bisherigen Geburtsnamen und erwirbt den Ehenamen des

sorgeberechtigten Elternteils als Geburtsnamen (vgl Rn 44). Bei *additiver Erteilung* erwirbt das Kind den Ehenamen als (nach Wahl vorangestellten oder angefügten) **Begleitnamen** (Rn 19), es führt fortan also einen unechten Doppelnamen (s Rn 20; zu weiteren Konsequenzen s unten Rn 49 ff).

Die Namenserteilung gilt nur für das betroffene Kind, eine Überwirkung auf andere Geschwister entspr § **1617 Abs 1 S 3** findet **nicht** statt.

Wird später der „Stiefvater" als der rechtliche Vater des Kindes festgestellt, so entfallen wegen der Rückwirkung dieser Feststellung gleichzeitig die Einbenennungsvoraussetzungen – die Namenserteilung nach § 1618 wird rückwirkend unwirksam, der Kindesname beurteilt sich nach allgemeinen Regeln je nach den rechtlichen Beziehungen der Eltern (Fachausschuss Standesbeamte StAZ 2005, 268).

b)   Spätere Änderungen
aa)   Ersetzende Namenserteilung

42 Bei **ersetzender Namenserteilung** ist der Erwerb des neuen Geburtsnamens durch das Kind **grundsätzlich endgültig**, das Gesetz sieht insbesondere kein Widerrufs- oder Wahlrecht des Kindes nach Erreichung der Volljährigkeit vor. Der Erwerb unterliegt allerdings, wie bei jeder anderen Erwerbsart auch, den allgemeinen **Änderungstatbeständen des § 1617c**. Dabei stellt sich die **grundsätzliche Frage**, ob das Kind seinen Namen von einem „Ehenamen" iSv § **1617c Abs 2 Nr 1** ableitet oder (weiterhin) vom Individualnamen seines sorgeberechtigten Elternteils, mit konsequenter Folgemöglichkeit des Kindes nach § **1617c Abs 2 Nr 2**. Der Entscheidung kommt erhebliche Bedeutung zu vor allem für den Fall, daß die **Stiefelternehe aufgelöst** wird und der sorgeberechtigte Elternteil zu einem früheren Namen zurückkehrt (§ 1355 Abs 5 S 2).

43 Die **erste Auffassung** wird überwiegend vertreten, sowohl zum bisherigen wie zum neuen Recht (BGH StAZ 2004, 131 f; OLG Hamm StAZ 2002, 201; OLG Frankfurt StAZ 2005, 201; OLG Oldenburg FamRZ 2000, 693, 694 [obiter]; LG Fulda FamRZ 2000, 689; LG Kempten StAZ 1986, 105, 106; StAZ 1995, 296, 298; AG Hamburg StAZ 1975, 341, 342; PALANDT/DIEDERICHSEN Rn 25; HWB/WAGENITZ/BORNHOFEN Rn 74; LIPP/WAGENITZ Rn 22; GAAZ FPR 2002, 125, 132 f; WAGENITZ FamRZ 1998, 1545, 1550; PENTZ StAZ 1977, 291, 294 f; REICHARD StAZ 1976, 177, 182; mit rechtspolitischen Zweifeln ROTH JZ 2002, 651, 654). Für sie spricht der Wortlaut des § 1618 S 1 sowie die Textänderung in § 1617c Abs 2 Nr 1 (statt „Ehename seiner Eltern" jetzt nur noch „Ehename"), sie scheint deshalb auch den Vorstellungen des historischen Gesetzgebers zu entsprechen. Sie führt zu einer Fixierung des Kindesnamens auf den Gemeinschaftsnamen von Elternteil und Stiefelternteil, der nach Auflösung ihrer Ehe nicht mehr verändert werden kann (Rn 4) – insbesondere verändert er sich nicht durch individuelle Namenswechsel eines oder beider früheren Gatten nach Auflösung der Ehe gem § 1355 Abs 5 S 2 (vgl § 1617c Rn 23).

Die **zweite Auffassung** wurde zunächst in der Literatur, aber auch von der Rechtsprechung vertreten (BayObLG StAZ 1997, 373, 374 f; OLG Zweibrücken FamRZ 1999, 1383; OLG Dresden StAZ 2000, 341; AG Traunstein StAZ 1995, 216, 217; ZWISSLER FPR 2004, 64, 67; DREWELLO StAZ 1988, 168, 169; ENGLER FamRZ 1971, 76, 79; SIMON StAZ 1974, 197, 198 mwNw; tendenziell auch GERNHUBER/COESTER-WALTJEN § 54 Rn 11; ROTH JZ 2002, 651, 654). Nach dieser Sicht beschränkt sich die Namenserteilung nach § 1618 auf die Funktion, die Folgesperre des § 1617c Abs 2 Nr 2 für ehebedingte Namenswechsel wieder aufzuheben: Das Kind kann – mit Konsens der Eheleute – doch dem Namenswechsel seines Bezugselternteils folgen; daß dessen Ehegatte (und Stiefelternteil des Kindes) diesen Namen auch trägt, spielt für das weitere Schicksal des Kindesnamens keine wesentliche Rolle. Der Individualname des Elternteils stimmt – aus Sicht des Kindesnamens – nur „zufällig" mit dem von dessen Ehegatten überein; er ist jedenfalls allein maßgeblicher Bezugspunkt für den Kindesnamen geblieben. Folgeänderungen bestimmen sich nach § 1617c Abs 2 Nr 2.

Dieser **zweiten Auffassung gebührt der Vorzug** für die „**nachziehende Einbenennung**", **44** dh wenn das Kind bisher den vorehelichen Namen des sorgeberechtigten Elternteils trug (vgl Rn 3): § 1618 muß hier aus dem Funktionszusammenhang mit § 1617c Abs 2 Nr 2 verstanden und entsprechend restriktiv ausgelegt werden. Die starke Vorrangstellung des Ehenamens rechtfertigt sich nur für den gemeinsamen Namen *beider Eltern des Kindes* (§§ 1616, 1617c Abs 1). Genausowenig, wie es sich um einen „Ehenamen" handelt, wenn ein Elternteil seinen aus einer Drittehe „erheirateten", also (früheren oder aktuellen) Ehenamen nach §§ 1617, 1617a oder 1617b an das Kind weitergibt, liegt im Fall des § 1618 ein „Ehename" im kindesnamensrechtlichen Sinne vor. Daß – ausnahmsweise und systemwidrig (§ 1617c Rn 42) – hier der Ehegatte der Namensweitergabe zuzustimmen hat, macht keinen wesentlichen Unterschied, sondern ist ein Relikt überholter Rechtstradition (s auch § 1617c Rn 41, 42). Die *gemeinsame* Einbenennung durch Mutter und Stiefvater war eine Errungenschaft des ersten EheRG, die die einseitige Namenserteilung durch den Stiefvater ablöste (§ 1706 Abs 2 S 2 aF) und der gleichberechtigten Teilhabe beider Gatten am Ehenamen Rechnung tragen sollte (BT-Drucks 7/650, 173; Gernhuber FamR[3] § 58 II 5). Zum gedanklichen Hintergrund gehörte auch der Statusunterschied von ehelichen und nichtehelichen Kindern – die Erteilung eines Ehenamens an ein nichteheliches Kind galt als bedeutsamer, statuskaschierender Schritt (vgl BT-Drucks V/2730, 60; 7/650, 174; BGH FamRZ 1973, 185, 186; vgl Staudinger/Coester[12] Rn 2). Der Gesetzgeber des KindRG 1998 hat es versäumt, § 1618 dem iü vollzogenen Systemwechsel anzupassen: Entscheidungen in Namensfragen sind nunmehr *Ausprägung elterlicher Personensorge,* so daß aus der früheren Alleinerteilung durch den Stiefvater über die gemeinsame Erteilung durch beide Gatten nunmehr die Alleinerteilung durch den sorgeberechtigten Elternteil die konsequente Lösung gewesen wäre (wenn man überhaupt am verfehlten Vorbehalt des § 1617c Abs 2 Nr 2 festhalten wollte). Gegenstand der Erteilung kann naturgemäß nur der Name des sorgeberechtigten Elternteils sein; daß dieser den Namen *auch* als Ehenamen mit seinem Gatten führt, ist hier ebenso unerheblich wie sonst im Kindesnamensrecht auch. Das Kind ist mit der ehelichen Gemeinschaft seines Elternteils nicht so verbunden wie mit der seiner beiden Eltern (§ 1616); bei Scheitern der Ehe verliert es den Stiefelternteil nahezu immer, den eigenen Elternteil jedoch grundsätzlich nicht. Die Bindung des Kindes an den „Ehenamen" aus der Stiefelternehe gem § 1617c Abs 2 Nr 1 führt zu schwerwiegenden Konflikten nach Auflösung dieser Ehe: Der Elternteil kann seine Optionen nach § 1355 Abs 5 S 2 nur um den Preis einer Namenstrennung vom Kind, mit dem er eine Teilfamilie bildet, wahrnehmen; der Namensnachzug des Kindes wäre wieder eine stereotype Konstellation für Verfahren nach § 3 NÄG, wofür dieses Gesetz nicht geschaffen ist (vgl Vorbem 19 zu §§ 1616–1625; Gaaz StAZ 1998, 241, 247 f; offengelassen in OVG Münster FamRZ 2000, 698; Verweis in BGH StAZ 2004, 131, 132; Änderung abgelehnt in VG Berlin StAZ 2001, 369 f; VG Hamburg BeckRS 2005, 24368). Dies alles wird vermieden mit einer sinn-, wenngleich nicht wortlautgerechten Interpretation des § 1618.

Anderes muß hingegen bei der „**erteilenden Einbenennung**" gelten, bei der das Kind vom Namen des anderen Elternteils in den Ehenamen von Sorgeberechtigtem und Stiefelternteil wechselt (vgl Rn 3). Hier trifft es auch sachlich zu, daß beide Ehegatten dem Kind „ihren Ehenamen erteilen" (S 1), so daß der Kindesname fortan von diesem Gemeinschaftsnamen iS des § 1617c Abs 2 Nr 1 abgeleitet ist. Nach Scheidung der Ehe kann sich deshalb wieder das Problem der „Scheidungshalbwaisen" ergeben (dazu § 1617c Rn 32).

An dieser Auffassung ist **festzuhalten** trotz der gegenteiligen Entscheidung des *BGH* (StAZ 2004, 131 f) und der Weigerung des *Gesetzgebers*, eine Namensänderungsmöglichkeit für das Kind nach Scheitern der Stiefelternehe einzuführen (BT-Drucks 14/ 2096, 10; 14/8131, 8). Die Argumentation des BGH, die Namenserwerbsgründe in § 1617c Abs 2 Nr 2 seien „abschließend" aufgezählt, ist nicht haltbar (§ 1617c Rn 38). Der Verweis des Gesetzgebers auf die wünschenswerte „Namenskontinuität" wirkt willkürlich: Dem Kind werden in §§ 1617c, 1618 vielfach Möglichkeiten angeboten, seinen Namen den sozialen Familienrealitäten anzupassen. Nutzen Mutter und Kind das Angebot des § 1618, wird das Kind bei erneuten Veränderungen der Familienkonstellation mit der Behauptung überrascht, der durch die Einbenennung erworbene Name sei nunmehr „änderungsresistent" – das Kind bleibt auf dem Namen des (inzwischen nicht mehr anwesenden) Stiefvaters sitzen, seine beiden leiblichen Eltern führen idR andere Namen (COESTER LMK 2004, 66, 67: „Namensfalle"). Um dies zu korrigieren, bedarf es nicht der Feststellung einer „Gesetzeslücke" (so BGH StAZ 2004, 131, 132), sondern der **verfassungskonformen Auslegung** der §§ 1617c, 1618 in vorbeschriebenem Sinne: Verletzt sind das **Persönlichkeitsrecht** des Kindes, der **Familienschutz** sowie das verfassungsrechtliche Willkürverbot (vgl COESTER aaO, auch EMRK).

45 Im **Ergebnis** ist also zwischen den beiden Arten der Einbenennung (Rn 3) zu unterscheiden. Bei der „**nachziehenden Einbenennung**" bleibt für spätere Änderungen der **Individualname des sorgeberechtigten Elternteils maßgeblich**, § 1617c Abs 2 Nr 2. Das Kind kann also allen Änderungen dieses Namens nach den Grundsätzen des § 1617c folgen, nicht nur nach Auflösung der Stiefelternehe (§ 1355 Abs 5 S 2), sondern auch während des Bestands dieser Ehe (zB Annahme oder Ablegung eines Begleitnamens durch den Elternteil, § 1355 Abs 4). Finden beide leiblichen Eltern nach Auflösung der Stiefelternfamilie wieder zusammen, so ist nach Begründung gemeinsamen Sorgerechts § 1617b Abs 1 (vor Auflösung sollte aus Kontinuitätsgründen diese Möglichkeit nicht eröffnet werden), nach Bestimmung eines Ehenamens § 1617c Abs 1 anzuwenden. Da das Kind nach Namenserteilung gem § 1618 so steht wie nach anderen Namensfolgen in den elterlichen Individualnamen, kann ihm auch ohne diese Verfestigungen der elterlichen Gemeinschaft der Name des anderen Elternteils nach § 1617a Abs 2 erteilt werden (HWB/WAGENITZ/BORNHOFEN § 1617a Rn 43; zur sukzessiven Namenserteilung nach § 1618 unten Rn 49 ff); *besteht* die Stiefelternehe noch, ist dies nach dem Konzept des § 1618 aber wohl nicht möglich (§ 1617b Rn 8).

Für die „**erteilende Einbenennung**" (Rn 3) ist auf die zu § 1617c Abs 2 Nr 1 entwickelten Grundsätze zu verweisen (§ 1617c Rn 23, 25 ff). Nach Auflösung der Ehe ist der Name damit „unwandelbar fixiert" (vgl BGH StAZ 2004, 131; oben Rn 4, 43; eine Ausnahme gilt nur bei „Zweiteinbenennung", Rn 49 ff), es stellt sich damit wieder die „Scheidungshalbwaisenproblematik" (§ 1617c Rn 32 ff). Bestimmen die leiblichen Eltern nach Auflösung der Stiefelternehe einen Ehenamen, so setzt sich dieser allerdings gem § 1617c Abs 1 durch (§ 1617c Rn 4).

bb) Additive Namenserteilung

Bei **additiver Namenserteilung** folgt der Doppelname des Kindes in jedem Namens- **46** teil, aber auch nur in diesem den Änderungen des jeweiligen Bezugsnamens – hinsichtlich des nach § 1618 erworbenen Begleitnamens also dem Namen des Betreuungselternteils gem § 1617c Abs 2 Nr 2 oder den Ehenamen aus dessen Ehe gem § 1617c Abs 2 Nr 1. Für den bisherigen und fortgeführten Namensteil kommt es auf den Erwerbsgrund an: Hatte das Kind nach §§ 1616, 1617c Abs 1 den Ehenamen seiner Eltern erhalten, richten sich Folgeänderungen nach § 1617c Abs 2 Nr 1 (sind also, da die Elternehe aufgelöst ist, praktisch ausgeschlossen); bei elterlichen Individualnamen gem §§ 1617, 1617a oder 1617b ist wiederum § 1617c Abs 2 Nr 2 einschlägig.

Eines eigenständigen Widerrufs- oder Ablegungsrechts bezüglich des Begleitnamens **47** bedarf es nicht, soweit man diesen Namen – wie hier bei der nachziehenden Einbenennung (Rn 44) – nur an den Individualnamen des Betreuungselternteils knüpft: Solange dieser Elternteil den Namen führt, bleibt es – auch nach Auflösung der Stiefelternehe – beim Begleitnamen auch für das Kind: Der Name weist nicht auf die Ehe, sondern auf seinen Elternteil. Wendet sich der Elternteil vom Ehenamen ab, kann das Kind nach allgemeinen Grundsätzen folgen (Rn 45).

Soweit man jedoch den nach § 1618 erteilten Namen an den *Ehenamen* von Eltern- **48** teil und Stiefelternteil knüpft (nach der hM generell, Rn 43; nach der hier vertretenen Auffassung nur bei erteilender Einbenennung, Rn 44 aE), müßte aus der begrenzten Kennzeichnungsfunktion dieses Namens für das Kind, die schon zu seiner Einstufung als *Begleitname* geführt hat (Rn 19), das Recht des Kindes folgen, den Begleitnamen nach Auflösung der Ehe wieder abzulegen. Was kraft Gesetzes beim ehelichen Begleitnamen (§ 1355 Abs 4 S 4, Abs 5 S 2) und bei erneuter Einbenennung in neuer Ehe recht ist (S 2 HS 2, vgl unten Rn 49), muß auch ohne neue Ehe des Elternteils dem Kind billigerweise möglich sein (S 2 HS 2 analog).

cc) Sukzessive Einbenennungen

Die Möglichkeit wiederholter Einbenennungen war nach früherem Recht äußerst **49** umstritten (vgl STAUDINGER/COESTER[12] Rn 25 mwNw), ist durch das KindRG 1998 aber **zweifelsfrei eröffnet** worden: § 1618 S 2 HS 2 sieht vor, daß in diesem Fall bei vorangegangener *additiver* Namenserteilung der erteilte Name entfällt und durch den neu erteilten Namen aus der Folgeehe ersetzt wird (vgl Rn 19). Daraus ergibt sich aber auch die Möglichkeit wiederholter *ersetzender* Namenserteilungen (PALANDT/DIEDERICHSEN Rn 27; LIPP/WAGENITZ Rn 14) – hier wird der früher erteilte Name einfach gegen den neu erteilten Namen ausgetauscht.

Vorstehend wurde unterstellt, daß die erste und zweite Namenserteilung **gleicher Art** **50** waren. Ist die erste Namenserteilung additiv gewesen, die zweite aber ersetzend, so verdrängt der neue Name den *gesamten* bisherigen Doppelnamen des Kindes. War umgekehrt die erste Namenserteilung ersetzend, aber die zweite additiv, so wird der zweiterteilte Name dem ersterteilten Namen nur hinzugefügt (zu *Namensketten* s Rn 18).

51 Wiederholte Einbenennungen können auf sukzessiven Ehen des betreuenden Elternteils beruhen, aber auch Folge eines Sorgerechtswechsels zwischen den Eltern sein: Hat der „andere Elternteil" das Sorgerecht (zB gem § 1696) übernommen, so kann er (mit seinem Ehegatten) nunmehr dem Kind *seinen* Ehenamen erteilen („**gegenläufige Einbenennung**"; Lɪᴘᴘ/Wᴀɢᴇɴɪᴛᴢ Rn 14). Eine Barriere gegen häufige Namenswechsel des Kindes setzt hier im wesentlichen nur das Einwilligungserfordernis beim älteren Kind, bei gegenläufiger Einbenennung auch das des anderen Elternteils. Dennoch erscheint es gerade bei diesen Einbenennungen merkwürdig, daß – im Gegensatz zum sonstigen System des Kindesnamensrechts – ein Sorgerechtswechsel zum Namenswechsel des Kindes führen kann, wenn der neue Sorgeberechtigte verheiratet ist und einen Ehenamen führt, nicht aber in allen anderen Fällen (s § 1617a Rn 21 ff). Vom Bedürfnis des Kindes nach Namensgleichheit mit dem sorgeberechtigten Elternteil her ist keine Rechtfertigung für diese unterschiedliche Behandlung erkennbar.

§ 1618a
Pflicht zu Beistand und Rücksicht

Eltern und Kinder sind einander Beistand und Rücksicht schuldig.

Materialien: BT-Drucks 8/2788; 8/2936;
SorgeRG Art 1.

Schrifttum

BELCHAUS, Elterliches Sorgerecht (1980)
COESTER, Das Kindeswohl als Rechtsbegriff (1983)
ders, Fünfzehn Jahre Beistand und Rücksicht im deutschen Kindschaftsrecht, in: FS Schnyder (1995) 101
COESTER-WALTJEN, Neuregelung der elterlichen Sorge, in: Juristinnenbund, Neues elterliches Sorgerecht (1977) 67
DIEDERICHSEN, Die Neuregelung des Rechts der elterlichen Sorge, NJW 1980, 1
EIDENMÜLLER, Der Auskunftsanspruch des Kindes gegen seine Mutter auf Benennung des leiblichen Vaters, JuS 1998, 789
GERNHUBER, „Eltern und Kinder sind einander Beistand und Rücksicht schuldig", in: FS Müller-Freienfels (1986) 159
HEGNAUER, Grundriß des Kindesrechts (5. Aufl 1999)

ders, Eltern und Kinder sind einander Beistand und Rücksicht schuldig, ZBlJugR 1980, 685
ders, Großeltern und Enkel im schweizerischen Recht, in: FS Schnyder (1995) 421
KNÖPFEL, Beistand und Rücksicht zwischen Eltern und Kindern (§ 1618a BGB), FamRZ 1985, 554
LÜDERITZ, §§ 1611, 1618a BGB: Plädoyer für eine Kooperation zwischen Eltern und Kindern, in: FS Gaul (1997) 411
SCHWAB, Beistand und Rücksicht. Zu den Außenwirkungen einer Rechtsmaxime, in: FS Schnyder (1995) 647
ders, Familiäre Solidarität, FamRZ 1997, 521
STEFULA, Zu den allgemeinen familiären Beistandspflichten, ÖJZ 2005, 609
VAN ELS, § 1618a – eine zeitgemäße Ausformulierung des 5. Gebots, DAVorm 1991, 123.

Systematische Übersicht

Alphabetische Übersicht

I. Grundsätzliches

1. Entstehungsgeschichte und Vorbilder

Die Vorschrift wurde eingefügt durch das SorgeRG 1979. Sie ist erst durch den BT- **1** Rechtsausschuß in den Gesetzesentwurf aufgenommen worden, als Reaktion auf eine breite Kritik an der angeblichen Tendenz der Reform zur forcierten Emanzipation der Kinder von den Eltern und zur Auflösung der Familiengemeinschaft in wechselseitige Rechtsansprüche (vgl BOSCH, in: FS Schiedermair [1976] 78; SCHEUNER ZBlJugR 1973, 197 ff; STRÄTZ FamRZ 1975, 541 ff). § 1618a sollte demgegenüber klarstellend auf die Gegenseitigkeit von Rechten und Pflichten, auf den Gemeinschaftsbezug des Eltern-Kind-Verhältnisses hinweisen (BT-Drucks 8/2788, 36; BELCHAUS Rn 1; GERNHUBER/COESTER-WALTJEN § 54 IV Rn 66; FINGER JA 1981, 642; LUTHIN FamRZ 1979, 987).

Die Vorschrift ist im deutschen Kindschaftsrecht ohne Vorbild, lehnt sich jedoch **2** bewußt an Art 272 des schweizerischen ZGB an: „Eltern und Kinder sind einander allen Beistand, alle Rücksicht und Achtung schuldig, die das Wohl der Gemeinschaft erfordert" (früher Art 271 aF ZGB). Eine ähnliche Vorschrift findet sich auch im österreichischen Recht (§ 137 Abs 2 ABGB, ergänzt durch § 146a ABGB; dazu SCHUCHTER FamRZ 1979, 882; SCHWIMANN, ABGB I § 146a) sowie im französischen Recht (Art 371 Cc). Auch dem FGB der DDR war der Gemeinschafts- und Solidaritätsgedanke integriert (Präambel Abs 1 S 2, § 46 Abs 2, 3). Schließlich finden sich auch in der UN-Kinderkonvention von 1989 Anklänge im Sinne des Normtextes (Art 29 Abs 1 c; BGBl 1992 II 122). Da § 1618a in Anlehnung an Art 272 ZGB formuliert worden ist (entspr Empfehlungen bei BOSCH, in: FS Schiedermair [1976] 78; STRÄTZ FamRZ 1975, 550; vgl COESTER-WALTJEN 73), ist das schweizerische Recht legitime Auslegungshilfe für das Verständnis des § 1618a (JAYME FamRZ 1981, 225; vgl AUBIN RabelsZ 34 [1970] 459 Fn 3; zum schweizerischen Recht s HEGNAUER, Grundriß § 18; SCHWENZER, in: Basler Kommentar I [3. Aufl 2006] Art 272; TUOR/SCHNYDER/SCHMID, Das schweizerische Zivilgesetzbuch [12. Aufl 2002] § 34 I a). Aber auch die anderen aufgeführten Regelungen haben allgemeinen rechtsvergleichenden Erkenntniswert.

2. Zweck und Bedeutung

Beistand und Rücksicht im Verhältnis von Eltern und Kindern sind eine sittlich- **3** moralische Selbstverständlichkeit (HEGNAUER ZBlJugR 1980, 689), sie sind besondere Ausprägung einer allgemeingültigen sozialethischen Forderung (HEGNAUER aaO sowie Grundriß § 18 II 1). Die Transformation sittlicher zu rechtlicher Verantwortung in diesem Sonderverhältnis hatte zum Ziel, die partnerschaftlichen Beziehungen innerhalb der Familie zu stärken durch Betonung der **Gegenseitigkeit von Rechten und Pflichten** und der besonderen **Verantwortung füreinander** (dazu näher Rn 34; vgl BT-Drucks 8/2788, 36; DIEDERICHSEN NJW 1980, 2; GERNHUBER, in: FS Müller-Freienfels [1986] 159, 167 [„partnerschaftliche Familie"]; mit „Demokratie" in der Familie [so FIESELER ZfF 1979, 193] hat dies jedoch nichts zu tun, krit DIEDERICHSEN aaO). Anspruchs- und Herrschaftsdenken wird damit eine ausdrückliche Absage erteilt, das Eltern-Kind-Verhältnis ist „Einbahnverkehr" weder in der einen noch in der anderen Richtung (COESTER-WALTJEN 73). Den Eltern tritt das Kind als grundsätzlich gleichberechtigte und gleich zu achtende Persönlichkeit gegenüber (Rn 61); umgekehrt hat die entsprechende In-Pflicht-Nahme des Kindes den Eltern gegenüber nichts mit Ausnutzung kindlicher Schwäche und Unmündigkeit zu tun, sondern ist Folge seiner Anerkennung als verantwortliches Subjekt (COESTER-WALTJEN aaO). Naturgemäß wächst das Kind allerdings (alters- und reifeabhängig) erst langsam in seine Pflichtenrolle hinein.

4 Die Stärkung der familiären Binnenbeziehungen soll sich nach Auffassung des BT-Rechtsausschusses auch positiv auf die **Familienautonomie** auswirken und Gefährdungen der Familie als Institution entgegenwirken (BT-Drucks 8/2788, 43). Soweit § 1618a eine rechtliche Solidaritätsgemeinschaft begründet, genügt dies auch bei volljährigen Kindern (vgl unten Rn 23), um den Familienschutz des Art 6 Abs 1 GG zu evozieren (VerfGH Rheinland-Pfalz NJW 2005, 410, 413).

5 Als die Regelung von Einzelbeziehungen überlagerndes und durchwirkendes Solidaritätsgebot (HANISCH FamRZ 1975, 7; vgl Rn 13) dient § 1618a der **Vervollständigung der positiv-rechtlichen Regelungsmaterie** (BT-Drucks 8/2788, 36; HOLTGRAVE JZ 1979, 666); die Bestimmung bringt generalklauselartig zum Ausdruck, was als Grundgedanke einer Vielzahl von Einzelvorschriften (einschließlich Unterhaltsrecht, Pflichtteilsrecht) zugrunde liegt (näher Rn 13, 14).

6 Als **Generalklausel des Kindschaftsrechts** tritt die Vorschrift damit neben die eherechtliche Generalklausel des § 1353 (BT-Drucks 8/2788, 43; DIEDERICHSEN NJW 1980, 2; krit GERNHUBER, in: FS Müller-Freienfels [1986] 174 ff) sowie deren (inhaltlich abweichende) Entsprechung in § 2 LPartG. Wie diesen kommt § 1618a eine **Leitbildfunktion** zu, die über einzelne gesetzliche Positivierungen hinaus umfassenden Geltungsanspruch erhebt: Sie erstreckt sich nicht nur auf familienrechtliche Beziehungen, sondern das gesamte rechtliche wie zwischenmenschliche Verhältnis von Eltern und Kindern (HEGNAUER ZBlJugR 1980, 686 f).

3. Allgemeine Normeinschätzungen

7 Im deutschen Schrifttum hat die Vorschrift sehr gemischte Aufnahme gefunden. Euphorischer Begrüßung als lange fehlende, „goldene Regel" des Kindschaftsrechts (BOSCH FamRZ 1980, 739, 748; zustimmend VAN ELS DAVorm 1991, 123, 127) und entsprechenden Bemühungen um eine extensive Sinnentfaltung (zB KNÖPFEL FamRZ 1985, 554 ff) standen zT schroffe Ablehnungen gegenüber (JAUERNIG/BERGER Rn 1 [„… Zusammenhalt der Kleinfamilie durch eine gesetzliche Pflichtengrundlage bis zum Tode verrechtlicht"; ebenso MUSCHELER, FamR Rn 580]; WEBER FamRZ 1996, 1254, 1255) oder skeptische Analysen, die die Vorschrift als zwar wohlgemeint, aber als undurchdacht einstuften (JAYME FamRZ 1981, 221, 226) und als letztlich im wesentlichen überflüssig (GERNHUBER, in: FS Müller-Freienfels [1986] 159 ff [§ 1618a gehöre zu den Normen, die „plötzlich da sind, obwohl sie zuvor kaum oder gar nicht vermißt wurden"]).

8 Die Reaktion der Rechtsprechung war zunächst spärlich; nach inzwischen fast dreißigjähriger Existenz hat sich die Norm jedoch einen gewissen Stellenwert im Bewußtsein und Argumentationshaushalt der Praxis erobert – teils unterstützend zu anderweitigen Begründungswegen (vgl SCHWAB, in: FS Schnyder [1995] 647, 650: „Garnitur"; vgl auch vorstehend GERNHUBER), teils aber auch als entscheidungsleitende Rechtswertung (SCHWAB aaO; Einzelheiten Rn 35 ff). Dennoch dominiert nach wie vor Zurückhaltung im Umgang mit § 1618a, nichts spricht dafür, daß es künftig zu einer „forcierten Anwendung" kommen wird, vor der zT gewarnt wurde (GERNHUBER FamR³ § 46 IV 3; JAUERNIG/BERGER Rn 1; BOSCH FamRZ 1980, 748). Zu Art 272 schweizerisches ZGB sind in 9 Jahrzehnten nur wenige einschlägige Entscheidungen angefallen, der dieser Bestimmung in Lehrbüchern und Kommentaren gewidmete Raum signalisiert geringe Bedeutung.

Die **grundsätzliche Kritik** an der Vorschrift (Rn 7) erscheint **ungerechtfertigt**. Daß der   **9** Norminhalt vage, die Konsequenzen noch nicht ausgelotet seien (vgl JAYME FamRZ 1981, 226; WEBER FamRZ 1996, 1254, 1255), hat § 1618a mit anderen Generalklauseln (§§ 138, 242, 1353) gemein: Immerhin ist die Norm entfaltungsfähig und entfaltungswürdig (BOSCH FamRZ 1980, 748). Auch die gefürchtete „Verrechtlichung" des familiären Bereichs, insbesondere zwischen Eltern und volljährigen Kindern, ist bisher nicht zu beobachten. Zum einen können Anerkennung als *Rechtsgemeinschaft* und Verrechtlichung nicht schlechthin gleichgesetzt werden (zutreffend SCHNYDER, Die Gemeinschaft der Eltern und Kinder, in: Das neue Kindesrecht [Bern 1978] 35 ff, 38 f). Zum andern ist – mit LÜDERITZ (in: FS Gaul [1997] 411, 419, 423) – auch eine umgekehrte Sichtweise denkbar: In einer wertheterogenen Gesellschaft bedürfen ethische Minima rechtlicher Bekräftigung, und es liegt „im Interesse der Gesellschaft, durch Verdeutlichung von Rechtspflichten die Familie selbst zur Bewältigung ihrer Probleme anzuhalten und Eltern wie Kindern eine Verantwortung für ihre Beziehung zuzuweisen" (LÜDERITZ 423). Die eher trennende Wirkung erzwungener Solidarität betrifft außerdem auch nur etwaige Beistandspflichten; erzwungene Rücksicht bei individueller Rechtsverfolgung (auch durch rückgriffsberechtigte öffentliche Leistungsträger) setzt rücksichtsloses Verhalten voraus, das schon vorher die Solidarität zerstört hat. Der Unterschied schließlich zwischen der auf lebenslange, enge Gemeinschaft angelegten Ehe (§ 1353, ähnlich § 2 LPartG) und dem Eltern-Kind-Verhältnis, das auf die allmähliche Ablösung der Kinder bis hin zu deren eigener Familiengründung angelegt ist (vgl GERNHUBER/COESTER-WALTJEN § 57 VII 7), spricht lediglich gegen vorschnelle Parallelen zwischen beiden Generalklauseln. Das Gesetz geht aber zurecht vom Fortbestand der existentiellen Eltern-Kind-Beziehung auch nach gelungener „Ablösung" aus (vgl auch BVerfGE 57, 170, 178; grundlegend auch GERNHUBER FamRZ 1973, 236 ff). Wird das Maß der nach § 1618a geschuldeten Solidarität maßgeschneidert aus dem Einzelfall heraus konkretisiert, wie es Sinn und Zweck der Generalklausel entspricht (Rn 26), so zwingt die Vorschrift nicht zusammen, was naturgemäß nicht (mehr) zusammengehört (gegen JAUERNIG/BERGER Rn 1).

4. Normative Wirkung

a) Beistand und Rücksicht als Rechtspflichten

Obwohl in der Begründung des Rechtsausschusses von einer „lex imperfecta" die   **10** Rede ist und davon, daß § 1618a „nur Leitlinien" aufzeige, jedoch keine unmittelbaren Rechtsfolgen enthalte (BT-Drucks 8/2788, 36, 43), wird heute kaum noch angezweifelt, daß die Vorschrift **echte Rechtspflichten** begründet (LG Münster NJW 1998, 726, 727; LG Passau NJW 1988, 144, 145; MünchKomm/VON SACHSEN GESSAPHE Rn 2; PALANDT/ DIEDERICHSEN Rn 2; SCHWAB, FamR Rn 509; DIEDERICHSEN NJW 1980, 1 f; KNÖPFEL FamRZ 1985,

554 ff, 559, 561; Lüderitz, in: FS Gaul [1997] 411, 419 f; Zettel DRiZ 1981, 1211 f; vgl Hegnauer ZBlJugR 1985 [Schweiz]; Schuchter FamRZ 1979, 882 [Österreich]). Rechtliche Durchsetzbarkeit ist kein Wesensmerkmal von Rechtsgeboten (vgl Röhl, Allgemeine Rechtslehre [1995] 215 f; Finger JA 1981, 642; Eidenmüller JuS 1998, 789, 790). Auch die Parallelnormen der §§ 1353 BGB, 2 LPartG statuieren unstreitig Rechtspflichten (Staudinger/Voppel [2007] § 1353 Rn 19 mwNw; Palandt/Brudermüller § 2 LPartG Rn 1), und der Wortlaut des § 1618a („sind ... schuldig") ist insoweit eindeutig.

b) Konkrete Rechtswirkungen und Sanktionen
aa) Meinungsstand

11 Nach wie vor umstritten ist, ob sich aus § 1618a konkrete Folgerungen, insbesondere **Ansprüche** herleiten lassen und ob diese ggf sogar rechtlich durchsetzbar sind. Nach den Vorstellungen des Rechtsausschusses handelt es sich bei § 1618a um eine „nicht sanktionsbewehrte" Vorschrift, deren Verletzung ohne „unmittelbare Rechtsfolgen" bleibe (BT-Drucks 8/2788, 43, 36). Bedeutung solle § 1618a entfalten bei der Ausfüllung von Regelungslücken und der Interpretation anderweitiger Vorschriften. Die offenbare Richtigkeit und Harmonie des Norminhalts haben gründlichere Überlegungen über die Rechtsfolgen wohl verzichtbar erscheinen lassen (krit Jayme FamRZ 1981, 226). Es finden sich weder Differenzierungen zwischen Leistungs- und Sekundäransprüchen noch zwischen Beistands- und Rücksichtspflicht – bei letzter kommt eine unmittelbar rechtsbegrenzende Wirkung eher in Betracht als etwa eine Klage auf positive Beistandsleistung.

Während im Schrifttum weitgehende Einigkeit über den *mittelbaren Einfluß* der Vorschrift auf die Interpretation und richterliche Rechtsfortbildung des Rechts besteht, divergieren die Auffassungen bezüglich einer *unmittelbaren Rechtswirkung* der Norm: (1) Leistungsansprüche werden zT abgelehnt, entweder weil sie die Allgemeinheit des Norminhalts nicht zulassen (Weber FamRZ 1996, 1254, 1255; ebenso OLG Zweibrücken NJW 1990, 719, 720; AG Rastatt FamRZ 1996, 1299, 1300) oder wegen des „höchstpersönlichen und gänzlich unvertretbaren Charakters" der Pflichten (Schuchter FamRZ 1979, 882 für Österreich). (2) Andere hingegen halten „wirkliche Ansprüche" weder vom Wortlaut noch vom Sinn der Vorschrift her für ausgeschlossen (Diederichsen NJW 1980, 2; Schwab, in: FS Schnyder [1995] 647, 649 [zurückhaltender FamR Rn 510]; Muscheler, FamR Rn 582; Eidenmüller JuS 1998, 789, 790; Zettel DRiZ 1981, 212; ebenso LG Münster FamRZ 1980, 1031; NJW 1999, 726, 727 f; anders Gernhuber, in: FS Müller-Freienfels [1986] 159 ff, 188 f), wobei ua wiederum auf den Normwortlaut hingewiesen wird (die Frage ist offengelassen in BGH NJW 1998, 307, 309). Unter den Vertretern der zweiteren Auffassung besteht aber wiederum Meinungsverschiedenheit über Sanktionen und Durchsetzbarkeit etwaiger Pflichten aus § 1618a (näher Rn 17, 18, 51).

bb) Theoretische Wirkungsmöglichkeiten und konkrete Rechtswirkungen

12 In der **Fragestellung** ist streng zu unterscheiden, welche Rechtswirkungen § 1618a *rechtstheoretisch haben kann* und welche Wirkungen diese Bestimmung im Gefüge des objektiven Rechts in einer gegebenen Situation *wirklich entfaltet.* Der rechtstheoretische Wirkungskreis der Norm ist konzeptionsbedingt recht weit zu ziehen; über konkrete Rechtswirkungen lassen sich generelle Aussagen nur sehr begrenzt machen: Wie erst der Lebenssachverhalt ein Urteil über den *Bestand* einer Beistands- oder Rücksichtspflicht erlaubt (Rn 31), so sind die *Folgen einer Pflichtverletzung* auch vom jeweiligen normativen und sachlichen Zusammenhang abhängig. Die

Normkonkretisierung im Lichte des Einzelfalls ist also nicht auf den Inhalt der wechselseitigen Beistands- und Rücksichtspflichten beschränkt, sondern ist darüber hinaus auf die Frage zu erstrecken, ob sich die festgestellten Pflichten zu klagbaren, uU sogar vollstreckbaren Ansprüchen einer Seite verdichtet haben (vgl Schwab, in: FS Schnyder [1995] 647, 649: Die Norm „schwebt zunächst als latentes „soft-law" über den Familien, um je nach Handhabung im Einzelfall zu „hard-law" konkretisiert zu werden").

Rechtstheoretisch kann § 1618a im wesentlichen **drei Funktionen** entfalten:

(1) **Gesetzlicher Wertmaßstab bei der Interpretation, Ergänzung und Fortbildung an-** **13** **derweitiger Rechtsvorschriften** (vgl Rn 11; vgl Schwab, in: FS Schnyder [1995] 647, 650: „Argumentationshilfe"). Insoweit gewinnt die Vorschrift wesentliche Bedeutung vor allem bei der Konkretisierung *unbestimmter Rechtsbegriffe*. So kann bei der Beurteilung des „Kindeswohls" im Rahmen der §§ 1626 ff, insbesondere 1666, 1671, 1672, 1696 die geübte oder nicht geübte Solidarität eines Elternteils eine Rolle spielen (vgl OLG Karlsruhe FamRZ 1989, 1322 f; OLG Köln FamRZ 1996, 1027; vgl Staudinger/Coester [2004] § 1671 Rn 202, 207, 208). Gegenseitige Beistands- und Rücksichtspflicht beeinflußt weiterhin die rechtliche Konkretisierung dessen, was unter „angemessenem Unterhalt" oder Berufsausbildung zu verstehen ist, was „besondere Gründe" etwa iS des § 1612 Abs 2 S 2 ausmacht (dazu Rn 67, 68) oder was unter einer „schweren Verfehlung" iS des § 1611 Abs 1 zu verstehen ist (dazu Rn 69). Auch unbestimmte Rechtsbegriffe außerhalb des Familienrechts kommen in Betracht – etwa die „Billigkeit" iSv § 253 Abs 2 (vgl BGH NJW 1973, 1654, 1655 [zu § 847 aF]; OLG Karlsruhe VersR 1977, 232 f; vgl noch Rn 64), die Sittenwidrigkeit von Familienbürgschaften (Rn 70 ff) oder letztwilligen Verfügungen gem § 138 (vgl das LG in OLG Hamm FamRZ 2005, 1928, 1929) oder der Familienbegriff des Art 6 Abs 1 GG bei aufenthaltsrechtlichen Fragen (Rn 20).

Bei der *Lückenfüllung und Fortbildung* des Rechts im Rahmen der rechtspolitischen **14** Rechtfertigung richterrechtlicher Grundsätze fungiert § 1618a als **Wertmaßstab** (vgl BVerfG FamRZ 1989, 147; 1997, 869, 870; vgl Rn 72). Wichtige Beispiele sind der Auskunftsanspruch des Kindes gegen seine Mutter bezüglich seines biologischen Vaters (Rn 47 ff) oder der Ausbau veraltet-einseitig konzipierter Vorschriften im Lichte des Gegenseitigkeitsprinzips (Rn 34).

(2) **Begrenzung subjektiver Rechte.** Hier liegt das Wirkungsfeld speziell des *Rück-* **15** *sichtsgebots* (Rn 61 ff). Dabei beeinflußt § 1618a die Durchsetzbarkeit bestehender Ansprüche unmittelbar, der Umweg über § 242 (Rechtsmißbrauch) ist überflüssig.

(3) **Begründung oder Modifizierung von Rechten.** Eine anspruchsbegründende Wir- **16** kung kann nicht generell ausgeschlossen werden (vgl Rn 8, 9). Ähnlich wie beim Schrumpfen verwaltungsrechtlichen Ermessens „auf null" kann sich das Normgebot des § 1618a im Einzelfall derart verdichten, daß nur ein bestimmtes, einklagbares Verhalten als normgemäß erscheint (LG Münster NJW 1999, 726, 727; Eidenmüller JuS 1998, 789, 792). Aber auch als Grundlage eines *regelmäßig* bestehenden Anspruches ist § 1618a konzeptionell tauglich (s aber Rn 19).

cc) Sanktionen und Durchsetzung

Obwohl die Gebote des § 1618a vom Gesetzgeber bewußt nicht mit Sanktionen **17** ausgestattet worden sind (Rn 10), können sie doch **mittelbar** zu Sanktionen führen, wenn die Vorschrift im Rahmen anderer, sanktionsbewehrter Normen den entscheidungsleitenden Maßstab liefert (etwa im Rahmen der §§ 138, 253 Abs 2, 826, 1666, 1696; vgl Rn 13; LÜDERITZ, in: FS Gaul [1997] 411, 420). Dies gilt nicht nur im Verhältnis der Familienmitglieder zueinander, sondern auch, soweit *Außenstehende* das innerfamiliäre Beistands- und Rücksichtsverhältnis zu beachten haben (dazu Rn 58 ff und 70 ff).

Die gesetzgeberische Entscheidung verbietet es jedoch, darüber hinausgehend Gebotsverletzungen gem § 1618a stets und grundsätzlich mit **Schadensersatzansprüchen** der anderen Familienmitglieder zu ahnden, etwa über §§ 280, 823 Abs 2 (SCHWAB, FamR Rn 510). Anderes muß jedoch (gegen SCHWAB aaO) gelten, wenn sich das Normgebot des § 1618a ausnahmsweise zu einem einklagbaren Anspruch verdichtet hat (Rn 16), etwa auf Auskunft über die Einkommensverhältnisse an das Amt für Ausbildungsförderung (vgl OLG Karlsruhe FamRZ 1979, 170 [dort noch gestützt auf § 242]): Bei dessen Nicht- oder Zu-spät-Erfüllung ist ein Schadensersatzanspruch wegen Verzugs (§§ 280 Abs 2, 286) nicht ausgeschlossen (so OLG Karlsruhe aaO). Auch kann sich aus § 1618a eine gesteigerte Aufklärungs- und Beratungspflicht bei Rechtsgeschäften zwischen Eltern und Kind ergeben, deren Verletzung zur Schadenersatzpflicht gem §§ 311 Abs 2, 241 Abs 2, 280 Abs 1 führen kann (OLG Düsseldorf OLGR 2000, 265 ff).

18 **Erfüllungsklage** und Urteilsdurchsetzung im **Vollstreckungswege** kommen nur in Betracht, wenn nach § 1618a ein bestimmtes Verhalten gefordert werden kann und wenn nach einer Gesamtabwägung aller Interessen und der grundsätzlichen Familienautonomie die Interessen des Berechtigten so schwerwiegend erscheinen, daß staatliche Durchsetzungshilfe angemessen erscheint. Bei Vollstreckungsmaßnahmen ist noch gesondert zu prüfen, ob die Vollstreckungssperre des § 888 Abs 3 ZPO entgegensteht (zum ganzen exemplarisch Rn 51).

dd) Grenzen und Gefahren

19 In unmittelbar rechtsbegründender Funktion (Rn 16) wird § 1618a in der Praxis nur in Ausnahmefällen bedeutsam werden. Mit dieser Vorschrift sollte das positive Recht vervollständigt, nicht aber in Frage gestellt werden. In erster Linie bleibt die Vorschrift Appell und Interpretationshilfe; weder die Wiederbelebung überholter Rechtsinstitute (GERNHUBER/COESTER-WALTJEN § 54 Rn 67) noch die Juridifizierung von bewußt Nichtgeregeltem (zB Geschwisterunterhalt) noch schließlich die Aufweichung geformten Rechts (HEGNAUER ZBlJugR 1980, 689; vgl BGH NJW 1998, 307, 309 [zu § 1619]; OLG Oldenburg FamRZ 1992, 351 f) entspricht zweckgerechter Normanwendung. Obwohl die bisherige Gerichtspraxis Augenmaß bewiesen hat (Rn 8), sollten diese – vor allem bei Einführung der Norm beschworenen – Gefahren einer „forcierten Anwendung" des § 1618a (GERNHUBER, FamR[3] § 46 IV 3) bewußt bleiben.

5. Wertungsgesichtspunkt im gesamten Rechtsbereich

20 Insbesondere in seiner Funktion als Wertmaßstab kann § 1618a auch *außerhalb des bürgerlichen Rechts* Wirkung entfalten.

Im **öffentlichen Recht** ist vor allem an das *Steuer- und Sozialrecht* zu denken (zur Entgeltlichkeit von Betreuung und Pflege s Rn 35, 55). Im *Schulrecht* genügt die fortdauernde Solidaritätsgemeinschaft gem § 1618a, um ein Benachrichtigungsrecht der Schule gegenüber den Eltern auch volljähriger Schüler zu rechtfertigen (VerfGH Rheinland-

Pfalz NJW 2005, 410, 413). Auch im *Aufenthaltsrecht* ist § 1618a herangezogen worden bei der Frage, ob der Ausweisung von Ausländern nach Volljährigenadoption durch deutsche „Eltern" Art 6 Abs 1 GG entgegensteht (entsprechende Fragestellung bei Ausweisung von leiblichen Kindern von pflegebedürftigen Ausländern, VGH Baden-Württemberg, Beschl v 9.2.2004 – AZ 11 S 1131/03 –, dazu noch sogleich). Die Bedeutung von „Familie" im Sinne dieses Grundrechts für die Beziehungen zwischen erwachsenen Kindern und Eltern ist (nach anfänglichen Kontroversen, vgl BVerwG FamRZ 1984, 1011, 1012; VGH München NVwZ 1982, 387 f) vom BVerfG im Lichte des § 1618a verdeutlicht worden (FamRZ 1989, 715, 717). Die in dieser Vorschrift normierte Beistands- und Rücksichtsgemeinschaft währe grundsätzlich lebenslang, gelte also auch für volljährige Kinder und ihre Eltern (vgl Rn 23). Sie verändere jedoch Inhalt und Intensität je nach den konkreten Lebensverhältnissen der Beteiligten: Von der umfassenden *Lebensgemeinschaft* der Eltern mit kleineren Kindern über die *Hausgemeinschaft* mit heranwachsenden Kindern bis zur *Begegnungsgemeinschaft* erwachsener, getrennt lebender Angehöriger. Mit der Intensität der Beziehung lockere sich auch der rechtlich gebotene Schutz: Die Begegnungsgemeinschaft zwischen Eltern und erwachsenen Kindern fordere keine ständige räumliche Nähe, sie könne auch verwirklicht werden, wenn die Parteien in verschiedenen Ländern wohnten.

Damit ist jedoch nur die Regelbeziehung zwischen erwachsenen Kindern und Eltern beschrieben; wenn das Kind die persönliche Pflege seiner bedürftigen Eltern übernimmt, kann sich die Beziehung wieder zu einer *echten Beistandsgemeinschaft* verdichten, die auch den Familienschutz des Art 6 Abs 1 GG beanspruchen kann (VGH Baden-Württemberg, Beschl v 9.2.2004 – AZ 11 S 1131/03 –): Dabei müssen sich pflegewilliges Adoptivkind und Elternteil nicht entgegenhalten lassen, die Pflege könne auch von Professionellen geleistet werden; auch muß die Pflege nicht notwendig innerhalb einer Hausgemeinschaft erbracht werden (BVerfG FamRZ 1990, 363 f [Adoptivsohn pflegt im Altersheim lebende Mutter]; vgl VGH Baden-Württemberg FamRZ 1986, 494 ff [ohne Zitat des § 1618a]). Sind mehrere Kinder vorhanden, so hat der pflegebedürftige Elternteil allerdings kein freies Auswahlrecht: Sein Interesse am ausgewählten (ausweisungsbedrohten) Kind ist abzuwägen gegen das öffentliche Interesse an der Ausweisung (VGH Baden-Württemberg, Beschl v 9.2.2004 aaO).

21 Im **Strafrecht** könnte § 1618a die Grundsätze über die *Garantenpflicht* beeinflussen (BOSCH FamRZ 1980, 741; DIEDERICHSEN NJW 1980, 2 Fn 24). Während das strafrechtliche Schrifttum zur Begründung einer Garantenpflicht gelegentlich auch § 1618a zitiert (TRÖNDLE/FISCHER § 13 StGB Rn 6 d; LACKNER/KÜHL § 13 StGB Rn 8 [einschränkend]; keine Zitierung bei SCHÖNKE/SCHRÖDER/STREE § 13 StGB Rn 18), beruft sich die Rechtsprechung – soweit ersichtlich – nicht auf diese Norm, sondern argumentiert pauschal mit familienrechtlichen „Fürsorgepflichten". Im Ergebnis ist § 1618a also für das Strafrecht praktisch bedeutungslos geblieben.

22 Auch **im Strafprozeßrecht** kann § 1618a Bedeutung zukommen (BVerfGE 57, 170, 178: Briefkontrolle gem § 119 Abs 3 StPO bei Briefverkehr des volljährigen, in Untersuchungshaft sitzenden Sohnes mit seinen Eltern).

II. Persönlicher Anwendungsbereich

23 Die Vorschrift gilt für **alle Kinder** unabhängig von ihrer Minderjährigkeit und unabhängig vom Bestand einer Hausgemeinschaft mit den Eltern (im Gegensatz zu § 1619; BT-Drucks 8/2788, 43; BVerfG NJW 1990, 895, 896; PALANDT/DIEDERICHSEN Rn 2; HOLZHAUER FamRZ 1982, 111). Ein Eltern-Kind-Verhältnis im Sinne der Vorschrift besteht auch unabhängig von den Sorgerechtsverhältnissen (vgl BVerfGE 31, 194, 206; HEGNAUER, Grundriß § 18 I) und genießt den Familienschutz der Verfassung (Rn 4, 20). Maßgeblich ist allein der Bestand eines rechtlichen Eltern-Kind-Verhältnisses, das nicht notwendig auf Blutsabstammung beruhen muß (Adoption; dazu Rn 20). Das rein biologische Abstammungsverhältnis ohne darauf aufbauende rechtliche Eltern-Kind-Beziehung reicht nicht für die Anwendbarkeit des § 1618a, hier verbleibt das Näheverhältnis im moralischen und psychologischen Bereich (zB Kindeseltern nach Adoption durch Dritte; biologischer Vater eines rechtlich einem anderen Manne zugeordneten Kindes). Die bloße Anfechtungsmöglichkeit nach § 1600 Abs 1 Nr 2, Abs 2, 3 ändert daran nichts. Ist der nur-biologische Vater allerdings eine „enge Bezugsperson" des Kindes iS § 1685 Abs 2, so muß dies als Basis für wechselseitige Solidarität gem § 1618a genügen.

24 Gleichgültig sind der familienrechtliche Status und die Lebensform der **Eltern** (miteinander verheiratet oder ledig, geschieden, mit Dritten verheiratet, zusammenlebend oder alleinstehend). Die Solidaritätspflichten des § 1618a bestehen zwischen dem Kind und jedem einzelnen Elternteil, sie können aber auch gegenüber der Gemeinschaft der Eltern besondere Prägung erhalten.

25 Spätestens mit dem KindRG 1998 gilt die Vorschrift grundsätzlich auch für **Pflegekinder und Pflegeeltern** (ebenso AnwKomm-BGB/LÖHNIG Rn 3; aA MünchKomm/VON SACHSEN GESSAPHE Rn 4). Zwar besteht hier kein vollwertiges Eltern-Kind-Verhältnis (BVerfGE 79, 51, 60; NJW 1994, 183; vgl BSGE 68, 171, 176), die rechtliche Ausgestaltung der tatsächlichen Familienbeziehung in § 1688 (vgl auch §§ 1685 Abs 2, 1632 Abs 4) genügt aber als Grundlage für das rechtliche Solidaritätsverhältnis des § 1618a.

Stiefkinder können dem **nicht generell** gleichgestellt werden (falsch jedenfalls die Gegenauffassung von LSG Rheinland-Pfalz NZS 2002, 166, 167 mit Zitat „§ 1754 BGB"): Schwägerschaft (§ 1590 Abs 1) löst die Solidaritätspflichten nach § 1618a ebensowenig aus wie rein tatsächliche psychologische Eltern-Kind-Beziehungen (COESTER, in: FS Schnyder [1995] 101, 105; für die Schweiz BK/HEGNAUER Art 272 Rn 6). *Anderes* gilt jedoch, wenn dem Stiefelternteil das „kleine Sorgerecht" gem § 1687b Abs 1, 2 oder § 9 Abs 1, 2 LPartG zusteht oder er nach dessen Erlöschen als „enge Bezugsperson" gem § 1685 Abs 2 einzustufen ist (AnwKomm-BGB/LÖHNIG Rn 4; aM MUSCHELER, FamR Rn 581; MünchKomm/VON SACHSEN GESSAPHE Rn 6). § 1618a ist gleichermaßen anwendbar, wenn dem Stiefelternteil nach einer gerichtlichen Anordnung gem § 1682 die Sorgebefugnisse des § 1688 Abs 1, 2 zustehen (§ 1688 Abs 4).

26 Die Vorschrift gilt auch für das Verhältnis zwischen **Großeltern und Enkeln** (für die Schweiz HEGNAUER, Grundriß § 18 I; ders, in: FS Schnyder [1995] 421 ff, 425 ff). Das Solidaritätsgebot besteht nicht nur mittelbar als Pflicht der Eltern in der einen wie in der anderen Richtung (als „Kinder" bzw als Eltern), gegenseitigen Kontakt zu ermöglichen, sie besteht auch unmittelbar für die Großeltern den Kindern ihrer Kinder, für die Enkel den Eltern ihrer Eltern gegenüber (anders die hM, vgl AnwKomm-BGB/LÖHNIG Rn 2; MünchKomm/VON SACHSEN GESSAPHE Rn 4). Nicht präjudiziell ist die Frage, ob die

Großeltern-Enkel-Beziehung unter Art 6 Abs 1 fällt (vgl dazu BVerfGE 39, 316, 326; FamRZ 1982, 244, 246; bejahend Häberle, Verfassungsschutz der Familie [1984] 26 Fn 83).

§ 1618a begründet auch eine Solidaritätspflicht der **Geschwister untereinander**, je- **27** denfalls solange sie in Hausgemeinschaft miteinander leben(MünchKomm/von Sachsen Gessaphe Rn 4; Bamberger/Roth/Enders Rn 2 [allerdings nur mittelbar]; Rauscher, FamR Rn 934; für die Schweiz BGE 76 II 265, 272; Hegnauer, Grundriß § 18 I; **aA** Gernhuber, in: FS Müller-Freienfels [1986] 159 ff, 171 f, 173; Knöpfel FamRZ 1985, 554, 559; Muscheler, FamR Rn 581; AnwKomm-BGB/Löhnig Rn 2; Erman/Michalksi Rn 3). Dies folgt aus dem durch § 1618a betonten Gemeinschaftsaspekt (Rn 33) und der (zumindest teilweise) gemeinsamen Abstammung von den Eltern.

Für verheiratete **Eltern untereinander** gilt nicht § 1618a, sondern Eherecht (vor allem **28** §§ 1353, 1360; unrichtig AG Dieburg FamRZ 1987, 516 ff; krit dazu Coester, in: FS Schnyder [1995] 101 ff, 104 f; wie im Text auch Gernhuber, in: FS Müller-Freienfels [1986] 159 ff, 171; BK/ Hegnauer Art 272 ZGB Rn 13 f) oder Lebenspartnerschaftsrecht (§ 2 LPartG). Sind die Eltern weder durch Ehe noch durch Lebenspartnerschaft rechtlich miteinander verbunden, gilt allerdings auch für ihr Innenverhältnis *als Eltern* § 1618a (Muscheler, FamR Rn 581; **anders** Gernhuber/Coester-Waltjen § 59 Rn 1 ff, die von einer aus Art 6 Abs 2 GG folgenden „Verantwortungsgemeinschaft" der Eltern ausgeht). Als bereichsspezifische gesetzliche Konkretisierungen können §§ 1684 Abs 2, 1686 oder 1687a (mit seinen impliziten Abstimmungs- und Kooperationspflichten) angesehen werden.

III. Norminhalt im einzelnen

1. Allgemeines

„Beistand" und „Rücksicht" sind idealtypisch unterscheidbare Erscheinungsformen **29** von **Solidarität** (vgl übergreifend Schwab FamRZ 1997, 521 ff): *Beistand* meint aktive Solidarität durch Hilfe, Unterstützung im weitesten Sinne, *Rücksicht* eher Selbstbeschränkung bei eigener Rechts- oder Freiheitsentfaltung, Schonung des Interessenbereichs anderer – *auch* in bezug auf den vom anderen zu fordernden Beistand. Die Übergänge sind jedoch fließend (Beistand durch Unterlassen etwa einer Strafanzeige, Rücksicht durch Kauf eines Kopfhörers für die Stereoanlage), die Abgrenzung und Einordnung ist iE unerheblich.

Eltern und Kinder schulden einander diejenige gegenseitige Hilfe und Rücksicht, **30** „deren der eine bedarf und zu der der andere im Stande ist" (Hegnauer ZBlJugR 1980, 685), und zwar in allen rechtlichen und faktischen Zusammenhängen (Rn 6). Pflichten auf Kindesseite sind auch vom gesetzlichen Vertreter zu erfüllen (etwa Rücksicht bei Anspruchsdurchsetzung; Hegnauer, Grundriß § 18 I). Erst die **Abwägung der wechselseitig geschuldeten Solidarität** ergibt, ob und wer vom anderen etwas fordern kann – Beistands- und (gegenläufige) Rücksichtspflicht heben sich keineswegs immer gegenseitig auf (so aber Weber FamRZ 1996, 1254, 1255; zur „Opfergrenze" der Solidaritätspflicht Rn 35).

Die Beistands- und Rücksichtspflichten liegen nicht generell (wenngleich konkreti- **31** sierungsbedürftig) fest, sondern bestimmen sich bezüglich „Ob", Art und Ausmaß nach den Beziehungen der Beteiligten und der **konkreten Situation im Einzelfall**.

Man muß bei § 1618a in Rechnung stellen, daß die Eltern-Kind-Beziehungen je nach den Umständen höchst unterschiedlicher Art sein können – vom Kleinkind in der elterlichen Pflege bis hin zum erwachsenen, verheirateten, möglicherweise fernab von seinen Eltern wohnenden Kind, das seine Eltern schon lange nicht mehr gesehen hat, oder dem Kind eines ihm persönlich unbekannten oder entfremdeten Vaters. Ein Rest an bedeutungsvoller Beziehung bleibt jedoch lebenslang bestehen. Die nach der Lebenssituation unterschiedlichen Beziehungen sind Tatbestandselemente des § 1618a, sie bestimmen den Pflichtengehalt der Vorschrift (vgl BT-Drucks 8/2788, 43; BayObLG EzFamR aktuell 1999, 261, 264). In gleicher Weise wird der Norminhalt beeinflußt durch **kollidierende Pflichtenkreise**, in denen die Beteiligten möglicherweise stehen (zB Verpflichtungen des „Kindes" gegenüber eigenem Ehegatten und Kindern, vgl Rn 23, 39; BGH FamRZ 1984, 883).

32 Die im folgenden für konkrete Themenkreise aufgeführten Beispiele können deshalb immer nur *mögliche Pflichten* bezeichnen, stets unter dem Vorbehalt des Einzelfalls. Dabei können Konkretisierungen der *ehelichen* Beistands- und Rücksichtspflicht gem § 1353 Abs 1 S 2 zum Vergleich herangezogen werden, stets aber nur unter Beachtung des konzeptionellen Unterschieds beider Gemeinschaften (Rn 9).

2. Gemeinschaft und Gegenseitigkeit

33 Hinter der Beistands- und Rücksichtspflicht des § 1618a stehen zwei grundsätzliche Leitgedanken des Gesetzes. Der erste ist die Betonung des **Gemeinschaftsaspekts** bei der Beurteilung von Rechten und Pflichten innerhalb der Familie (s schon Rn 3, 5). Die individualistische und auf subjektive Rechte konzentrierte Konzeption des BGB hat die Wirklichkeit des Familienlebens seit jeher nur unzureichend nachgezeichnet (vgl Schwab FamRZ 1995, 513 ff mwNw); angesichts des weiteren Ausbaus der Individualrechte von Ehegatten und Kindern ist frühzeitig davor gewarnt worden, die Familie zu einer Arena wechselseitiger Rechtsansprüche werden zu lassen (Simitis, in: Goldstein/Freud/Solnit, Jenseits des Kindeswohls [1974] 108). Zwar erwähnt auch § 1618a, im Gegensatz zu Art 272 des schweizerischen ZGB, den Gemeinschaftsaspekt nicht (vgl Schwab, in: FS Schnyder [1995] 647, 648; Gernhuber, in: FS Müller-Freienfels [1986] 159 ff, 161; Coester, in: FS Schnyder [1995] 101 ff, 102; zum schweizerischen Recht Schnyder, Das neue Kindesrecht 35 ff, 39 f; Hegnauer ZBlJugR 1980, 685, 689; Tuor/Schnyder/Schmid, in: Das schweizerische Zivilgesetzbuch [12. Aufl 2002] 312), er ist aber im Postulat wechselseitiger Solidarität notwendig mit umfaßt. Er erlaubt die Erstreckung der Norm auch auf das Geschwisterverhältnis (Rn 27) und bezeichnet den Kompromißvorbehalt, unter dem alle Einzelansprüche innerhalb der Familiengemeinschaft stehen müssen.

34 Sehr deutlich wird im Normtext hingegen der zweite Leitgedanke, das **Gegenseitigkeitsprinzip** (vgl Rn 1). Es folgt aus der grundsätzlich gleichwertigen Rechtssubjektivität aller Familienmitglieder (Rn 3) und steht einer einseitigen Lasten- oder Rechtezuweisung entgegen. Insoweit sind das deutsche und das schweizerische Recht moderner und sachgerechter als anderweitige Vorschriften, die – offenbar noch von traditionellem Autoritätsdenken geprägt – einseitig nur vom Kind Achtung (§ 137 Abs 2 öst ABGB; Art 29 Abs 1 c UN-Kinderkonvention) oder gar umfassende Solidarität verlangen (Art 371 franz Cc). Das Gegenseitigkeitsprinzip erlaubt vor allem den Ausbau überkommener, einseitig konzipierter Vorschriften wie § 1619 (Dienstpflicht in der Hausgemeinschaft, vgl Coester FamRZ 1985, 656 sowie § 1619 Rn 16) oder § 1664: Die

Haftungsbeschränkung muß grundsätzlich auch dem Kind gegenüber den Eltern zugute kommen (s § 1619 Rn 36 mwNw; STAUDINGER/ENGLER [2004] § 1664 Rn 13; krit GERNHUBER, in: FS Müller-Freienfels [1986] 159 ff, 173 Fn 53). Entsprechendes ist zum Umgangsrecht gem § 1634 aF gefordert worden (STAUDINGER/COESTER[12] § 1618a Rn 36–38; STAUDINGER/PESCHEL-GUTZEIT[12] § 1634 Rn 23 ff, 48; GERNHUBER/COESTER-WALTJEN[4] § 66 I 2) und hat jetzt in dem mit dem Elternrecht korrespondierenden Kindesrecht auf Umgang (§ 1684 Abs 1) seinen Niederschlag gefunden. Allerdings basiert das Gegenseitigkeitsprinzip auf strikter grundsätzlicher Parität; es korrigiert gleichermaßen auch Einseitigkeiten zu Lasten der Eltern, etwa im Umgangsrecht (vgl § 1684 Abs 1 HS 1 u 2, dazu Rn 44) oder im Unterhaltsrecht (vgl LÜDERITZ, in: FS Gaul [1997] 411, dazu Rn 69).

3.   Beistand

a)   Beistandsformen und -grenzen im allgemeinen
Beistand kann in jeder denkbaren und benötigten Weise geschuldet sein: materiell, **35** sachlich, psychisch, durch Dienstleistungen, Auskünfte oder in anderer bzw gemischter Form. Neben positivierten Sonderregelungen (zB elterliche Sorge, §§ 1626, 1627, oder Unterhaltspflichten §§ 1601 ff) tritt § 1618a zurück, kann allerdings auch dort noch als Auslegungshilfe unterstützende Bedeutung entfalten (zu Auskunftspflichten im Unterhaltsrecht BRÜNE FamRZ 1983, 657, 658) oder zur Lückenfüllung herangezogen werden (zum Unterhaltsrecht s Rn 65 ff).

Grenzen der Pflicht aus § 1618a ergeben sich schon aus dem Begriff „Beistand" sowie dem familiären Kontext: Es handelt sich um fremdnützige Hilfe über den individuellen Lebenskreis des Verpflichteten hinaus, basierend auf der engen familiären Beziehung. Absorbiert die notwendige Hilfe substantielle Teile der Arbeitskraft und Zeit des Beistehenden, so übersteigt das die von § 1618a angesonnene „Opfergrenze" familiärer Solidarität; dennoch geleistete Hilfe erfolgt nicht auf der Grundlage von § 1618a, sondern möglicherweise auf dienst- oder arbeitsvertraglicher Grundlage (LSG Rheinland-Pfalz NZS 2002, 166, 167; zur entsprechenden Problematik bei § 1619 s dort Rn 33 ff, 64 ff).

Als **materielle Beistandsleistung** kommen finanzielle und sachliche Unterstützungen **36** über die gesetzliche Unterhaltspflicht hinaus in Betracht – nicht aber in Korrektur gesetzlich festgelegter Pflichtabgrenzungen (Rn 19). Insoweit bedarf § 1618a der Abstimmung mit § 1619, 1620, 1624. Diesen Vorschriften liegt eine gesetzliche Konzeption zu Grunde, nach der jenseits der gegenseitigen Unterhaltspflicht zwar noch eine Dienstpflicht des hausangehörigen Kindes besteht (näher Rn 31), aber keine Pflicht zu Vermögensleistungen des Kindes (vgl § 1620) oder der Eltern (§ 1624 Rn 1, 3) – solche Leistungen werden als freiwillige behandelt. Hieraus folgt, daß eine *Verdichtung zum Rechtsanspruch* bei materiellen Beistandsleistungen *ausgeschlossen* ist. Dies gilt auch für Unterhaltsleistungen zwischen Geschwistern. Die Bedeutung des § 1618a erschöpft sich insoweit darin, daß eine sittliche Beistandspflicht (die einen Bereicherungsanspruch gem § 814 ausschlösse) uU zur (unvollkommenen) rechtlichen erhoben wird (Rn 3). Eine derartige Pflicht charakterisiert die kindliche Vermögenszuwendung im Auslegungsprozeß nach § 1620 und ist deren causa iSv § 812 (unter Ausschluß des Schenkungsrechts, vgl § 1620 Rn 5, 10).

Im **physisch-tatsächlichen Bereich** können Pflichten zur Nothilfe bestehen (vgl BGHZ **37**

38, 302 [Sohn hilft angegriffenem Vater]; zur strafrechtlichen Garantenpflicht Rn 21) oder positive Fürsorge- und Schutzpflichten (vgl OLG Karlsruhe VersR 1977, 232; s auch Rn 41).

38 Eine **Aufnahme des Kindes in die Hausgemeinschaft** greift vom Bereich des Materiellen über in den psychischen Beistand. Sie ist bei minderjährigen Kindern generell geschuldet als Ausfluß der elterlichen Sorgepflicht (§§ 1626, 1627, 1631); den nichtsorgeberechtigten Elternteil trifft eine Aufnahmepflicht gegenüber dem „übergelaufenen Kind", wenn er sich in erforderlicher und zumutbarer Weise, aber erfolglos bemüht hat, das Kind zur Rückkehr zum Sorgeberechtigten zu bewegen (STAUDINGER/SALGO [2007] § 1632 Rn 14; HEGNAUER ZBlJugR 1980, 685, 686). Das gleiche kann sinngemäß für Großeltern in bezug auf ihre Enkel gelten (HEGNAUER, in: FS Schnyder [1995] 421 ff, 427, 431). Gegenüber einem volljährigen Kind kann die Aufnahme geschuldet sein bei einem Flüchtling oder Strafentlassenen oder bei einem durch Drogen oder Sekteneinfluß desorientierten Kind. Jenseits solcher besonderen Umstände besteht keine generelle Pflicht von Eltern, ihre volljährigen Kinder, die das Haus verlassen haben, wieder aufzunehmen (AG Gladbeck FamRZ 1991, 980; AG Moers FamRZ 1992, 103). Ebenso besteht keine grundsätzliche Pflicht der Eltern, ihre volljährigen Kinder auf Dauer im Haus wohnen zu lassen (LG Frankfurt/Main FamRZ 1993, 978 [Räumungsklage bei Zerwürfnis]). Wohl aber wird man von den Eltern (als Rücksichtspflicht) verlangen können, daß sie ihr volljähriges Kind nicht abrupt vor die Tür setzen, sondern ihm eine Räumungsfrist gewähren und ihm bei der von ihnen gewünschten Verselbständigung behilflich sind (AG Gladbeck FamRZ 1991, 980; BAMBERGER/ROTH/ENDERS Rn 4; FINGER WoM 1999, 8 ff).

39 Problematisch ist eine **Aufnahmepflicht des Kindes gegenüber seinen alt gewordenen, möglicherweise pflegebedürftigen Eltern**. Sicher bietet § 1618a insoweit nicht schlechthin eine Anspruchsgrundlage oder verändert radikal den bisherigen Wertungshorizont. Andererseits muß die Interessenabwägung im Lichte der Vorschrift erneut überprüft werden, handelt es sich doch um eine der fundamentalsten Beistandssituationen im Eltern-Kind-Verhältnis überhaupt und einen neuralgischen Punkt unserer sozialen Ordnung. Die Situationsabhängigkeit des Normgebotes von § 1618a (Rn 31) ist hier besonders offenkundig: Auf der Elternseite sind zu berücksichtigen die materielle und psychologische Angewiesenheit auf Aufnahme, Zuwendungs- und Pflegebedürftigkeit, soziale Verträglichkeit, bisheriges Verhalten gegenüber dem Kind (Umgang, Unterhalt); auf dessen Seite die Wohnraumsituation, anderweitige Belastungen durch eigene Kinder, Schwiegereltern, Beruf und vieles andere. Der Aspekt der materiellen Belastung wird durch die Pflegeversicherung seit 1996 nicht mehr entschärft (§ 177 Abs 1 S 1 HS 2 SGB XI; dazu BSG ZfS 1999, 143 [die ihren querschnittsgelähmten Sohn pflegende Mutter verliert ihren Leistungsanspruch, Verweis auf Sozialhilfe]); hinzu kommt die persönliche Beanspruchung und die gesamtfamiliäre Belastung. Am positiven Ende der Skala aller Möglichkeiten (vorhandene Einliegerwohnung, keine nennenswerte Pflegebelastung, intaktes persönliches Verhältnis) wird man im Lichte des § 1618a eine Verdichtung des *persönlichen Beistands* zur Aufnahmepflicht bejahen müssen (vgl DIEDERICHSEN NJW 1980, 2); im übrigen ist nach der Aufgabe des Anreiz- und Unterstützungssystems der Pflegeversicherung eine Rechtspflicht zur Aufnahme im Rahmen des § 1618a idR nicht begründbar (anders, aber zu weitgehend BSG SozR 2200 § 539 Nr 134; BSG ZfS 1999, 143). Das gilt vor allem auch bei Dissens des verheirateten Kindes mit seinem Ehegatten. Zwar verbietet § 1353 Abs 1 S 2 dem Ehegatten, sich der Solidarität seines Partners dessen Eltern gegenüber grundlos entgegenzustellen. Tut er es dennoch, kann das Kind seiner Beistandspflicht nur unter Gefährdung seiner Ehe (und uU der Beziehung zu seinen eigenen Kindern) nachkommen. In diesem Fall verhindert die den *Eltern* dem Kind gegenüber obliegende *Rücksicht* die Entstehung einer Beistands- im Sinne einer Aufnahmepflicht: Die eigene Familie ist für das Kind von grundlegenderer Bedeutung als die Beziehung zu seinen Eltern (so iE auch PALANDT/DIEDERICHSEN Rn 5; GERNHUBER, in: FS Müller-Freienfels [1986] 159 ff, 183 f).

Auch wenn demnach eine Aufnahme der Eltern im Haushalt des Kindes nicht geschuldet ist, bleibt aber doch regelmäßig die Pflicht zur organisatorischen Hilfe und Verwaltung bei einer institutionellen Unterbringung (GERNHUBER aaO 176, 183 ff).

Besteht ausnahmsweise eine Aufnahmepflicht, so ist sie **direktem Rechtszwang jedoch** **40** **nicht zugänglich** (entspr § 888 Abs 3 ZPO; aA MünchKomm/VON SACHSEN GESSAPHE Rn 13). Bei ihrer Verletzung sind aber mittelbare Konsequenzen nicht ausgeschlossen – etwa im Rahmen der Beurteilung, ob die Enterbung eines Abkömmlings sittenwidrig ist (§ 138; vgl BGH FamRZ 1963, 287; NJW 1969, 1343; 1970, 1273; FamRZ 1973, 537; NJW 1983, 764) oder bei der Frage nach Beistandspflichten der Eltern gegenüber dem Kind (§ 1618a), möglicherweise auch im Rahmen einer condictio ob rem (§ 812 Abs 1 S 2 Alt 2) bezüglich elterlicher Zuwendungen (zB Überschreibung des geräumigen Familienwohnhauses auf das Kind in der Erwartung, dort später auch wohnen zu können).

Unter die Beistandspflicht können auch **Dienstleistungen oder sonstige Hilfstätigkei-** **41** **ten** für den anderen fallen: Pflege, Hilfe in Haus und Garten (BGE 70 II 21, 28 f; HEGNAUER, Grundriß § 18 II 2), Nachhilfeunterricht durch ältere Geschwister (PALANDT/DIEDERICHSEN Rn 3). Insbesondere hier können auch die Grenzen einer Beistandspflicht aus § 1618a bedeutsam werden (Rn 35). § 1619 ist insoweit jedoch vorrangige Sondernorm: Besteht ein Anspruch auf Mitarbeit nach dieser Vorschrift nicht, etwa wegen anderweitiger Vollzeittätigkeit des Kindes, dann kann auch über § 1618a nicht generell ein weitergehender Anspruch begründet werden (BGH NJW 1998, 307, 309; zur Kritik im Rahmen des § 1619 s dort Rn 34). Allerdings bedeutet es nichts stets eine „Aufweichung geformten Rechts" (Rn 19), wenn § 1618a Wirkungsmöglichkeiten außerhalb des Tatbestands von § 1619 eröffnet werden: Letztere Vorschrift mag im Einzelfall eine generelle Dienstpflicht verneinen, nicht aber eine auf konkreter Bedürftigkeit beruhende (und auch somit schwächer ausgestaltete) Beistandspflicht des nicht hausangehörigen Kindes; auch das voll erwerbstätige Hauskind kann im Einzelfall notwendige Hilfsdienste schulden (BGH NJW 1998, 307, 309: nur eben nicht generell und grundsätzlich). Gleichermaßen bedeutet die Herausnahme persönlicher Pflege der Eltern aus dem Pflichtenkreis des § 1619 (nicht „Hauswesen" oder „Geschäft", vgl § 1619 Rn 29) nicht, daß eine solche Pflicht des Hauskindes nicht aus anderen Gründen, also § 1618a bestehen könnte (zum Fall der ärztlichen Behandlung der Eltern durch das Kind s Rn 55).

Unter die hier erörterten Hilfstätigkeiten gehören auch **Hilfe im Rechts- und Be-** **42** **hördenverkehr** und **Auskünfte** (zu § 1605 s Rn 35) auch Dritten gegenüber bei Antragstellungen und Bewerbungen (vgl OLG Karlsruhe FamRZ 1979, 170; s Rn 17). Hierher ist auch die Frage zu rechnen, ob das Kind von seiner Mutter die Benennung seines biologischen Vaters verlangen kann (dazu ausf Rn 47 ff). Bei Rechtsgeschäften zwischen Eltern und Kind kann § 1618a zu gesteigerten Nebenpflichten gem § 241 Abs 2 führen (Rn 17).

43 Auch **psychischer Beistand** kann geschuldet sein, etwa bei Not, Krankheit, ungewollter Schwangerschaft, Drogensucht, Entlassung aus Strafvollzug. Regelmäßig besteht eine Pflicht zur Abhaltung von Selbstmord oder von Straftaten.

44 Auch die **grundsätzliche Bereitschaft zu persönlichem Kontakt** gehört schwerpunktmäßig in diesen Bereich. Dem gleichzustellen ist die Bereitschaft zur **familienüblichen Kommunikation** (informieren, zuhören, miteinander reden; vgl DRUEY, Information in der Familie, in: FS Schnyder [1995] 141 ff; LÜDERITZ, in: FS Gaul [1997] 411, 421). Diese Pflichten folgen aus der existentiellen Bedeutung von Eltern und Kindern füreinander (vgl BGE 76 II 272), unbeschadet der Unmöglichkeit ihrer unmittelbaren Erzwingung (DRUEY aaO 157 f). Im Verhältnis zwischen minderjährigem Kind und seinen Eltern ist die Kontaktpflicht im *Umgangsrecht des § 1684* ausgestaltet; inwieweit die Eltern dem Kind Umgang mit anderen Verwandten zu ermöglichen haben, regelt § 1685 Abs 1, bezüglich sonstiger „Nähepersonen" § 1685 Abs 2. Eines Rückgriffs auf § 1618a bedarf es neben diesen Regelungen grundsätzlich nicht (anders vor dem KindRG 1998; vgl zum Umgang mit den Großeltern STAUDINGER/COESTER [2000] Rn 34 f; zum Umgangsrecht des Kindes STAUDINGER/COESTER[12] Rn 36, 38; COESTER, in: FS Schnyder [1995] 101 ff, 119 f; zur umgekehrten Fragestellung [Näheverhältnis gem § 1685 Abs 2 als Grundlage für § 1618a] s Rn 23, 25). Ausnahme, wenn beide Seiten den Umgang wollen, aber von einem anderen Kind (AG Arnsberg FamRZ 1996, 1435) oder vom anderen Elternteil daran gehindert werden. § 1618a ist des weiteren auch nicht ausgeschlossen, soweit gesetzgeberische Wertungen nicht verändert, sondern nur – bei Regelungslücken – ergänzt werden. Insoweit finden sich für § 1618a vor allem drei Ansatzpunkte: § 1684 Abs 1 verfehlt in unverständlicher Weise das Gegenseitigkeitsprinzip (Rn 34) – dem wechselseitigen Recht auf Umgang entspricht nach dem Gesetzeswortlaut eine Pflicht nur der Eltern. Die Umgangspflicht des Kindes ist (wie auch bei volljährigen Kindern) aus § 1618a herzuleiten (anders [keine Umgangspflicht] STAUDINGER/RAUSCHER [2006] § 1684 Rn 45). Umgekehrt fehlen in § 1685 Abs 1 die *Pflicht* von Großeltern und Geschwistern zum Kontakt sowie eine entsprechende Berechtigung und Verpflichtung des Kindes – auch hier kann § 1618a ergänzend herangezogen werden (vgl Rn 26, 27; rechtfertigend hingegen STAUDINGER/RAUSCHER [2006] § 1685 Rn 4, 5 [treuhänderische Bindung des Großelternrechts]). Schließlich *kann* es zum von den Eltern geschuldeten Beistand gehören, dem Kind Kontakt mit anderen als den in § 1685 genannten Personen zu ermöglichen (vgl OLG Bamberg FamRZ 1999, 810 [nichtehelicher Lebensgefährte; ohne Erörterung des § 1618a]; vgl OTTO FamRZ 2000, 44 f).

Zu *Einschränkungen* gesetzlicher Umgangsrechte durch § 1618a s Rn 64.

45 Das lebenslange Solidaritätsverhältnis von Eltern und Kindern impliziert auch gewisse Beistandspflichten über den **Tod der einen oder anderen Seite** hinaus. Das *Pflichtteilsrecht* (§§ 2303 ff) ist positivierte Ausprägung dieses Gedankens (BVerfG NJW 2005, 1561, 1564 mit Zitat des § 1618a), § 2333 (Pflichtteilsentziehung) enthält eine Interessenabwägung, die durch § 1618a nicht relativiert werden kann (vgl BGH NJW 1974, 1084). Gleiches gilt für das gesetzlich festgelegte Verhältnis von Testierfreiheit und Verpflichtung gegenüber Kind oder Eltern (in Ausnahmefällen interveniert die Rechtsprechung über § 138, vgl LANGE/KUCHINKE § 35 IV mwNw).

Als nachwirkende Beistandspflicht aus § 1618a kann auch die den Angehörigen **46** obliegende **Totenfürsorge** (s STAUDINGER/PESCHEL-GUTZEIT [2007] § 1626 Rn 38, 59) verstanden werden (aA GERNHUBER, in: FS Müller-Freienfels [1986] 159 ff, 185 Fn 77); dazu gehört idR auch die dauernde Grabpflege (BGE 54 II 90). Hinsichtlich der Beerdigungskosten können, falls die primär verpflichteten Erben (§ 1968) ausfallen, §§ 1615 Abs 2, 1615n als positiv-rechtliche Ausprägung des Solidaritätsgebots verstanden werden, aus § 1618a wird eine weitergehende Beistandspflicht hinsichtlich der Kostentragung regelmäßig nicht zu folgern sein.

b) Insbesondere: Anspruch des Kindes gegen seine Mutter auf Auskunft über seinen Erzeuger

Besondere Bedeutung hat § 1618a erlangt beim Auskunftsanspruch des Kindes ge- **47** gen seine Mutter über die Person seines Vaters (vgl Rn 42), die Problematik stellt sich aber auch beim Auskunftsanspruch des Adoptivkindes gegen seine Adoptiveltern (LESSING RpflStud 2001, 72 ff, 97 ff, 99). Dabei sind drei Fallgestaltungen zu unterscheiden: (1) Anspruch des heranwachsenden oder schon volljährigen Kindes; (2) Anspruch des Kleinkindes, geltend gemacht durch seinen gesetzlichen Vertreter; (3) Anspruch des Kindes miteinander verheirateter Eltern bezüglich der Frage, ob sein rechtlicher Vater (Ehemann) auch sein Erzeuger sei.

(1) Anspruch des heranwachsenden oder volljährigen Kindes

Noch vor Anerkennung des verfassungsrechtlichen Rechts des Kindes auf Kenntnis **48** seiner genetischen Herkunft (BVerfG NJW 1989, 891; das umstrittene Recht umgekehrt der Eltern auf Kenntnis ihres Nachwuchses [vgl dazu GERNHUBER/COESTER-WALTJEN § 52 Rn 20 mwNw; MUSCHELER, FamR Rn 566] kann § 1618a ebenfalls berühren [s Rn 54a]) ist im Lichte von § 1618a kontrovers diskutiert worden, ob die Mutter dem Kind auf dessen Nachfrage hin durch Auskunftserteilung Beistand leisten muß. Neben den ideellen Interessen des Kindes an seiner genetischen Identität sowie möglicherweise an persönlichem Kontakt stehen auch handfeste materielle Interessen (Unterhalt, Erbansprüche). Der Streitstand ist zusammengefaßt in einer ersten Entscheidung des AG Passau (FamRZ 1987, 1309 ff; bestätigend LG Passau FamRZ 1988, 210), das den Auskunftsanspruch eines zwanzigjährigen Kindes gegen seine Mutter bejahte. Schon ein Jahr vor seiner grundsätzlichen Entscheidung zum Recht des Kindes auf Kenntnis seiner Abstammung hat das BVerfG dieses Urteil gebilligt und dabei das Recht jedenfalls des außerehelich geborenen Kindes auf Kenntnis seines Vaters dem Persönlichkeitsrecht der Mutter auf Wahrung ihrer Privatsphäre grundsätzlich übergeordnet (BVerfG FamRZ 1989, 147 [Kammerbeschluß]; zur Reaktion des Schrifttums vSETHE, Die Durchsetzung des Rechts auf Kenntnis der eigenen Abstammung [Diss Münster 1995] 100 ff; WEBER FamRZ 1996, 1254 ff). Wie die übrige Rechtsprechung folgte das LG Münster getreu dieser Linie (ebenfalls gestützt auf § 1618a) in einem Fall, in dem eine Mutter ihrer dreißigjährigen Tochter die Auskunft verweigerte unter Hinweis darauf, daß sie im fraglichen Zeitraum mit vier Männern verkehrt habe und deren nunmehr geordnete Lebensverhältnisse nicht stören wolle (LG Münster FamRZ 1990, 1031 ff). In Aufhebung dieses Urteils vollzog das BVerfG überraschend eine Kehrtwende (BVerfG FamRZ 1997, 869 ff): Zwar sei die Herleitung eines Auskunftsanspruchs aus § 1618a nicht grundsätzlich zu beanstanden (dagegen FRANK/HELMS FamRZ 1997, 1258, 1263), die Persönlichkeitsrechte von Mutter und Kind bedürften jedoch einer umfassenden, offenen Abwägung, von einer grundsätzlichen Höherwertigkeit der Kindesinteressen dürfe nicht ausgegangen werden (tendenziell ähnlich EuGHMR FamRZ 2003, 1370; krit zur Argumentation des BVerfG Staudinger/Rauscher [2004] Einl 91 zu §§ 1589 ff; Muscheler/ Bloch FPR 2002, 339, 350; Eidenmüller JuS 1998, 789, 791 f; Niemeyer FuR 1998, 41 f; Starck JZ 1997, 779, 780; unrichtige Interpretation bei Hufen, in: FS BVerfG [2001] 105, 112). Auch im Lichte dieser Grundsätze entschied das LG Münster erneut zu Gunsten der klagenden Tochter (NJW 1999, 726 ff; Verfassungsbeschwerde dagegen vom BVerfG nicht angenommen, Beschluß vom 20. 12. 1998, 1 BvR 1774/98; s auch LG Bremen FamRZ 1998, 1039; zur Vollstreckbarkeit des Anspruchs s unten Rn 51; zur Entwicklung von Rechtsprechung und Schrifttum ausf Staudinger/Rauscher [2004] Einl 84 ff zu §§ 1589 ff; Helms, Die Feststellung der biologischen Abstammung [1999] 151 ff).

49 Nach diesem Stand der Rechtsprechung *kann* im Einzelfall der gem § 1618a geschuldete Beistand zu einer Auskunftspflicht über den Kindesvater führen, deren Erfüllung das Kind einklagen kann (idS auch Staudinger/Rauscher [2004] Einl 88, 91 zu §§ 1589 ff; Coester, in: FS Schnyder [1995] 101 ff, 105 f; Eidenmüller JuS 1998, 789, 791; **aA** OLG Zweibrücken NJW 1990, 719, 720; AG Rastatt FamRZ 1996, 1299, 1300 [ohne erkennbaren Gewinn § 242 statt § 1618a anwendend]; Helms [Rn 48] 160 f; Frank/Helms FamRZ 1997, 1258 ff; Koch FamRZ 1990, 569 ff; Moritz Jura 1990, 134; Weber FamRZ 1996, 1254, 1255; anders auch das österreichische Recht, § 163a Abs 1 ABGB). Vorausgesetzt ist allerdings, daß die Mutter dem Kind beistehen *kann*, dh die Person des Vaters bezeichnen kann (Beweislast beim Kind, OLG Köln FamRZ 1994, 1197 f; LG Münster NJW 1999, 726, 727; Staudinger/Rauscher [2004] Einl 99 zu §§ 1589 ff; Eidenmüller JuS 1998, 789, 792). Kein Einwand ist hingegen Mehrverkehr – hier sind dem Kind alle der Mutter bekannten Männer zu benennen (LG Münster NJW 1999, 726, 727; Eidenmüller JuS 1998, 789, 792; Staudinger/Rauscher [2004] Einl 91 zu §§ 1589 ff). Die Interessen der (potentiellen) Väter und deren inzwischen gegründeten Familien spielen im Rahmen der Abwägung nach § 1618a keine Rolle (LG Münster FamRZ 1990, 1031, 1033 f; NJW 1999, 726, 728 [anders möglicherweise in Ausnahmefällen]; Muscheler/Bloch FPR 2002, 339, 349 unter Hinweis auf § 372a ZPO). Auch ein Geheimhaltungsversprechen der Mutter gegenüber dem (den) Betroffenen kann sie nicht von ihrer Pflicht gegenüber dem Kind befreien (anders offenbar LG Münster NJW 1999, 726, 728).

50 Die Umstände des Falles *können* aber auch den Persönlichkeitsschutz der Mutter als vorrangig erscheinen lassen. Ein Regel-/Ausnahmeverhältnis oder eine besondere Argumentationslast zugunsten der Kindes- oder Mutterinteressen besteht im Lichte der BVerfG-Entscheidung (Rn 48) nicht, es kommt auf eine offene Einzelfallabwägung an (Lakkis FamRZ 2006, 454, 460; für einen grundsätzlichen Vorrang des Kindesinteresses Staudinger/Rauscher [2004] Einl §§ 1589 ff Rn 95; MünchKomm/von Sachsen Gessaphe Rn 14; Eidenmüller JuS 1998, 789, 791; Muscheler/Bloch FPR 2002, 339, 349; tendenziell auch Gernhuber/Coester-Waltjen § 52 Rn 18, 19). Überwiegendes Mutterinteresse wurde beispielsweise anerkannt, wenn die Mutter andernfalls frühere Prostitution offenlegen müßte (AG Schwetzingen DAVorm 1992, 88) oder wenn sie ihre Arbeitsstelle verlieren würde, während Unterhaltsansprüche gegen den Vater voraussichtlich nicht realisierbar wären (OLG Hamm FamRZ 1991, 1229 [Vater ist psychisch kranker Patient in einer Einrichtung, in der die Mutter beruflich tätig ist]). Auch Vergewaltigung oder inzestuöse Beziehungen wären ein tauglicher Einwand gegen das Auskunftsbegehren (Eidenmüller JuS 1998, 789, 792 Fn 33). Allerdings muß insoweit eine „andeutungsweise Glaubhaftmachung" (Helms [Rn 48] 155) genügen, um den intendierten Persönlichkeitsschutz der Mutter nicht zu konterkarieren (Helms aaO).

Wenn im Einzelfall ein Auskunftsanspruch des Kindes zu bejahen ist, dann ist dieser 51
– entgegen verbreiteter Auffassung – auch **vollstreckbar** (OLG Hamm NJW 2001, 1870,
1871 [in Aufhebung der insoweit ablehnenden Entscheidung des LG Münster NJW 1999, 3787,
s dazu oben Rn 48] LG Passau FamRZ 1988, 210; STAUDINGER/RAUSCHER [2004] Einl §§ 1589 ff
Rn 105; MünchKomm/VON SACHSEN GESSAPHE Rn 14; grundlegend BRÜCKNER, Die Vollstreckbarkeit des Auskunftsanspruchs des Kindes gegen seine Mutter auf Nennung des leiblichen Vaters
[2003; rechtsvergleichend]; s auch STAUDINGER/RAUSCHER [2004] Einl 100 zu §§ 1589 ff; GERN-
HUBER/COESTER-WALTJEN § 54 Rn 67; EIDENMÜLLER JuS 1998, 789, 792; LORENZ JuS 1995, 569,
571 f, 575; **aA** LG Landau DAVorm 1989, 634, 636; AG Schwetzingen DAVorm 1992, 88, 91 [sittlich
anstößig]; HELMS [Rn 48] 157 Fn 117 mit umfassenden Nachweisen). § 888 Abs 3 ZPO steht
nicht entgegen, weil die maßgebliche Abwägung mit dem Persönlichkeitsschutz der
Mutter bereits im Rahmen § 1618a stattgefunden hat (COESTER, in: FS Schnyder [1995]
101 ff, 106 Fn 23; EIDENMÜLLER JuS 1998, 789, 792: „gefundenes Ergebnis sollte vollstreckungs-
rechtlich nicht konterkariert werden" [diese Befürchtung belegt eindrucksvoll LG Münster NJW
1999, 3787, dazu vorstehend]; STAUDINGER/RAUSCHER [2004] Einl 100 zu §§ 1589 ff). Auch ein
Zeugnisverweigerungsrecht der Mutter gem § 383 Abs 1 Nr 2, 3 ZPO kann dem
Kind nicht entgegengehalten werden, es entfaltet seine Bedeutung erst im späteren
Vaterschaftsprozeß (STAUDINGER/RAUSCHER [2004] Einl 101 zu §§ 1589 ff; EIDENMÜLLER
JuS 1998, 789, 795).

(2) Auskunftsanspruch des kleineren Kindes
Die Interessenwahrung des minderjährigen Kindes gehört zu den Sorgepflichten der 52
Eltern (§§ 1626 ff), hier also der Mutter (§ 1626a Abs 2); § 1618a kann allenfalls zur
Verdeutlichung dieser Pflichten herangezogen werden (GERNHUBER/COESTER-WALTJEN
§ 52 Rn 18, 19 wendet nur § 1626 an). Ob und wann eine Information des Kindes geboten
ist, wird hier vorrangig von materiellen Gesichtspunkten abhängen – die Suche nach
den genetischen Wurzeln beginnt regelmäßig erst mit der Pubertät (COESTER, in:
FS Schnyder [1995] 101 ff, 107 f; EIDENMÜLLER JuS 1998, 789, 793). Information zu Unzeit
kann uU die Kindesentwicklung eher stören als fördern (GERNHUBER/COESTER-WALTJEN
§ 52 Rn 19; ZENZ StAZ 1974, 281; MORITZ Jura 1990, 134, 138 f). Danach liegt die Auskunftserteilung in erster Linie in der mütterlichen Sorgeverantwortung. Die Maßgeblichkeit der mütterlichen Entscheidung (auch in Abwägung gegen ihre eigenen Interessen) hat durch das KindRG 1998 erhebliche rechtliche Stärkung erhalten: Abschaffung der Amtspflegschaft, freiwillige Ausgestaltung der Beistandschaft (§§ 1712
Abs 1, 1715), keine Entziehungsmöglichkeit des Vertretungsrechts (§§ 1629 Abs 2
S 3 HS 2 mit 1796). Zwar betreffen diese Regelungen nicht das Innenverhältnis zum
Kind, sie legen aber nahe, daß – unbeschadet einer Auskunftspflicht im Innenverhältnis gem § 1618a – die Nichtverfolgung der Vaterschaft *regelmäßig* kein Grund
sein darf für Eingriffe in das mütterliche Sorgerecht nach § 1666 (GERNHUBER/COESTER-
WALTJEN aaO; STAUDINGER/COESTER [2004] § 1666 Rn 109, 171; im Einzelfall ebenso AG Fürth
FamRZ 2001, 1089, 1090; weniger zurückhaltend KOCH FamRZ 1990, 569, 572; EIDENMÜLLER
JuS 1998, 789, 794). Anderes mag gelten bei schwerwiegenden Kindesinteressen (wirt-
schaftliche Not) und Fehlen besonderer Geheimhaltungsinteressen der Mutter
(COESTER, in: FS Schnyder [1995] 101 ff, 108).

Klagt der **gesetzliche Vertreter** für das Kind, so stellt sich die Problematik in be- 53
sonderem Licht dar. Sie hat seit Abschaffung der Amtspflegschaft des Jugendamtes
allerdings erheblich an Bedeutung verloren, sie setzt voraus, daß der Mutter generell
oder speziell zu diesem Zweck das Vertretungsrecht gem § 1666 entzogen worden ist.

Klagen des Kindes, vertreten durch das Jugendamt nach altem Recht, ist die Rechtsprechung mit Zurückhaltung begegnet (OLG Hamm FamRZ 1991, 1229 f; OLG Zweibrücken NJW 1990, 719 f; vgl COESTER, in: FS Schnyder [1995] 101 ff, 106 ff; EIDENMÜLLER JuS 1998,
789, 793; vgl auch BGH NJW 1982, 381, 382 f [kein eigenständiges Auskunftsrecht des JugA]; **aA**
[Auskunftsanspruch bejahend] AG Gemünden FamRZ 1990, 200 f; AG Duisburg DAVorm 1992,
1129 f). Die Argumente haben für künftige Auskunftsbegehren durch einen Vormund
oder Pfleger ihr Gewicht behalten: Für das kleinere Kind ist die Suche nach den
genetischen Wurzeln noch nicht so bedeutungsvoll, insoweit kann man seine eigene
Willensbildung abwarten; familienfremde Kindesvertreter sind nicht gleichermaßen
wie das Kind rücksichtsgebunden – einseitige Interessendurchsetzung des Kindes
kann dessen persönliche Beziehungen zur Mutter gefährden; Klagen *gegen* den
Willen des minderjährigen Kindes (LG Landau DAVorm 1989, 634, 635; vgl AG Fürth
FamRZ 2001, 1082, 1090 [im Rahmen § 1666]) wären deshalb besonders unglücklich (zum
ganzen COESTER, in: FS Schnyder [1995] 101 ff, 107 f; EIDENMÜLLER JuS 1998, 789, 793 f; MORITZ
Jura 1990, 134, 138 f). Ein im Einzelfall nach § 1618a bestehender Auskunftsanspruch
des Kindes ist zwar nicht in strengem Sinne höchstpersönlich, sondern in Ausnahmefällen (vgl Rn 52) auch durch Dritte erhebbar (nicht allerdings abtretbar, WEBER
FamRZ 1996, 1254, 1262; EIDENMÜLLER JuS 1998, 789, 794 f); im Vergleich zu eigenen Auskunftsbegehren des Kindes ist aber deutlich größere Zurückhaltung geboten.

(3)   Auskunftsanspruch des Kindes miteinander verheirateter Eltern

54 Zweifel des Kindes, ob der Ehemann seiner Mutter wirklich sein Vater ist, lösen
grundsätzlich keine „Beistandspflicht" seiner Mutter im Sinne einer Auskunftspflicht aus (COESTER, in: FS Schnyder [1995] 101 ff, 108 f; **aA** STAUDINGER/RAUSCHER [2000] Einl
94 zu §§ 1589 ff), erst recht nicht schikanöses „Störfeuer" des Kindes. Allerdings gibt
§ 1600 Abs 2, 3 die Grenze vor, bis zu der Familien- und Eheschutz die Abstam-
mungsklärung blockiert. Fehlt eine „sozial-familiäre Beziehung" zum Ehemann der
Mutter, setzt die Ehe auch dem Auskunftsanspruch des Kindes keine eigenständige
Grenze.

**(4)   Anspruch des rechtlichen Vaters gegen das Kind
         auf Einwilligung in Vaterschaftstest?**

54a Im Zusammenhang mit der Diskussion um „heimliche Vaterschaftstests" (dazu jetzt
BVerfG NJW 2007, 753) ist vereinzelt vertreten worden, der rechtliche Vater habe aus
§ 1618a einen Anspruch auf Einwilligung in die Vornahme eines außergerichtlichen
DNA-Tests (MUSCHELER ZErB 2005, 103; ders FPR 2005, 185, 186; einen entsprechenden Anspruch gegen die Mutter will MUSCHELER aus einem zwischen den Eltern bestehenden gesetzlichen
Schuldverhältnis herleiten). Die ganz hM folgt dem nicht, sondern geht von Freiwillig-
keit und freier Widerruflichkeit einer entsprechenden Einwilligung (bei Kind wie
Mutter) aus (zB OLG Köln FamRZ 2004, 1987; OLG Zweibrücken FamRZ 2005, 735; MDR 2005,
400; PALANDT/DIEDERICHSEN Einf vor § 1591 Rn 11; SCHWONBERG JAmt 2005, 269). Die Ausführungen des BVerfG (aaO zu Nr 75, 77 und 88) deuten jedoch darauf hin, daß dem
(isolierten) Feststellungsinteresse des Vaters (als Teil seines Persönlichkeitsrechts)
keine gleichwertigen Interessen von Kind oder Mutter entgegenstehen. Angesichts
der zu erwartenden gesetzlichen Regelung wird § 1618a allerdings in der weiteren
Diskussion wohl keine Rolle mehr spielen.

c)   Beistandsfolgen

55 Beistandsleistungen im Rahmen des § 1618a werden grundsätzlich **unentgeltlich** erbracht (Rechtsgedanke aus §§ 1619, 1620; vgl BGE 70 II 21, 28 f [volljähriger Sohn pflegt Haus, Garten und die gebrechliche Mutter selbst – keine Forderung gegen die Erben]; HEGNAUER, Grundriß § 18 II 2). Seit der Änderung des SGB XI von 1996 gilt dies grundsätzlich auch im Bereich der Pflegeversicherung (BSG ZfS 1999, 143). Auch die Kosten des Umgangs mit dem Kind (als gesetzliche Sonderform des „Beistands", Rn 44) sind deshalb vom umgangsberechtigten Elternteil zu tragen und können nicht vom unterhaltsrechtlich maßgeblichen Einkommen abgezogen werden (mit Verweis auf § 1618a BGH FamRZ 1995, 215; KG FamRZ 1998, 1386, 1387).

Allerdings ist stets zu fragen, ob sich die Beistandspflicht auf die Beistandsleistung als solche beschränkte oder ob sie gerade auch deren Unentgeltlichkeit mit umfaßte: Behandelt ein Kind als Arzt seine Eltern, so mag die Behandlung als solche nach § 1618a geschuldet sein (Eilfall, besonderes Vertrauensverhältnis; dazu GERNHUBER, in: FS Müller-Freienfels [1986] 159 ff, 188 Fn 87), nicht aber – mangels insoweit bestehender Bedürftigkeit – die *vergütungslose* Behandlung bei versicherten oder vermögenden Eltern (zum Sachverhalt, allerdings unter dem Aspekt des § 1619, LG Offenburg DRZ 1950, 253; LG Lübeck VersR 1951, 9; LG Mannheim VersR 1952, 364; vgl § 1619 Rn 29). Die Vergütungspflichtigkeit von Beistandsleistungen kann sich auch aus Sondervorschriften ergeben, im Vormundschafts- und Betreuungsrecht zB aus §§ 1836a, 1908i Abs 1 (LG Kaiserslautern BtPrax 1994, 34; LG Koblenz FamRZ 1996, 622, 623; LG Göttingen NdsRpfl 1995, 270 f [Aufwandsentschädigung]; LG Wuppertal JurBüro 1995, 603 f; LG Münster FamRZ 1996, 248 f; aA LG Ingolstadt Rpfleger 1994, 354). Selbst eine vertragliche Vergütungsregelung zwischen den Beteiligten verhindert nicht unbedingt die Einstufung der Leistung als „Beistand" iS § 1618a (zur ehelichen Beistandspflicht BGH NJW 2001, 3541, 3543).

Das Bestehen einer familienrechtlichen Beistandspflicht wirkt sich aus bei der An- **56** wendung von §§ 612 Abs 1, 632 Abs 1; es erlaubt Analogien zu §§ 685 Abs 2, 1360b, 1620 (zu ersterer Vorschrift BGHZ 38, 302, 305 f: Sohn hilft angegriffenem Vater, wird selbst verletzt, Rückgriff der Krankenkasse gegen den Vater verneint). Im Bereich der GoA ist allerdings zu beachten, daß etwa der zur Nothilfe eilende Sohn gem § 1618a *auch* ein eigenes Geschäft führt, zu dem er dem Geschäftsherrn (Vater) verpflichtet ist (zur Problematik STAUDINGER/WITTMANN [1995] Vorbem 36 ff zu §§ 677 ff). Helfen sich Eltern bzw Kinder bei Rechtsangelegenheiten, so macht die Beistandspflicht nach § 1618a die Rechtssache des anderen Teils zur (auch) eigenen, so daß das Verbot des § 1 RBerG nicht eingreift (zu § 1353 Abs 1 S 2 BGH NJW 2001, 3541, 3543; übertragen auf § 1618a bei BAMBERGER/ROTH/ENDERS Rn 4).

Zur Erfüllung einer Beistandspflicht gewährte materielle Leistungen unterfallen **57** nicht dem Schenkungsrecht (vgl BGE 83 II 533, 536 f; HEGNAUER, Grundriß § 18 II 2). Erbrechtlich scheidet ein Pflichtteilsergänzungsanspruch (§§ 2355 ff) von vornherein aus (nicht erst über § 2330). Allerdings kommt eine Ausgleichspflicht analog §§ 2057a Abs 2 S 2, 2316 Abs 1 S 1 in Betracht.

d) Außenschutz des Beistandsverhältnisses

Unabhängig von einer im Innenverhältnis bestehenden, möglicherweise sogar durch- **58** setzbaren Rechtspflicht zu persönlichem Kontakt hat das Recht doch dem Umstand Rechnung zu tragen, daß Eltern und Kinder normaler- und natürlicherweise ein Bedürfnis nach persönlichem Umgang und gegenseitigem Beistand haben. Die Ausgestaltung dieses Näheverhältnisses als Rechtsverhältnis durch § 1618a erleichtert dessen **Absicherung und Schutz gegenüber der Außenwelt**: Die interne Pflicht zum Beistand wird Dritten gegenüber zum **Beistandsrecht**.

59 Dieses Recht wird bedeutsam, wenn beide Seiten im Eltern-Kind-Verhältnis Umgang und Beistand ausüben wollen, von Dritten dabei jedoch gestört oder davon abgehalten werden: Der Sohn will den kranken Vater besuchen und pflegen, ihm wird aber von der Stiefmutter der Zugang verwehrt (KG FamRZ 1988, 1044 ff; ähnlich AG Arnsberg FamRZ 1996, 1435 f [Bruder verhindert Kontakt der Schwester mit alter Mutter]). Hier ebnet § 1618a den Weg für die Anerkennung eines **absolut geschützten Beistandsverhältnisses**, dessen Störungen durch Unterlassungs- und Beseitigungsansprüche nach §§ 823 Abs 1 („sonstiges Recht"), 1004 abgewehrt werden können (KG, AG Arnsberg aaO; AnwKomm-BGB/LÖHNIG Rn 10; LESSMANN JZ 1989, 39 ff hätte einen Begründungsweg über das „allgemeine Persönlichkeitsrecht" [mit § 1618a] vorgezogen). Auch in anderen Konstellationen kann das Beistandsverhältnis Dritten entgegengehalten werden, etwa dem Mieter im Haus des erwachsenen Sohnes, der seine pflegebedürftige Mutter aufnehmen möchte und deshalb dem Mieter kündigt: Der allgemeine Mieterschutz tritt gegenüber dem familiären Beistandsverhältnis zurück (LG Arnsberg WuM 1990, 19 f).

60 Auch **öffentlichen Instanzen** gegenüber kann das Beistandsverhältnis Respektierung verlangen, etwa bei der Ausweisung ausländischer Kinder (s Rn 20) oder als Kommunikationsbeziehung zwischen untersuchungsgefangenem Kind und Eltern (BVerfGE 57, 170, 178: keine Unterbindung des Briefverkehrs selbst bei groben Beleidigungen des Richters und der Staatsanwälte).

4. Rücksicht

a) Bedeutung im allgemeinen

61 Rücksicht wird geschuldet bei eigener Freiheitsentfaltung und Rechtsdurchsetzung – in einem Ausmaß, das von der Enge der persönlichen und sozialen Beziehungen abhängig ist (Rn 31). Die Rücksichtspflicht umschließt das Gebot zur **Achtung** der Person und der Belange anderer Familienmitglieder; insoweit besteht kein sachlicher Unterschied zum Schweizer Recht, das die „Achtung" in den Normtatbestand aufgenommen hat (vgl COESTER, in: FS Schnyder [1995] 101). Achtung schulden, wie seit jeher betont, die Kinder den Eltern (im unterhaltsrechtlichen Zusammenhang s Rn 69), aber im Lichte des Gegenseitigkeitsprinzips (Rn 34) auch die Eltern ihren Kindern, bei minderjährigen Kindern im Rahmen ihrer elterlichen Sorgerechtsausübung. Sonderausformungen enthalten insoweit §§ 1626 Abs 2, 1631a. Im Bereich des Umgangs konkretisiert § 1684 Abs 2 (mit § 1626 Abs 3 S 1) die Rücksicht, die ein Elternteil dem Kind im Hinblick auf dessen Beziehungen zum anderen Elternteil schuldet. Ähnliche Rücksicht schulden gem § 1618a beide Eltern dem Kontaktbedürfnis des Kindes zu anderen Personen, insbesondere den nach § 1685 Umgangsberechtigten (vgl § 1626 Abs 3 S 2), aber nicht nur diesen (Rn 44). Wechselseitige Rücksicht schulden sich Eltern und Kinder schließlich bei der Ausübung ihrer Umgangsrechte – rücksichtslose Anspruchsdurchsetzung scheitert an § 1618a. Für den Extremfall der Gewaltanwendung gegen das Kind ist dieser Gedanke in § 33 Abs 2 S 2 FGG positiviert (näheres bei STAUDINGER/RAUSCHER [2006] § 1684 Rn 233 ff).

62 Rücksicht ist vorrangig zu üben **im Rahmen der familiären Lebensgemeinschaft**: Zurückstecken eigener Wünsche bei Familienentscheidungen (Urlaubsreise, Umzug); schonende Entfaltung eigener Interessen (Radio, Parties); Toleranz gegenüber Eigenarten und Anschauungen einzelner Familienmitglieder. Unmittelbare Rechtssanktionen kommen insoweit naturgemäß allerdings nicht in Betracht.

Die aufgrund der gegenseitigen Sonderbeziehung geschuldete Loyalität prägt auch **63** das **Verhalten nach außen**: Geschuldet ist Diskretion in persönlichen, internen Angelegenheiten, Zurückhaltung bei Strafanzeigen (vgl BGE 76 II 265; HEGNAUER ZBlJugR 1980, 687). Bei Straftaten eines Ehegatten gegenüber den Kindern kann es zu Konflikten zwischen ehelicher und elterlicher Solidarität kommen (vgl BGH FamRZ 1984, 883; zweifelhaft eine Pflicht, im Strafverfahren vom Zeugnisverweigerungsrecht Gebrauch zu machen, ablehnend BGE 72 II 238; HEGNAUER aaO).

Zentrale Bedeutung entfaltet das Rücksichtsgebot bei der **Rechtsdurchsetzung gegen** **64** **Familienmitglieder** (zum Umgangsrecht Rn 61). Verzicht auf sie kann im Einzelfall geboten sein (vgl HEGNAUER ZBlJugR 1980, 687, 688). Bei Schädigungen begrenzt § 1664 schon die Haftung selbst (s Rn 34). Soweit dies nicht der Fall ist, kann die Durchsetzung dennoch je nach Schuldgrad und persönlichen wie wirtschaftlichen Familienverhältnissen ausgeschlossen sein (OLG Karlsruhe VersR 1977, 232, 233). Dies gilt insbesondere für Schmerzensgeldansprüche, falls das Rücksichtsgebot nicht schon über die „Billigkeit" des § 253 Abs 2 deren Entstehung verhindert (BGH NJW 1973, 1654, 1655; OLG Karlsruhe aaO). Sind Eltern und Kinder auch in einer *Wohnungseigentümergemeinschaft* miteinander verbunden, so gelten für sie insoweit grundsätzlich die allgemeinen Rechtsstrukturen des WEG; aus § 1618a kann aber im Einzelfall eine gegenüber den sonstigen Miteigentümern gesteigerte Rücksichtspflicht folgen (BayObLG NJW-RR 1993, 336 f [in concreto abgelehnt]; NJW-RR 1993, 1361 ff).

b) Insbesondere Unterhaltsrecht
Das Unterhaltsrecht ist als solches gesetzliche Ausformung familienrechtlicher So- **65** lidaritätspflichten (BGH FamRZ 1977, 629 ff; BRÜHL FamRZ 1982, 985 ff; LÜDERITZ, in: FS Gaul [1997] 411, 429; SCHWAB FamRZ 1971, 1 ff). Während der geschuldete „Beistand" in Form der Unterhaltspflicht im Gesetz genau und erschöpfend normiert ist und für die Entwicklung weiterer Unterhaltspflichten aus § 1618a daneben kein Raum ist, bietet sich diese Vorschrift doch insbesondere zur Entfaltung der im Unterhaltsrecht gebotenen „Rücksicht" an, im Rahmen oder neben auch diesen Aspekt ansprechenden Gesetzesvorschriften. So muß das Kind eine Einkommens- und damit Unterhaltsreduzierung auf Elternseite hinnehmen, wenn sie durch gewichtige Interessen des Unterhaltspflichtigen gerechtfertigt wird – etwa Wechsel in eine sicherere und weniger belastende Arbeitsstelle (OLG Karlsruhe FamRZ 1993, 836 f) oder vorübergehende Fortbildungsmaßnahmen (OLG Bamberg FamRZ 2000, 307 f).

Weiterhin nimmt beispielsweise bei der **Ausbildungsfinanzierung** die „Angemessen- **66** heit" des § 1610 Abs 2 die gebotene wechselseitige Rücksicht zwischen Eltern und Kindern, aber auch zwischen Geschwistern bei begrenztem Gesamtbudget in sich auf (BRÜHL FamRZ 1982, 985, 986). So, wie sich die Eltern in ihren eigenen Konsumwünschen zugunsten der Ausbildungsinteressen der Kinder einschränken müssen, müssen auch diese ggf in ihren Ausbildungswünschen zurückstecken oder Mehrkosten verursachende Änderungen des Ausbildungsgangs mit den Eltern beraten (OLG Frankfurt FamRZ 1984, 193). Dies gilt insbesondere bei Zweitausbildungen, bei der Zumutbarkeit und Planungssicherheit für die Eltern ein besonderes Gewicht haben (BGH FamRZ 1989, 853; FamRZ 1995, 416, 417; OLG München FamRZ 1989, 1221, 1222; LÜDERITZ, in: FS Gaul [1997] 411, 422 f; vgl aber OLG Düsseldorf EzFamR aktuell 1999, 265, 267 [Nichtinformation nicht stets ein Unterhaltsausschlußgrund]). Stets müssen die Kinder ihre Ausbildung zügig betreiben und als notwendig erkannte Wechsel nicht ohne Not hinauszögern (OLG Frankfurt FamRZ 1997, 694).

67 Die Pflicht zur gegenseitigen Rücksichtnahme prägt auch das **Bestimmungsrecht der Eltern nach § 1612 Abs 2 S 1** bzw die „besonderen Gründe", die das FamG zu einer abweichenden Regelung berechtigen. Diese Vorschrift wird überwiegend verstanden als Sicherstellung der Rücksicht, die das volljährige, aber ausbildungsbedürftige Kind den unterhaltspflichtigen Eltern schuldet (vgl GERNHUBER FamRZ 1983, 1076 ff). Jedoch schulden auch in umgekehrter Richtung die Eltern dem Kind Rücksicht, wie § 1612 Abs 2 S 1 seit dem KindUG 1998 ausdrücklich klarstellt (vgl BayObLG FamRZ 2000, 976; KG FamRZ 2006, 60; MünchKomm/VON SACHSEN GESSAPHE Rn 10). Wichtigster Konfliktfall insoweit ist der vom Kind gewünschte **Auszug aus dem Elternhaus** (mit Barunterhalt der Eltern), während die Eltern die ihnen günstigere Unterhaltsgewährung in Natur bestimmen. Hier ist vorauszuschicken, daß – entgegen mancher Auffassung vor allem in der Rechtsprechung (BGH FamRZ 1981, 250, 252 mwNw; BayObLGZ 1977, 22; FamRZ 1979, 252; FamRZ 2000, 976) – die Unterhaltsbedürftigkeit des Kindes nicht dazu ausgenutzt werden darf, das volljährige Kind verlängerten Erziehungsinteressen der Eltern zu unterwerfen; die korrespondierende Loyalitätspflicht des Kindes konkretisiert § 1611 (dazu Rn 69; wie hier GERNHUBER/COESTER-WALTJEN § 46 Rn 34; GERNHUBER FamRZ 1983, 1977; SCHWERDTNER NJW 1977, 1720; ders JZ 1981, 399; WIESNER FamRZ 1977, 28 ff; ZENZ ZRP 1977, 195 ff). Im übrigen ist der Auszug aus dem Elternhaus und der damit entstehende finanzielle Mehrbedarf von den Eltern nur bei „besonderen Gründen" zu tragen (§ 1612 Abs 2 S 2), normales Emanzipationsstreben oder intime Partnerbeziehungen des Kindes fordern erhöhten „Unterhaltsbeistand" der Eltern noch nicht heraus (OLG Köln FamRZ 1982, 834; OLG Frankfurt FamRZ 1983, 1156; vgl auch SCHÜTZ NJW 1992, 1086, 1087). Dies gilt insbesondere bei noch schulpflichtigen Kindern; aus Rücksicht auf die wirtschaftlichen Interessen der Unterhaltspflichtigen müssen sie sich auch bei persönlichen Spannungen und mit einer ungeliebten Stiefmutter arrangieren (BayObLG FamRZ 1987, 1298, 1299, 1301).

68 „Besondere Gründe" können hingegen vorliegen in **Scheidungsfamilien**, wenn das Kind bei einem Elternteil aufgewachsen ist und der andere, bislang barunterhaltspflichtige Teil das inzwischen volljährige (und möglicherweise in eigener Wohnung lebende) Kind auffordert, bei ihm zu wohnen (also Naturalunterhalt zu empfangen) und hier zu studieren: Liegt umständebedingt eine Entfremdung zwischen Kind und Elternteil vor, so kann es die nunmehr dem Kind gegenüber geschuldete Rücksicht verbieten, es aus seinen bisherigen sozialen Beziehungen zu reißen oder die Aufgabe inzwischen erlangter Selbständigkeit zu erzwingen. Dann muß statt Naturalunterhalt weiter Geld gezahlt werden (BGH FamRZ 1984, 37, 39; OLG Düsseldorf 1984, 611; BayObLG FamRZ 1989, 1222, 1224; EZFamR aktuell 1999, 261 ff; OLG Hamm FamRZ 2000, 255 f [LS]; OLG Schleswig NJW-RR 1991, 710 f).

69 Besondere Ausgestaltung hat das wechselseitige unterhaltsrechtliche Solidaritätsverhältnis auch in **§ 1611 Abs 1** gefunden: Illoyalität des Berechtigten führt zu Unterhaltseinschränkung. Die vom Gesetz vorgeschriebene Interessenabwägung („schwere Ver-

fehlung gegen den Unterhaltpflichtigen") wird von § 1618a in generell-abstraktem
Kontext (wechselseitiger „Beistand und Rücksicht") wiederholt, so daß auch hier
§ 1618a bestenfalls argumentative Hilfsfunktion entfalten könnte (GERNHUBER, in:
FS Müller-Freienfels [1986] 159 ff, 179). Kontroversen haben sich insoweit bei der Frage
ergeben, ob das Unterhaltsverlangen eines volljährigen Kindes mit *strikter Kontakt-
verweigerung* gegenüber dem Unterhaltpflichtigen vereinbar ist oder zu Einschränkung des Unterhaltsanspruchs nach § 1611 führt. Eine entsprechende Fragestellung
ergibt sich beim Elternunterhalt, wenn der Elternteil sich um das seinerzeit minderjährige Kind nicht gekümmert hatte (BGH NJW 2004, 3109 f). Die einschlägigen Gerichts-
urteile ziehen zT § 1618a zur Begründung heran, zT wird allein aus § 1611 argumentiert
– das Ergebnis ist dadurch nicht vorgezeichnet (mit Zitierung des § 1618a für eine Unter-
haltsbeschränkung BGH NJW 2004, 3109, 3110; OLG Bamberg FamRZ 1992, 717 ff; dagegen OLG
München FamRZ 1992, 595, 597; AG Regensburg FamRZ 1983, 107 f; ohne Bezug auf § 1618a für eine
Beschränkung gem § 1611 OLG Frankfurt FamRZ 1990, 789; dagegen BGH FamRZ 1995, 475, 476;
OLG Celle FamRZ 1993, 1235 ff; AG Königswinter FamRZ 1993, 466 ff; zurückhaltend auch OLG
Frankfurt FamRZ 1993, 1241 f; aus der Literatur eine Einschränkung befürwortend LÜDERITZ, in:
FS Gaul [1997] 411, 419 ff; SCHÜTZ FamRZ 1992, 1338 f; ablehnend BREIHOLDT NJW 1993, 305 f;
EWERS FamRZ 1992, 720; LOSSEN FuR 1993, 108 f; MEDER FuR 1995, 23 ff). Dennoch kann
§ 1618a den Blick für die Wechselseitigkeit der Solidaritätspflichten auch im Unterhaltsrecht schärfen und zur Konkretisierung des Begriffs der „schweren Verfehlung"
beitragen. Dies gilt insbesondere für den hier interessierenden Zusammenhang zwischen Unterhalt und persönlichem Kontakt (zur grundsätzlich zu fordernden Kontaktbereit-
schaft s Rn 44). So verkehrt es einerseits wäre, aus § 1618a ein direktes Do-ut-des-Ver-
hältnis herzuleiten („ohne Kontakt kein Unterhalt", dazu COESTER, in: FS Schnyder [1995]
101 ff, 111 f), so verhängnisvoll wäre es andererseits, durch eine zu enge Auslegung der
„schweren Verfehlung" kindliches Anspruchsdenken zu bestärken, wonach man unbedenklich die Forderung von Unterhaltsleistungen kombinieren könne mit strikter
Ablehnung, oft sogar Verachtung des verpflichteten Elternteils (vgl obige Rechtsprechung; nachdrücklich LÜDERITZ, in: FS Gaul [1997] 411 ff). § 1618a fordert nicht unbedingt
persönlichen Kontakt oder gar liebevolle Zuwendung, wohl aber ein Verhalten, das
grundsätzliche Akzeptanz und Achtung des Unterhaltpflichtigen erkennen läßt. Wird
dies verweigert, fehlt es an der Basis für jegliche wechselseitige Solidaritätspflicht,
einschließlich des Unterhalts.

c) **Außenwirkung des Rücksichtsverhältnisses**

Wie das Beistandsverhältnis (Rn 58 ff), so kann das Rücksichtsverhältnis zwischen **70**
Eltern und Kindern einen auch von Dritten zu achtenden Schutzraum darstellen,
dessen Verletzung zu Abwehransprüchen oder zu sonstigen Rechtsnachteilen führen
kann (vgl OLG Hamm FamRZ 2005, 1928, 1929: Testament von Großeltern, das das Verhältnis
Kind-Enkel belastet). Als Beispiel ist die Rechtsprechung des BGH (9. Senat) zur
Bürgschaft volljähriger Kinder anzuführen: In zwei Ausgangsentscheidungen (FamRZ
1994, 688 ff und 692 ff) bezeichnet es das Gericht als grob rücksichtslos und dem Leitbild
des § 1618a widersprechend, wenn Eltern natürliche Loyalität ihrer zwar erwachsenen, aber noch jungen und vermögenslosen Kinder ausnutzen und sie in ihre
eigenen Kreditverbindlichkeiten verstricken. Der Bürgschaftsvertrag der Kinder mit
der Bank ist davon zwar nicht unmittelbar berührt. Nach Auffassung des BGH muß
sich die Bank das gegen § 1618a verstoßende Verhalten der Eltern aber zurechnen
lassen, sie handelt ihrerseits sittenwidrig (§ 138 Abs 1), wenn ihr „die sittlich und
rechtlich zu mißbilligende Einflußnahme des Hauptschuldners (Eltern) auf den

Bürgen (Kinder) bekannt war oder sie sich einer solchen Erkenntnis bewußt verschlossen hat" (BGH aaO 691). Demgemäß müssen auch private Dritte das interne Rücksichtsverhältnis zwischen Eltern und Kindern achten bzw dürfen interne Pflichtverletzungen der einen Seite nicht wirtschaftlich für sich ausnutzen (so später auch BGH NJW 1997, 52, 53 f). Die naheliegende Parallele zu § 1353 bei Ehegattenbürgschaften wurde nicht gezogen, weil dort – anders als im Eltern-Kind-Verhältnis – eine umfassende Lebens-, Vermögens- und Risikogemeinschaft bestehe (BGH ZIP 1994, 773, 774 ff; ZIP 1995, 203, 204).

71 Die Argumentation des BGH ist auch von denen kritisiert worden, die den Entscheidungen iE zustimmten (vgl TIEDTKE JZ 1994, 908, 909; ders ZIP 1995, 521, 529; SCHWAB, in: FS Schnyder [1995] 649 ff, 655; COESTER, in: FS Schnyder [1995] 101 ff, 114 f; ähnlich auch GERNHUBER JZ 1995, 1086, 1092 f; zustimmend RIEHM JuS 2000, 241, 243). Der BGH will dem Pflichtverstoß der Eltern gewissermaßen Außenwirkung verleihen und ihn – im Hinblick auf ihre Kenntnis oder Kennen-müssen – auch der Bank zurechnen. Richtigerweise kommt es auf rücksichtsloses Verhalten der Eltern gem § 1618a aber gar nicht an. Auch wenn die Bank unmittelbar an die Kinder herangetreten und diese zur Bürgschaft für ihre Eltern bewegt hätte, wäre Sittenwidrigkeit zu bejahen gewesen. Nicht die Beteiligung der Bank an fremder Rücksichtslosigkeit ist wesentlich, vielmehr handelt sie selbst rücksichtslos und sittenwidrig iSv § 138 Abs 1, wenn sie sich als Dritter unter Ausnutzung eines persönlichen Näheverhältnisses Vorteile versprechen läßt, die nur aus Loyalität des Bürgen gegenüber dem Kreditnehmer motiviert sind und nicht aus unbefangener Interessen- und Risikoabwägung (TIEDTKE JZ 1994, 908, 909; SCHWAB, in: FS Schnyder [1995] 647 ff, 655; COESTER, in: FS Schnyder [1995] 101 ff, 114 f; schon die von der Rechtsprechung sonst noch hervorgehobenen Kriterien der krassen finanziellen Überforderung des Bürgen und praktischen Nutzlosigkeit der Bürgschaft für die Bank sind in diesem Lichte nicht mehr zwingend notwendig, vgl GERNHUBER JZ 1995, 1086, 1093). Daraus wird gleichzeitig deutlich, daß der Ansatz des BGH über § 1618a zu eng war. Die maßgeblichen Kriterien der Sittenwidrigkeit sind nicht auf Eltern und Kinder beschränkt, und sie setzen auch nicht unbedingt eine Verdichtung des „Näheverhältnisses" zum Rechtsverhältnis voraus (SCHWAB, in: FS Schnyder [1995] 647 ff, 656; MünchKomm/VON SACHSEN GESSAPHE Rn 15). Folgerichtig wird in neuerer Zeit das „Näheverhältnis" als entscheidendes Kriterium bezeichnet (vgl MünchKomm/HABERSACK § 765 Rn 23 mwNw); § 1618a konkretisiert nur dessen spezifische Ausgestaltung im Eltern-Kind-Verhältnis. Die Rspr des BGH zur Angehörigenbürgschaft verleiht diesem Verhältnis auch Außenwirkung gegenüber der Bank.

72 Dennoch war der Begründungsansatz über § 1618a kein Irrweg (so aber TIEDTKE ZIP 1994, 773, 774 ff). Nachdem das BVerfG die Zivilgerichte auf die Beachtung „struktureller Unterlegenheit", auch in Folge familiärer Loyalität, verpflichtet hatte (NJW 1994, 36 ff; ebenso WM 1996, 948, 949), bot sich bei Kinderbürgschaften § 1618a als zivilrechtsdogmatische Argumentationsstütze geradezu an. Auch wenn sich die Norm als nicht letztlich entscheidend herausgestellt hat, so hat sie doch die **Schutzbedürftigkeit eines familiären Näheverhältnisses paradigmatisch verdeutlicht** und geholfen, den Weg zu allgemein-maßgeblichen Kriterien zu bahnen. Hier wie etwa auch beim inzwischen positivierten Umgangsrecht des Kindes (Rn 44) hat die Norm ihre Bedeutung als „Rechtswertung" im Prozeß der Rechtsfortbildung bewiesen (vgl Rn 14); daß man sie in concreto nicht mehr braucht, ist ihr Verdienst, nicht Zeichen ihrer Überflüssigkeit.

§ 1619
Dienstleistungen in Haus und Geschäft

Das Kind ist, solange es dem elterlichen Hausstand angehört und von den Eltern erzogen oder unterhalten wird, verpflichtet, in einer seinen Kräften und seiner Lebensstellung entsprechenden Weise den Eltern in ihrem Hauswesen und Geschäft Dienste zu leisten.

Materialien: E I § 1499; E II § 1597; E III § 1595; Mot IV 715; Prot I 7527; Prot II, Bd 4, 535. NEhelG Art 1 Nr 20. STAUDINGER/BGB-Synopse 1896–2005 §§ 1617, 1619.

Schrifttum

BÖHME, Arbeitsverhältnisse zwischen Familienangehörigen (Diss München 1968)
BÖTTCHER-BEINERT, Die Aufnahme von Kindern in das Familienunternehmen (1965)
BYDLINSKI, Lohn- und Kondiktionsansprüche aus zweckverfehlenden Arbeitsleistungen, in: FS Wilburg (1965) 45
CANARIS, Atypische faktische Arbeitsverhältnisse, BB 1967, 165
ENDERLEIN, Die Dienstpflicht des Hauskindes als Folge seiner Unterhaltsgemeinschaft mit den Eltern, AcP 200 (2000) 565
FENN, Die Bedeutung verwandtschaftlicher Beziehungen für die Pfändung des „Arbeitseinkommens" nach § 850h Abs 2 ZPO, AcP 167 (1967) 148
ders, Die juristische Qualifikation der Mitarbeit bei Angehörigen und ihre Bedeutung für die Vergütung, FamRZ 1968, 291
ders, Arbeitsverträge mit Familienangehörigen, DB 1964, 1062, 1112
ders, Die Mitarbeit in den Diensten Familienangehöriger (1970; dazu KLUNZINGER FamRZ 1972, 70)
GERNHUBER, Anmerkung zu OLG Nürnberg vom 24. 11. 1959, FamRZ 1960, 121

GÜNTHER, Das Rechtsverhältnis zwischen Bauer und mitarbeitendem Sohn (1966)
KROPHOLLER, Die Rechtsnatur der Familienmitarbeit und die Ersatzpflicht bei Verletzung oder Tötung des mitarbeitenden Familienangehörigen, FamRZ 1969, 241
KRÜGER, Die Mitarbeit des mündigen Kindes auf dem elterlichen Hof im deutschen und französischen Recht, RdL 1966, 118
LEUZE/OTT, Arbeitsverhältnisse zwischen Familienangehörigen, FamRZ 1965, 15
MOTSCH, Rechtsvergleichende Betrachtungen zur Mitarbeit von Familienangehörigen in Deutschland und Italien, FamRZ 1966, 220
NEUMANN, Gesellschaftsverträge zwischen dem Bauern und seinem Sohn (1965)
PAULICK, Arbeitsverhältnisse zwischen Eltern und Kindern im Steuerrecht, FamRZ 1955, 317
RIEDLINGER, Minderjährige in der Familienkommanditgesellschaft (1971)
SCHMEIDUCH, Arbeitsverhältnisse zwischen Eltern und Kindern in der neueren Rechtsprechung (Diss Köln 1965)
WEIMAR, Die Dienstleistungspflicht der Kinder im elterlichen Haushalt und Betrieb, FamRZ 1955, 158.

Systematische Übersicht

                                                          Michael Coester

Alphabetische Übersicht

I. Allgemeines

Durch Art 1 Nr 20 NEhelG ist der ehemalige § 1617 zum jetzigen § 1619 geworden, **1** der Wortlaut der Vorschrift blieb unverändert.

1. Inhaltliche Grundzüge

Wie die Vorschrift des § 1618a gilt § 1619 grundsätzlich für **alle Kinder**, unabhängig **2** vom Status der Eltern (vgl Rn 17), der eigenen Minderjährigkeit und Ledigkeit. Im Gegensatz zu § 1618a folgt aus § 1619 jedoch ohne weiteres ein **Rechtsanspruch der Eltern** gegen ihre Kinder (zu § 1618a insoweit dort Rn 11 ff), wenn die zusätzlichen und einengenden Tatbestandsvoraussetzungen dieser Vorschrift vorliegen:

(1) *Hausgemeinschaft* von Eltern und Kindern (Rn 17 ff) und

(2) elterliche *Erziehungsbefugnis* oder (alternativ) *Unterhaltsgewährung* (Rn 25 ff).

Der Dienstanspruch der Eltern ist **höchstpersönlich**; er ist nicht übertragbar oder **3** vererblich (BGH FamRZ 1961, 117; MünchKomm/von Sachsen Gessaphe Rn 11; Soergel/ Strätz Rn 5) und gem § 194 Abs 2 der Verjährung nicht unterworfen. Er ist gerichtet auf *unentgeltliche* Dienstleistung (Rn 48), die aber erbrechtlich der *Ausgleichung* gem § 2057a unterliegt (§ 2057a Abs 2 S 2). Pflicht-Mitarbeit des Kindes nach § 1619 ist **familienrechtlicher Natur**, sie ist nicht „abhängige Arbeit" in arbeits-, sozialversicherungs- oder steuerrechtlichem Sinn (Schaub, Arbeitsrechts-Handbuch § 36 Rn 35; vorbehaltlich arbeitsrechtlicher Schutzgesetze, Rn 45), und auch nicht „Kinderarbeit" iSv Art 32 UN-Kinderrechtekonvention oder Art 4 Abs 2 EMRK (MünchKomm/von Sachsen Gessaphe Rn 3). Zuständig für Streitigkeiten sind folgerichtig die ordentlichen Gerichte; die Abgrenzung zwischen familienrechtlicher oder vertraglicher Mitarbeit kann aber auch in arbeits-, sozial- und steuerrechtlichen Verfahren eine zentrale Rolle spielen (vgl Rn 62). Innerhalb des Familienrechts handelt es sich um einen elterlichen Anspruch eigener Art, *nicht* um die besondere Ausprägung eines Unterhaltsanspruchs gegen das Kind (BGH NJW 1969, 2005, 2006 f [im Rahmen von § 35 Abs 2 LuftVG]). Damit ist nicht ausgeschlossen, daß das Kind im Einzelfall den Eltern Dienste erbringt als Teil des ihnen nach § 1601 ff geschuldeten Unterhalts (ERMAN/MICHALSKI Rn 23; FENN 171 ff; KROPHOLLER FamRZ 1969, 251; vgl auch BAG NJW 1978, 343; zum darüber hinausgehenden Ansatz von KILIAN s unten Rn 11). Zum Anspruch des *Kindes gegen die Eltern* analog § 1619 s unten Rn 20.

4 § 1619 ist *zwingendes Recht* insoweit, als auf die kindlichen Dienste nicht wirksam vertraglich verzichtet werden kann. Praktisch wird dieses Ergebnis jedoch erzielt, wenn Eltern und Kinder *zulässigerweise* die Dienstleistung des Kindes auf eine arbeits-, dienst- oder gesellschaftsvertragliche Grundlage stellen – letztere verdrängt die familienrechtliche Grundlage des § 1619 auch für den Bereich der sonst gesetzlich geschuldeten Dienste (s Rn 62 ff). Aber auch sonst brauchen die Eltern die Dienste des Kindes nicht in Anspruch zu nehmen und bestimmen im übrigen weitgehend selbst deren Ausmaß und Inhalt (Rn 37). Beim volljährigen Kind ist der Dienstanspruch „besonders schwach und unvollständig" (BGH FamRZ 1978, 22, 24; vgl BGH FamRZ 1972, 87, 88: „unvollkommene Verpflichtung"), weil das anspruchsbegründende Tatbestandsmerkmal der Hauszugehörigkeit zur Disposition des Kindes steht (vgl aber Rn 10). Auch im Verhältnis zu Drittverletzern des Kindes genießt der Dienstanspruch keinen vollwertigen deliktischen Schutz: Dieser ist nach hM abhängig vom Schaden beim *Kind* und dessen fehlendem eigenen Ersatzanspruch (vgl aber Rn 55).

2. Normbedeutung

a) Praktische Bedeutung

5 Für die unmittelbaren Leistungsbeziehungen zwischen Eltern und Kindern, also familienrechtlich, hat § 1619 **praktisch keine Bedeutung**. „Ob" und Modalitäten der Dienstleistungen beruhen auf familiärer Verständigung, beim minderjährigen Kind auf sorgerechtlichen Weisungen (Rn 37), beim Volljährigen idR auf vertraglichem oder sonstigem Konsens über Grund und Ausgleich der Dienste. Rechtsstreitigkeiten zwischen Eltern und Kindern über die primäre Leistungspflicht sind „kaum bekanntgeworden" (BGH FamRZ 1972, 87, 88; vgl GERNHUBER/COESTER-WALTJEN § 55 Rn 1; entsprechendes gilt für die Einschaltung des FamG nach § 1631 Abs 3 bei minderjährigen Kindern, vgl Rn 41).

6 Bedeutungslos ist § 1619 auch für das **Ausgleichsproblem bei enttäuschten Vergütungserwartungen**, die die Gerichte häufiger beschäftigen (Rn 51 ff): Hier war die *Erwartung*, nicht § 1619 entscheidendes Motiv für die Dienste des volljährigen Kindes und seinen Verbleib im Hause; die gleiche Problematik begegnet bei Mitarbeit von Verlobten oder Lebensgefährten, für die keine gesetzliche Pflicht zur Mitarbeit besteht.

7 Die wesentliche bürgerlichrechtliche Bedeutung des § 1619 liegt im **Schadensersatzrecht**: Die Dienste des getöteten oder verletzten Kindes sind Schadensposten bei den Eltern (§ 845); bei Tötung oder Verletzung eines Elternteils können nach § 1619 geschuldete Dienste den Ersatzanspruch der übrigen Familienmitglieder mindern (Rn 58).

Daneben ist die Abgrenzung familienhafter und schuldvertraglicher Arbeit von **zentraler Bedeutung** für das **Arbeits-, Steuer- und Sozialversicherungsrecht** (Rn 62 ff).

b)   Funktionale Bedeutung der Dienstleistungen im Eltern-Kind-Verhältnis
Die Heranziehung des Kindes zur Mitarbeit kann aus der Sicht der Eltern **drei** **8** idealtypisch unterscheidbare **Funktionen** erfüllen, die im Einzelfall jedoch oft ineinander übergehen: (1) *Erziehungsfunktion* bei kleineren oder heranwachsenden Kindern; (2) *Entlastung* bei der Organisation und Verwaltung des gemeinsamen Hauswesens (Stichwort: Aufgabenteilung); (3) *Nutzung* der kindlichen Arbeitskraft für den Erwerb der Eltern und damit auch des Familienunterhalts.

c)   Rechtsdogmatische Einordnung und rechtspolitische Bewertung
Über den **Grund der Dienstpflicht** des Hauskindes ist man sich nicht einig. Nach ihm **9** zu fragen besteht Veranlassung, wird doch die Vorschrift verbreitet (wohl auch in der Bevölkerung) als nicht mehr zeitgemäß empfunden (Gernhuber/Coester-Waltjen § 55 Rn 1; Lüderitz Rn 784 [„mehr historische Reminiszenz als eine aktuelle Rechtspflicht"]). Die Parallelvorschrift des § 1356 Abs 2 im Eherecht ist im Rahmen der *Eherechtsreform* von 1976 gefallen (Bosch FamRZ 1980, 741 bezeichnet die Beibehaltung des § 1619 demgegenüber als „Kuriosität", steht dieser Bestimmung aber wohl nicht gänzlich ablehnend gegenüber, vgl ders, in: FS Schiedermair [1976] 73). Der BGH rechtfertigt die Beibehaltung der Vorschrift des § 1619 damit, daß sie mit der Gleichberechtigung von Mann und Frau nichts zu tun habe und daß die Würde und Selbstbestimmung des Kindes nicht verletzt seien: Das volljährige Kind könne die Dienstpflicht durch Verlassen des elterlichen Haushalts jederzeit beenden; allerdings mache erst diese Entschlußfreiheit § 1619 heute noch tragbar (BGH FamRZ 1960, 101; FamRZ 1972, 87, 88; FamRZ 1978, 22, 24; FamRZ 1991, 298, 299; Soergel/Strätz Rn 5; Kropholler FamRZ 1969, 248; vgl schon Mot IV 716).

Eine positive Begründung der Dienstpflicht ist damit nicht gegeben. Im übrigen **10** bleibt die Persönlichkeit des minderjährigen Kindes außer acht, und auch beim volljährigen Kind besteht die Entschlußfreiheit, ggf das Haus zu verlassen, keineswegs immer so uneingeschränkt, wie sie der BGH postuliert. Bindungen aus Herkommen und Sitte können (vor allem im ländlichen Bereich) bestehen (vgl Enderlein AcP 200 [2000] 565, 579; MünchKomm/von Sachsen Gessaphe Rn 21), beim Volljährigen in Ausbildung können die Eltern über § 1612 Abs 2 S 1 sogar einen unmittelbaren Konnex zwischen Hausverbleib (mit Dienstpflicht!) und Unterhaltsgewährung herstellen (als legitimer Entscheidungsaspekt hervorgehoben in OLG Karlsruhe FamRZ 1976, 641, 642; vgl auch Soergel/Lange Rn 5; Bosch, in: FS Schiedermair [1976] 73).

Die innere Rechtfertigung des § 1619 wird – soweit Äußerungen vorliegen – jeweils **11** in einem einheitlichen Grundprinzip gesucht: Entweder den Blutsbanden zwischen den Beteiligten (RAG JW 1937, 3188; OLG Nürnberg FamRZ 1960, 119, 120 m abl Anm Gernhuber) oder im Ausgleich der Vorteile, die dem Kind aus der Zugehörigkeit zum Hausstand der Eltern erwachsen (Dölle II § 90 III); für Coester-Waltjen ist die Dienstpflicht „Folge der Hausgemeinschaft von Personen, die in einem komplexen familienrechtlichen Rechtsverhältnis miteinander verbunden sind" (Gernhuber/ Coester-Waltjen § 55 Rn 2; Fenn 131 f). Kilian schließlich fordert ein gänzlich neues

Verständnis der Vorschrift: Die Umqualifizierung der „Dienste" der Ehefrau nach
§ 1356 Abs 2 aF in Unterhaltsleistungen (BGHZ 50, 304 [GS]) müsse – bei Achtung der
Kindespersönlichkeit und partnerschaftlichem Familienverständnis – auch für das
Kind gelten; Grundlage des § 1619 sei die „Unterhaltsfamilie" im Sinne einer gegenseitigen teilschuldnerischen Unterhaltsverpflichtung aller Familienmitglieder (NJW
1969, 2005 f; vgl in diesem Sinne § 12 Abs 1 S 1 FGB aF der DDR; Konsequenz:
Dienste sind Unterhaltsleistung, fallen nicht unter § 845, sondern § 844 Abs 2 und
sind ohne weiteres von den Tatbeständen der Gefährdungshaftung erfaßt). Ähnlich
der Ansatz von ENDERLEIN (AcP 200 [2000] 565 ff), der eine „Unterhaltsgemeinschaft"
von Eltern und Kindern postuliert in Anlehnung an den „Familienunterhalt" gem
§ 1360 im Eherecht (zustimmend STAUDINGER/RÖTHEL [2002] § 845 Rn 8; ähnlich RAUSCHER,
FamR Rn 989).

12 Einigkeit besteht nur insoweit, als die Dienstpflicht nicht Ausfluß des elterlichen
Sorge- oder auch nur Erziehungsrechts sei (FENN 131) und auch nicht Gegenleistung
iS der §§ 320 ff für den elterlichen Unterhalt (RAG JW 1934, 1062; RGZ 99, 112, 115; BGH
FamRZ 1960, 101; FamRZ 1973, 298, 299; MünchKomm/VON SACHSEN GESSAPHE Rn 1; FENN 127 f;
mißverständlich ODERSKY Rn 3; s noch Rn 14).

13 Jeder Erklärungsversuch enthält ein richtiges Element, falsch ist nur seine jeweilige
Absolutsetzung. § 1619 entzieht sich angesichts der verschiedenen Funktionen kindlicher Mitarbeit (Rn 8) und der gleichermaßen erfaßten, jedoch höchst verschiedenen
Lebenssachverhalte einer einheitlichen Deutung – worauf schon die alternative
Fassung des Tatbestandes hinweist. Beim **minderjährigen Kind** steht die *Erziehungsfunktion* im Vordergrund, neben sie tritt beim Heranwachsenden die *Entlastungsfunktion*. In ersterer Hinsicht ist Grundlage angeordneter Mitarbeit das elterliche
Erziehungsrecht – allerdings ist § 1619 insoweit überflüssig (zu Mitarbeitsweisungen
erziehungsberechtigter Nichteltern Rn 19). Hinsichtlich der Entlastungsfunktion ist
§ 1619 deutlich eine **Sonderausprägung des Grundgedankens aus § 1618a**: „Hausgemeinschaft der Kernfamilie unter verantwortlicher Leitung der Eltern" ist hier ratio
legis (vgl Rn 11; LÜDERITZ Rn 788; AnwKomm-BGB/LÖHNIG Rn 1; SCHWAB, FamR Rn 511; RAU-
SCHER, FamR Rn 939; LG Berlin FamRZ 1983, 943, 945: Mitarbeit als Ausdruck „gegenseitiger Hilfe
und Verantwortung"). Nach Normierung des § 1618a erscheint § 1619 aber auch unter
diesem Aspekt als nicht (mehr) notwendig (GERNHUBER/COESTER-WALTJEN § 55 Rn 1; die
Realisierung ist ohnehin eine sorgerechtliche Frage, vgl Rn 37). Ob neben den vorerwähnten
Funktionen bei minderjährigen, also noch in der Entwicklung ihrer grundlegenden
Persönlichkeit begriffenen Kindern der *Nutzung kindlicher Arbeitskraft* (3. Funktion, Rn 8) legitimer Stellenwert zukommt, könnte hingegen bezweifelt werden.
Allerdings trifft Jugendliche ab 15 Jahren (§ 5 JArbSchG) nach richtiger Auffassung
eine Obliegenheit entweder zur Ausbildung oder zur Erwerbstätigkeit (zB OLG
Koblenz JAmt 2004, 153; AG Bad Liebenwerda MDR 2005, 340; PALANDT/DIEDERICHSEN § 1602
Rn 13; aA STAUDINGER/ENGLER [2000] § 1602 Rn 107, 156). Tun sie weder das eine noch das
andere, so scheint es legitim, wenn die Eltern (statt den Unterhalt durch Anrechnung eines fiktiven Einkommens zu kürzen) die Arbeitskraft des Jugendlichen
nutzen (als) „Beitrag zum eigenen Unterhalt" (vgl BayObLGZ 3, 44 ff; BOSCH, in:
FS Schiedermair [1976] 73).

14 Beim **volljährigen Kind** scheidet der Erziehungsaspekt aus, es bleibt die *Entlastungsfunktion* der Mitarbeit des hausangehörigen Kindes. Ob die Eltern die Dienste des

Kindes legitimerweise auch zugunsten des eigenen *Erwerbs* (und damit auch des Familienunterhalts) *nutzen* können, ist – in Fortführung der vorstehenden Argumentation zu minderjährigen Jugendlichen (Rn 13) – „erst recht" zu bejahen. Das Gesetz selbst sieht einen wesentlichen Zusammenhang zwischen Unterhaltsgewährung und Dienstpflicht (richtig deshalb BGH FamRZ 1962, 154; JZ 1998, 362, 364: „Zusammenspiel von unentgeltlicher Arbeitsleistung und Unterhaltsgewährung im familiären Bezug"), bloße Hausangehörigkeit und verwandtschaftliche Bande genügen allein nicht (wohl aber uU für benötigten Beistand gem § 1618a). Welcher Art dieser Zusammenhang ist, erschließt sich besser, wenn man zwei Grundsituationen idealtypisch unterscheidet:

1. Fall: Das Kind bleibt nach Volljährigkeit im Haus und wird unterhalten – soll es mitarbeiten? Hier überschreitet die Unterhaltung Volljähriger durch ihre Eltern die „normale Opfergrenze" von Eltern; die Nutzung der Arbeitskraft Erwachsener ist nicht anstößig, sondern in dieser Situation für diese selbst sogar sittliches Gebot. § 1619 transformiert dieses Gebot lediglich in Rechtspflichten bzw – auf seiten der Eltern – in Rechtsansprüche (beim Ausbildungsunterhalt, §§ 1610 Abs 2, 1612 Abs 2 S 1 ergeben sich jedoch enge Grenzen aus der den Eltern gebotenen Rücksicht auf Ausbildung und Persönlichkeit des Kindes, vgl unten Rn 34 und § 1618a Rn 43 ff). Die Gesamtschau des familiären Gefüges als „Unterhaltsfamilie" oder als „Unterhaltsgemeinschaft" (Rn 11) verdeutlicht diese Konzeption.

2. Fall: Das Kind soll mitarbeiten und verbleibt deshalb im Elternhaus. Hier mildert **15** nicht Kindesmitarbeit die vorgegebene Last der Hauszugehörigkeit und Unterhaltsgewährung; vielmehr gilt das primäre Interesse, vor allem auch der Eltern, den Diensten des volljährigen Kindes; Hausgemeinschaft und Teilhabe am Familienunterhalt sind nur Konsequenz einer Grundentscheidung über die (Weiter-)Arbeit des Kindes. Diese Fälle passen nicht zum Regelungssachverhalt des § 1619. Sie fallen schon rechtlich aus dem Rahmen dieser Bestimmung heraus, wenn die Dienstleistung auf vertragliche Grundlage gestellt wird (Rn 62 ff). Aber auch sonst, wenn nur einseitige Versprechen oder erkennbare Ausgleichserwartungen die Arbeit des Kindes motivieren, verzeichnet ihre Subsumtion unter den familienrechtlichen § 1619 (Rn 52) eigentlich die Situation. Sie zielt auch gar nicht auf familienrechtliche Konsequenzen zwischen den Beteiligten (die kaum je praktisch werden, Rn 5), sondern insbesondere auf deliktische Schadensersatzpflichten Dritter nach § 845 (möglicherweise auch § 844 Abs 2, Rn 55). Konflikte zwischen den Beteiligten selbst (oder ihren Rechtsnachfolgern) wegen *fehlgeschlagener Vergütungserwartungen* berühren nicht familienrechtliche, sondern schuld- oder erbrechtliche Ausgleichsprobleme (Rn 51 ff). Insoweit mag die schadensersatzrechtlich motivierte Subsumtion dieser Fälle unter § 1619 zwar unbefriedigend sein, familienrechtlich aber als letztlich unschädlich hingehen (Spannungen im Steuer- und Sozialversicherungsrecht dürfen allerdings nicht übersehen werden).

Fazit: Grundgedanke und Fassung des § 1619 beruhen auf überholtem Rechts- und **16** Familienverständnis; ein berechtigter Kern ist der Vorschrift aber auch heute nicht abzusprechen. De lege ferenda sollte sie dennoch gestrichen werden: Der familienrechtliche Gehalt ist hinreichend in § 1618a ausgedrückt (GERNHUBER/COESTER-WALTJEN § 55 Rn 1); im übrigen bietet § 1619 nur die (falsche) Arena für die Austragung ganz anders und unterschiedlich strukturierter Konflikte: die Reichweite der Scha-

densersatzpflicht bei mittelbar Geschädigten (Rn 55 ff) oder die Abwehr von miß-
bräuchlichen Privatrechtsgestaltungen im Steuer- und Sozialrecht (deutlich BFH DStZ
1999, 756, 757; s Rn 65). § 1619 läuft so Gefahr, für unterschiedliche rechtspolitische
Zwecke instrumentalisiert zu werden (extensive Interpretation zur Abwehr steuer-
licher Absetzbarkeit der Zahlungen an das Kind; restriktive Interpretation zur Begrenzung deliktischer Schadensersatzpflicht gem § 845 [deutliches Unbehagen bei GERN-
HUBER JZ 1998, 365 f; GERNHUBER/COESTER-WALTJEN § 55 Rn 6; vgl Rn 34]). Umgekehrt wirkt
die fallentscheidende Bedeutung des § 1619 in Schadenersatz- oder Steuerprozessen
gekünstelt und sachfremd, die tragenden rechtspolitischen Erwägungen bleiben im
Hintergrund. Die Aufhebung von § 1619 würde die Notwendigkeit, aber auch die
Chance zu Reformen auf diesen Konfliktfeldern eröffnen.

II. Voraussetzungen

1. Zugehörigkeit zum elterlichen Hausstand

a) Eltern als Anspruchsberechtigte

17 Die in Hausgemeinschaft zusammenlebenden Personen müssen zueinander in einem
rechtlichen Eltern-Kind-Verhältnis stehen. Nur soweit dies der Fall ist, ist das Kind
nach § 1619 zu Dienstleistungen verpflichtet. Gleich steht, ob die Eltern miteinander
verheiratet sind oder nicht oder ob sie zusammenleben (jeder Elternteil kann einen
Hausstand haben). Sorgeberechtigung ist nicht unbedingt erforderlich (s Rn 25 ff).
Auch Adoptiveltern können Dienstberechtigte im Sinne der Vorschrift sein (vgl
§ 1754; SOERGEL/STRÄTZ Rn 2). Entsprechend den Ausführungen zu § 1618a (dort Rn 26)
sind – sofern sie erziehungsberechtigt sind oder Unterhalt gewähren – **auch Großeltern** grundsätzlich dienstberechtigt (anders die hM, MünchKomm/VON SACHSEN GESSAPHE
Rn 7; SOERGEL/STRÄTZ Rn 3). Lebt das Kind im Haushalt des **Vormunds**, ist § 1619
entsprechend anwendbar (§ 1793 Abs 1 S 3). Keine Dienstpflicht nach § 1619 besteht
hingegen gegenüber **anderen Verwandten**, auch wenn das Kind in deren Haushalt
lebt (zB Onkel – Neffe, RAG JW 1937, 3188; s aber unten Rn 19), oder gegenüber **Pflegeeltern**.

18 **Keine Dienstpflicht** besteht dem Grundsatz nach gegenüber **Stiefeltern**, da diese zum
Kind in keiner rechtlichen Eltern-Kind-Beziehung stehen (OLG Nürnberg FamRZ 1960,
119 f m Anm GERNHUBER; ERMAN/MICHALSKI Rn 2; MünchKomm/VON SACHSEN GESSAPHE Rn 7;
SOERGEL/STRÄTZ Rn 2; FENN 135 f; vertragliche Vereinbarungen zwischen Stiefeltern und Kind
bleiben unbenommen). Dies gilt grundsätzlich auch dann, wenn das Kind in **Hausge-
meinschaft mit einem Elternteil und einem Stiefelternteil** lebt (vorbehaltlich Rn 19). Der
Elternteil kann zwar den nur ihm höchstpersönlich zustehenden, familienrechtlichen
Dienstleistungsanspruch nicht seinem Ehegatten oder Lebenspartner abtreten, er
kann aber die *Ausübung seines Rechtes* dem Stiefelternteil überlassen (übersehen von
BGH FamRZ 1984, 462, 463 zu III 3 – eine schadensersatzrechtlich motivierte Entscheidung).
Dabei ist jedoch darauf zu achten, daß der Zweck der Dienstleistungen des Kindes
im Hauswesen oder Geschäft gerade in der Unterstützung des natürlichen Eltern-
teils liegt (BGH FamRZ 1967, 618, 620; FENN 136 mwNw).

19 Soweit nach Vorstehendem **nicht dienstleistungsberechtigte Personen jedoch erzie-
hungsbefugt** sind, etwa aufgrund eines „kleinen Sorgerechts" gem § 1687b Abs 1, 2
oder § 9 Abs 1, 2 LPartG (Stiefelternteil) oder gem § 1688 (Pflegeeltern; Stiefeltern-

teil gem §§ 1688 Abs 4, 1682) können sie das Kind *aus erzieherischen Gründen* (auf sorgerechtlicher Grundlage) zur Mitarbeit anhalten (SOERGEL/STRÄTZ Rn 3) – dies dann durchaus auch zur eigenen Unterstützung (vgl Rn 18, 8). Außerdem wird, wenn die übrigen Voraussetzungen des § 1619 vorliegen, gegenüber diesen Personen doch eine *sittliche Pflicht* des Kindes angenommen, durch Mitarbeit zu helfen (bereicherungsrechtliche Konsequenz: § 814; GERNHUBER FamRZ 1960, 121).

Eine **Dienstpflicht der Eltern gegenüber dem Kind**, in dessen Haushalt sie leben und **20** von dem sie unterhalten werden, sieht der Normtatbestand (historisch verständlich) nicht vor, sie wird deshalb überwiegend verneint (vgl OLG Bamberg FamRZ 1985, 308).

Mit dem von § 1618a betonten Gegenseitigkeitsprinzip (dort Rn 34) ist dies nicht zu vereinbaren, § 1619 ist deshalb analog anzuwenden (COESTER FamRZ 1985, 956; GERN-HUBER/COESTER-WALTJEN § 55 Rn 2; RAUSCHER, FamR Rn 938; ENDERLEIN AcP 200 [2000] 565, 576; **aM** STAUDINGER/RÖTHEL [2002] § 845 Rn 7 [mit unzutreffender Argumentation: Es geht nicht um die Herleitung einer Dienstpflicht aus § 1618a, sondern um eine Auslegung des § 1619 im Lichte von § 1618a]; MünchKomm/VON SACHSEN GESSAPHE Rn 7; BAMBERGER/ROTH/ENDERS Rn 2). So erhält auch der junge Hofübernehmer, wenn seine mithelfenden Eltern getötet werden (Sachverhalt in OLG Bamberg aaO; vgl Rn 16), Schadensersatz nach § 845 in gleicher Weise wie wenn den Eltern der mithelfende Sohn getötet würde (zum *Arbeitsvertrag* zwischen Sohn und Vater s BFH DStZ 1999, 756 f).

b) Zugehörigkeit zum Hausstand
Zugehörigkeit zum Hausstand ist im allgemeinen begründet, wenn das Kind in der **21** Wohnung seiner Eltern den „Mittelpunkt seiner Lebensbeziehungen" hat (Münch-Komm/VON SACHSEN GESSAPHE Rn 5; FENN 137 ff). Dies kann nur nach Lage des einzelnen Falles entschieden werden. Wesentliche Kriterien der Beurteilung sind die Benutzung der Wohnung zum Aufenthalt, zum Schlafen wie auch die Einnahme der Mahlzeiten (RGZ 142, 178, 181; RAGE 7, 143, 145). Nicht entscheidend für die Zugehörigkeit zum elterlichen Hausstand ist die Selbständigkeit, die das Kind inzwischen erlangt hat, seine Volljährigkeit oder eine etwaige Verheiratung (RAG JW 1930, 440; JW 1937, 1388; BGH FamRZ 1958, 173; FamRZ 1972, 87, 88). Weder stets erforderlich noch allein ausreichend ist dauerndes Wohnen bei den Eltern. So wird die Hausangehörigkeit des Kindes nicht schon dadurch ausgeschlossen, daß das Kind zB an einem anderen Ort studiert, sich auf Reisen befindet, seine Wehrpflicht erfüllt (OLG Zwei-brücken VersR 1981, 542: selbst bei 6-monatiger, freiwilliger Verlängerung) oder vorübergehend bei anderen Aufnahme gefunden hat, sofern hierdurch die Beziehung zum Elternhaus nicht für längere Zeit völlig unterbrochen wird (OLG Celle NJW-RR 1990, 1478, 1479: Bauernsohn wohnt ausbildungsbedingt im Nachbarort, hilft aber am Wochenende und gelegentlich in der Woche bei den Eltern aus und ist dort auch polizeilich gemeldet = Bindung zum Elternhaus ist gelockert, aber nicht gelöst; vgl FENN 138 f). Ist das hausangehörige Kind periodisch abwesend, so besteht eine Dienstpflicht nach § 1619 nur für diejenige Zeit, die es jeweils im elterlichen Hause anwesend ist (OLG Celle NJW-RR 1990, 1478, 1479).

Neben dieser „grundsätzlichen Zugehörigkeit" zum Hausstand ist eine solche aber **22** auch dann zu bejahen, wenn und solange sich das Kind bei den Eltern oder einem Elternteil derart aufhält, daß es dort (wenn auch nur vorübergehend) „lebt" und nicht nur „zu Besuch" ist. So etwa beim volljährigen, schon ausgezogenen Kind, das einen Wohnungswechsel für einige Monate im Elternhaus überbrückt. Oder beim minderjährigen Kind getrennt lebender, aber **gemeinsam sorgeberechtigter Eltern**: Dieses gehört grundsätzlich zum Hausstand des Betreuungselternteils (vgl § 1687 Abs 1 S 2), aber während längerer Aufenthalte beim anderen Elternteil (auch) zu dessen Hausstand. Beim nur **umgangsberechtigten Elternteil** sollte das gleiche gelten: Periodische, kurzfristige Besuche begründen keine Hauszugehörigkeit, wohl aber längere Aufenthalte etwa während der Ferien oder bei vorübergehender Ausübungs-überlassung des Sorgerechts (vgl GERNHUBER/COESTER-WALTJEN § 55 Rn 3).

23 Die Zugehörigkeit zum Hausstand wird vor allem dann **beendet**, wenn das Kind einen *eigenen Hausstand* außerhalb des der Eltern gründet (RAG JW 1937, 1388; OLG Stuttgart VersR 1990, 902) oder dauerhaft anderweitig untergebracht wird (vgl BayObLGZ 13, 19, 21). Erbringt das Kind vom eigenen Hausstand aus regelmäßig Hilfsdienste im Haushalt der Eltern, so fallen diese auch dann nicht unter § 1619, wenn das Kind bei diesen Gelegenheiten dort ißt, badet und vereinzelt sogar übernachtet (OLG Nürnberg VersR 1992, 188 f [täglich 2-stündige Pflege der Eltern; kein Anspruch der Eltern aus § 845 gegen Verletzer]).

24 *Anspruch* der Eltern auf fortbestehende Zugehörigkeit zu ihrem Hausstand besteht nach § 1619 nicht; bei minderjährigen Kindern ergibt sich eine entsprechende *Weisungsbefugnis* jedoch aus dem Sorgerecht der Eltern (§ 1631 Abs 1), bei volljährigen Kindern in der Ausbildung können die Eltern über § 1612 Abs 2 S 1 mittelbaren Druck ausüben (vgl Rn 10).

2. Erziehung oder Unterhaltungsgewährung

a) Erziehung
25 Dem Erziehungsrecht der Eltern unterliegen nur minderjährige Kinder. Das Erziehungsrecht ist Ausfluß der *tatsächlichen Personensorge*, auf die elterliche Sorge insgesamt oder die Vertretungsmacht nach außen kommt es nicht an (§§ 1631 Abs 1; 1673 Abs 2 S 2; MünchKomm/VON SACHSEN GESSAPHE Rn 9; SOERGEL/STRÄTZ Rn 4). Mitsorge im Rahmen gemeinsamen Sorgerechts genügt (vgl Rn 22), ebenso Sorgebefugnisse nach § 1687 Abs 1 S 4 bei längerem Aufenthalt beim „Besuchselternteil".

Haben die Eltern Erziehungsbefugnis, so wird – ohne Rücksicht auf Unterhaltsgewährung – die Dienstpflicht des Kindes auch bezüglich solcher Mitarbeit ausgelöst, die nicht rein pädagogisch motiviert ist, sondern der Entlastung bei der gemeinsamen Haushaltsführung dient (Rn 8). In Ausnahmefällen kann auch eine Mitarbeit zum Zwecke des elterlichen Erwerbs geschuldet sein (Rn 13).

Haben die mit ihren Kindern zusammenlebenden Eltern keine Erziehungsbefugnis, so besteht (vorbehaltlich Rn 26) keine Dienstleistungspflicht des Kindes nach § 1619.

b) Unterhaltsgewährung
26 Auch nicht erziehungsberechtigten Eltern können Dienste nach § 1619 geschuldet sein, wenn sie dem Kind Unterhalt gewähren. In dieser Alternative findet § 1619 sowohl auf minderjährige wie auch auf volljährige Kinder Anwendung. Die Pflicht besteht nur gegenüber demjenigen Elternteil, der Unterhalt gewährt.

Dabei ist nicht von Bedeutung, ob dem Kind der Unterhalt aufgrund einer gesetzlichen oder vertraglichen Verpflichtung oder freiwillig gewährt wird (Mot IV 715 f; BGH LM Nr 1 zu § 33 VVG; MünchKomm/VON SACHSEN GESSAPHE Rn 10; SOERGEL/STRÄTZ Rn 4; FENN 140 mwNw). Insbesondere kommt es auch nicht darauf an, ob das Kind des Unterhalts *bedarf* – entscheidend ist, daß es **tatsächlich Unterhalt empfängt**. Deshalb ist auch dasjenige Hauskind dienstpflichtig, das eigene Einkünfte hat, diese aber zu anderen Zwecken verwendet und sich von den Eltern unterhalten läßt (OLG München OLG-Report München 1994, 122; OLG Saarbrücken VersR 1981, 542; FamRZ 1989, 180 f; FinG Rh-Pfalz EFG 1988, 223; GERNHUBER JZ 1998, 365; MünchKomm/VON SACHSEN GESSAPHE Rn 10). Die demgegenüber vom BGH postulierte „familiäre Abhängigkeit" des Kindes vom Unterhalt, weil es noch keine selbständigen Einkünfte habe (JZ 1998, 362, 364; ähnl LG Köln ZfSch 1990, 187 f; krit COESTER-WALTJEN LM § 1619 BGB Nr 8), gehört nicht zum Tatbestand des § 1619 – dieser erfaßt bewußt auch den nicht geschuldeten, aber doch gezahlten Unterhalt (vgl Mot IV 715 f).

Auch muß der Unterhalt **nicht in voller Höhe** von den Eltern geleistet werden und **27** **nicht einmal „im wesentlichen"** (so aber die hM, vgl OLG Celle NZV 1997, 233; OLG Nürnberg VersR 1992, 188, 189; LG Kiel FamRZ 1989, 1172; LG Paderborn ZfS 1983, 261; LG Trier Schadens-Praxis 1999, 341 f). Die Leistungen der Eltern müssen nur so „wesentlich" und regelmäßig sein, daß überhaupt von „Unterhalt" die Rede sein kann. Im übrigen ist es möglich, daß ein (erwerbstätiges) Kind auch noch zu Hause mitarbeitet und dafür **Teilunterhalt** erhält bzw – in umgekehrter Sicht – für Zuschüsse der Eltern zum Unterhalt (auch in natura) auch entsprechend mitarbeitet. Dies ist, zumindest in der Landwirtschaft, seit jeher üblich und entspricht moderner Tendenz zur „Job-Kombination" (OLG Celle NJW-RR 1990, 1478, 1479 f; GERNHUBER JZ 1998, 365 f; GRUNSKY EWiR 1998, 263, 264; COESTER-WALTJEN LM § 1619 BGB Nr 8; MünchKomm/VON SACHSEN GESSAPHE Rn 10 – alle in Kritik zu BGH JZ 1998, 362 ff, der iE der hM folgt). Auch schadenersatzrechtliche Gesichtspunkte (bei Verletzung oder Tötung des Kindes) stehen nicht entgegen – der Ausfallschaden ist insgesamt gleich, wenn jemand seinen Einsatz aufspaltet oder an *einem* Arbeitsplatz erbringt (OLG München OLG-Report München 1994, 122; OLG Saarbrücken FamRZ 1989, 180 f; GERNHUBER, GRUNSKY, COESTER-WALTJEN aaO). Unbeachtlich ist schließlich das Wertverhältnis zwischen Unterhalt und Diensten des Kindes (RAG JW 1933, 2408; RGZ 162, 116; BGH FamRZ 1960, 101; MünchKomm/VON SACHSEN GESSAPHE Rn 10).

III. Inhalt und Umfang

1. Begriff und Art der geschuldeten Dienste

„Dienstleistung" bedeutet die Entfaltung körperlicher (zB im Haushalt, RG LZ 1924, **28** 740) oder geistiger Tätigkeit. Zur Gewährung von Vermögensleistungen an die Eltern verpflichtet § 1619 das hausangehörige Kind nicht (dazu § 1618a Rn 36). Im übrigen besteht keine Einschränkung bezüglich Art und Inhalt der geschuldeten Dienste: Geschuldet ist *Mitarbeit*, die im Hauswesen oder Geschäft der Eltern erforderlich ist, dem Kind zuzumuten ist und von den Eltern verlangt wird. Auch sogenannte „höhere" Dienste, dh solche, die nur auf Grund besonderer Qualifikation des Kindes erbracht werden können, fallen grundsätzlich in den Rahmen der Vorschrift (RGZ 162, 116, 119; MünchKomm/VON SACHSEN GESSAPHE Rn 17; Stellung und Qualifikation des Kindes können aber bei der Abgrenzung eine Rolle spielen, ob die Dienste auf *vertraglicher* Grundlage erbracht werden, Rn 65). Unerheblich ist schließlich, ob es sich um regelmäßig zu erfüllende Pflichten oder um einen außergewöhnlichen Arbeitseinsatz in einer bestimmten Bedarfssituation handelt (Rn 32).

2. Hauswesen und Geschäft

29 Hauswesen und Geschäft bezeichnen den sachlichen Rahmen und die Grenzen der Dienstleistungspflicht des Kindes.

Mit **Hauswesen** ist der organisatorisch-räumliche Bereich angesprochen, der die Basis des familiären Zusammenlebens bildet. Dabei ist die räumliche Begrenzung nicht zu eng zu verstehen, zum „Hauswesen" gehören auch Arbeiten im Garten oder auf dem sonstigen Grundstück, auch der Bau eines Hauses wurde noch hierher gerechnet (OLG Nürnberg FamRZ 1960, 119, 120; anders offenbar LG Freiburg FamRZ 1984, 76). *Nicht* zum Hauswesen gehören nach richtiger Auffassung Dienste *an der Person* der Eltern wie etwa die ärztliche Behandlung der Eltern durch ein hausangehöriges Kind (MünchKomm/von Sachsen Gessaphe Rn 18; Soergel/Strätz Rn 7; **aA** Schmeiduch 36 f). Derartige Behandlung kann im Rahmen des § 1618a geboten sein, auch dort jedoch nicht notwendigerweise unentgeltlich (§ 1618a Rn 55).

30 „Geschäft" der Eltern ist jede selbständige Erwerbstätigkeit, auch in der Landwirtschaft und in freien Berufen (BGH FamRZ 1967, 449 f [zur Ehegatten-Mitarbeit]; Münch-Komm/von Sachsen Gessaphe Rn 18; Fenn 145 ff). Leisten die Eltern *abhängige Arbeit*, müssen die Kinder grundsätzlich nicht mitarbeiten, da ihre Mithilfe nicht den Eltern, sondern dem Arbeitgeber zugute kommen würde (BGH aaO). Jedoch sind auch bei abhängiger Arbeit Fallgestaltungen denkbar, in denen Mithilfe oder ein Einspringen des Kindes unmittelbar dem dienstberechtigten Elternteil zugute kommt, so insbesondere bei erfolgsbezogenem Entgelt (Zeitungsausträger, Vertreter, Heimarbeiter; s Fenn 147 f, zust MünchKomm/von Sachsen Gessaphe Rn 18; noch großzügiger Klunzinger FamRZ 1972, 71).

31 Nach hM braucht das Geschäft, für welches die Arbeit des Kindes erbracht wird, nicht ausschließlich dem Dienstberechtigten zu gehören. Es genügt, wenn letzterer Mitgesellschafter in einer **Personengesellschaft** ist (RG JW 1909, 502; BGH FamRZ 1967, 618, 620 fingiert deshalb eine Innengesellschaft zwischen Mutter und Stiefvater, um der Mutter einer getöteten nichtehelichen Tochter zu einem Schadensersatzanspruch aus § 845 zu verhelfen; vgl auch OLG Stuttgart VersR 1962, 651, 652). Unerheblich ist, daß der Ertrag der kindlichen Mitarbeit dabei *auch* anderen Gesellschaftern zugute kommt (**aM** PrOVG JW 1932, 1422; ArbG Radolfzell ARSt 1964, 183; Fenn 152 ff [mNw sozialgerichtlicher Rspr]).

3. Umfang

32 Der Umfang der vom Kind zu leistenden Mitarbeit richtet sich einerseits nach dem *Bedarf* auf Elternseite, andererseits nach der *Leistungsfähigkeit* des Kindes (BGH NJW 1972, 1716, 1718).

a) Elterlicher Bedarf

Der Bedarf an Mitarbeit im Haushalt, auf dem landwirtschaftlichen Hof oder im Geschäft richtet sich nach den konkreten Umständen im Einzelfall. Nicht nur regelmäßiger, sondern auch vorübergehend besonderer Bedarf etwa durch Unfall, Krankheit der Eltern begründet die Mitarbeitspflicht des Kindes (BGH FamRZ 1961, 117 f); bei beiderseitiger Berufstätigkeit der Eltern kann von den Kindern mehr Mitarbeit verlangt werden (Entlastungsfunktion!) als bei alleiniger Haushaltsführung durch einen Elternteil (BGH NJW 1972, 1716; BayObLG DAVorm 1981, 997, 899; BSGE 43, 236 ff; LSG Bremen v 14. 3. 1985 [Az L 1 Kr 5/84]).

b) Kräfte und Lebensstellung des Kindes

Die Dienstpflicht des Kindes besteht nur im Rahmen seiner Kräfte und seiner **33** Lebensstellung, es handelt sich um ein negatives Tatbestandsmerkmal, nicht um ein bloßes Rücksichtsgebot an die Eltern.

Die Dienstpflicht besteht für männliche wie weibliche Kinder gleichermaßen (BGH FamRZ 1973, 535, 536). Sie kann uU die *volle Arbeitskraft* des Kindes in Anspruch nehmen, auf Gegenleistungen oder den Wert des Unterhaltes kommt es (mangels jeder wertmäßigen Vergleichbarkeit, FENN 129) nicht an (BGH FamRZ 1960, 101; FamRZ 1972, 87; FamRZ 1991, 298, 299; s Rn 27). Die Dienstpflicht kann in Not- oder Drucksituationen gesteigert sein (Rn 32). Jedoch setzen die Ausbildung des Kindes sowie seine beruflichen und persönlichen Interessen seiner Inanspruchnahme je nach den Umständen im Einzelfall Grenzen (BGH FamRZ 1960, 359 f). Die Pflicht der Eltern, in Angelegenheiten der Ausbildung und des Berufs auf Eignung und Neigung des Kindes Rücksicht zu nehmen, § 1631a S 1, verdrängt ihre Berechtigung aus § 1619. Die für Schule oder Studium angemessene Hausarbeit wie auch Erholung des Kindes dürfen durch Dienstpflichten nicht beeinträchtigt werden; vor Prüfungen dürfte die Dienstpflicht häufig sogar ganz entfallen (neben der Berufsschule hält der BGH FamRZ 1960, 359 f eine vierstündige Mitarbeit pro Woche im Handwerksbetrieb des Vaters für angemessen; OLG Celle NZV 2006, 95, 96: 10 Wochenstunden im landwirtschaftlichen Nebenerwerbsbetrieb des Vaters für Gymnasiasten in der 11. Klasse; zu diesen Entscheidungen auch Rn 38).

Die Dienstpflicht kann auch **neben anderweitiger Erwerbstätigkeit** bestehen. Sie ist **34** hier durch die Verfügbarkeit, Leistungsfähigkeit und zumutbare Belastbarkeit des Kindes eingeschränkt, bei Empfang nur von Teilunterhalt (Rn 27) entsprechend reduziert (zum Arbeitsverhältnis mit den Eltern s Rn 62). Unrichtig ist aber der pauschale Grundsatz, daß bei einem „vollerwerbstätigen" Kind jede Dienstpflicht nach § 1619 ausscheide (so BGH JZ 1998, 362, 364; LG Trier Schadens-Praxis 1999, 341, 342). Dies paßt nicht nur schlecht zu modernen Arbeitszeiten und Erwerbsverhalten (vgl Rn 27; COESTER-WALTJEN LM § 1619 BGB Nr 8), sondern auch zum tatsächlichen Unterhaltsempfang durch das Kind (zur Kritik vgl Nachw Rn 27 sowie GERNHUBER/COESTER-WALTJEN § 55 Rn 3; RAUSCHER, FamR Rn 940; BAMBERGER/ROTH/ENDERS Rn 4; AnwKomm-BGB/LÖHNIG Rn 4; übertrieben jedoch – aus steuerpolitischen Gründen – FinG Rh-Pfalz v 4. 3. 1988 [Az 6 K 363/85], das eine 10–13 stündige Dienstpflicht pro Woche auch beim vollerwerbstätigen Kind annimmt).

Die „Lebensstellung" des Kindes zielt nicht auf antiquiertes Standesdenken, sondern **35** bezeichnet die erreichte Selbständigkeit und Stellung in der beruflichen und persönlichen Entwicklung (MünchKomm/VON SACHSEN GESSAPHE Rn 19). Insofern kann vom Kind im Haushalt oder Geschäft der Eltern keine Tätigkeit verlangt werden, die zu einer Schädigung seines (späteren) beruflichen Ansehens führen kann. Die Lebensstellung wird auch durch regionale und kulturelle Besonderheiten geprägt (LG Berlin FamRZ 1983, 943, 945, vgl Rn 68).

4. Haftung des Kindes

36 Eine Schadenersatzpflicht des Kindes für nicht erbrachte Mithilfe scheidet im Hinblick auf § 888 Abs 3 ZPO aus (Schwab FamRZ Rn 511), soweit nicht dadurch Folgeschäden am Eigentum der Eltern entstanden sind. Schädigt das Kind jedoch im Rahmen seiner Diensttätigkeit nach § 1619 die Eltern, so kommt seine Haftung auf Schadensersatz nach §§ 823 ff oder aus § 280 Abs 1 (wegen Verletzung eines gesetzlichen Schuldverhältnisses; anders Canaris BB 1967, 168; AnwKomm-BGB/Löhnig Rn 7) in Betracht. Jedoch haftet das Kind – nach hM analog §§ 1359, 1664 Abs 1 – nur für die *eigenübliche Sorgfalt* (§ 1618a Rn 34; für die hM Erman/Michalski Rn 9; MünchKomm/von Sachsen Gessaphe Rn 14; Gernhuber/Coester-Waltjen § 55 Rn 4; Schlüter, FamR Rn 341; offengelassen in BGH NJW 1979, 1600, 1601).

IV. Realisierung des Anspruchs

1. Elterliche Weisungen

37 Die Dienstpflicht des Kindes wird konkretisiert durch Weisungen, dh einseitige, rechtsgestaltende Gebote der Eltern (Erman/Michalski Rn 9; MünchKomm/von Sachsen Gessaphe Rn 12; Dölle II § 90 III 3; Rauscher, FamR Rn 941; gegen ein Weisungsrecht Enderlein AcP 200 [2000] 565, 581 f [allerdings inkonsequent: Konsenspflicht des Kindes, 581, und Folgepflicht bei dennoch erteilten Weisungen, 602]). Dieses Weisungsrecht folgt unmittelbar aus der Dienstberechtigung nach § 1619, bei erziehungsberechtigten Eltern geht sie allerdings untrennbar in deren sorgerechtlicher Weisungsbefugnis auf – dies auch deshalb, weil beim minderjährigen Kind die Erziehungs- und Entlastungsfunktion seiner Mitarbeit praktisch nicht zu trennen sind. *Nur* aus § 1619 folgt das elterliche Weisungsrecht, wenn die Dienstberechtigung auf Unterhaltsgewährung beruht.

38 Keinen Einbruch in die elterliche Bestimmungszuständigkeit bedeuten gerichtliche Konkretisierungen angemessener Mitarbeit (vgl BGH FamRZ 1973, 535, 536: ab 14 Jahren 7 Stunden wöchentlich Mithilfe im Haushalt; s auch Rn 33), da sie nur notwendige Berechnungsgrößen in Schadensersatzprozessen darstellen.

39 Anordnungen der Eltern, die die Dienstpflicht nach § 1619 überschreiten, sind *unverbindlich* und brauchen vom Kind nicht befolgt zu werden (Erman/Michalski Rn 9; MünchKomm/von Sachsen Gessaphe Rn 12). Dies gilt unabhängig davon, ob sich die Anordnung auch auf das Erziehungsrecht der Eltern stützt, vorbehaltlich des schwer vorstellbaren Falles, daß die über § 1619 hinausgehende Anordnung sorgerechtlich gerechtfertigt ist (zum Kindesschutz Rn 43 f).

40 *Mitarbeit* des Kindes *ohne Weisungen der Eltern* erfolgt ebenfalls grundsätzlich im Rahmen des gesetzlichen Rechtsverhältnisses aus § 1619, sie ist nicht Geschäftsführung ohne Auftrag (anders möglicherweise bei Diensten, die nach Art, Umfang oä nicht dem Tatbestand des § 1619 zuzurechnen sind).

2. Durchsetzung

Gegenüber **minderjährigen**, der Erziehung der Eltern unterstehenden Kindern set- **41** zen die Eltern ihre Weisungen wie sonstige sorgerechtliche Anordnungen durch (s STAUDINGER/SALGO [2007] zu § 1631). Erforderlichenfalls hat das FamG hierbei die Eltern auf Antrag zu unterstützen, § 1631 Abs 3. Eine Beschränkung auf „erzieherische Mitarbeit" ist jedoch ebensowenig möglich wie bei der unmittelbaren Durchsetzung durch die Eltern: Zwischen den Funktionen der Dienstpflicht (Rn 8) besteht eine untrennbare Gemengelage (Rn 37).

Gegenüber **volljährigen Kindern** und solchen minderjährigen Kindern, die nur wegen **42** Unterhaltsgewährung dienstverpflichtet sind, scheidet unmittelbare Durchsetzung durch die Eltern aus. Bei minderjährigen Kindern muß die Einwirkung über den Erziehungsberechtigten gesucht werden, bei volljährigen Kindern kann auf Leistung der geschuldeten Dienste geklagt werden. Allerdings ist ein auf solche Klage hin ergehendes Urteil analog § 888 Abs 3 ZPO nicht vollstreckbar (ERMAN/MICHALSKI Rn 10; MünchKomm/VON SACHSEN GESSAPHE Rn 13; GERNHUBER/COESTER-WALTJEN § 55 Rn 4; unstr). Streitig ist hingegen, ob die Eltern insofern Selbsthilfe üben können, als sie den Kindesunterhalt zurückbehalten oder kürzen. Die hM lehnt dieses Vorgehen ab: Jeder Zwang sei – entsprechend dem Rechtsgedanken aus § 888 Abs 3 ZPO – verboten, die Zurückbehaltung des Unterhalts anstößig (zu letzterem FENN 128 f; im übrigen MünchKomm/VON SACHSEN GESSAPHE Rn 13; SOERGEL/STRÄTZ Rn 5; ENDERLEIN AcP 200 [2000] 565, 581 f; AnwKomm-BGB/LÖHNIG Rn 6; SCHMEIDUCH 41 f Fn 205). Diese Sensibilität beim volljährigen Kind überzeugt nicht, da doch beim minderjährigen (wehrloseren) Kind Taschengeldkürzung oder -streichung (neben anderen Druckmaßnahmen) als zulässig angesehen werden (vgl PALANDT/DIEDERICHSEN § 1631 Rn 14). Mangels unmittelbarer Gegenseitigkeit kann die Dienstleistung zwar in der Tat nicht durch *Zurückbehaltung* des gesamten (gesetzlich geschuldeten) Unterhaltes erzwungen werden. Bejaht man jedoch eine schwächere, legitime Beziehung zwischen Unterhalt und Dienstleistung (Rn 14), so erweist sich die Auffassung von DÖLLE (Bd II § 90 III 3) als zutreffend, der eine „knappe Bemessung" des Unterhalts bei Nichterbringung der geschuldeten Dienste für zulässig hält (dagegen ausdrücklich SCHMEIDUCH aaO; RAUSCHER, FamR Rn 941). *Freiwillige* Unterhaltsleistungen der Eltern können darüber hinaus ohne Einschränkung zurückbehalten werden.

3. Kindesschutz

Dem **volljährigen Kind** ist sein Schutz gegen ungerechtfertigte oder gar mißbräuch- **43** liche Ausnutzung seiner Arbeitskraft selbst überlassen. Es kann durch Verlassen des elterlichen Haushalts die Dienstpflicht gegenüber den Eltern beenden (vgl aber Rn 10), es kann aber auch darauf dringen, daß seine Dienstleistung schuldrechtlich geregelt und damit dem Normbereich des § 1619 entzogen wird (Mot IV 716; BGH FamRZ 1960, 101; MünchKomm/VON SACHSEN GESSAPHE Rn 24; vgl Rn 62 ff).

Bei **minderjährigen Kindern** wird das FamG zunächst seine Unterstützung im Rah- **44** men des § 1631 Abs 3 versagen, wenn das Arbeitsverlangen der Eltern ungerechtfertigt ist. Daß die Kinder ungerechtfertigten Anordnungen der Eltern außerdem ohnehin nicht folgen müssen (Rn 39), nützt ihnen in der Praxis nicht viel, da das FamG im übrigen erst bei Vorliegen der Voraussetzungen des § **1666** eingreift (KG

OLGE 10, 1 f; MünchKomm/von Sachsen Gessaphe Rn 21; Gernhuber/Coester-Waltjen § 55 Rn 4). Hierbei wird eine praktisch bedeutsame Lücke im Kindesschutz offenbar: Wer schützt das 12/13-jährige Schulkind davor, beim Hausbau des Vaters monatelang 3–4 Stunden täglich mithelfen zu müssen? (Sachverhalt bei LG Freiburg FamRZ 1984, 76). Diese Schwäche im Kindesschutz sollte durch großzügigere Zubilligung *bereicherungsrechtlicher Ansprüche* gemildert werden (gegen LG Freiburg aaO; besonders gelagert der Fall in OLG Nürnberg FamRZ 1960, 119).

45 Neben den zivilrechtlichen Kindesschutz tritt – obwohl arbeits- und sozialversicherungsrechtliche Vorschriften grundsätzlich keine Anwendung finden – der **öffentlichrechtliche Schutz** nach dem *Berufsbildungsgesetz* vom 14. 8. 1969 (idF v 24. 12. 2003), wenn das Kind durch die Eltern ausgebildet wird; durch das *JArbSchG* vom 12. 4. 1976 (idF v 27. 12. 2003), das allerdings nicht gilt für geringfügige Hilfeleistungen in der Familie sowie für die Beschäftigung durch die Personensorgeberechtigten im Haushalt (für die Landwirtschaft vgl allerdings § 5 Abs 3 iVm § 2 Abs 1 Nr 3 KindArbSchV; s Schaub NJW 1976, 826; OLG Celle NJOZ 2004, 4584 [maximal 10 Wochenstunden für 17jährigen Gymnasiasten]). Auch Schutzvorschriften des *Heimarbeitsgesetzes* vom 14. 3. 1951 (idF v 23. 12. 2003) finden auf die familienrechtliche Mitarbeit Anwendung (zB §§ 12 ff; Schaub, Arbeitsrechtshandbuch § 36 Rn 35). Andere Schutzgesetze wie das Mutterschutzgesetz, die Arbeitszeitordnung sowie das Bundesurlaubsgesetz verweigern sich dem nur familienrechtlich Dienstpflichtigen, ihre Schutznormen wirken aber auf das Zivilrecht ein bei der Bestimmung der Leistungsfähigkeit des Kindes (Rn 34) sowie bei der gebotenen Rücksichtnahme der Eltern, § 1618a (s Fenn 481 ff).

V.   Wirtschaftliche Folgen

1.   Erträge

46 Der Ertrag aus Dienstleistungen des Kindes im Rahmen des § 1619 gebührt den dienstberechtigten Eltern ohne Rücksicht auf die Wertrelation zum von ihnen geleisteten Unterhalt (BGH FamRZ 1960, 101; MünchKomm/von Sachsen Gessaphe Rn 25; vgl Erman/Michalski Rn 11; Soergel/Strätz Rn 11). Arbeitet das Kind im Geschäft mit, das nur einem der beiden dienstberechtigten Eltern gehört, so stehen die Erträge auch nur diesem zu (zur Problematik von Personengesellschaften, an denen der dienstberechtigte Elternteil nur beteiligt ist, Rn 31). Der Ertrag geht unmittelbar in das Eigentum der Eltern über oder ist vom Kind herauszugeben und auf die Eltern zu übertragen (Mot IV 716; MünchKomm/von Sachsen Gessaphe Rn 22; Soergel/Strätz Rn 11).

47 Was ein Kind jedoch *außerhalb* des Rahmens des § 1619 durch Verwertung seiner Arbeit erwirbt, gebührt ihm selbst. Hierunter fallen sowohl die Erträge aus schuldvertraglichen Dienstleistungen für die Eltern (Rn 62 ff) als auch das Entgelt für Dienste für dritte Personen außerhalb des Hauses, zu deren Leistung das Kind auf Grund der Erziehungsbefugnis seiner Eltern angehalten worden war (zur Verwaltung und Verwendung dieser Einkünfte §§ 1626 Abs 1, 1638, 1649 Abs 1 S 2).

2. Entgelt

a) Grundsatz der Unentgeltlichkeit

Das Kind hat seine Dienste nach § 1619 **unentgeltlich** zu erbringen (Rn 2; RGZ 67, 56, **48** 58; 99, 112, 115; KG Rpfleger 1997, 106). Insbesondere ist der elterliche Unterhalt nicht als „Gegenleistung" für die kindlichen Dienste anzusehen, unbeschadet des konzeptionellen Sinnzusammenhangs elterlicher und kindlicher Leistungen (Rn 11, 12, 14; vgl ENDERLEIN AcP 200 [2000] 564, 582). Aus letzterem folgt, daß „Unentgeltlichkeit" hier nicht im Sinne des Schenkungsrechts (§ 516 Abs 1) zu verstehen ist, sondern eher wie bei „ehebezogenen Zuwendungen" (dazu GERNHUBER/COESTER-WALTJEN § 19 Rn 87 ff) – nur daß Leistung und Zweck hier gesetzlich vorgegeben sind (s noch folgende Rn). Zu beachten ist jedoch, daß bei Vereinbarung eines echten schuldrechtlichen Dienst- oder Arbeitsvertrages das von den Eltern geschuldete Arbeitsentgelt teilweise auch in der Form von Unterhaltsleistungen (Naturallohn) erbracht werden kann.

b) Freiwillige Vergütungen

Freiwillige (also auch nicht schuldvertraglich geschuldete) Zuwendungen der Eltern **49** an das Kind unterfallen nicht dem Schenkungsrecht, wenn sie sich auf ein angemessenes Taschengeld beschränken und somit als Teil des elterlichen Unterhalts zu qualifizieren sind (MünchKomm/VON SACHSEN GESSAPHE Rn 23; DÖLLE II § 90 III 5). Deshalb besteht auch keine Erstattungspflicht der Landeskasse, wenn ein Schöffe während seiner terminbedingten Abwesenheit von seinen Hauskindern im Geschäft vertreten wird und dafür Entgelt bezahlt (KG Rpfleger 1992, 106). Aber auch über ein Taschengeld hinausgehende Zuwendungen an das Kind sind keine Schenkung, solange sie in angemessenem Wertverhältnis zu den geleisteten Diensten liegen – diese sind dann *causa* der Zuwendungen und schließen deren Unentgeltlichkeit aus (MünchKomm/VON SACHSEN GESSAPHE Rn 26; SOERGEL/STRÄTZ Rn 10; aA DÖLLE aaO). Bei leistungsgerechter Bezahlung von Pflichtarbeit, insbesondere aber auch weitergehender Arbeit liegt jedoch ein starkes Indiz für ein Dienst- oder Arbeitsverhältnis vor (vgl MünchKomm/VON SACHSEN GESSAPHE aaO). Nur wenn und soweit die Zuwendungen den Wert der Kindesdienste übersteigen, liegt eine Schenkung vor (MünchKomm/VON SACHSEN GESSAPHE, SOERGEL/STRÄTZ aaO; aA FENN 219: Nie Schenkungsrecht, Dienstleistung stets causa).

c) Ausgleichserwartungen des Kindes
aa) Allgemeines

Aufgrund der familiären Beziehungen nehmen insbesondere volljährige Kinder **50** häufig keine externe Beschäftigung auf, sondern arbeiten bei den Eltern über längere Zeiträume, oft auch weit über das nach § 1619 geschuldete Maß hinaus, aber unentgeltlich oder gegen ein unverhältnismäßig geringes Entgelt in der mehr oder weniger offenen Erwartung, dafür irgendwann einen bestimmten Ausgleich zu erhalten. Derartige Erwartungen sind typischerweise gerichtet auf Erhalt einer Ausstattung, Geschäfts- oder Hofübernahme oder Erbschaft.

Diese Erwartungen sind häufig unverbindlich, weil eine entsprechende Vereinbarung mit den Dienstberechtigten nicht vorliegt oder aber nicht wirksam getroffen werden konnte (vgl §§ 311b Abs 1, 4, 518, 2302, 2276). Im Einzelfall kann das elterliche Versprechen einer Beihilfe zur Existenz aber als *Ausstattungsversprechen* wirksam sein (BGH FamRZ 1965, 430, 431): Ein solches Versprechen ist formfrei innerhalb des den Vermögensverhältnissen der Eltern entsprechenden Maßes, § 1624

Abs 1; aber auch ein darüber hinausgehendes Versprechen wurde vom BGH nicht als unentgeltlich eingestuft, sondern als Gegenleistung für die jahrelange unentgeltliche Mitarbeit des Sohnes (nicht in diesem Fall, aber häufig scheitern Ausstattungsversprechen jedoch an § 311b Abs 1). Für die Verpflichtung der Eltern aus einem gültigen Ausstattungsversprechen haftet nach Aufhebung des § 419 (vgl BGH aaO) auch der Hofübernehmer nur, wenn das Kind nach §§ 1 ff AnfG anfechten konnte.

bb) Enttäuschte Erwartungen

51 Verwirklichen sich die Erwartungen des Kindes nicht, hat es seine Arbeitskraft uU jahrelang nutzlos investiert. Der nach § 2057a vorgesehene erbrechtliche Ausgleich löst das Problem nicht (MünchKomm/VON SACHSEN GESSAPHE Rn 24): Auf durch bestimmte Zwecke motivierte Arbeitsleistungen ist die Norm nicht zugeschnitten, sie gewährt nur einen Ausgleich im Verhältnis zu miterbenden Abkömmlingen (nicht also dem überlebenden Elternteil) und versagt schließlich gänzlich bei Fehlschlag der Vergütungserwartung schon zu Lebzeiten der Eltern (zur Frage, *wann* eine Erbschaftserwartung fehlschlägt, vgl LG Freiburg FamRZ 1984, 76 [nicht schon bei Scheidung der Eltern und Verfeindung mit dem nichtsorgeberechtigten Elternteil, für den die Dienste geleistet wurden]; BAG AP Nr 28 zu § 612 BGB [noch nicht bei erheblichen lebzeitigen Verfügungen des Elternteils, sondern nur dann, wenn Verfügungen ohne sachliche Gründe erfolgen und dem späteren Ausgleich voraussichtlich die Grundlage entziehen]).

52 Hat das mitarbeitende Kind nur insgeheim auf einen späteren Ausgleich *gehofft*, so trägt es das *Risiko* des späteren Fehlschlags seiner Erwartungen. Haben der oder die Dienstberechtigten die Erwartungen des Kindes jedoch erkannt, mußten sie sie erkennen oder haben sie mit dem Kind gar darüber gesprochen, ohne daß hieraus eine gültige vertragliche Verpflichtung resultierte, und haben sie dennoch die Dienste des Kindes über einen längeren Zeitraum hingenommen, so müssen nach allgemeiner Meinung bei Fehlschlag der Vergütungserwartung diese Dienste gerechterweise anderweitig ausgeglichen werden. Über den Weg des Ausgleichs besteht jedoch Streit, dessen Bedeutung sich nicht auf dogmatische Fragen beschränkt.

Ausgangspunkt ist die Auffassung der Rechtsprechung, wonach eine spätere Entschädigung für (zunächst) unentgeltliche Dienstleistungen des Kindes sowohl im Rahmen einer familienrechtlichen Mitarbeit nach § 1619 wie auch im Rahmen eines Dienst- oder Werkvertrages vorgesehen werden kann (BGH NJW 1965, 1224; vgl Rn 65). Rechtspolitischer Beweggrund für diese Haltung ist die Erkenntnis, daß § 1619 auf solche Fälle nicht zugeschnitten ist, in denen die „Dienste" nicht Folge der Hausangehörigkeit (mit Unterhalt) sind, sondern letztere vielmehr Folge einer anderweitig motivierten Entscheidung sind, für die Eltern zu arbeiten (Rn 15). So wie ausdrückliche Vereinbarungen das wechselseitige Ausgleichsmodell des § 1619 verdrängen (Rn 4, 62 ff), so tut dies auch eine stillschweigende, von den Eltern aber zumindest erkannte Zwecksetzung (für eine Kombination von § 1619 als Rechtsgrundlage der Dienste mit einem „angestaffelten" Fernzweck iS § 812 Abs 1 S 2 Alt 2 hingegen ENDERLEIN AcP 200 [2000] 565, 583 ff mwNw).

53 Die ältere Rechtsprechung hat – ohne zwischen Vertrag und Zwecksetzung zu unterscheiden – stets Bereicherungsansprüche des Kindes nach **§ 812 Abs 1 S 2, Alt 2** (condictio causa data, causa non secuta) zugestanden (RG JW 1903 Beil 142; WarnR 1942,

228; OLG Breslau JW 1929, 1297, 1298; BGH FamRZ 1960, 101, 102; aus dem Schrifttum Münch-Komm/VON SACHSEN GESSAPHE Rn 28; FENN 229 ff).

Ebenfalls nicht auf den vorerwähnten Unterschied abstellend, will eine insbesondere auch vom *BAG* getragene Gegenmeinung den Ausgleich stets durch eine Anwendung des § 612 Abs 2 herstellen, auch dann, wenn keine vertragliche Vereinbarung getroffen wurde, sondern nur erkannte oder erkennbare Erwartungen des dienstleistenden Kindes vorlagen (BAG AP Nr 13 m zust Anm HUECK, Nr 22, 24 m zust Anm DIEDERICHSEN [anders wohl Nr 26 zu § 612 BGB]; SCHAUB, Arbeitsrechts-Handbuch § 66 Rn 16 ff; BYDLINSKI, in: FS Wilburg [1965] 45 ff, 66 ff [auch zum österreichischen Recht]; HANAU AcP 165 [1965] 263 ff, 274 ff).

Der 6. Senat des BGH hat sich dem teilweise angeschlossen (unveröff Urt vom 10. 3. 1964 – VI ZR 230/62 –; NJW 1965, 1224) und differenziert: Bei einer (auch stillschweigenden) gültigen schuldvertraglichen Grundlage der Dienstleistungen erfolgt der Ausgleich über § 612 Abs 1, 2; fehlte hingegen eine schuldvertragliche Einigung (so bei erkannten oder auch nur erkennbaren Erwartungen) oder war sie aus irgend einem Grunde unwirksam, erfolgt der Ausgleich weiterhin nach § 812 Abs 1 S 2, Alt 2 (vgl auch BGH FamRZ 1966, 25; FamRZ 1967, 214, 215; FamRZ 1973, 298, 299; zust ERMAN/MICHALSKI Rn 13; SOERGEL/STRÄTZ Rn 9; SCHLÜTER, FamR Rn 342; GÜNTHER 82 ff; ENDERLEIN AcP 200 [2000] 565, 587).

Von den weiteren Stimmen sind hervorzuheben CANARIS (BB 1967, 165 ff), der bei fehlender oder nichtiger Einigung der Beteiligten über Arbeitsleistung und Entschädigung statt der Ausgleichsordnung der §§ 812 ff die des „faktischen Arbeitsverhältnisses" anwenden will mit dem Ergebnis, daß das Kind einen Anspruch auf angemessenen Lohn erhält. GERNHUBER (FamR³ § 47 I 8) schließlich hält alle Lösungsansätze für letztlich unbefriedigend und diagnostiziert werdendes Richterrecht (ausformuliert zu einem Normentwurf bei BURCKHARDT, Der Ausgleich für Mitarbeit eines Ehegatten in Beruf oder Geschäft des anderen [§ 1356 Abs 2 BGB] [1971] 436).

Stellungnahme: Der ausnahmslose Lösungsansatz über § 612 ist zu Recht kritisiert **54** worden. Diese Bestimmung setzt eine vertragliche Grundlage voraus, die in vielen einschlägigen Fällen aber fehlte (CANARIS BB 1967, 165); dies verleitet die Gerichte zur bloßen Fiktion vertraglicher Abreden (BEUTHIEN Anm zu BAG AP Nr 28 zu § 612 BGB; FENN FamRZ 1968, 295 ff). Außerdem mißachtet dieser Ansatz den familienrechtlichen Charakter der Mitarbeit und eine etwaige Schutzwürdigkeit des Leistungsempfängers, er führt oft zu horrenden Nachzahlungspflichten (FENN 228 f; ders FamRZ 1968, 294 ff; KROPHOLLER FamRZ 1969, 244 f, 249 f). Andererseits ist dem 6. Senat des BGH darin Recht zu geben, daß für den Bereicherungsausgleich dann kein Raum ist, wenn eine gültige schuldvertragliche Grundlage der Dienstleistungen vorliegt und nur die Vergütung, so wie sie versprochen wurde, nicht erbracht worden ist: Hier ist § 612 zum Ausgleich heranzuziehen. Fehlt hingegen eine gültige vertragliche Grundlage der durch eine zumindest erkennbare Vergütungserwartung motivierten Dienstleistungen des Kindes, ist die Heranziehung dieser Bestimmung verfehlt. Aber auch der bereicherungsrechtliche Lösungsansatz ist unbefriedigend, er leidet an den bekannten Schwächen des Bereicherungsanspruchs, gemildert allenfalls durch § 820 (BAG AP Nr 13 zu § 612 BGB m Anm HUECK; BOSCH FamRZ 1966, 27; CANARIS BB 1967, 165, 167; vgl dagegen FENN 231 ff), und ist vor allem – worauf CANARIS hinweist – bei rechtsgrundlosen Arbeitsleistungen längst als typologisch unpassend erkannt worden. Die Ersetzung des bereicherungsrechtlichen Ausgleiches durch die Lehren vom „faktischen Arbeitsverhältnis" ist deshalb unabweisbar; in der sich als Konsequenz ergebenden Verpflichtung zur Zahlung eines „angemessenen Lohns" lassen sich alle familiären und einzelfallbezogenen Umstände befriedigend berücksichtigen (ebenso RAUSCHER, FamR Rn 943).

VI. Drittschädigungen

55 Wird ein nach § 1619 dienstpflichtiges Kind durch Verschulden Dritter getötet oder verletzt, so können die Eltern nach § 845 Schadensersatz für die entgehenden Dienste des Kindes verlangen. Als Anspruchsgrundlage kommt auch § 844 Abs 2 in Betracht, wenn die Dienste des Kindes im Einzelfall Teil des von ihm gewährten Unterhaltes an die Eltern waren (MünchKomm/VON SACHSEN GESSAPHE Rn 15; GERNHUBER/ COESTER-WALTJEN § 55 I 6; wer die Dienste nach § 1619 generell unterhaltsrechtlich qualifiziert [Rn 11], kommt konsequent zur *alleinigen* Maßgeblichkeit von § 844 Abs 2 – § 845 wird zur „normativen Ruine ohne Anwendungsbereich", so STAUDINGER/RÖTHEL [2002] § 845 Rn 8; ENDERLEIN AcP 200 [2000] 565, 574 ff; KILIAN NJW 1969, 2005, 2006). Eine derartige Schadensersatzverpflichtung des Schädigers besteht hingegen nicht, wenn das Kind seine Dienste nicht auf Grund des § 1619, sondern auf schuld- oder gesellschaftsvertraglicher Grundlage erbracht hat (BGH FamRZ 1969, 598 f; dazu Rn 62 ff). Die Anknüpfung des § 845 an gesetzliche Dienstpflichten ist antiquiert und sachlich nicht mehr haltbar (vgl Rn 16, 20); dieses deliktrechtliche Problem kann aber nicht im Familienrecht gelöst werden. Der BGH versteht die Schadensersatzpflicht nach § 845 als gesetzlich geregelten Fall der Schadensverlagerung: Aufgrund der unentgeltlichen Dienstleistung des Kindes wirkt sich der im Arbeitsausfall bestehende Schaden nicht bei diesem selbst, sondern bei seinen Eltern aus (BGH FamRZ 1978, 22, 23 f; FamRZ 1998, 101, 102 f). Auszugehen sei jedoch vom *Grundsatz der Schadenseinheit*, § 845 ermögliche nicht eine doppelte Geltendmachung des Ausfallschadens durch Kind und Eltern. Habe das Kind einen eigenen Schadensersatzanspruch aus §§ 842, 843, komme daneben ein Ersatzanspruch der Eltern aus § 845 nicht in Betracht. Das gleiche gelte, wenn ein Ausfallschaden deshalb gar nicht entstanden sei, weil das Kind verletzungsbedingt in eine andere Berufstätigkeit übergewechselt sei (BGH aaO). Der Ersatzanspruch der Eltern ist damit nur abgeleiteter Natur und abhängig vom Kindesanspruch. Er wird *verdrängt* vom eigenen Anspruch des Kindes aus §§ 842, 843, sobald dieses in eine anderweitige Erwerbstätigkeit gewechselt ist oder gewechselt wäre bei hypothetischem Verlauf der Dinge (Rn 57); er wird auch von vornherein eingeschränkt, wenn das Kind seine Arbeitskraft teils zu Erwerbszwecken und teils für die Familienarbeit eingesetzt hatte; fällt es aus, verteilt sich der Schaden teils auf das Kind, teils auf die Eltern – beide Ansprüche können kumuliert werden (s Rn 27 mwNw; zum ganzen auch STAUDINGER/RÖTHEL [2002] § 845 Rn 35 ff; ENDERLEIN AcP 200 [2000] 565, 589 ff).

56 Nach hM setzt der Ersatzanspruch aus § 845 (nicht der aus § 844 Abs 2) voraus, daß die Dienstpflicht des Kindes schon im Zeitpunkt der Verletzung bestanden haben muß (OLG München NJW 1965, 1439; MünchKomm/VON SACHSEN GESSAPHE Rn 15). Mangels eines einsehbaren Grundes für eine unterschiedliche Behandlung der Ersatzpflichten aus § 844 Abs 2 und § 845 ist jedoch auch § 845 iS der ersteren Vorschrift zu lesen (GERNHUBER/COESTER-WALTJEN § 55 Rn 9).

Besteht eine Ersatzpflicht wegen entgangener Dienste, so richtet sich die *Schadens-* **57** *höhe* nach dem Umfang der gem § 1619 *geschuldeten* Dienste – überobligationsmäßige Mehrarbeit des Kindes bleibt schadensrechtlich außer Betracht (OLG Celle NZV 2006, 95, 96). Des weiteren ist nach § 287 ZPO zu schätzen, wann die Dienstleistung des Kindes *voraussichtlich geendet* hätte (die Rechtsprechung geht – in Ermangelung sonstiger Gesichtspunkte – vom 25. Lebensjahr aus, OLG Celle FamRZ 1969, 218 f; OLG Karlsruhe VersR 1957, 271). Hatte das Hauskind noch in Ausbildung gestanden, so kann heutzutage nicht mehr davon ausgegangen werden, daß es auch nach Abschluß der Ausbildung im Elternhaus geblieben wäre oder jedenfalls familienrechtlich-unentgeltlich weiter gearbeitet hätte: Üblicherweise wäre eine weitere Mitarbeit auf arbeits- oder gesellschaftsvertraglicher Basis gestellt worden. Die Ersatzpflicht nach § 845 endet deshalb regelmäßig mit dem hypothetischen Abschluß der Ausbildung (OLG Celle NJW-RR 1990, 1478, 1479; vgl LG Köln ZfSch 1990, 187). Letztlich ausschlaggebend ist aber hier wie stets die sorgfältige Einzelfallprüfung, „wie lange das erwachsene Hauskind bereit gewesen wäre, sich künftighin auf ‚bloß‘ familienrechtlicher Grundlage einzusetzen" (BGH FamRZ 1991, 298, 299).

Soweit Schadenersatz nach § 845 wegen Tötung des Hauskindes geschuldet wird, müssen sich die Eltern im Wege der Vorteilsausgleichung den Entfall der Unterhaltsleistungen anrechnen lassen (BGH VersR 1961, 856; OLG Karlsruhe FamRZ 1988, 1051 f; ausführlich STAUDINGER/RÖTHEL [2002] § 845 Rn 26 ff).

Bei **Verletzung oder Tötung eines Elternteils** haben entweder dieser selbst (§§ 842, **58** 843) oder der überlebende Ehegatte und die Kinder (§ 844 Abs 2) einen Schadensersatzanspruch wegen entgangener Unterhaltsleistungen (zu einem – überwiegend abgelehnten – Anspruch aus § 845 wegen entgangener Dienste s Rn 20). Bei Berechnung dieses Schadensersatzanspruches (Kosten einer Ersatzkraft) berücksichtigt die Rechtsprechung in schadensminderndem Sinne eine regulär bestehende Dienstpflicht der Kinder nach § 1619 (zur unfallbedingten Mehrarbeit s Rn 59): Der Aufwand beispielsweise für eine Haushaltshilfe mindert sich etwa um 7 Stunden wöchentlich, wenn das 14jährige Hauskind zur unentgeltlichen Mithilfe in diesem Rahmen nach § 1619 verpflichtet ist (zu diesem Beispiel BGH FamRZ 1973, 535, 536; vgl auch BGH NJW 1972, 1716, 1718; FamRZ 1984, 462, 463; auf die *tatsächliche* Mithilfe kommt es auch hier nicht an [vgl Rn 57], LSG Nordrhein-Westfalen Urt v 26. 1. 2005 – Az L 8 RA 5/01 –). Diese *schadensmindernde Anrechnung der Kindesdienste* ist problematisch; sie enthält erstens einen Eingriff in das Bestimmungsrecht der Eltern, ob und inwieweit sie die Kinder überhaupt zur Mitarbeit heranziehen wollen, und zweitens bedeutet eine pädagogisch ernstgenommene Erziehung der Kinder zur Mitarbeit keineswegs eine zeitlich entsprechende Entlastung des dienstberechtigten Elternteils (Stichworte: *Miteinander* arbeiten, anleiten und ausgleichen durch anderweitige Zeitzuwendung); aus Unbehagen über die schadensmindernde Anrechnung ist wohl auch die (falsche) Äußerung in BGH FamRZ 1984, 462, 463 (vgl Rn 18) begründet; ablehnend auch BGH FamRZ 1961, 117 f.

Eine bei Schädigung der Eltern uU notwendig werdende *Mehrarbeit der Kinder* nach **59** § 1619 (Rn 33) mindert hingegen nicht deren nach §§ 842, 843 geltend zu machenden Schaden (analog § 843 Abs 4; BGH FamRZ 1961, 117 f; GERNHUBER/COESTER-WALTJEN § 55 Rn 11–13, empfiehlt, sicherheitshalber die Mehrarbeit der Kinder auf vertragliche Grundlage zu stellen).

VII. Gläubigerschutz

60 Die auf „faule Schuldner" zugeschnittene Vorschrift des § 850h Abs 2 ZPO (BGH
NJW 1979, 1601; THOMAS/PUTZO ZPO § 850h Rn 1) schützt grundsätzlich auch die Gläubiger
des auf der Grundlage des § 1619 mitarbeitenden Kindes (BGH aaO 1602; BAG NJW
1978, 343; LAG Frankfurt AP Nr 11 zu § 850h ZPO = NJW 1965, 2075; MünchKomm/VON SACHSEN
GESSAPHE Rn 30; GERNHUBER/COESTER-WALTJEN § 55 Rn 8; ENDERLEIN AcP 200 [2000] 565, 600 f;
FENN 496; ders AcP 167 [1967] 151 ff; ders FamRZ 1968, 291, 299 f; ders FamRZ 1973, 628; MENKEN
DB 1993, 161 ff [Ehegattenmitarbeit]; STEIN/JONAS/BREHM ZPO § 850h Rn 27). § 850h Abs 2
ZPO fingiert zugunsten der Gläubiger einen Lohnanspruch des ohne Entgelt oder
unterbezahlt arbeitenden Kindes gegen seine Eltern, der gepfändet werden kann (**aM**
GRUNSKY, in: FS F Baur [1981] 407 ff: widerlegliche Vermutung). Unentgeltlich ist die Dienst-
leistung des Kindes auch, wenn sie in Erwartung (aber ohne vertragliche Zusage)
künftiger Entschädigung erbracht wird (SCHAUB, Arbeitsrechts-Handbuch § 89 Rn 69).
Höchst umstritten ist jedoch, ob bei der Frage, ob die Dienste des Kindes „nach
Art und Umfang üblicherweise vergütet werden" (§ 850h Abs 2 S 1 ZPO), die verwandtschaftlichen Beziehungen zwischen den Beteiligten zu berücksichtigen sind.
Werden sie berücksichtigt (so ERMAN/MICHALSKI Rn 21; DÖLLE II § 90 III 6; GÜNTHER 31;
GRUNSKY 422 [allerdings Beweislast für Unentgeltlichkeit bei Eltern]), wird eine Vergütung
häufig üblicherweise nicht geschuldet sein, so daß § 850h Abs 2 ZPO weitgehend
leerläuft. Werden die verwandtschaftlichen Beziehungen deshalb nicht berücksichtigt (so BAG NJW 1978, 343 = AP Nr 16 zu § 850h ZPO im Anschluß an FENN 496 f; ders AcP 167
[1967] 151 ff; ders FamRZ 1968, 299 ff; auch SCHAUB, Arbeitsrechts-Handbuch § 89 Rn 66; ENDER-
LEIN AcP 200 [2000] 565, 601), wird jedoch das Unentgeltlichkeitsprinzip des § 1619
ausgehöhlt. Eine Mittelmeinung will deshalb die verwandtschaftlichen Beziehungen
nur bei Festsetzung der *Höhe* der fiktiv geschuldeten Vergütung berücksichtigen
(BGH NJW 1979, 1602; BAG aaO; LAG Frankfurt aaO; LAG Mainz AP Nr 6 zu § 850h ZPO;
MünchKomm/VON SACHSEN GESSAPHE Rn 30; STEIN/JONAS/BREHM ZPO § 850h Rn 27; Münch-
Komm-ZPO/SMID § 850h Rn 18). Angesichts des klaren Gesetzeswortlauts in § 850h
Abs 2 S 2 ZPO ist eine Berücksichtigung der verwandtschaftlichen Beziehungen
schon beim „Ob" der üblichen Vergütungspflicht (erstgenannte Auffassung) nicht
zu umgehen. Angesichts des Umstands, daß heutzutage die familienhafte Mitarbeit
gegenüber schuldvertraglicher Regelung der Dienste eines volljährigen Kindes mehr
und mehr zurücktritt, ist die Beeinträchtigung der Normwirkung des § 850h Abs 2
ZPO hinnehmbar. Im Ergebnis wird eine Pfändung fingierten Einkommens nach
§ 850h Abs 2 ZPO in der Regel nur insoweit möglich sein, als die Dienste des Kindes
seine Pflicht nach § 1619 übersteigen (andeutend BGH LM Nr 14 zu § 66 BEG 1956; LAG
Bremen AP Nr 9 zu § 850h ZPO; BOSCH FamRZ 1958, 84; GERNHUBER/COESTER-WALTJEN § 55
Rn 8; BAMBERGER/ROTH/ENDERS Rn 10; AnwKomm-BGB/LÖHNIG Rn 14).

61 Bei **kollusivem Zusammenwirken** von Eltern und Kind zum Schaden der Gläubiger
ist neben § 850h Abs 2 ZPO ein Schadensersatzanspruch nach § 826 nicht grundsätzlich ausgeschlossen (BGH LM Nr 29 zu § 826 [Gd] BGB; zurückhaltend jedoch BAG
FamRZ 1973, 626 f [nicht sittenwidrig]; grundsätzlich ablehnend FENN FamRZ 1973, 629).

VIII. Dienst-, arbeits- oder gesellschaftsvertragliche Grundlage der Dienstleistungen

1. Grundsätze und Wirkungen dienst- oder arbeitsvertraglicher Grundlage

§ 1619 schließt nicht die Möglichkeit aus, daß die Eltern mit ihrem (minderjährigen 62 oder volljährigen) Kind einen Dienst-, Arbeits- oder Gesellschaftsvertrag über dessen Dienstleistung schließen (BVerfG FamRZ 1965, 194; BGH FamRZ 1960, 101; FamRZ 1973, 298, 299; FamRZ 1991, 298, 299; s Rn 3). Auch soweit es sich um Dienste handelt, die sonst nach § 1619 geschuldet wären, werden diese fortan auf schuldvertraglicher Grundlage erbracht (der BGH spricht von „Ersetzung" [FamRZ 1973, 298, 299] oder „Umwandlung" [FamRZ 1965, 317] der Rechtsgrundlage). Es können auch zunächst auf familienrechtlicher Grundlage erbrachte Dienstleistungen für die Zukunft auf eine schuldrechtliche Grundlage gestellt werden (RAG JW 1933, 720; JW 1933, 2408; JW 1937, 1598 und 2650; SOERGEL/STRÄTZ Rn 15). Es steht grundsätzlich in der **freien Entscheidung von Eltern und Kindern**, ob sie die Mitarbeit auf vertragliche Grundlage stellen wollen (BGH aaO; anders – aus steuerrechtspolitischen Gründen – die Finanzgerichte, s Rn 65). Dabei geht die Praxis davon aus, daß die Beteiligten vor einer Entweder-Oder-Alternative stehen – eine Aufspaltung in einen familienrechtlich geschuldeten und einen freiwillig oder auf schuldvertraglicher Grundlage erbrachten Teil der Dienstleistungen soll ausgeschlossen sein. Das Beschäftigungsverhältnis könne nur „ganzheitlich" beurteilt und als solches dem Familienrecht oder dem Vertragsrecht unterstellt werden (BGH FamRZ 1972, 87, 88; FamRZ 1991, 298, 300; BFH NJW 1989, 2150; NJW 1994, 3374, 3375; OLG Köln VersR 1991, 1292 f). Dies vermag ebensowenig zu überzeugen wie die Ablehnung teilweiser Unterhaltsgewährung als Grundlage (teilweiser) Dienstpflicht (Rn 27, 34): Ein Kind, das neben arbeitsvertraglicher Vergütung auch noch zusätzlich Unterhalt empfängt, kann auch noch zu zusätzlicher familienrechtlicher Mithilfe verpflichtet sein; umgekehrt kann ein familienrechtlich mithelfendes Kind einzelne, besondere Funktionen auf eine vertragliche, entgeltliche Basis stellen (gegen BFH NJW 1994, 3374, 3375 [Tochter übernimmt Waschen und Bügeln der Wäsche aus der elterlichen Arztpraxis]; wie hier FENN 182 mwNw).

Die Einstufung der Kindesmitarbeit als familienrechtliche oder vertragliche hat 63 **erhebliche Konsequenzen**: Sie ist maßgeblich für den Bestand eines Schadensersatzanspruches der Eltern aus § 845 oder 844 Abs 2, für das Eingreifen arbeitsrechtlicher Gesetze und Grundsätze und entsprechend für die Zuständigkeit der Arbeitsgerichte anstelle der ordentlichen Gerichte, für den Bestand einer Sozialversicherungspflicht und für die steuerrechtliche Beurteilung. Eine vertragliche Regelung der Dienstleistungspflicht geht auch § 2057a vor. Die Anknüpfung all dieser Rechtsfragen an die höchst unklare und unzeitgemäße Grenzlinie zwischen familienrechtlicher Dienstpflicht und vertraglicher Regelung ist äußerst unglücklich; sie führt zu einer Instrumentalisierung des § 1619 für familienrechtsfremde Zwecke und zu für den Bürger kaum nachvollziehbarer, das Hauptproblem der Fälle nicht adressierender Rechtsprechung (Rn 16).

2. Abgrenzung familienhafter Mitarbeit zum Dienst- oder Arbeitsvertrag

Die Abgrenzung zwischen familienrechtlichen und dienst- oder arbeitsvertraglich 64 geschuldeten Diensten ist aus vorgenannten Gründen (Rn 63) eine *wichtige*, aber

außerordentlich schwer zu vollziehende Aufgabe (dazu ausführlich STAUDINGER/RÖTHEL
[2002] § 845 Rn 13 ff). Dies auch deshalb, weil nicht jede Vereinbarung zwischen Eltern
und Kind zum Schuld- oder Gesellschaftsrecht führt: Es kann sich auch um eine
„einvernehmliche Ausgestaltung der in § 1619 gesetzlich begründeten Mitarbeitspflicht" handeln (SCHWAB, FamR Rn 515). Ausgangspunkt ist die rechtstatsächliche
Erkenntnis, daß familienrechtliche Mitarbeit bei volljährigen Kindern modernem
Rechtsdenken nicht mehr entspricht und deshalb – auch im landwirtschaftlichen
Bereich – selten geworden ist. Während die Rechtsprechung früher von einer *Vermutung* zugunsten familienrechtlicher Mitarbeit ausgegangen ist, die nur bei Vorliegen „besonderer Umstände" zugunsten eines Arbeitsvertrages entkräftet werden
konnte (zuletzt noch BGH FamRZ 1965, 430), geht man von einer derartigen Vermutung
heute allgemein nicht mehr aus (BGH FamRZ 1973, 298, 299; FamRZ 1991, 298, 299; OLG
Zweibrücken VersR 1981, 542; in Frage gestellt schon in FamRZ 1972, 87, 88; gegen die Vermutung
zuvor schon BFH AP Nr 1 zu § 611 BGB – Arbeitsverhältnis zwischen Eltern und Kindern –; BSozG
AP Nr 2 zu § 611 BGB aaO [beide m Anm HUECK]; vgl auch MünchKomm/VON SACHSEN GESSAPHE
Rn 32; SOERGEL/STRÄTZ Rn 13; BÖHME 100 ff; FENN 415 ff, 427 ff; GÜNTHER 53; LEUZE und OTT
FamRZ 1965, 16). Ob umgekehrt heute von einer Vermutung ausgegangen werden
kann, daß volljährige Kinder nur auf vertraglicher Basis zur Weiterarbeit auf dem
Hof oder im Geschäft bereit sind (OLG Celle NJW-RR 1990, 1478, 1489), erscheint
ebenfalls noch ungesichert (vgl BGH FamRZ 1972, 87, 88; SCHLÜTER, FamR Rn 342). Statt
dessen ist die Abgrenzung unvoreingenommen aus **sämtlichen Umständen des Einzelfalles** zu gewinnen (BGH FamRZ 1991, 298, 299; MünchKomm/VON SACHSEN GESSAPHE
Rn 32). Maßgeblich für die Auslegung ist dabei die tatsächlich bestehende – nicht die
äußerlich vorgetäuschte – Willensrichtung der Beteiligten (BGH FamRZ 1972, 87, 88;
FamRZ 1991, 298, 300). Vorgetäuscht werden kann ein entgeltlicher Vertrag aus steuer-
lichen Gründen (vgl Rn 65), umgekehrt aber auch familienrechtliche Mitarbeit zu
Lasten von Kindesgläubigern oder Kindesschädigern (§ 845).

65 In Rechtsprechung und Schrifttum werden eine Vielzahl von Kriterien auf ihre
Indizwirkung für ein echtes Dienst- oder Arbeitsverhältnis hin erörtert. **Ältere Stel-
lungnahmen** (vor 1972) sind insoweit jedoch mit Vorsicht zu behandeln: Sie erfolgten
häufig unter dem Gesichtspunkt, ob das betreffende Kriterium „besondere Umstände" ausmachen könne, die die bis dahin angenommene Vermutung zugunsten
familienrechtlicher Verhältnisse außer Kraft setzen könne. In einer offenen Einzel-
fallwürdigung gebührt den Kriterien jedoch anderer Stellenwert (deshalb Zurückver-
weisung zur erneuten Prüfung in BGH FamRZ 1973, 298).

Sehr eingeschränkt ist auch die bürgerlichrechtliche Verwendbarkeit der **finanzge-
richtlichen Rechtsprechung**. Um der zwischen Angehörigen naheliegenden Miß-
brauchsgefahr zu begegnen und die steuerliche Anerkennungsfähigkeit von entgelt-
lichen Verträgen zu begrenzen, wird hier deutlich eine familienrechtliche Qualifikation der Mitarbeit favorisiert. Zwar wird die vertragliche Freiheit, die
familienrechtlich geschuldete Mitarbeit auf entgeltlich-vertraglicher Basis zu erbringen, im Grundsatz ebenfalls anerkannt (BFH DStZ 1999, 756, anders noch FinG Rh-Pfalz
EFG 1988, 223). Hiergegen soll aber – wie nach inzwischen aufgegebener BGH-Recht-
sprechung (Rn 64) – eine Vermutung sprechen; diese gilt nur als widerlegt, wenn der
Vertrag „sowohl nach seinem Inhalt als auch nach seiner tatsächlichen Durchfüh-
rung dem entspricht, was zwischen Fremden üblich ist" (BFH DStZ 1999, 756; ähnl schon
BFH NJW 1979, 672; 1989, 319; 1989, 3152; 1994, 3374), wobei allerdings ein gewisser

Vereinbarungsspielraum eingeräumt wird (BFHE 180, 377). Bei geringfügigen oder familientypischen Hilfsdiensten der Kinder wird die steuerliche Anerkennung gezahlter Entgelte deshalb regelmäßig verneint (zB Rasen mähen, Schnee fegen [Nds FinG 19. 3. 1990, Az VI 8/89]; Telephondienste [BFH NJW 1989, 319; NJW 1994, 3374]).

Als **Kriterien im Rahmen der stets notwendigen Einzelfallprüfung** sprechen insoweit **66** **für ein Dienst- oder Arbeitsverhältnis**: (1) Die Eingliederung des Kindes nach Art eines Arbeitnehmers in den Betrieb (BSozG AP Nr 2 zu § 611 BGB – Arbeitsverhältnis zwischen Eltern und Kindern – [G HUECK] = BB 1956, 856 m Anm JORKS BB 1957, 79) sowie die steuerliche und sozialversicherungsrechtliche Behandlung des Kindes wie ein Arbeitnehmer (BSozG aaO; BFH AP Nr 1 zu § 611 BGB – Arbeitsverhältnis zwischen Eltern und Kindern – m Anm G HUECK; BGH FamRZ 1978, 22, 23 [allein noch nicht genügend jedoch Beitragszahlungen an die Berufsgenossenschaft in der Unfallversicherung], aber BFH DStZ 1999, 756, 757 [immerhin Indiz]; MünchKomm/VON SACHSEN GESSAPHE Rn 33; FENN 445; zurückhaltender GERNHUBER/COESTER-WALTJEN § 55 Rn 6). (2) Die Gewährung eines periodischen Entgelts, dessen Höhe dem ortsüblichen oder dem tariflichen Lohn nahekommt (BSozG AP Nr 2, 3, 4 zu § 611 BGB – Arbeitsverhältnis zwischen Eltern und Kindern –; BGH FamRZ 1978, 22, 23; MünchKomm/VON SACHSEN GESSAPHE Rn 33; SOERGEL/STRÄTZ Rn 14; FENN 443 ff; GERNHUBER/COESTER-WALTJEN § 55 [stets Arbeitsvertrag]). (3) Auch die Leistung sog „höherer Dienste" *kann* ein Indiz für vertragliche Regelung der Leistungsbeziehungen sein (OLG Celle HRR 1939 Nr 824 [zu letzterem jedoch FinG Berlin FamRZ 1976, 286]). Auch ein hoher Wert der Kindesmitarbeit, insbesondere im Verhältnis zu den elterlichen Unterhaltsleistungen, schließt ein familienrechtliches Dienstverhältnis nicht aus (BGH FamRZ 1960, 101; Rn 27), *kann* aber für ein Arbeitsverhältnis sprechen (BGH RzW 1968, 128 f). (4) Der Einsatz des Kindes anstelle einer fremden bezahlten Arbeitskraft (nicht maßgeblich: DÖLLE II § 90 III; FENN 438 ff; wenig aussagefähig: MünchKomm/ VON SACHSEN GESSAPHE Rn 33; bedeutungsvoll: BFH DStZ 1999, 756, 757; BFHE 158, 563; LAG Köln 22. 12. 1987 [AZ 4 Sa 1165/87]; SOERGEL/STRÄTZ Rn 14; GÜNTHER 109 f). (5) Die Begründung eines förmlichen Lehrverhältnisses zwischen Kind und Eltern sowie die Weiterarbeit des Kindes nach fertiger Ausbildung (BGH RdJ 1966, 162; vgl Rn 57). (6) Die Verheiratung des Kindes (RAG JW 1933, 2408; BGH RdJ 1966, 162; FENN 436 ff; aM GERNHUBER/COESTER-WALTJEN § 55 Rn 6). (7) Arbeitsleistung gegen Ausstattungsversprechen (BGH FamRZ 1965, 430). (8) Die erwartete Übernahme des Betriebes der Eltern (vgl Rn 50 ff). Hier ist zu unterscheiden: Es *kann* ein Arbeitsvertrag geschlossen sein mit Vereinbarung einer atypischen Gegenleistung (BGH FamRZ 1965, 317, 318; CANARIS BB 1967, 166), es kann sich jedoch auch um familienrechtliche Mitarbeit handeln in der bloßen „Aussicht", später den Hof oder den Betrieb zu übernehmen oder im Erbwege bedacht zu werden (BSozG NJW 1962, 2077 f; BGH FamRZ 1965, 317, 318; FamRZ 1965, 430; FamRZ 1972, 87). (9) Die Fiktion eines geschuldeten Entgelts nach § 850h Abs 2 S 1 ZPO (s Rn 60) sagt *nichts* über den wirklichen Bestand einer vertraglich geschuldeten Gegenleistung (BGH FamRZ 1958, 173).

3. Gesellschaftsverträge

Gesellschaftsverträge zwischen Eltern und Kindern sind seltener als zwischen Ehe- **67** gatten, jedoch nicht ausgeschlossen (BGH RdA 1953, 352; OGH BrZ MDR 1949, 469 f; LAG Bremen RdA 1958, 77; MünchKomm/VON SACHSEN GESSAPHE Rn 31; für bäuerliche Betriebe: GÜNTHER 91 ff, 120). Ein Gesellschaftsverhältnis ist gekennzeichnet durch den gemeinsamen Zweck der Tätigkeit (OGH aaO), die Gemeinsamkeit der erzielten Einnahmen und die grundsätzliche Gleichordnung von Eltern und Kind als Gesellschafter (BGH FamRZ 1966, 25; BGH RzW 1968, 128 f; FamRZ 1972, 558 f; OLG Stuttgart VersR 1990, 902, 903). Auch hier kommt es für die Einstufung auf alle *Umstände des Einzelfalles* an, allerdings ist die Rechtsprechung zurückhaltend: Die Lebenserfahrung spreche für den Angestelltenstatus des Kindes (BGH RzW 1968, 128 f), ein Gesellschaftsverhältnis sei nur bei besonderen Umständen anzunehmen (vgl die vorstehenden BGH-Zitate). So wurde für nicht ausreichend erachtet die Mithilfe des Kindes beim Hausbau (BGH FamRZ 1966, 25), die leitende Stellung des Kindes als designierter Unternehmenserbe (BGH RzW 1968, 128) oder die Eigentumsgemeinschaft an einem Grundstück (BGH FamRZ 1972, 558). Andererseits reicht es aus, wenn das auch anderwärtig erwerbstätige Kind sein gesamtes Einkommen in den elterlichen Betrieb investiert und dort mitarbeitet (OLG Stuttgart VersR 1990, 902, 903).

IX. Auslandsbezüge

1. Internationales Privatrecht

68 Als Ausfluß der Eltern-Kind-Beziehung bestimmt das *Kindschaftsstatut* (Art 21 EGBGB) über Bestand und Umfang der Dienstpflicht, also das Recht am gewöhnlichen Aufenthalt des Kindes. Dies gilt auch, wenn sich die Dienstpflicht als *Vorfrage* im Rahmen zB eines Deliktprozesses stellt. Ist gem Art 40–42 EGBGB deutsches Deliktrecht anwendbar, ist die für § 845 wesentliche Dienstpflicht also dem Recht des Kindesaufenthalts zu entnehmen (vgl BGH NJW-RR 1987, 147; Hohloch JuS 1996, 172). Kennt dieses eine familienrechtliche Dienstpflicht nicht, würde es aber den Eltern deliktsrechtlich Schadenersatz gewähren, so ist durch *Angleichung* beider Rechtsordnungen zu helfen (OLG Köln FamRZ 1995, 1200, 1202; Hohloch JuS 1996, 171 f; MünchKomm/von Sachsen Gessaphe Rn 34). Eingriffe des FamG in mißbräuchliche Weisungen der Eltern bestimmen sich nach Art 1, 2 MSA.

2. Sonstiges

69 Auch bei Maßgeblichkeit des § 1619 können bei Zugehörigkeit der Beteiligten zu einem ausländischen Kulturkreis dortige Vorstellungen über die Mitarbeitspflicht in den Normtatbestand („Lebensstellung") einfließen (LG Berlin FamRZ 1983, 943, 945 [türkische Familie]).

§ 1620
Aufwendungen des Kindes für den elterlichen Haushalt

Macht ein dem elterlichen Hausstand angehörendes volljähriges Kind zur Bestreitung der Kosten des Haushalts aus seinem Vermögen eine Aufwendung oder überlässt es den Eltern zu diesem Zwecke etwas aus seinem Vermögen, so ist im Zweifel anzunehmen, dass die Absicht fehlt, Ersatz zu verlangen.

Materialien: E II § 1513 rev 1598; E III § 1596;
Prot II Bd 4, 538, 541; NEhelG Art 1 Nr 20.
STAUDINGER/BGB-Synopse 1896–2005 §§ 1618,
1620.

I. Grundsatz

§ 1620 (§ 1618 aF) ist eine **gesetzliche Auslegungsregel**, die bei Zweifeln über die **1**
Rückzahlbarkeit kindlicher Vermögensleistungen für den elterlichen Haushalt eingreift. Bei volljährigen Kindern geht das Gesetz davon aus, daß derartige Aufwendungen des Kindes im Zweifel nur dem Ausgleich der Vorteile dienen sollen, die
dem Kind aus der Zugehörigkeit zum elterlichen Hausstand zufließen (GERNHUBER/
COESTER-WALTJEN § 55 Rn 16; vgl MünchKomm/VON SACHSEN GESSAPHE Rn 1; DÖLLE II § 90 IV
2). Bei freiwilligen Unterhaltsleistungen gilt die Spezialnorm des § 685 Abs 2, auf die
Abgrenzung kommt es wegen der inhaltlichen Übereinstimmung der Vorschriften
jedoch nicht an (vgl auch § 1360b).

II. Voraussetzungen

Das Kind muß *volljährig* sein und dem elterlichen Hausstand angehören (zu letzterem **2**
§ 1619 Rn 17–24).

Aufwendungen aus dem Vermögen des Kindes sind auch solche, die das Kind aus **3**
seinem Arbeitseinkommen oder sonstigen Einkommen bestreitet (MünchKomm/VON
SACHSEN GESSAPHE Rn 2; SOERGEL/LANGE Rn 2; GERNHUBER/COESTER-WALTJEN § 55 Rn 16
Fn 42). *Dienste*, auch wenn sie Vermögenswert haben, fallen hingegen *nicht* unter
den Normtatbestand, sie sind von § 1619 erfaßt (der Malermeister streicht die
Wände im Haus seiner Eltern; vgl MünchKomm/VON SACHSEN GESSAPHE Rn 3; DÖLLE II
§ 90 IV 1). Die „Aufwendung" kann auch in der Eingehung einer Verpflichtung
bestehen – entweder gegenüber Dritten (Bürgschaft, Schuldversprechen zur Dek-
kung von Haushaltsschulden der Eltern) oder gegenüber den Eltern selbst (Verpflichtung zu Kostgeld, Rn 5).

Die Aufwendung muß gerade der Bestreitung von Haushaltskosten dienen. Hier- **4**
unter fallen nicht Aufwendungen für das elterliche Geschäft (MünchKomm/VON SACH-
SEN GESSAPHE Rn 2) oder für persönliche Bedürfnisse der Eltern einschließlich persönlicher, nicht haushaltsbezogener Schulden der Eltern (RGZ 74, 139, 140). Auch
Verwendungen der Kindeseinkünfte durch die *Eltern* im Rahmen des § 1649 Abs 2
fallen nicht unter § 1620, es handelt sich nicht um Aufwendungen des Kindes, sondern um ein „familienrechtliches Verwendungsrecht" der Eltern, das *causa* des Ver-
brauchs ist (vgl ZÖLLNER FamRZ 1959, 393, 394). Bei Überschreitung des Verwendungs-
rechts bestehen ohne weiteres Bereicherungsansprüche des Kindes (STAUDINGER/ENG-
LER [2004] § 1649 Rn 41 f).

III. Wirkung

Die Vorschrift greift in die gesetzliche oder privatautonome Regelung der vermö- **5**
gensrechtlichen Beziehungen zwischen den Beteiligten nicht ein, diese geht stets vor.

Ein Wirkungsfeld ist § 1620 erst eröffnet, wenn eine Ersatzpflicht der Eltern insbesondere aus Vertrag, GoA oder ungerechtfertigter Bereicherung zweifelhaft ist. Das Gesetz stellt *keine Vermutung* der Unentgeltlichkeit auf, gegen die sich das Kind durch ausdrückliche Rückforderungsvorbehalte bei seiner Leistung zu wehren hätte (RG HRR 1933 Nr 1423; MünchKomm/VON SACHSEN GESSAPHE Rn 4; SOERGEL/STRÄTZ Rn 2).

Kein Zweifel über die fehlende Freigebigkeit des Kindes besteht bei Vorliegen entgeltlicher Verträge oder bei irrtümlichen Zahlungen des Kindes auf Schuld (zB vermeintlich geschuldete Unterhaltsleistungen): Hier steht § 1620 Bereicherungsansprüchen des Kindes nicht entgegen (MünchKomm/VON SACHSEN GESSAPHE Rn 4; GERNHUBER/COESTER-WALTJEN § 55 Rn 17). § 1620 greift aber auch dann nicht ein, wenn das Fehlen einer elterlichen Ersatzpflicht schon aus anderen Gründen feststeht: So bei Leistung gesetzlich geschuldeten Unterhalts, bei Leistung geschuldeten Beistands (§ 1618a, vgl Rn 10) oder bei Zahlung des vertraglich vereinbarten Kostgeldes.

6   Zweifel über die Rückforderungsabsicht des Kindes können nur dort entstehen, wo außerhalb des gesetzlich Geschuldeten geleistet wird. Die Zweifel können sich hier auf das Bestehen vertraglicher Beziehungen überhaupt oder auf den Inhalt einer im Grundsatz unstreitigen vertraglichen Einigung beziehen. Allgemeinen Grundsätzen entsprechend, greift die Auslegungsregel des § 1620 erst dann ein, wenn die Auslegung anhand aller Umstände des Einzelfalles zu keinem Ergebnis geführt hat. Auch Indizien für den unerklärten, aber bei Leistung vorhandenen Willen des Kindes gehen der Auslegungsregel des § 1620 vor. So mag der Charakter einer Leistung als „laufende Aufwendung" für deren Unentgeltlichkeit sprechen, eine aus dem Rahmen fallend hohe Aufwendung hingegen für einen Ersatzwillen des Kindes sprechen (MünchKomm/VON SACHSEN GESSAPHE Rn 4; PALANDT/DIEDERICHSEN Rn 1; SOERGEL/STRÄTZ Rn 2; GERNHUBER/COESTER-WALTJEN § 55 Rn 17). Bei verbleibenden Zweifeln gilt:

7   Innerhalb einer feststehenden vertraglichen Einigung wirkt die Regel des § 1620 zugunsten der unentgeltlichen oder die Eltern weniger belastenden Vertragsvariante (GERNHUBER/COESTER-WALTJEN § 55 Rn 16): Ein gewährtes Darlehen ist im Zweifel zinslos; auf vertraglicher Grundlage hingegebenes Geld ist im Zweifel Kostgeld und nicht Darlehen.

8   Bestehen Zweifel, ob überhaupt ein (entgeltlicher) Vertrag geschlossen worden ist, ist der Gegenstand als schenkweise geleistet anzusehen (die vom Kind installierte Stereoanlage ist den Eltern geschenkt und nicht verkauft).

9   Macht das Kind Aufwendungen für den Haushalt, die unter den Tatbestand der Geschäftsführung ohne Auftrag fallen (und nicht Unterhalt sind, § 685 Abs 2), so wird die Auslegungsregel des § 1620 im Rahmen von § 685 Abs 1 wirksam.

10 Leistungen, bei denen weder eine gesetzliche oder vertragliche Verpflichtung noch Geschäftsführung ohne Auftrag im Spiel ist, sind nach allg Auffassung als *Schenkungsangebot* des Kindes zu qualifizieren, bei Annahme durch die Eltern also auf der Grundlage eines Schenkungsvertrages erbracht (MünchKomm/VON SACHSEN GESSAPHE Rn 5; GERNHUBER/COESTER-WALTJEN § 55 Rn 16). Der Klärung bedarf allerdings das Verhältnis von § 1620 zu § 1618a: „Beistand" iS letzterer Bestimmung können auch materielle Leistungen sein, die grundsätzlich unentgeltlich zu erbringen sind (§ 1618a

Rn 55). Insofern könnte daran gedacht werden, *jede* freiwillige Leistung des volljährigen Kindes als „Beistand" iS des § 1618a zu verstehen. Dies wäre jedoch verkehrt: Geschuldeter Beistand nach § 1618a setzt Bedürftigkeit auf der anderen Seite voraus – liegt diese vor, erfolgen die notwendigen Leistungen des Kindes auf Grund einer Rechtspflicht (oben Rn 5), Absichten des Kindes bezüglich einer etwaigen Rückforderung sind unbeachtlich. Allerdings ist keineswegs jede Haushaltsaufwendung des Kindes Reaktion auf eine entsprechende Bedürftigkeit der Eltern; soweit sie das Maß des nach § 1618a geschuldeten Beistands übersteigen, bleibt es bei der Tendenz zum Schenkungsrecht gem § 1620. Zur Auslegung des ungeschriebenen Tatbestandsmerkmals „Bedürftigkeit" im Rahmen des § 1618a ist zu beachten, daß die Einstufung zugunsten dieser Vorschrift den familienrechtlichen Beziehungen der Beteiligten besser gerecht wird als das Schenkungsrecht (vgl zB Form-, Widerrufs- oder Steuerprobleme; wie es überhaupt sinnvoller gewesen wäre, die gem § 1620 als unentgeltlich vermuteten Leistungen des Kindes nicht als donandi causa, sondern auf einer familienrechtlichen, „arteigenen causa" entsprechend § 1624 beruhend anzusehen, vgl dort Rn 1).

IV.   Internationalprivatrechtlich ist § 1620 als Bestandteil des deutschen materiellen **11** Kindschaftsrechts anzusehen (s § 1625 Rn 3).

§§ 1621–1623 (1620–1623 aF)
Aufgehoben durch Art 1 Nr 21 GleichberG vom 18. 6. 1957 (vgl § 1624 Rn 3).

§ 1624
Ausstattung aus dem Elternvermögen

(1) Was einem Kind mit Rücksicht auf seine Verheiratung oder auf die Erlangung einer selbständigen Lebensstellung zur Begründung oder zur Erhaltung der Wirtschaft oder der Lebensstellung von dem Vater oder der Mutter zugewendet wird (Ausstattung), gilt, auch wenn eine Verpflichtung nicht besteht, nur insoweit als Schenkung, als die Ausstattung das den Umständen, insbesondere den Vermögensverhältnissen des Vaters oder der Mutter, entsprechende Maß übersteigt.

(2) Die Verpflichtung des Ausstattenden zur Gewährleistung wegen eines Mangels im Recht oder wegen eines Fehlers der Sache bestimmt sich, auch soweit die Ausstattung nicht als Schenkung gilt, nach den für die Gewährleistungspflicht des Schenkers geltenden Vorschriften.

Materialien: E I § 1500 Abs 1, 3; E II § 1519 rev
1604; E III § 1602; Prot I 7592 ff, 8684, 8863;
Mot IV 716 ff; Prot II Bd 4, 317 ff.

Schrifttum

JAKOB, Die Ausstattung (§ 1624 BGB) – ein familienrechtliches Instrument moderner Vermögensgestaltung? AcP 207 (2007) 198 KERSCHER/TANCK, Zuwendungen an Kinder zur Existenzgründung: Die „Ausstattung" als ausgleichspflichtiger Vorempfang, ZEV 1997, 354 KNODEL, Die Ausstattung, eine zeitgemäße Gestaltungsmöglichkeit?, ZErb 2006, 225

SAILER, Die Ausstattung als Rechtsgrund von Überlassungsverträgen, NotBZ 2002, 81.
Zum älteren Schrifttum vgl STAUDINGER/ GOTTHARDT (11. Aufl 1966).
Grundlegend insbesondere HAYMANN, Zur Grenzziehung zwischen Schenkung und entgeltlichem Geschäft, JherJB 56 (1910) 86 und OERTMANN, Entgeltliche Geschäfte (1912).

Systematische Übersicht

Alphabetische Übersicht

I. Allgemeines

1. Übersicht

Auch Zuwendungen zwischen Eltern und Kindern unterliegen den allgemeinen **1** gesetzlichen und privatautonomen Regeln, erfolgen sie unentgeltlich, so sind sie Schenkung (vgl § 1620). Unter der Legaldefinition „Ausstattung" trifft das Gesetz in § 1624 jedoch eine *Sonderregelung* für bestimmte Zuwendungen der Eltern an die Kinder, nämlich solche Zuwendungen, die mit Rücksicht auf eine bestimmte Bedürfnislage des Kindes als Ausfluß fortbestehender Elternverantwortung, gewissermaßen als materielle Starthilfe zum letzten Schritt in die Selbständigkeit als Endziel der elterlichen Aufgabe gegenüber ihren Kindern anzusehen sind. Zu derartigen Zuwendungen besteht zwar keine Rechtspflicht (Rn 3); werden sie aber freiwillig gegeben, so erfolgen sie nicht rechtsgrundlos (§ 812) und auch nicht donandi causa (§§ 516 ff), sondern in engem Korrespondenzverhältnis zum Eltern-Kind-Verhältnis – es handelt sich um eine **familienrechtliche causa sui generis**, vergleichbar den ehebezogenen („unbenannten") Zuwendungen unter Ehegatten (vgl JAKOB AcP 207 [2007] 198, 200; SAILER NotBZ 2002, 81; KERSCHER/TANCK ZEV 1997, 354; „arteigene causa", GERNHUBER/COESTER-WALTJEN § 56 Rn 7). Rechtlich obsolet geworden sind heute die früher in diesem Zusammenhang verwendeten Begriffe „Aussteuer" (Rn 3) und „Mitgift" (Rn 8). Im Ausschluß des Schenkungsrechts liegt auch die wesentliche *Rechtsfolge* des § 1624 (näher Rn 27 ff).

Die Ausstattung kann durch unmittelbare Hingabe oder Gewährung der zugewen- **2** deten Vermögensvorteile vollzogen werden, Kausalvertrag (Ausstattungsversprechen) und Erfüllung können jedoch auch zeitlich auseinanderfallen (zum Ausstattungsversprechen Rn 14 ff).

2. Keine Rechtspflicht zur Ausstattung

Der **Aussteueranspruch** nach §§ 1620–1623 aF (nur für Töchter) ist durch das *Gleich-* **3** *berechtigungsgesetz* von 1957 **beseitigt** worden, er war mit dem gewandelten Rollenverständnis von Mann und Frau in Familie und Beruf nicht mehr vereinbar. Ein Rechtsanspruch auf Ausstattung kann auch nicht auf dem Umweg über das Unterhaltsrecht gerettet werden: Was an Unterhalt geschuldet wird, bestimmen die §§ 1601 ff *abschließend*, eine Beschränkung auf Töchter verstößt gegen das GleichberG.

Gestritten wird darüber, ob die Ausstattung im Rahmen des § 1624 wenigstens einer **4**

sittlichen Pflicht der Eltern entspricht (bejahend ERMAN/MICHALSKI Rn 8; SOERGEL/STRÄTZ Rn 5; DÖLLE II § 90 V 2; abl GERNHUBER/COESTER-WALTJEN § 56 Rn 7 [nur sittliche Idee]; BFH BB 1987, 2081, 2082; HENRICH § 18 IV 3 b; nur in besonderen Fällen: Hess FinG FamRZ 1978, 272). Abstrakte Erörterungen hierüber erscheinen jedoch nicht weiterführend und müßig, maßgeblich kann nur die konkrete Interessenabwägung im jeweiligen Problemzusammenhang sein (ebenso JAKOB AcP 207 [2007] 198, 205 f, 217): Entweder die Abwägung des familienrechtlichen Zuwendungsgrundes gegen die Fiskalinteressen im Rahmen von § 33 EStG (zweitere überwiegen grundsätzlich, keine Absetzbarkeit BFH BB 1987, 2081 [mangels sittlicher Pflicht; besonders gelagerte Ausnahmefälle vorbehalten]; vgl KNODEL ZErb 2006, 225 f) oder gegen die Interessen der Gläubiger der illiquide gewordenen Eltern im Rahmen von §§ 134 Abs 1, 138 InsO und § 4 Abs 1 AnfG (hier müssen – parallel zu anderen Zuwendungen innerhalb der Familie – die Gläubigerinteressen überwiegen, LG Tübingen ZInsO 2005, 781 [Anm MALITZ] mit umfass Nachw zum Streitstand; ebenso JAKOB AcP 207 [2007] IV. 4. mit ausführlicher Diskussion; BAMBERGER/ROTH/ENDERS Rn 5; MünchKomm/VON SACHSEN GESSAPHE Rn 16; aA die hM, vgl STAUDINGER/WIMMER-LEONHARDT [2006] § 516 Rn 176; ERMAN/MICHALSKI Rn 12; PALANDT/DIEDERICHSEN Rn 3; SOERGEL/STRÄTZ Rn 5). Erst die Einzelfallabwägung erlaubt auch die Bejahung oder Ablehnung einer „sittlichen Pflicht" der zuwendenden Eltern, wenn diese im Rahmen von BGB-Vorschriften eine Rolle spielt – etwa in § 1375 Abs 2 Nr 1 (ebenso JAKOB AcP 207 [2007] 198, 205 f; anders [eine sittliche Pflicht bei Ausstattungen generell bejahend] MünchKomm/VON SACHSEN GESSAPHE Rn 13; MünchKomm/KOCH § 1375 Rn 26; STAUDINGER/THIELE [2007] § 1375 Rn 26).

5 Mangels eines Rechtsanspruchs des Kindes bedarf der **Vermögensbetreuer der Eltern** zur Gewährung einer Ausstattung der vormundschaftsgerichtlichen Genehmigung, § 1908; das Schenkungsverbot der §§ 1908i, 1804 greift mangels Schenkungscharakters der Ausstattung nicht ein. Das Genehmigungsgericht hat, etwa bei Hofübergabeverträgen, insbesondere die angemessene Versorgung und Absicherung des betreuten Elternteils zu prüfen (OLG Stuttgart FamRZ 2005, 62 f; BÖHMER MittBayNot 2005, 232 ff; ausführlich JAKOB AcP 2007 [2007] 198, 213 ff, 219 f; s auch unten Rn 12).

3. Güterrecht, Erbrecht

6 Die **güterrechtliche** Behandlung auf Seiten des Ausstattungsempfängers ist geregelt in §§ 1374 Abs 2 (Zurechnung zum Anfangsvermögen in der Zugewinngemeinschaft), 1418 Abs 2 S 2 (Vorbehaltsgut in der Gütergemeinschaft), 1477 Abs 2 S 2, 1502 Abs 2 S 2 (Auseinandersetzung der Gütergemeinschaft). Auf seiten der die Ausstattung gewährenden Eltern sind einschlägig § 1375 Abs 2 Nr 1 (dazu oben Rn 4), bei der Gütergemeinschaft §§ 1444, 1466, 1499 Nr 3 (Belastung im Innenverhältnis); im Rahmen des § 1426 kann eine Ausstattung als zur ordnungsgemäßen Verwaltung des Gesamtgutes erforderlich gelten (BayObLGZ 23, 160).

Erbrechtlich unterliegt die Ausstattung der Ausgleichung nach § 2050 Abs 1 (dazu KERSCHER/TANCK ZEV 1997, 354 ff; JAKOB AcP 207 [2007] 198, 206 ff), bei der Pflichtteilsberechnung ist sie nach §§ 2315, 2316 anzurechnen (STAUDINGER/HAAS [2006] § 2315 Rn 12; § 2316 Rn 7, 8, 58; SAILER NotBZ 2002, 13 f). S im übrigen auch unten Rn 12, 27.

II. Voraussetzungen

1. Parteien der Ausstattung

a) Eltern und Kinder

§ 1624 gilt nur im Verhältnis zwischen Personen, die in einem rechtlichen Eltern- 7
Kind-Verhältnis stehen. Dabei ist unerheblich, ob das Kind voll- oder minderjährig
ist, ob es dem elterlichen Sorgerecht untersteht und ob es dem elterlichen Hausstand
angehört.

Nicht unter den Tatbestand der Vorschrift fallen hingegen Neffen/Nichten, Geschwister, Stiefkinder. Die Nichtanwendung der Vorschrift auf Enkel (hM; OLG Zweibrücken
v 18. 12. 1997 – Az 5 UF 166/95 – [zu II. 3. b) cc)]) erscheint hingegen im Lichte der §§ 1601,
1618a (dort Rn 26) als zu engherzig (ebenso AnwKomm-BGB/LÖHNIG Rn 2).

b) Beteiligung Dritter

Dritte Personen können am Ausstattungsverhältnis weder als Ausstattungsgeber 8
(RGZ 62, 275; aber eingeschlossen im überholten Begriff der „Mitgift") noch als Ausstattungs-
empfänger beteiligt sein. Drittempfänger idS ist auch das Schwiegerkind (übersehen
von LG Mannheim NJW 1970, 2111), obwohl es bei Zuwendungen anläßlich der Eheschließung idR von der Ausstattung profitiert. Folgende Konstruktionsmöglichkei-
ten sind zu unterscheiden: (1) Verhandeln die Eltern mit Kind und Schwiegerkind
über die Ausstattung, so ergibt idR die *Auslegung*, daß rechtlicher Zuwendungsempfänger nur das eigene Kind sein sollte (KG FamRZ 1963, 449, 451; LG Mannheim aaO);
(2) Wird nur mit dem Schwiegerkind verhandelt, so kann dieses als *Stellvertreter* des
Kindes/Ausstattungsempfängers anzusehen sein; (3) Bei Abschluß des Zuwendungsvertrages mit dem Schwiegerkind kann die Zuwendung doch gem § 328 dem leiblichen Kind gelten (vgl BGH FamRZ 1992, 161, 162; AG Stuttgart FamRZ 1999, 655 f; GERN-
HUBER/COESTER-WALTJEN § 56 Rn 5; unschädlich der Forderungsanspruch auch des Schwiegerkindes, SOERGEL/STRÄTZ Rn 6); (4) Bei Abschluß des Zuwendungsvertrages mit dem
leiblichen Kind ist eine Begünstigung des Schwiegerkindes gem § 328 ebenfalls
unschädlich (RGZ 67, 206).

Soweit *auch* das Schwiegerkind Zuwendungsempfänger ist, wendet der BGH insoweit nicht Schenkungsrecht, sondern die Grundsätze über „unbenannte Zuwendungen" entsprechend an (FamRZ 1995, 1060, 1061; 1998, 669 f; zur „unbenannten Zuwendung"
s LÖHNIG FamRZ 2003, 1521 ff; zur Rückabwicklung bei Scheitern der Ehe s Rn 24).

2. Gegenstand der Ausstattung

Gegenstand der Ausstattung kann jeder denkbare Vermögenswert sein, der vom 9
Vermögen der Eltern in das des Kindes fließt (BGH NJW 1987, 2816, 2817). Gegenleistungen des Kindes stehen der Annahme einer Ausstattung nicht grundsätzlich
entgegen, solange ihr Wert hinter dem Zugewendeten zurückbleibt (vgl JAKOB AcP 207
[2007] 198, 220 f; s auch unten Rn 13). Vom Begriff erfaßt sind sogar zweckbezogene
Zuwendungen aus dem Kindesvermögen selbst (vgl § 1625; RAUSCHER, FamR Rn 949;
GERNHUBER/COESTER-WALTJEN § 56 Rn 4). Geldleistungen können in Form einer einma-
ligen **Kapitalzuwendung** erfolgen (unbeschadet einer etwaigen ratenweisen Auszah-
lung) oder in Form laufender Zahlungen (RGZ 67, 204, 207; JW 1920, 237), die auch die

Form einer Rente annehmen können (RGZ 63, 323 ff; 67, 204, 207; 79, 61 ff; JW 1907, 332; Recht 1922 Nr 46, 47; zur Form Rn 26). Auch bei nicht rückzahlbaren Kapitalzuwendungen ist es nicht ausgeschlossen, daß diese (für die Lebenszeit des Ausstattenden) verzinst werden (RG WarnR 1917 Nr 58). Geld kann fernerhin auch gewährt werden durch **Tilgung von Schulden** des Kindes oder dessen Ehegatten (RG JW 1912, 913), durch **Verzicht auf eine Forderung** (OLG Hamburg Recht 1911 Nr 753), durch Gewährung eines (zinslosen oder verzinslichen) **Darlehens** (BGB-RGRK/Wenz Rn 6) oder Eröffnung eines Bankkontos (RG JW 1922, 1443 f) bzw Abschluß eines Lebensversicherungsvertrages zugunsten des Kindes (OLG Düsseldorf NJW-RR 2004, 1082).

10 Die Ausstattung kann auch in der Leistung von **beweglichen oder unbeweglichen Sachen** bestehen oder in der Übertragung von Sachgesamtheiten (Bauernhof, Geschäft, OLG Stuttgart FamRZ 2005, 62; zu Formfragen Rn 26). Auch die Einräumung von *Nutzungsrechten*, insbesondere an einem Grundstück, kommt in Betracht, etwa in der Form der Gewährung freier Wohnung (RG Recht 1906 Nr 2634; LZ 1917, 801; WarnR 1920 Nr 98; WarnR 1935 Nr 3; LG Mannheim NJW 1970, 2111 f [in diesem Fall besteht kein Mietvertrag]) oder durch Abschluß eines Mietvertrages (LG Berlin GrundE 1933, 1066: kündbar aus wichtigem Grund). Auch soweit kein Mietvertrag besteht, ist § 567 entsprechend anzuwenden, die Kündigung also nach 30 Jahren möglich (RGZ 121, 11, 13). Weiterhin kann die Ausstattung bestehen in der Bestellung von Grundpfandrechten, der Übertragung von Wertpapieren, Forderungen oder anderer Rechte; sie ist schließlich auch in der Weise möglich, daß das Kind als stiller Teilhaber in das elterliche Geschäft aufgenommen wird (RG JW 1938, 2971) oder als **Gesellschafter** in eine BGB-Gesellschaft (OLG Celle NdsRpfl 1962, 203; keine Ausstattung allerdings, wenn mit der Gesellschafterstellung keine materiellen Vorteile verbunden sind, OLG Hamburg MDR 1978, 670). **Nicht** Ausstattung sollen hingegen **Arbeitsleistungen** der Eltern sein, soweit sie deren Vermögen nicht mindern (etwa durch Unterlassung anderweitigen Erwerbs oder durch Verzicht auf eigentlich geschuldeten Arbeitslohn; BGH NJW 1987, 2816, 2817; krit Gernhuber/Coester-Waltjen § 56 Rn 6; vgl auch BGH FamRZ 1992, 161, 162 [„ähnlich einer Ausstattung"]).

3. Anlaß und Zweck der Ausstattung

11 Die Ausstattung muß aus einem bestimmten *Anlaß* und zu einem bestimmten Zweck gegeben werden.

a) Anlaß
Anlaß der Ausstattung ist die **Verheiratung** (gleichgestellt werden sollte die Eingehung einer registrierten Lebenspartnerschaft, AnwKomm-BGB/Löhnig Rn 4) oder **Existenzgründung** des Kindes. Dabei ist nicht erforderlich, daß die Ausstattung zu *Beginn* dieser Ereignisse gegeben wird. Einerseits kann sie sich auf erst *geplante* Ereignisse beziehen (BayerLSG v 25. 2. 2005 – Az L 8 AL 376/04 –), sie kann aber auch erst später erfolgen, solange sie nur „mit Rücksicht" darauf gegeben wird (RG JW 1904, 426; WarnR 1917 Nr 58; HRR 1929 Nr 608; MünchKomm/von Sachsen Gessaphe Rn 5; Soergel/Strätz Rn 8; Dölle II § 90 V 1; Gernhuber/Coester-Waltjen § 56 Rn 2). Die Ausstattung kann deshalb auch der Vergrößerung eines schon bestehenden Geschäftes dienen (RG JW 1910, 237). Die zeitliche Nähe zur Heirat oder Existenzgründung erleichtert aber die Argumentation zugunsten einer „Ausstattung" iS § 1624 (Jakob AcP 207 [2007] 198, 221).

b) Zweck

Der Zweck der Ausstattung wird durch die **Absicht des Leistenden** bestimmt (nach **12** AG Stuttgart FamRZ 1999, 655, 656 ist eine entspr Absicht im Zweifel anzunehmen); ob die Leistung zu diesem Zweck objektiv erforderlich ist, spielt keine Rolle (RG WarnR 1938 Nr 22; OLG Düsseldorf NJW-RR 2004, 1082; allgM). Die Ausstattung muß „zur Begründung oder zur Erhaltung der Wirtschaft oder der Lebensstellung" des Kindes dienen, eine Festlegung der *konkreten* Verwendung (Studium, Existenzgründung, Führerschein oä) ist nicht erforderlich (OLG Düsseldorf NJW-RR 2004, 1082). Zuwendungen zum Ausgleich einer konkreten Notlage erfüllen diese Voraussetzung nicht (OLG Hamburg HansGZ 1917 B 247; MünchKomm/VON SACHSEN GESSAPHE Rn 5; SOERGEL/ STRÄTZ Rn 8). Ebenfalls nicht genügend ist die Absicht der Eltern, das Kind vermögensmäßig mit den übrigen Kindern gleichzustellen (BGH FamRZ 1965, 502). Als **Nebenzweck** hingegen schaden diese Zuwendungsabsichten nicht, wenn nur die Zuwendung *auch* den gesetzlichen Zwecken dient (BGH aaO; OLG Celle NdsRpfl 1962, 203; GERNHUBER/COESTER-WALTJEN § 56 Rn 3); gleichermaßen unbeachtlich sind in diesem Fall auch andere Motive des Zuwendenden, wie etwa die Ersparung von Steuern (RG HRR 1929 Nr 608). Es kommt im Einzelfall immer darauf an, was Haupt- und was Nebenzweck der elterlichen Zuwendung ist (JAKOB AcP 207 [2007] 198, 218 f) – ist die Begünstigung des Kindes nur Mittel oder Folge einer im wesentlichen anders motivierten Transaktion, liegt im Verhältnis zum Kind keine Ausstattung iS § 1624 vor, sondern eine Schenkung (BayObLG Rpfleger 2003, 649, 650 [Zweck: Erhaltung des ererbten Anwesens für die Familie]). Steht bei einer Hofübergabe an den Sohn hingegen der Ausstattungszweck im Vordergrund, so wird die Anwendbarkeit des § 1624 nicht dadurch in Frage gestellt, daß die Übergabe *auch* (wenngleich als Nebeneffekt) der vorweggenommenen Erbfolge dient (OLG Stuttgart FamRZ 2005, 62; vgl Rn 5).

Zu *Zweckverfehlungen* unten Rn 19 ff.

4. Angemessenes Maß

Die Ausstattung ist nur dann und insoweit dem Schenkungsrecht entzogen, als sie **13** das angemessene Maß nicht überschreitet. Manche Eltern mögen ihren Kindern mehr zuwenden (zu Übermaßausstattungen s Rn 29), aber die „sittliche Idee", die der Ausstattung zugrunde liegt (GERNHUBER/COESTER-WALTJEN § 56 Rn 7; vgl oben Rn 4), dh die lebenslange Solidarität von Eltern gegenüber ihren Kindern, trägt die Zuwendung nur, soweit die Proportionen von Zuwendung und Selbsterhalt gewahrt bleiben. Maßstab der Angemessenheit sind insbesondere die Vermögensverhältnisse der Eltern, aber auch die sonstigen Umstände des Einzelfalles. Insbesondere ist zu fragen, ob die Eltern wegen der Zuwendung an das Kind gewichtige Einschnitte in ihrem Lebensstandard oder ihrer Versorgungslage hinnehmen müssen – dann verläßt die Ausstattung die familienrechtliche Basis und wird (insoweit) Schenkung (BAMBERGER/ROTH/ENDERS Rn 4; AnwKomm-BGB/LÖHNIG Rn 6). Zu den beachtlichen Kriterien kann auch der Umstand gehören, ob und in welchem Umfang die Eltern ihren Unterhaltsverpflichtungen gegenüber dem Kind nachgekommen sind (Hess FinG FamRZ 1978, 272). Bei einer Hofübergabe gibt die angemessene Versorgung und Sicherung des Altbauern den Maßstab (OLG Stuttgart FamRZ 2005, 62; BÖHMER Mitt-BayNot 2005, 232, 233). Auch sonst können *Gegenleistungen*, die das Kind im Zusammenhang mit der Gewährung der Ausstattung verspricht (zB Wohnrechte, Zinszahlungen), bei der Beurteilung der Angemessenheit eine Rolle spielen (vgl JAKOB

AcP 207 [2007] 198, 220 f; s auch oben Rn 9). Nicht maßgeblich ist hingegen die Frage, wieviel dem Kind als hypothetischer Erbteil zugestanden hätte (OLG Stuttgart BWNotZ 1997, 148; BAMBERGER/ROTH/ENDERS Rn 4).

Maßgeblicher Zeitpunkt für die Angemessenheit der Ausstattung ist der Moment der Zuwendung, beim Versprechen künftiger Zuwendungen der Zeitpunkt des Versprechens (RGZ 141, 358 f).

III. Insbesondere Ausstattungsversprechen

14 Verpflichten sich die Eltern schon vor Leistung des Vermögensgegenstandes schuldrechtlich zur Gewährung der Ausstattung, liegt ein „Ausstattungsversprechen" vor (Vertrag sui generis). Auch wenn man wie hier der Meinung ist, daß in diesem Fall die Ausstattung bereits in der Begründung der Verpflichtung liegt und die spätere Leistung nur Erfüllung einer Schuld ist (s Rn 2; GERNHUBER/COESTER-WALTJEN § 56 Rn 6), so ergeben sich aus der Zweistufigkeit des Ausstattungsvorgangs doch einige Besonderheiten.

1. Begründung der Ausstattungsverpflichtung

15 Auch das Ausstattungsversprechen kann vor, bei oder nach der Heirat bzw Existenzgründung des Kindes abgegeben werden (MünchKomm/VON SACHSEN GESSAPHE Rn 7). Als Angebot eines **Ausstattungsvertrages** bedarf es der Annahme durch das Kind (zur **Form** Rn 26; ist der Elternteil Betreuer für das Vermögen des Kindes, s § 1625 Rn 2). Wird die Ausstattung **minderjährigen Kindern** versprochen, so können diese nach § 107 die Annahme allein erklären. Einer Vertretung durch die Eltern steht § 181 nicht entgegen, da und soweit die Ausstattung rechtlich lediglich vorteilhaft ist (OLG Düsseldorf NJW-RR 2004, 1082; vgl STAUDINGER/SCHILKEN [2004] § 181 Rn 32).

Der rechtsgeschäftliche Verpflichtungswille der Eltern kann im Einzelfall fraglich sein, er ist nicht anzunehmen, wenn das anlaßgebende Ereignis (zB Eheschluß) noch nicht konkret in Aussicht steht (KG FamRZ 1963, 449, 451). Auch kann das Versprechen unter einer *Bedingung* abgegeben werden: Insbesondere laufende Zahlungen werden idR unter der konkludenten Bedingung fortbestehender Leistungsfähigkeit beim Versprechenden und fortbestehender Bedürftigkeit beim Empfänger abgegeben sein (RG JW 1916, 588; GERNHUBER/COESTER-WALTJEN § 56 Rn 6); denkbar ist eine derartige Bedingung aber auch bei der Zusage einmaliger Kapitalzahlungen (RGZ 141, 358, 360; SOERGEL/STRÄTZ Rn 15). Weiterhin kann das Versprechen aufschiebend bedingt sein durch den wirklichen Eintritt des Ausstattungsfalles (fehlt diese Bedingung, gelten Rn 19 ff) oder unter der auflösenden Bedingung der Ehescheidung oder -trennung (auch diese Bedingung wird eher bei laufenden Zahlungsverpflichtungen anzunehmen sein, vgl SOERGEL/STRÄTZ Rn 15; GERNHUBER/COESTER-WALTJEN § 56 Rn 8).

2. Wirkungen des Ausstattungsversprechens

16 Ein wirksames Ausstattungsversprechen begründet einen **klagbaren Anspruch** des Kindes. Dieser Anspruch ist idR übertragbar (es sei denn, aus dem zugewendeten Gegenstand, etwa freier Wohnung, ergibt sich anderes) und pfändbar (selbst bei

rechtsgeschäftlichen Übertragungsverboten, § 851 Abs 2 ZPO; RG Recht 1923 Nr 1020; vgl Münch-
Komm/VON SACHSEN GESSAPHE Rn 10; SOERGEL/STRÄTZ Rn 16).

Der Anspruch auf die versprochene Ausstattung wird, wenn nichts anderes verein- **17**
bart ist, nicht mit dem Tod des Versprechenden hinfällig (BGH FamRZ 1965, 502;
SOERGEL/STRÄTZ Rn 15) – dies gilt selbst dann, wenn das Ausstattungsversprechen auch
den Zweck hatte, das Kind seinen Geschwistern gleichzustellen: Dieser Gleichstel-
lungszweck ist durch die Ausgleichungspflicht der Geschwister nach § 2050 nicht
„erledigt" (BGH aaO).

Hat sich der Versprechende zu laufenden Zahlungen verpflichtet, liegt ein Dauer- **18**
schuldverhältnis vor, das gem § 314 aus wichtigem Grunde (Scheidung, Bedürftigkeit
des Versprechenden) kündbar ist (sofern nicht ein rechtsgeschäftlicher Bedingungszusam-
menhang hergestellt ist, Rn 15). Die im BGB mehrfach normierte Schwäche unentgeltlicher Erwerbstitel ist auch in diesem Zusammenhang zu beachten.

IV. Zweckverfehlungen

Unter diesem Stichwort werden üblicherweise Fälle behandelt, in denen die Ehe des **19**
Kindes, im Hinblick auf die die Ausstattung gewährt oder versprochen worden ist,
nicht zustande kommt oder scheitert. Zwar ist die Ehe nicht Zweck, sondern nur
Anlaß der Ausstattung (Zweck ist die Ermöglichung oder Erleichterung der durch
sie notwendig werdenden Haushaltsgründung); dennoch kann man von Zweckverfehlungen sprechen, wenn die Ehe als Grundlage des zu gründenden Haushalts
entfällt. Die Behandlung dieser Fälle richtet sich nach verschiedenen Variablen,
insbesondere danach, ob die Ausstattung schon ausgezahlt oder versprochen ist, ob
das Kind die bezweckten Aufwendungen (Haushalts- oder Existenzgründung) schon
gemacht hat oder nicht und schließlich danach, ob die anlaßgebende Ehe überhaupt
nicht zustande gekommen ist oder erst später scheitert. Für Ansprüche gegen das
Kind (zum Schwiegerkind Rn 24) gilt im einzelnen:

1. Schon valutierte Ausstattung

Ist es zur Heirat und Haushaltsgründung gekommen (Heirat ohne Haushaltsgrün- **20**
dung, insbesondere bei einer Scheinehe, genügt nicht), interessiert der spätere Ehe-
verlauf grundsätzlich nicht: Weder Trennung noch Scheidung, mögen sie auch kurz
nach dem Eheschluß eintreten, begründen ein Rückforderungsrecht der Eltern (RG
WarnR 1920 Nr 98; OLG Celle NdsRpfl 1959, 247; GERNHUBER/COESTER-WALTJEN § 56 Rn 8;
einschränkend MünchKomm/VON SACHSEN GESSAPHE Rn 8; undeutlich LG Mannheim NJW
1970, 2111, 2112; zu auflösenden Bedingungen Rn 15, zur Kündbarkeit aus wichtigem Grund bei
laufenden Verpflichtungen Rn 18). Angesichts der grundsätzlichen ex-nunc-Wirkung der
Eheaufhebung muß für diese das gleiche gelten (zur Scheinehe aber vorstehend).

Kommt es hingegen gar nicht zur Ehe, wird ein Ausstattungsversprechen unwirksam
(Ausfall aufschiebender Bedingung, Rn 15), eine bereits erfolgte Leistung kann zu-
rückverlangt werden (RG SeuffA 77 Nr 7; GERNHUBER/COESTER-WALTJEN § 56 Rn 8; RAU-
SCHER, FamR Rn 951; zur Rechtsgrundlage der Rückforderung Rn 23 f).

2. Noch nicht erfüllte Ausstattungsversprechen

21 Zerschlägt sich die geplante Heirat oder ist die Ehe inzwischen schon wieder geschieden, besteht keine Auszahlungspflicht (KG FamRZ 1963, 449, 451 f; SOERGEL/STRÄTZ Rn 15; MünchKomm/VON SACHSEN GESSAPHE Rn 8). Schwieriger ist bei Ehetrennung zu entscheiden, da hier die Zweckverfehlung noch nicht feststeht. Bei noch ausstehender Begründung des gemeinsamen Haushalts besteht ein einstweiliges Leistungsverweigerungsrecht des Versprechenden (ähnlich GERNHUBER/COESTER-WALTJEN § 56 Rn 8). Ist der eheliche Haushalt im Vertrauen auf das Ausstattungsversprechen schon gegründet und will das Kind die eheliche Lebensgemeinschaft wiederherstellen, sollte eine Auszahlungspflicht angenommen werden. Keinesfalls jedoch steht die Ausstattung in einer Zweckrelation zur Eheharmonie und kann sie mit Hinweis schon auf bloße Differenzen der Ehepartner verweigert werden.

22 Eine spätere Haushaltsgründung des endgültig wieder alleinstehenden Kindes löst die Auszahlungsverpflichtung nicht aus. Schließt das Kind nach gescheiterter erster Ehe eine zweite Ehe, so rückt diese Ehe nicht ohne weiteres in den Rahmen des ursprünglichen Ausstattungsversprechens ein (KG OLG 12, 322).

3. Rechtsgrundlage von Rückforderungs- oder Leistungsverweigerungsrechten

23 Die erörterten Zweckverfehlungen begründen kein Anfechtungsrecht des Versprechensgebers nach § 119, da insoweit in seiner Person nur ein Motivirrtum vorgelegen hat; auch ein Irrtum über wesentliche Eigenschaften des Kindespartners berechtigt nicht zur Anfechtung (OLG München OLGE 32, 11; SOERGEL/STRÄTZ Rn 15). Eine Anfechtung wegen arglistiger Täuschung bleibt möglich (RG LZ 1923, 318; zu Schadensersatzansprüchen in diesem Fall RGZ 88, 406).

24 Überwiegend werden Rückforderungs- oder Leistungsverweigerungsrechte, soweit sie nach den vorstehenden Erörterungen bestehen, auf § 812 Abs 1 S 2, 2. Alt (condictio ob rem) gestützt (RG SeuffA 77 Nr 7). Eine Gegenauffassung will statt dessen die Grundsätze des „Wegfalls der Geschäftsgrundlage", § 313, anwenden (LARENZ/CANARIS, Schuldrecht II/2 § 68 II 2 a; ESSER/WEYERS, Schuldrecht II § 49 II; SOERGEL/STRÄTZ Rn 15; GERNHUBER/COESTER-WALTJEN § 56 Rn 9–11; RAUSCHER, FamR Rn 951; JAKOB AcP 207 [2007] 198, 204 Fn 19; SÖLLNER AcP 163 [1964] 33; MünchKomm/VON SACHSEN GESSAPHE Rn 9). Dieser Auffassung ist der Vorzug zu geben, da in den hier zu erörternden Fällen *mit familienrechtlichem Rechtsgrund* geleistet worden ist aus einer gewissen *Erwartung* heraus, die Geschäftsgrundlage des rechtlich anerkannten Rechtsgeschäftes war.

Das gleiche gilt im wesentlichen für die Rückforderung **ehebezogener Zuwendungen** (auch) **an das Schwiegerkind** (vgl Rn 8): Die Rückabwicklung erfolgt überwiegend wegen „Wegfalls der Geschäftsgrundlage" (BGH NJW 1995, 1889 ff; 1999, 1623, 1624 f; anders OLG Frankfurt FamRZ 2005, 1833 [condictio ob rem]; vgl Darstellung bei SCHWAB/BORTH, Handbuch des Scheidungsrechts Kap IX Rn 92 ff).

V. Wirkungen

25 Liegen die tatbestandlichen Voraussetzungen des § 1624 vor, so gilt die Ausstattung (insoweit) **nicht als Schenkung** iS der §§ 516 ff. Eine Ausnahme bestimmt das Gesetz in § 1624 Abs 2 für die Sach- und Rechtsmängelhaftung der Eltern (§§ 523, 524). Der grundsätzliche Ausschluß des Schenkungsrechts gilt jedoch zunächst nur für das Innenverhältnis Eltern-Kind, in sonstigen Zusammenhängen, insbesondere im Verhältnis zu Dritten, kann die Ausstattung durchaus als „unentgeltliche Zuwendung" oder gar als „Schenkung" einzustufen sein (s schon oben Rn 5–7; darüber hinaus dürfte die Entscheidung des BGH zu „unbenannten Zuwendungen" im Rahmen des § 822 [NJW 2000, 134, 137] wohl auch auf die Ausstattung zu erstrecken sein [so iE auch AnwKomm-BGB/LÖHNIG Rn 10; **aM** RAUSCHER, FamR Rn 950]; entspr für §§ 2325/2327 AnwKomm-BGB/BOCK § 2325 Rn 13; anders aber STAUDINGER/OLSHAUSEN [2006] § 2325 Rn 5 [keine „Schenkung"]; ähnliche Fragestellung auch bei §§ 1375 Abs 2 S 1, 2113 Abs 2 S 1; zur InsO und zum AnfG s Rn 4).

Zur Ausstattung im Eltern-Kind-Verhältnis im einzelnen:

1. Form

Das Ausstattungsversprechen unterliegt **nicht der Form des** § 518 (RGZ 62, 275; 63, 323; **26** 67, 204; OLG München OLGE 26, 246 ff; KG FamRZ 1963, 449, 451). Eine Formbedürftigkeit kann sich jedoch **aus anderen Gründen** vom Gegenstand des Ausstattungsversprechens her ergeben: § 311b Abs 1 bei Grundstücken (zur Umdeutung in einen lebenslangen Nießbrauch RGZ 110, 392) oder § 761 bei Leibrentenversprechen (dazu ausführlich GERNHUBER/COESTER-WALTJEN § 56 Rn 13–15). Letztere Vorschrift greift bei Ausstattungsversprechen jedoch kaum ein, da auch laufende Zahlungen im Rahmen einer Ausstattung kaum je auf Lebenszeit des Kindes versprochen werden und außerdem der regelmäßig anzunehmende Vorbehalt fortbestehender Leistungsfähigkeit und Bedürftigkeit (Rn 15) die Entstehung eines für die Leibrente erforderlichen Stammrechtes verhindert (MünchKomm/VON SACHSEN GESSAPHE Rn 6).

2. Sonstiges Schenkungsrecht

Die **Nichtgeltung des Schenkungsrechts** bedeutet insbesondere: Keine Notbedarfs- **27** einrede, § 519 (bei laufenden Zahlungen jedoch Rn 15, 18); keine Rückforderung wegen Verarmung, § 528 (sofern nicht eine diesbezügliche auflösende Bedingung vereinbart ist, Rn 15) – angemessene Ausstattungen sind deshalb auch „sozialhilfefest" (JAKOB AcP 207 [2007] IV. 1. Fn 17), mangels eines Rückzahlungsanspruchs der Eltern bei Verarmung kann ein solcher auch nicht auf den Träger der Sozialhilfe übergehen; kein Widerruf wegen groben Undanks, §§ 530 ff (OLG Düsseldorf NJW-RR 2004, 1082, 1083) und keine Geltung des § 520 (Tod des Schenkers, vgl Rn 17). Streitig ist die Möglichkeit, die Ausstattung mit einer Auflage zu verbinden (für möglich gehalten von RG JW 1929, 2594). Eine direkte Geltung der §§ 525–527 ist nach § 1624 ausgeschlossen, privatautonome Vereinbarungen im Rahmen des Ausstattungsversprechens bleiben jedoch unbenommen (MünchKomm/VON SACHSEN GESSAPHE Rn 11).

Auch soweit in anderen Zusammenhängen Schenkungen eine Rolle spielen, fallen Ausstattungen idR nicht unter diesen Begriff, so etwa bei §§ 1375 Abs 2 S 1; 2113 Abs 2 S 1; 2287; 2325; 2327 (für Ausnahmen bei besonderen Konstellationen, insbesondere bei § 2325, ausführlich JAKOB aaO 198, 206 ff).

Die **Geltung des Schenkungsrechts für Sach- und Rechtsmängel (§ 1624 Abs 2)** be- **28** schränkt sich auf diese Thematik, für die Haftung der Eltern für Vorsatz und Fahrlässigkeit sowie für ihre Verpflichtung zur Entrichtung von Verzugszinsen gelten die allgemeinen Grundsätze (§ 1664), nicht §§ 521, 522.

3. Übermäßige Ausstattung

29 Überschreitet eine Ausstattung das angemessene Maß, gilt nicht § 1624. Anderes kann auch nicht, jedenfalls nicht zu Lasten Dritter, zwischen Eltern und Kind vereinbart werden (JAKOB AcP 207 [2007] 198, 203 Fn 17). § 1624 fingiert andererseits nicht eine Schenkung (wie das Wort „gilt" im Normtext nahelegen könnte); die Übermaßausstattung ist nur dann Schenkung, wenn sie eines anderen Rechtsgrundes entbehrt (so können möglicherweise langjährige unentgeltliche Dienste des Kindes *causa* eines Ausstattungsversprechens sein, auch soweit dieses das angemessene Maß des § 1624 übersteigt, BGH FamRZ 1965, 430, 431; SOERGEL/STRÄTZ Rn 13). Der Eheschluß selbst kann jedoch niemals Gegenleistung einer Übermaßausstattung sein (vgl GERNHUBER/COESTER-WALTJEN § 56 Rn 17; SOERGEL/STRÄTZ Rn 13; anders wohl BGB-RGRK/WENZ Rn 7).

30 Ist eine übermäßige Ausstattung als Schenkung zu qualifizieren, so ist sie dies *nur* bezüglich des überschießenden Teils. Insoweit bedarf ein Schenkungsversprechen der Form des § 518; fehlt es an der Form, so ist das Ausstattungsversprechen teilnichtig, sein Gesamtschicksal beurteilt sich nach § 139. Im Zweifel wird danach von der Gültigkeit des Ausstattungsversprechens in dem § 1624 entsprechenden Umfang ausgegangen (KG FamRZ 1963, 449, 451 [sowie die dort zitierte Vorentscheidung des BGH]; GERNHUBER/COESTER-WALTJEN § 56 Rn 7; ERMAN/MICHALSKI Rn 13).

31 Die Beweislast für einen das angemessene Maß überschreitenden Umfang der Ausstattung trägt derjenige, der das Übermaß behauptet (RG Gruchot 56 [1912] 1003; RGZ 141, 278, 279; zum maßgeblichen Beurteilungszeitpunkt Rn 13).

§ 1625
Ausstattung aus dem Kindesvermögen

Gewährt der Vater einem Kind, dessen Vermögen kraft elterlicher Sorge, Vormundschaft oder Betreuung seiner Verwaltung unterliegt, eine Ausstattung, so ist im Zweifel anzunehmen, dass er sie aus diesem Vermögen gewährt. Diese Vorschrift findet auf die Mutter entsprechende Anwendung.

Materialien: E I § 1500 Abs 2; E II § 1520 rev 1605; E III § 1603; Prot I 7592, 8646, 8863; Mot IV 720 f; Prot II Bd 4, 323; BT-Drucks 11/ 4528, 107. STAUDINGER/BGB-Synopse 1896–2005 § 1625.

1 Unterliegt das Vermögen eines Kindes kraft Gesetzes der Verwaltung der Eltern oder eines Elternteils und wird dem Kinde von den verwaltenden Eltern oder dem verwaltenden Elternteil eine Ausstattung gewährt, so kann es zweifelhaft sein, ob

diese aus dem Vermögen der Eltern oder aus dem des Kindes gewährt wurde. Zur Beseitigung dieses Zweifels greift die **Auslegungsregel** des § 1625 ein – es liegt also keine „Ausstattung" iSv § 1624 vor.

Der Begriff der „Ausstattung" und der persönliche Anwendungsbereich sind die 2 gleichen wie in § 1624 (dort Rn 7–10). Die Vorschrift findet nur Anwendung auf die elterliche Vermögensverwaltung **kraft Gesetzes**. Dies kann der Fall sein bei Inhaberschaft der Vermögenssorge (§§ 1626 Abs 1 S 2, 1638 ff) oder der Betreuung für ein volljähriges Kind (§§ 1896 Abs 2 S 1, 1901 Abs 1, 1902) – Vormundschaft oder Pflegschaft der Eltern für ihr eigenes Kind ist nicht möglich (krit zur Gesetzesredaktion ERMAN/MICHALSKI Rn 1). Als Betreuer bedürfen die Eltern für die Ausstattung der Genehmigung des VormG (§ 1908; vgl § 1624 Rn 5). § 1625 findet keine Anwendung, wenn das Kind den Eltern sein Vermögen **freiwillig** zur Verwaltung überlassen hat: Hier bestimmt sich die Verwendungs- und Anwendungsbefugnis der Eltern nach dem rechtlichen Innenverhältnis zum Kind.

Übersteigt die dem Kind gewährte Ausstattung sein der Verwaltung der Eltern unterliegendes Vermögen, so findet § 1625 Anwendung, soweit das Kindesvermögen reicht; im übrigen kann § 1624 vorliegen.

In internationalprivatrechtlicher Hinsicht ist die Vorschrift so eng mit dem mate- 3 riellen Kindschaftsrecht verflochten, daß ihre Anwendung in Fällen mit Auslandsbezug idR nur dann in Betracht kommt, wenn gem Art 21 EGBGB deutsches Kindschaftsrecht anzuwenden ist (vgl COESTER-WALTJEN, Internationales Beweisrecht [1983] 441 ff, 461).

Sachregister

Die fetten Zahlen beziehen sich auf
die Paragraphen, die mageren Zahlen auf
die Randnummern.

J. von Staudingers
Kommentar zum Bürgerlichen Gesetzbuch
mit Einführungsgesetz und Nebengesetzen

Übersicht vom 10. August 2007
Die Übersicht informiert über die Erscheinungsjahre der Kommentierungen in der 13. Bearbeitung und deren Neubearbeitungen
(= Gesamtwerk STAUDINGER). *Kursiv* geschrieben sind die geplanten Erscheinungsjahre.

Die Übersicht ist für die 13. Bearbeitung und für deren Neubearbeitungen zugleich ein Vorschlag für das Aufstellen des
„Gesamtwerk STAUDINGER" (insbesondere für solche Bände, die nur eine Sachbezeichnung haben). Es wird empfohlen, die
Austauschbände chronologisch neben den überholten Bänden einzusortieren, um bei Querverweisungen auf diese schnell Zugriff
zu haben. Bei Platzmangel sollten die ausgetauschten Bände an anderem Ort in gleicher Reihenfolge verwahrt werden.

	13. Bearb.	Neubearbeitungen		
Buch 1. Allgemeiner Teil				
Einl BGB; §§ 1–12; VerschG	1995			
Einl BGB; §§ 1–14; VerschG		2004		
§§ 21–79		2005		
§§ 21–89; 90–103 (1995)	1995			
§§ 90–103 (2004); 104–133; BeurkG	2004	2004		
§§ 134–163	1996	2003		
§§ 164–240	1995	2001	2004	
Buch 2. Recht der Schuldverhältnisse				
§§ 241–243	1995	2005		
§§ 244–248	1997			
§§ 249–254	1998	2005		
§§ 255–292	1995			
§§ 293–327	1995			
§§ 255–314		2001		
§§ 255–304		2004		
AGBG	1998			
§§ 305–310; UKlaG		2006		
§§ 311, 311a, 312, 312a–f		2005		
§§ 311b, 311c		2006		
§§ 315–327		2001		
§§ 315–326		2004		
§§ 328–361	1995			
§§ 328–361b		2001		
§§ 328–359		2004		
§§ 362–396	1995	2000	2006	
§§ 397–432	1999	2005		
§§ 433–534	1995			
§§ 433–487; Leasing		2004		
Wiener UN-Kaufrecht (CISG)	1994	1999	2005	
§§ 488–490; 607–609		*2008*		
VerbrKrG; HWiG; § 13a UWG	1998			
VerbrKrG; HWiG; § 13a UWG; TzWrG		2001		
§§ 491–507		2004		
§§ 516–534		2005		
§§ 535–563 (Mietrecht 1)	1995			
§§ 564–580a (Mietrecht 2)	1997			
2. WKSchG; MÜG (Mietrecht 3)	1997			
§§ 535–562d (Mietrecht 1)		2003	2006	
§§ 563–580a (Mietrecht 2)		2003	2006	
§§ 581–606	1996	2005		
§§ 607–610	./.			
§§ 611–615	1999	2005		
§§ 616–619	1997			
§§ 620–630	1995			
§§ 616–630		2002		
§§ 631–651	1994	2000	2003	
§§ 651a–651l	2001			
§§ 651a–651m		2003		
§§ 652–704	1995			
§§ 652–656		2003		
§§ 657–704		2006		
§§ 705–740	2003			
§§ 741–764	1996	2002		
§§ 765–778	1997			
§§ 779–811	1997	2002		
§§ 812–822	1994	1999		
§§ 823–825	1999			
§§ 826–829; ProdHaftG	1998	2003		
§§ 830–838	1997	2002		
§§ 839, 839a	2002			
§§ 840–853	2002			
Buch 3. Sachenrecht				
§§ 854–882	1995	2000		
§§ 883–902	1996	2002		

	13. Bearb.	Neubearbeitungen	
§§ 903–924; UmweltHaftR	1996		
§§ 903–924		2002	
UmweltHaftR		2002	
§§ 925–984; Anh §§ 929 ff	1995	2004	
§§ 985–1011	1993	1999	2006
ErbbVO; §§ 1018–1112	1994	2002	
§§ 1113–1203	1996	2002	
§§ 1204–1296; §§ 1–84 SchiffsRG	1997	2002	
§§ 1–64 WEG	2005		

Buch 4. Familienrecht

	13. Bearb.	Neub.	Neub.
§§ 1297–1320; Anh §§ 1297 ff; §§ 1353–1362	2000		
§§ 1363–1563	1994	2000	2007
§§ 1564–1568; §§ 1–27 HausratsVO	1999	2004	
§§ 1569–1586b	*2007*		
§§ 1587–1588; VAHRG	1998	2004	
§§ 1589–1600o	1997		
§§ 1589–1600e		2000	2004
§§ 1601–1615o	1997	2000	
§§ 1616–1625	2000	2007	
§§ 1626–1633; §§ 1–11 RKEG	2002		
§§ 1638–1683	2000	2004	
§§ 1684–1717	2000	2006	
§§ 1741–1772	2001	2007	
§§ 1773–1895; Anh §§ 1773–1895 (KJHG)	1999	2004	
§§ 1896–1921	1999	2006	

Buch 5. Erbrecht

	13. Bearb.	Neub.	Neub.
§§ 1922–1966	1994	2000	
§§ 1967–2086	1996		
§§ 1967–2063		2002	
§§ 2064–2196		2003	
§§ 2087–2196	1996		
§§ 2197–2264	1996	2003	
§§ 2265–2338a	1998		
§§ 2265–2338		2006	
§§ 2339–2385	1997	2004	

EGBGB

	13. Bearb.	Neub.	Neub.
Einl EGBGB; Art 1, 2, 50–218	1998	2005	
Art 219–222, 230–236	1996		
Art 219–245		2003	

EGBGB/Internationales Privatrecht

	13. Bearb.	Neub.	Neub.
Einl IPR; Art 3–6	1996	2003	
Art 7, 9–12	2000		
Art 7, 9–12, 47			2007
IntGesR	1993	1998	
Art 13–18	1996		
Art 13–17b			2003
Art 18; Vorbem A + B zu Art 19			2003
IntVerfREhe	1997		2005
Kindschaftsrechtl Ü; Art 19	1994		
Art 19–24			2002
Art 20–24	1996		
Art 25, 26	1995		2000
Art 27–37	2002		
Art 38	1998		
Art 38–42			2001
IntWirtschR	2000		2006
IntSachenR	1996		

	13. Bearb.	Neub.	Neub.
Vorläufiges Abkürzungsverzeichnis	1993		
Das Schuldrechtsmodernisierungsgesetz	2002		2002
Eckpfeiler des Zivilrechts			2005
BGB-Synopse 1896–1998	1998		
BGB-Synopse 1896–2000			2000
BGB-Synopse 1896–2005			2006
100 Jahre BGB–100 Jahre Staudinger (Tagungsband 1998)	1999		

Demnächst erscheinen

	13. Bearb.	Neub.	Neub.
§§ 839, 839a			2007
§§ 854–882			2007
§§ 1297–1320; Anh §§ 1297 ff; §§ 1353–1362			2007
§§ 1626–1633; §§ 1–11 RKEG			2007
Art 25, 26 EGBGB			2007

Dr. Arthur L. Sellier & Co. KG – Walter de Gruyter GmbH & Co. KG oHG, Berlin
Postfach 30 34 21, D-10728 Berlin, Telefon (030) 2 60 05-0, Fax (030) 2 60 05-222